Practice and Case Study of
Land Appreciation Tax

土地增值税
实务与案例

第二版

吴 健◎编著

立信会计出版社
LIXIN ACCOUNTING PUBLISHING HOUSE

图书在版编目(CIP)数据

土地增值税实务与案例 / 吴健编著. —2 版. —上海：立信会计出版社,2022.7(2022.11 重印)

ISBN 978 - 7 - 5429 - 7108 - 1

Ⅰ. ①土… Ⅱ. ①吴… Ⅲ. ①土地增值税—税收管理—案例—中国 Ⅳ. ①F812.424

中国版本图书馆 CIP 数据核字(2022)第 106722 号

策划编辑　　张巧玲
责任编辑　　张临林

土地增值税实务与案例(第二版)
TUDI ZENGZHISHUI SHIWU YU ANLI

出版发行	立信会计出版社		
地　　址	上海市中山西路 2230 号	邮政编码	200235
电　　话	(021)64411389	传　　真	(021)64411325
网　　址	www.lixinaph.com	电子邮箱	lixinaph2019@126.com
网上书店	http://lixin.jd.com		http://lxkjcbs.tmall.com
经　　销	各地新华书店		
印　　刷	河北鑫兆源印刷有限公司		
开　　本	787 毫米×1092 毫米	1/16	
印　　张	30	插　　页	1
字　　数	572 千字		
版　　次	2022 年 7 月第 2 版		
印　　次	2022 年 11 月第 2 次		
书　　号	ISBN 978 - 7 - 5429 - 7108 - 1 / F		
定　　价	98.00 元		

如有印订差错,请与本社联系调换

以匠心　著精品

2019年7月,财政部、税务总局就《中华人民共和国土地增值税法(征求意见稿)》向社会公开征求意见,这标志着我国土地增值税立法取得了实质性进展。为记录与配合这次伟大的改革,2020年4月,笔者的专著《土地增值税实务与案例》由立信会计出版社出版,深受读者朋友的喜爱,两年先后重印五次。

该书出版后,国家税务总局于2021年10月简化了土地增值税免税事项办理,由事前备案改为纳税人自行判别、自主申报享受、相关资料留存备查。海南省税务局出台了《土地增值税清算工作规程和清算审核管理办法》,西藏自治区税务局出台了《土地增值税清算管理规程》,江苏省税务局实施了"1＋N"土地增值税管理制度等。与此同时,笔者应邀到国家税务总局党校(国家税务总局税务干部学院)挂职任教,有机会向国内顶尖税收专家当面请教,并与他们共同探讨土地增值税等税收治理疑难问题。这两年,多省税务系统组织了土地增值税岗位练兵比武活动,很荣幸受邀为江苏、贵州、河北等地参赛选手讲授土地增值税清算疑难问题,与国内一流土地增值税征管专家深入交流清算审核工作体会。因此,很有必要结合土地增值税新规、笔者最新研究成果和涉税工作、教学体会对该书进行修改、完善。并力图做到:

一是注重体系研究。由于土地增值税清算要求高、把握难、风险大,一直让广大纳税人和基层税务干部感到困扰。本书紧紧围绕土地增值税预征与清算这一主线展开,具体包括:土地增值税概述、转让房地产收入、扣除项目、税收优惠、预征与清算、应纳税额计算、清算管理、后续管理与风险管理、企业改制重组、征收管理以及清算鉴证共十一章内容,系统构建并全面阐述了现行土地增值税从预征到清算,以及后续管理与清算鉴证等政策体系。

二是突出清算实务。本书突出实务,针对土地增值税预征与清算过程中的疑难问题,从清算申报、清算受理、清算审核,到后续管理、风险管理,再到清算后尾盘销售及清算鉴证等全流程给出实操指导。此外,还系统归纳了不同省(区、市)有关共同成本费用分摊方法、土地出让金返还款项的处理、不得扣除项目等的具体规定。

三是精选典型案例。该书收集整理大量典型案例,如大山房地产公司清算案,德发房地产公司税案,翡翠国际社区置业公司以转让股权形式转让房地产、银城房地产公司土地增值税清算案等,同时还针对不同省、区、市关于土地增值税清算收入的不同执行口径设计了实务案例、转让不同类型房地产应纳税额计算案例等,以案说法、启发运用。

四是关注清算审核。为配合近年来全国税务系统全面加强土地增值税清算审核工作,本书还增加了大量土地增值税清算审核内容,如土地增值税收入风险与审核、扣除项目风险与审核、取得土地使用权支付金额的审核、房地产开发成本的审核、房地产开发费用的审核、清算单位的审核、清算条件的审核等。

五是紧跟税收立法。本书在以大量案例解析现行土地增值税政策规定的同时,紧跟土地增值税立法动态,并全面对比分析了《中华人民共和国土地增值税法(征求意见稿)》与现行《中华人民共和国土地增值税暂行条例》及其实施细则的主要变化。

本书的顺利出版,得到了各方面的大力支持和帮助,谨向您们表示衷心感谢!立信会计出版社编辑对本书的出版付出了辛勤劳动,在此一并谨致谢忱!

鉴于土地增值税政策繁多、内容复杂,加之时间紧,书中难免有不足之处,敬请读者批评指正,并与笔者联系(896659584@qq.com)。

兰健

2022.6.18

目　　录

第一章 土地增值税概述

> 世界上只有两件事是不可避免的，那就是税收和死亡。
>
> ——本杰明·富兰克林

　　土地增值税是国家为了规范土地、房地产市场交易秩序，合理调节土地增值收益，维护国家权益而开征的税种。土地增值税是以纳税人转让国有土地使用权、地上的建筑物及其附着物（以下简称转让房地产）所取得的增值额为计税依据依照规定税率征收的一种土地资源税。国务院在 1993 年 12 月 13 日公布了《中华人民共和国土地增值税暂行条例》（国务院令第 138 号，以下简称《土地增值税暂行条例》），财政部于 1995 年 1 月 27 日公布了《中华人民共和国土地增值税暂行条例实施细则》（财法字〔1995〕6 号，以下简称《土地增值税暂行条例实施细则》），规定土地增值税从 1994 年 1 月 1 日起在全国开征。

　　土地增值税是国家为了规范土地、房地产市场交易秩序，合理调节土地增值收益，维护国家权益而开征的税种。土地增值税是以纳税人转让国有土地使用权、地上的建筑物及其附着物（以下简称转让房地产）为征税对象，以转让房地产所取得的增值额为计税依据，依照规定税率征收的一种土地资源税。本章阐述土地增值税的功能、纳税人、征税范围、计税依据以及土地增值税立法等内容，主要内容如图 1-1 所示。

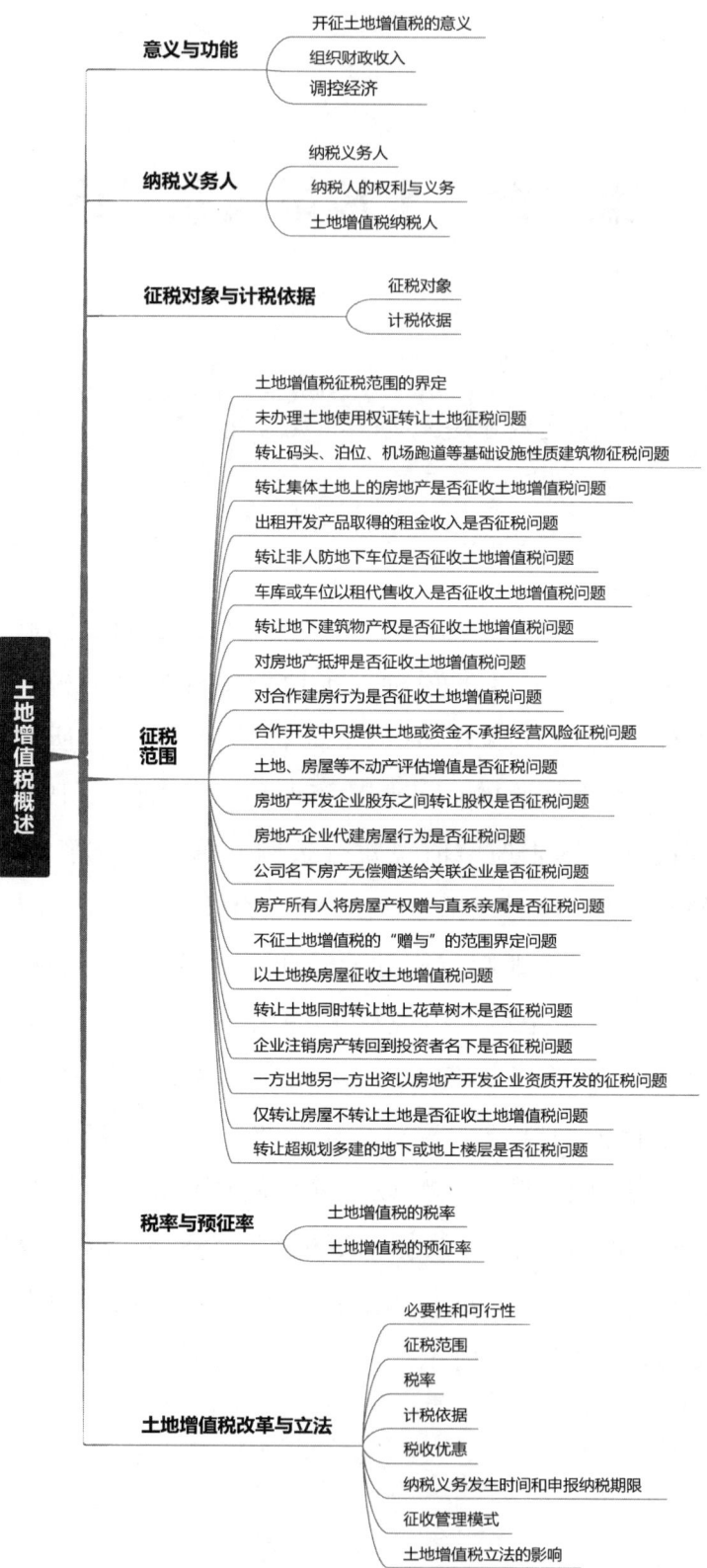

图 1-1 土地增值税概述

第一节　开征土地增值税的意义及其功能

一、开征土地增值税的意义

开征土地增值税,主要是国家运用税收杠杆引导房地产经营的方向,规范房地产市场的交易秩序,合理调节土地增值收益分配,维护国家权益,促进房地产开发的健康发展。具体为:

第一,开征土地增值税,是适应我国社会主义市场经济发展的新形势,增强国家对房地产开发和房地产交易市场调控的需要。改革开放前,我国土地管理制度一直采取行政划拨方式,土地实行无偿无限期使用,但不允许买卖土地。实践证明,这种土地使用管理制度不利于提高土地资源的使用效益。自1987年我国对土地使用制度进行改革,实行国有土地使用权的有偿出让和转让后,极大地促进了我国房地产业发展和房地产市场的建立,对提高土地使用效益,增加国家财政收入,改善城市基础设施和人民生活居住条件,以及带动国民经济相关产业的发展都产生了积极作用。

但是,由于有关土地管理的各项制度滞后,以及行政管理上的偏差,在房地产业发展中也出现了一些问题。特别是1992年及1993年上半年,我国部分地区出现的房地产持续高温,炒买炒卖房地产情况严重,使得很多资金流向了房地产,极大地浪费了国家的资源和财力,国家土地资源收益大量流失,严重冲击和危害了国民经济的协调健康发展。为扭转这一局面,国家采取了一系列宏观调控措施,其中一项就是开征土地增值税,这也是社会主义市场经济发展的客观需要。

第二,对土地增值课税,其主要目的是抑制炒买炒卖土地获取暴利的行为,以保护正当房地产开发的发展。土地增值主要有两方面原因,一是自然增值,由于土地资源是有限的,随着社会经济的发展,生产和生活建设用地扩大,土地资源相对发生紧缺或改善了投资环境,导致土地价格上升。二是投资增值,把"生地"变为"熟地",建成各种生产、生活、商业设施,形成土地增值。城市市区的土地属国家所有,中华人民共和国成立以来,国家在城市建设方面投入了大量资金,建设许多基础设施,这是土地增值的一个重要因素。对这部分土地增值收益,国家理应参与土地增值收益分配,并取得较大份额。征收土地增值税有利于减少国家土地资源增值收益的流失，同时，对投资房地产开发的合理收益给予保护，使其能够得到一定的回报，以促进房地产业的正常发展。但对炒买炒卖房地产获取暴利者，则要用高税率进行调节。这样就可以起到保护正当房地产开发的发展、遏制投机者牟取暴利的行为，维护国家整体利益的作用。

第三，规范国家参与土地增值收益的分配方式，增加财政收入，为经济建设积累资金。目前，我国涉及房地产交易市场的税收，主要有增值税、企业所得税、个人所得税、契税等。这些税种对转让房地产收益只起一般的调节作用，对房地产交易因土地增值所获得的过高收益起不到特殊的调节作用。开征土地增值税能对土地增值的过高收益进行调节，并为增加国家财政收入开辟新税源。土地增值税收入属于地方财政收入，地方可集中财力用于地方经济建设，同时，开征土地增值税还可以规范土地增值收益的分配方式和完善分配制度。

综上所述，开征土地增值税对于维护国家利益，合理分配国家土地资源收入，促进房地产业和房地产市场健康发展会产生一定积极作用。

二、组织财政收入

自1994年开征以来土地增值税收入呈现快速增长趋势，1995—2018年，我国土地增值税收入从0.3亿元增长到5 644.38亿元，年均增长53.41%，比总体税收收入年均增长率（15.2%）高38.2%，在税务机关征收的税种同期增速中排名第一，是地方税体系重要组成部分。

根据财政部网站公布的统计数据，2021年全国土地增值税收入6 896亿元，同比增长6.6%，占当年全国税收收入172 731亿元的3.99%。如表1-1所示。

表 1-1　　　　　　1995—2021 年土地增值税收入规模及占比情况

年份	土地增值税收入（亿元）	增幅	占地方税收收入比重	占全国税收收入比重
1995 年	0.30	/	/	/
1996 年	1.10	266.67%	/	/
1997 年	2.50	127.27%	/	/
1998 年	4.30	72.00%	/	/
1999 年	6.80	58.14%	/	/
2000 年	8.40	23.53%	/	/
2001 年	10.30	22.62%	1.00%	/
2002 年	20.50	99.03%	1.55%	/

（续表）

年份	土地增值税收入 （亿元）	增幅	占地方税收收入 比重	占全国税收收入 比重
2003 年	37.30	81.95％	2.33％	/
2004 年	75.10	101.34％	3.52％	/
2005 年	140.00	86.42％	5.13％	/
2006 年	231.30	65.21％	6.81％	/
2007 年	403.10	74.28％	8.87％	/
2008 年	537.00	33.22％	9.19％	/
2009 年	720.00	34.08％	9.80％	/
2010 年	1 278.20	77.53％	13.25％	/
2011 年	2 020.00	58.03％	16.04％	/
2012 年	2 718.99	34.60％	17.77％	/
2013 年	3 293.89	21.14％	18.34％	/
2014 年	3 914.75	18.85％	19.58％	/
2015 年	3 832.61	−2.10％	18.65％	/
2016 年	4 213.20	9.93％	19.36％	/
2017 年	4 911.41	16.57％	20.32％	/
2018 年	5 644.38	14.92％	21.08％	/
2019 年	6 465.00	14.60％	/	4.09％
2020 年	6 468.00	0.10％	/	4.19％
2021 年	6 896.00	6.60％	/	3.99％

三、调控经济

土地增值税是保障收入公平分配、促进房地产市场健康发展的有力工具。

第二节　纳税义务人

一、纳税义务人概述

（一）纳税义务人定义

纳税义务人，简称为纳税人，是指法律、行政法规规定负有纳税义务的单位和个人。每一种税都有关于纳税义务人的规定，如果不履行纳税义务，应当由该行为的直接责任人承担法律责任。现代社会，人人都承担或多或少的纳税义务，事实上都是纳税人。税法规定的直接负有纳税义务的人可以是自然人（个人），也可以是单位。

（二）纳税人与负税人

负税人与纳税人是两个既有联系又有区别的概念。纳税人是具有纳税义务、直接向税务机关缴纳税款的单位与个人；负税人是实际负担税款的单位与个人。如果说纳税人是法律上的纳税主体，负税人则是经济上的纳税主体。纳税人与负税人有时是一致的，有时是不一致的。纳税人如果能够通过一定途径把税款转嫁或转移出去，纳税人就不再是负税人；否则，纳税人同时也是负税人。由此可见，纳税人和负税人的不一致是由税负转嫁引起的。税法中并没有负税人的规定，国家在制定税法时，只规定由谁负责缴纳税款，并不规定税款最终由谁承担。

二、纳税人的权利与义务

（一）纳税人的权利

根据《国家税务总局关于纳税人权利与义务的公告》（国家税务总局公告2009年第1号）的规定，纳税人（或扣缴义务人）在履行纳税义务过程中，依法享有14项权利：①知情权；②保密权；③税收监督权；④纳税申报方式选择权；⑤申请延期申报权；⑥申请延期缴纳税款权；⑦申请退还多缴税款权；⑧依法享受税收优惠权；⑨委托税务代理权；⑩陈述与申辩权；⑪对未出示税务检查证和税务检查通知书的拒绝检查权；⑫税收法律救济权；⑬依法要求听证的权利；⑭索取有关税收凭证的权利。

（二）纳税人的义务

依照宪法、税收法律和行政法规的规定，纳税人（或扣缴义务人）在纳税过程中有以下10项义务：①依法进行税务登记的义务；②依法设置账簿、保管账簿和有关资料以及依法开具、使用、取得和保管发票的义务；③财务会计制度和会计核算软件备案的义务；④按照规定安装、使用税控装置的义务；⑤按时、如实申报的义务；⑥按时缴纳税款的义务；⑦代扣、代收税款的义务；⑧接受依法检查的义务；⑨及时提供信息的义务；⑩报告其他涉税信息的义务。

三、土地增值税纳税人

根据《土地增值税暂行条例》第二条的规定，转让国有土地使用权、地上的建筑物及其附着物(以下简称转让房地产)并取得收入的单位和个人,为土地增值税的纳税义务人(以下简称纳税人),应当依照《土地增值税暂行条例》缴纳土地增值税。

根据《土地增值税暂行条例实施细则》第六条的规定,《土地增值税暂行条例》第二条所称的单位,是指各类企事业单位、国家机关和社会团体及其他组织。《土地增值税暂行条例》第二条所称个人,包括个体经营者。

由此可见,土地增值税的纳税义务人是有偿转让国有土地使用权、地上的建筑物及其附着物的单位和个人。包括各类企事业单位、国家机关、社会团体、其他组织以及个体工商户和自然人。

根据《国务院关于外商投资企业和外国企业适用增值税、消费税、营业税等税收暂行条例的有关问题的通知》(国发〔1994〕10 号)的规定,土地增值税也同样适用于涉外企业、单位和个人。因此,外商投资企业、外国企业、外国驻华机构、外国公民、华侨以及中国港澳台同胞等,只要转让中国境内的房地产并取得收入,就是土地增值税的纳税义务人,均应按规定照章纳税。

第三节 征税对象与计税依据

一、征税对象

征税对象又称课税对象,是税法规定的征税的目的物,是国家据以征税的依据。通过规定课税对象,解决对什么征税这一问题。每一种税都有自己的课税对象,否则,这一税种就失去了存在的意义。凡是被列为课税对象的,就属于该税种的征收范围;凡是未被列为课税对象的,就不属于该税种的征收范围。例如,所得税的课税对象是企业的所得额和自然人的工资、薪金等各项应税所得,等等。

课税对象是一个税种区别于另一个税种的主要标志,是税收实体法的基本要素之一,它体现着课税范围的广度。在具体工作中,要注意征税对象与计税依据、税目、税源等的关系。

现行土地增值税是以纳税人转让国有土地使用权、地上的建筑物及其附着物为征税对象。

二、计税依据

(一) 计税依据的涵义

计税依据,是指税法中规定的据以计算各种应征税款的依据或标准。课税对象与计税依据的关系是:课税对象是指征税的目的物,计税依据则是在目的物已经确定的前提下,对目的物据以计算税款的依据或标准;课税对象是从质的方面对征税所作的规定,而计税依据则是从量的方面对征税所作的规定,是课税对象量的表现。

不同税种的计税依据是不同的。增值税的计税依据一般都是转让货物、应税劳务、应税服务、无形资产和不动产取得的增值额;所得税的计税依据是企业和个人的所得额等。需要说明的是,计税依据在表现形态上一般有两种:一种是价值形态(从价计征),即以征税对象的价值作为计税依据,这种情况下征税对象与计税依据一般是一致的,如所得税;另一种是实物形态(从量计征),就是以课税对象的数量、重量、面积等作为计税依据,这种情况下课税对象与计税依据一般是不一致的,如车船税等。

(二) 土地增值税的计税依据

根据《土地增值税暂行条例》第三条的规定,土地增值税按照纳税人转让房地产所取得的增值额和该条例第七条规定的税率计算征收。

根据《土地增值税暂行条例》第四条的规定,纳税人转让房地产所取得的收入减除该条例第六条规定扣除项目金额后的余额,为增值额。

因而,土地增值税的计税依据是转让国有土地使用权、地上的建筑物及其附着物所取得的增值额。计算增值额需要把握两个关键点:一是转让房地产所取得的收入,二是扣除项目的金额。

第四节 征 税 范 围

一、土地增值税征税范围的界定

根据《土地增值税暂行条例》的规定,凡转让国有土地使用权、地上的建筑物及其附着物并取得收入的都应缴纳土地增值税。这样界定有如下几层含义。

（一）仅对转让国有土地使用权的征收

土地增值税仅对转让国有土地使用权的征收，目前对转让集体土地使用权的不征税。

（二）只对转让的房地产征收土地增值税

只对转让的房地产征收土地增值税，不转让的不征税。如房地产的出租，虽然取得了收入，但没有发生房地产的产权转让，不属于土地增值税的征收范围。

（三）对转让房地产并取得收入的征税

转让国有土地使用权、地上的建筑物及其附着物（以下简称转让房地产）并取得收入，根据《土地增值税暂行条例实施细则》第二条的规定，是指以出售或者其他方式有偿转让房地产的行为。不包括以继承、赠与方式（另有规定的除外）无偿转让房地产的行为。

对转让房地产并取得收入的征税，对发生转让行为，而未取得收入的除另有规定外不征土地增值税。如通过继承、赠与方式转让房地产的，虽然发生了转让行为，但未取得收入，除另有规定外，不应征收土地增值税。

（四）国有土地、地上建筑物及其附着物

1. 国有土地

根据《土地增值税暂行条例实施细则》第三条的规定，国有土地，是指按国家法律规定属于国家所有的土地。

根据《中华人民共和国土地管理法》的规定，我国实行土地的社会主义公有制，即全民所有制和劳动群众集体所有制。全民所有，即国家所有土地的所有权由国务院代表国家行使。城市市区的土地属于国家所有。农村和城市郊区的土地，除由法律规定属于国家所有的以外，属于农民集体所有；宅基地和自留地、自留山，属于农民集体所有。

2. 地上建筑物

根据《土地增值税暂行条例实施细则》第四条的规定，地上的建筑物，是指建于土地上的一切建筑物，包括地上地下的各种附属设施。

根据《国家税务总局关于转让地上建筑物土地增值税征收问题的批复》（国税函〔2010〕347 号）的规定，对转让码头泊位、机场跑道等基础设施性质的建筑物行为，应当征收土地增值税。

3. 地上附着物

根据《土地增值税暂行条例实施细则》第五条的规定，附着物，是指附着于土

地上的不能移动,一经移动即遭损坏的物品。

二、未办理土地使用权证转让土地征税问题

根据《国家税务总局关于未办理土地使用权证转让土地有关税收问题的批复》(国税函〔2007〕645号)的规定,土地使用者转让、抵押或置换土地,无论其是否取得了该土地的使用权属证书,无论其在转让、抵押或置换土地过程中是否与对方当事人办理了土地使用权属证书变更登记手续,只要土地使用者享有占有、使用、收益或处分该土地的权利,且有合同等证据表明其实质转让、抵押或置换了土地并取得了相应的经济利益,土地使用者及其对方当事人应当依照税法规定缴纳土地增值税和契税等相关税收。

因此,未办理土地使用权证转让土地应按照上述规定缴纳土地增值税。

【例1-1·单选】 下列情形中,应当计算缴纳土地增值税的是( )。

A. 工业企业向房地产企业转让国有土地使用权

B. 房产所有人通过希望工程基金会将房屋产权赠与西部教育事业

C. 甲企业出资金、乙企业出土地,双方合作建房,建成后按比例分房自用

D. 房地产开发企业代客户进行房地产开发,开发完成后向客户收取代建收入

【解析】 根据《土地增值税暂行条例》的规定,凡转让国有土地使用权、地上的建筑物及其附着物并取得收入的行为都应缴纳土地增值税。

根据《财政部 国家税务总局关于土地增值税一些具体问题规定的通知》(财税字〔1995〕48号)第二条的规定,对于一方出地,一方出资金,双方合作建房,建成后按比例分房自用的,暂免征收土地增值税;建成后转让的,应征收土地增值税。

根据《财政部 国家税务总局关于土地增值税一些具体问题规定的通知》(财税字〔1995〕48号)第四条的规定,房产所有人、土地使用权所有人通过中国境内非营利的社会团体、国家机关将房屋产权、土地使用权赠与教育、民政和其他社会福利、公益事业的,不征土地增值税。

因而,选项A正确。

三、转让码头泊位、机场跑道等基础设施性质建筑物征税问题

根据《国家税务总局关于转让地上建筑物土地增值税征收问题的批复》(国

税函〔2010〕347号）的规定，对转让码头泊位、机场跑道等基础设施性质的建筑物行为，应当征收土地增值税。

四、转让集体土地及其地上建筑物是否征收土地增值税问题

根据《土地增值税暂行条例》第二条的规定，转让国有土地使用权、地上的建筑物及其附着物并取得收入的单位和个人，为土地增值税的纳税义务人，应当依照该条例缴纳土地增值税。

因此，转让集体土地及其地上建筑物、附着物不属于《土地增值税暂行条例》规定的征税范围，不需要缴纳土地增值税。

五、出租开发产品取得的租金收入是否征税问题

根据《国家税务总局关于房地产开发企业土地增值税清算管理有关问题的通知》（国税发〔2006〕187号）的规定，房地产开发企业将开发的部分房地产转为企业自用或用于出租等商业用途时，如果产权未发生转移，不征收土地增值税，在税款清算时不列收入，不扣除相应的成本和费用。

因此，房地产开发企业将开发的部分房地产用于对外出租，如果产权未发生转移，不征收土地增值税，在税款清算时不列收入，不扣除相应的成本和费用。

六、车库或车位以租代售收入是否征收土地增值税问题

根据《国家税务总局关于房地产开发企业土地增值税清算管理有关问题的通知》（国税发〔2006〕187号）的规定，房地产开发企业将开发的部分房地产用于对外出租，如果产权未发生转移，不征收土地增值税，在税款清算时不列收入，不扣除相应的成本和费用。

因此，车库或车位以租代售不涉及权属转移的应认定为租赁，其收入不征收土地增值税，同时相应的成本费用也不予扣除。

七、转让地下建筑物产权是否征收土地增值税问题

《土地增值税暂行条例实施细则》第三条规定，国有土地，是指按国家法律规定属于国家所有的土地；地上的建筑物，是指建于土地上的一切建筑物，包括地上地下的各种附属设施。

根据上述规定，地上的建筑物是指建于土地上的一切建筑物，包括地上、地

下的各种附属设施。因而,转让地下建筑物产权应当缴纳土地增值税。

八、房地产抵押是否征收土地增值税问题

根据《土地增值税暂行条例》第二条的规定,转让国有土地使用权、地上的建筑物及其附着物并取得收入的单位和个人,为土地增值税的纳税义务人,应当依照该条例缴纳土地增值税。

因此,房地产抵押的在抵押期间由于权属未发生转移不征土地增值税,抵押期满后如房地产权属未转移的不征土地增值税;如以房地产抵债而发生房地产权属转移的应征土地增值税。房地产抵押的税务处理如图 1-2 所示。

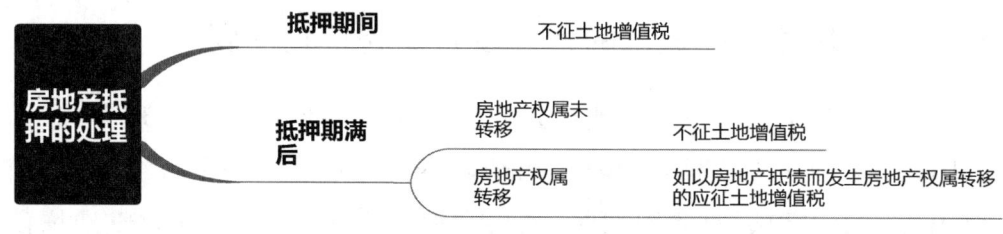

图 1-2　房地产抵押的处理

九、合作建房行为是否征收土地增值税问题

(一) 基本规定

根据《财政部　国家税务总局关于土地增值税一些具体问题规定的通知》(财税字〔1995〕48 号)的规定,对于一方出地,一方出资金,双方合作建房,建成后按比例分房自用的,暂免征收土地增值税;建成后转让的,应征收土地增值税。合作建房的土地增值税处理如图 1-3 所示。

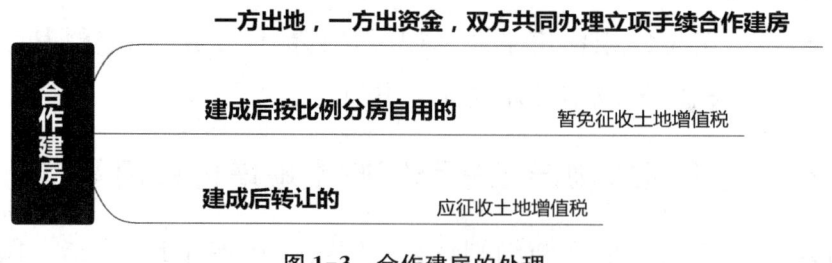

图 1-3　合作建房的处理

(二) 地方具体规定

根据《重庆市地方税务局关于土地增值税若干政策执行问题的公告》(重庆

市地方税务局公告 2014 年第 9 号）第三条第二项的规定，一方出土地，一方出资金，双方合作建房，出土地方取得货币性收入的，应对其取得收入部分按规定征收土地增值税。

重庆市关于合作建房的执行口径为：根据房地产开发（项目联建）相关法律法规规定，房地产开发活动中的合作建房也称项目联建，典型（标准）模式为：一方将已取得的存量土地变更为与房地产企业共有，双方共同实施项目报建，项目由房地产企业出资金主导开发，项目建成后各自分回房产（按约定分别初始确权）。

1. 免征土地增值税的合作建房的两大核心条件

一是存量土地变更为各方共有；二是房地产项目竣工后各方分别初始确权。合作建房以土地变更为两方共有为前提，非共有土地情形下的单方开发、单方销售（或"委托"销售）不属于上述合作建房，主要包括：

（1）出土地方将土地使用权全部转移给房地产企业，分房、分利润。

（2）出土地方将土地使用权作价投资到房地产企业。

（3）土地被国家收回后出让给房地产企业，房地产企业对被收回单位给予拆迁还房。

（4）房地产企业与其他企业共同拿地、开发。

2. 合作建房的土地增值税认定涉及两个主体（出地方、出资方）和三个环节

（1）土地变更共有环节。对出土地方转让土地，免征土地增值税。

（2）房产分配环节。对出资金方（房地产企业）向出土地方分配房产（双方按约定分别初始确权或者初始确权为共有后实施分割），免征（不征收）土地增值税。

（3）房产销售环节。出资金方对外销售房产，纳入房地产项目土地增值税预征及清算管理；出土地方将分回房产再转让属于转让旧房的，适用旧房转让相关规定。

十、合作开发中只提供土地或资金不承担经营风险征税问题

根据最高人民法院《关于审理涉及国有土地使用权合同纠纷案件适用法律问题的解释》（法释〔2005〕5 号）第二十四、二十五、二十六、二十七条的规定，合作开发房地产合同约定提供土地使用权的当事人不承担经营风险，只收取固定利益的，应当认定为土地使用权转让合同。合作开发房地产合同约定提供资金的当事人不承担经营风险，只分配固定数量房屋的，应当认定为房屋买卖合同。合

作开发房地产合同约定提供资金的当事人不承担经营风险,只收取固定数额货币的,应当认定为借款合同。合作开发房地产合同约定提供资金的当事人不承担经营风险,只以租赁或者其他形式使用房屋的,应当认定为房屋租赁合同。

因此,对于合作开发过程中,对约定提供土地使用权的当事人不承担经营风险,只收取固定利益的,应当认定为土地使用权转让合同,按规定征收土地增值税。对合作开发房地产合同约定提供资金的当事人不承担经营风险,只分配固定数量房屋的,应当认定为房屋买卖合同,按规定征收土地增值税。对于合作开发房地产合同约定提供资金的当事人不承担经营风险,只收取固定数额货币和以租赁或者其他形式使用房屋的,未发生产权转移的,不征土地增值税。合作开发房地产的税务处理如图 1-4 所示。

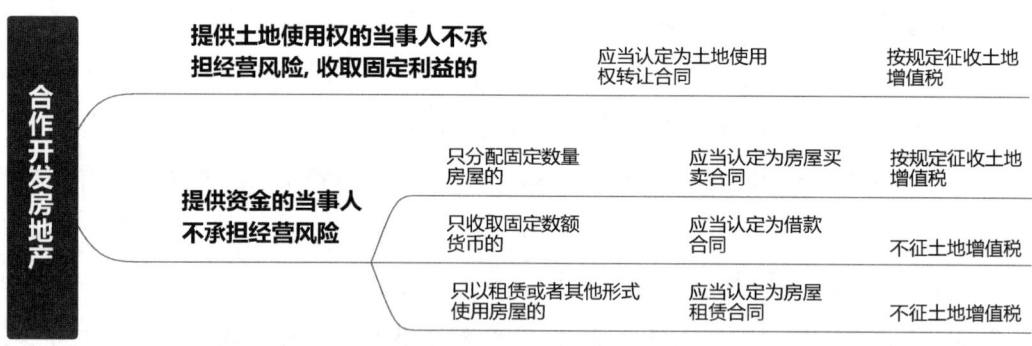

图 1-4 合作开发房地产的处理

十一、一方出地另一方出资以房地产开发企业资质开发的征税问题

【问】 甲房地产开发企业名下有一宗土地,甲房地产企业与另一公司成立项目部,合作开发土地,甲房地产企业以土地投资,另一公司以资金投资,成立的项目部以房地产企业资质开发。

请问该房地产企业将土地交付项目部时如何缴纳土地增值税?

【解析】 根据《土地增值税暂行条例》第二条的规定,转让国有土地使用权、地上的建筑物及其附着物并取得收入的单位和个人,为土地增值税的纳税义务人,应当依照该条例缴纳土地增值税。

因此,以房地产企业名义和资质实行项目合作开发,未签订土地使用权转让协议或合同,房地产企业将土地交付项目部时土地使用权未发生转移,不发生土地增值税纳税义务。

十二、土地、房屋等不动产评估增值是否征收土地增值税问题

根据《土地增值税暂行条例》第二条的规定,转让国有土地使用权、地上的建筑物及其附着物并取得收入的单位和个人,为土地增值税的纳税义务人,应当依照该条例缴纳土地增值税。

纳税人土地、房屋等不动产评估增值过程中,未发生土地、房屋产权转让行为,因此不属于土地增值税的征税范围。

十三、房地产企业代建房屋行为是否征收土地增值税问题

根据《土地增值税暂行条例》第二条的规定,转让国有土地使用权、地上的建筑物及其附着物并取得收入的单位和个人,为土地增值税的纳税义务人,应当依照该条例缴纳土地增值税。对于"代建"行为需区分两种情形处理:

（1）如果代建方以自己名义进行项目立项,在取得国有土地使用权和报批报建手续后,由施工企业建设不动产,在项目完工后移交委托方的,其实质属于代建方自行开发并转让房地产项目,应按规定征收土地增值税;

（2）如果房地产代建工程项目由委托方立项、委托方拥有土地使用权、房屋的权属归委托方、签订委托代建合同,代建方按照代建工程项目总投资的一定比例收取代建服务费或按代建工程的建筑面积定额收取代建服务费的,其业务实质是代建方提供了一种特殊的工程管理服务,未发生国有土地使用权、房屋产权转让,不征收土地增值税。

代建房屋的土地增值税处理,如图 1-5 所示。

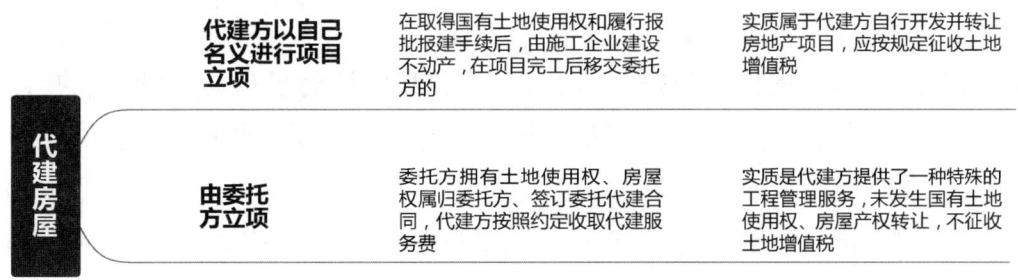

图 1-5　代建房屋的土地增值税处理

十四、公司名下房产无偿赠送给关联企业是否征税问题

根据《土地增值税暂行条例》第三条的规定,转让国有土地使用权、地上的建

筑物及其附着物并取得收入的单位和个人,为土地增值税的纳税义务人,应当依照该条例缴纳土地增值税。根据《土地增值税暂行条例实施细则》第 2 条的规定,转让国有土地使用权、地上的建筑物及其附着物并取得收入,是指以出售或者其他方式有偿转让房地产的行为,不包括以继承、赠与方式无偿转让房地产的行为。

根据《财政部 国家税务总局关于土地增值税一些具体问题规定的通知》(财税字〔1995〕48 号)第四条的规定,这里所称的不征土地增值税的"赠与"是指如下情况:

(1) 房产所有人、土地使用权所有人将房屋产权、土地使用权赠与直系亲属或承担直接赡养义务人的。

(2) 房产所有人、土地使用权所有人通过中国境内非营利的社会团体、国家机关将房屋产权、土地使用权赠与教育、民政和其他社会福利、公益事业的。

因此,公司将房产无偿赠与关联企业不符合上述不征土地增值税条件,应按规定缴纳土地增值税。

十五、房产所有人将房屋产权赠与直系亲属是否征税问题

(一) 土地增值税处理

根据《财政部 国家税务总局关于土地增值税一些具体问题规定的通知》(财税字〔1995〕48 号)规定,《土地增值税暂行条例实施细则》第二条所称不征土地增值税的"赠与"是指如下情况:

(1) 房产所有人、土地使用权所有人将房屋产权、土地使用权赠与直系亲属或承担直接赡养义务人的。

(2) 房产所有人、土地使用权所有人通过中国境内非营利的社会团体、国家机关将房屋产权、土地使用权赠与教育、民政和其他社会福利、公益事业的。

因此,房产所有人将房屋产权赠与直系亲属,不需要缴纳土地增值税。

(二) 个人所得税处理

根据《财政部 税务总局关于个人取得有关收入适用个人所得税应税所得项目的公告》(财政部 税务总局公告 2019 年第 74 号)第二条的规定,房屋产权所有人将房屋产权无偿赠与他人的,受赠人因无偿受赠房屋取得的受赠收入,按照"偶然所得"项目计算缴纳个人所得税。按照《财政部 国家税务总局关于个人无偿受赠房屋有关个人所得税问题的通知》(财税〔2009〕78 号)第一条规定,符合以下情形的,对当事双方不征收个人所得税:

（1）房屋产权所有人将房屋产权无偿赠与配偶、父母、子女、祖父母、外祖父母、孙子女、外孙子女、兄弟姐妹。

（2）房屋产权所有人将房屋产权无偿赠与对其承担直接抚养或者赡养义务的抚养人或者赡养人。

（3）房屋产权所有人死亡，依法取得房屋产权的法定继承人、遗嘱继承人或者受遗赠人。

前款所称受赠人的应纳税所得额按照财税〔2009〕78号文件第四条规定计算。即，对受赠人无偿受赠房屋计征个人所得税时，其应纳税所得额为房地产赠与合同上标明的赠与房屋价值减除赠与过程中受赠人支付的相关税费后的余额。赠与合同标明的房屋价值明显低于市场价格或房地产赠与合同未标明赠与房屋价值的，税务机关可依据受赠房屋的市场评估价格或采取其他合理方式确定受赠人的应纳税所得额。

根据财税〔2009〕78号第五条的规定，受赠人转让受赠房屋的，以其转让受赠房屋的收入减除原捐赠人取得该房屋的实际购置成本以及赠与和转让过程中受赠人支付的相关税费后的余额，为受赠人的应纳税所得额，依法计征个人所得税。

受赠人转让受赠房屋价格明显偏低且无正当理由的，税务机关可以依据该房屋的市场评估价格或其他合理方式确定的价格核定其转让收入。

十六、不征土地增值税的"赠与"的范围界定

根据《财政部　国家税务总局关于土地增值税一些具体问题规定的通知》（财税字〔1995〕48号）第四条的规定，不征土地增值税的"赠与"是指如下情况：

（1）房产所有人、土地使用权所有人将房屋产权、土地使用权赠与直系亲属或承担直接赡养义务人的。

（2）房产所有人、土地使用权所有人通过中国境内非营利的社会团体、国家机关将房屋产权、土地使用权赠与教育、民政和其他社会福利、公益事业的。

上述社会团体是指中国青少年发展基金会、希望工程基金会、宋庆龄基金会、减灾委员会、中国红十字会、中国残疾人联合会、全国老年基金会、老区促进会以及经民政部门批准成立的其他非营利的公益性组织。

对不符合上述不征土地增值税规定的捐赠房地产，应按视同销售征收土地增值税。

【例1-2·多选】　下列情形中，应征收土地增值税的有（　　）。

A. 房产所有权人将房屋产权赠与直系亲属

B. 个人之间互换自有居住用房地产

C. 用自有国有土地使用权交换房地产企业的股权

D. 企业之间等价互换自有的房地产

E. 房地产评估增值

【解析】　根据《土地增值税暂行条例》及其实施细则的规定,凡转让国有土地使用权、地上的建筑物及其附着物并取得收入的行为都应缴纳土地增值税。而房地产评估增值,由于没有转让国有土地使用权,因而不征土地增值税。

根据财税字〔1995〕48号文件第四条的规定,房产所有人、土地使用权所有人将房屋产权、土地使用权赠与直系亲属或承担直接赡养义务人的,不征土地增值税。因而,选项A错误。

对个人之间互换自有居住用房地产的,免征土地增值税。因而,选项B错误。

房地产评估增值,并没有发生转让房地产,不征土地增值税,因而选项E错误。

综上,本题应选CD。

十七、以土地换房屋征收土地增值税问题

根据《土地增值税暂行条例》第二条的规定,转让国有土地使用权、地上的建筑物及其附着物并取得收入的单位和个人,为土地增值税的纳税义务人,应当依照该条例缴纳土地增值税。

因此,纳税人以土地换房屋(不含合作建房),应对转让房屋和转让土地的双方分别征收土地增值税,其计税依据为房屋(土地)的交易价(或评估价)。

十八、转让土地同时转让地上花草树木是否征税问题

根据《土地增值税暂行条例》第二条的规定,转让国有土地使用权、地上的建筑物及其附着物并取得收入的单位和个人,为土地增值税的纳税义务人,应当依照该条例缴纳土地增值税。

"花草树木"属于土地附着物。因此,转让国有土地使用权同时转让地上花草树木并取得收入的行为属于土地增值税征税范围。单纯转让花草树木而未同时转让国有土地使用权的行为不属于土地增值税征税范围。

十九、企业注销房产转回到投资者名下是否征税问题

由于公司股东与公司是两个不同的纳税人和民事主体,公司注销将公司房

产分配给股东,需要按照视同销售缴纳土地增值税。

合伙人与合伙企业也是民法上的不同民事主体,合伙企业注销,将合伙企业名下的房地产登记到合伙人名下,需要按照视同销售缴纳土地增值税。

根据《个人独资企业法》第十七条的规定,个人独资企业投资人对本企业的财产依法享有所有权,其有关权利可以依法进行转让或继承。因此,曾有某省明确对于个人独资企业注销时房产再变更回原投资人名下的,未发生转让,不征土地增值税;如投资人发生变更的,房产实际发生了转让,应征收土地增值税。

二十、仅转让房屋不转让土地是否征收土地增值税问题

【问】　因为历史原因,土地在 B 公司名下,而土地上的房屋属于 A 公司,A 公司转让此房屋,是否要征收土地增值税?

【解析】　根据《土地增值税暂行条例》第二条的规定,转让国有土地使用权、地上的建筑物及其附着物并取得收入的单位和个人,为土地增值税的纳税义务人,应当依照该条例缴纳土地增值税。

因此,仅转让地上建筑物,所占用的土地使用权未发生转移,不属于土地增值税的征收范围。

二十一、转让超规划多建的地下或地上楼层是否征税问题

根据《土地增值税暂行条例》第二条的规定,转让国有土地使用权、地上的建筑物及其附着物并取得收入的单位和个人,为土地增值税的纳税义务人,应当依照该条例缴纳土地增值税。

因此,开发商超规划多建的地下或地上楼层转让的,如最终形成房地产权属转移的应征收土地增值税,未构成房地产权属转移的不征收土地增值税。

第五节　税率与预征率

一、土地增值税的税率

根据《土地增值税暂行条例》第七条的规定,土地增值税实行四级超率累进税率:

增值额未超过扣除项目金额 50% 的部分,税率为 30%。

增值额超过扣除项目金额 50％、未超过扣除项目金额 100％的部分,税率为 40％。

增值额超过扣除项目金额 100％、未超过扣除项目金额 200％的部分,税率为 50％。

增值额超过扣除项目金额 200％的部分,税率为 60％。

根据《土地增值税暂行条例实施细则》第十条的规定,土地增值税四级超率累进税率,每级"增值额未超过扣除项目金额"的比例,均包括本比例数。比如,增值额未超过扣除项目金额 50％的部分,包括 50％在内,均适用 30％的税率。

土地增值税采用四级超率累进税率,最低税率为 30％,最高税率为 60％。超率累进税率是以征税对象数额的相对率为累进依据,按超累方式计算和确定适用税率。在确定适用税率时,首先要确定征税对象数额的相对率。即以增值额与扣除项目金额的比率(增值率)从低到高划分为 4 个级次,即增值额未超过扣除项目金额 50％的部分;增值额超过扣除项目金额 50％,未超过 100％的部分;增值额超过扣除项目金额 100％,未超过 200％的部分;增值额超过扣除项目金额 200％的部分,四级分别适用 30％、40％、50％、60％的税率。

二、土地增值税的预征率

(一)预征率的确定原则

土地增值税是保障收入公平分配、促进房地产市场健康发展的有力工具。预征是土地增值税征收管理工作的基础,是实现土地增值税调节功能、保障税收收入均衡入库的重要手段。

根据《国家税务总局关于加强土地增值税征管工作的通知》(国税发〔2010〕53 号)第二条的规定,除保障性住房外,东部地区省份预征率不得低于 2％,中部和东北地区省份不得低于 1.5％,西部地区省份不得低于 1％,各地要根据不同类型房地产确定适当的预征率(地区的划分按照国务院有关文件的规定执行)。对尚未预征或暂缓预征的地区,应切实按照税收法律法规开展预征,确保土地增值税在预征阶段及时、充分发挥调节作用。

(二)上海市的预征率与预征办法

《上海市地方税务局关于调整住宅开发项目土地增值税预征办法的公告》(上海市地方税务局公告 2010 年第 1 号)规定:

(1)按不同的销售价格确定土地增值税预征率。除保障性住房外,住宅开发项目销售均价低于项目所在区域(区域按外环内、外环外划分)上一年度新建商品住房平均价格的,预征率为2%;高于但不超过1倍的,预征率为3.5%;超过1倍的,预征率为5%。

项目所在区域上一年度新建商品住房平均价格按市房屋主管部门提供的数据为准。

(2)房地产开发企业开发住宅项目的,以项目为单位预缴土地增值税。分期开发的,以分期项目为单位预缴土地增值税。

(3)住宅开发项目销售均价按以下公式计算:

项目销售均价=项目可售住房总销售价格÷项目可售住房总建筑面积

项目可售住房总销售价格、总建筑面积按房屋主管部门备案通过的该项目"商品房销售方案"中可售住房的销售价格和建筑面积计算。

(4)项目分批申报备案的,房地产开发企业应按最新备案通过的可售住房的销售价格和建筑面积重新计算确定项目销售均价,并调整土地增值税预征率。备案通过后的次月起按调整后的预征率执行。

(5)房地产开发企业应当在项目的"销售方案"向房屋主管部门申报备案通过后的10日内,将房屋主管部门签发的《商品房销售方案备案证明》及"销售方案"报送主管税务机关。

(三)江苏省的预征率与预征办法

自2016年8月1日起,《江苏省地方税务局关于调整土地增值税预征率的公告》(苏地税规〔2016〕2号)规定,江苏省土地增值税预征率调整为:

(1)除下列(2)、(3)项规定的情形外,南京市、苏州市市区(含工业园区)普通住宅、非普通住宅、其他类型房产的预征率分别为2%、3%、4%;其他地区普通住宅、非普通住宅、其他类型房产的预征率均为2%。

(2)预计增值率大于100%且小于或等于200%的房地产开发项目,预征率为5%;预计增值率大于200%的房地产开发项目,预征率为8%。

(3)公共租赁住房、廉租住房、经济适用房、城市和国有工矿棚区改造安置住房等保障性住房,仍暂不预征。

自2014年1月1日至2016年7月31日,根据《江苏省地方税务局关于土地增值税预征率的公告》(苏地税规〔2013〕5号)的规定,江苏省普通住宅土地增值税按2%预征率预征。公共租赁住房、廉租住房、经济适用住房、城市和国有工矿棚区改造安置住房等保障性住房暂不实行预征。

自 2013 年 7 月 1 日至 2016 年 7 月 31 日,根据《江苏省地方税务局关于明确税款征收标准的公告》(苏地税规〔2013〕2 号)第七条的规定,土地增值税预征率如表 1-2 所示。公共租赁住房、廉租住房、经济适用住房、城市和国有工矿棚区改造安置住房等保障性住房暂不实行预征。

表 1-2 江苏土地增值税预征率

所在区域	普通标准住宅以外的住宅预征率	非住宅类房产预征率
省辖市市区	3%	4%
县(含县级市)	2%	2%

(四)安徽省的预征率及预征办法

根据《安徽省地方税务局关于进一步明确土地增值税预征率有关问题的通知》(皖地税函〔2007〕415 号)和《安徽省地方税务局关于调整保障性住房土地增值税预征率的公告》(安徽省地方税务局公告 2017 年第 9 号)的规定,安徽省的土地增值税预征率为:

(1)普通标准住宅,预征率在 1% 以内。

(2)营业用房,预征率为 1%~2%。

(3)别墅、高级公寓、度假村,预征率为 1%~3%。

(4)保障性住房土地增值税预征率统一为 0。

(5)其他类型房地产,预征率为 0.5%~2%。

各市税务机关,应在规定的幅度标准范围内,根据当地实际情况,确定各类房地产土地增值税预征率。

(五)福建省的预征率与预征办法

《国家税务总局福建省税务局关于土地增值税若干政策问题的公告》(国家税务总局福建省税务局公告 2018 年第 21 号)第二条"关于土地增值税预征率问题"规定:

(1)除保障性住房实行零预征率外,各地不同类型房地产预征率如下:

① 普通住房 2%。

② 非普通住房,福州市 4%,其他设区市 3%。

③ 非住房,福州市 6%,其他设区市 5%。其中非住房中的工业厂房 2%。

房地产开发企业应当对适用不同预征率的不同类型房地产销售收入分别核算并申报预缴;对未分别核算预缴的,从高适用预征率预征土地增值税。

(2)对测算的土地增值税税负率明显偏高的房地产开发项目,可以实行单项预征率,即在房地产预售环节,依据房地产开发项目取地成本、销售价格、预计的开发成本及开发费用等情况,测算应纳土地增值税税额(考虑普通住房免税因素后),以测算的应纳税额除以预计的转让收入,计算出该项目土地增值税税负率水平;若测算的税负率水平,明显高于以预征率测算的预征税额计算出的项目整体预征率水平的,可以实行单项预征率预征。

单项预征率按照对该项目测算的土地增值税税负率水平合理确定,并依据税负变化情况适时调整。

确定单项预征率未超过 6%(含)的,由县级税务机关领导班子集体审议确定;确定单项预征率超过 6% 的,报经设区市级税务机关领导班子集体审议确定。

各县级税务机关应将单项预征率的执行情况于年后 15 日内报告设区市级税务机关,各设区市级税务机关经汇总后在年后 30 日内报省局备案。

(六) 厦门市的土地增值税预征率

《国家税务总局厦门市税务局关于土地增值税预征和核定征收有关事项的公告》(国家税务总局厦门市税务局公告 2018 年第 10 号)第一条"关于土地增值税预征率"规定:

(1) 对社会保障性住房不预征土地增值税。

(2) 普通标准住宅 2%。

(3) 非普通标准住宅 4%。

(4) 商品工业厂房 2%。

(5) 除商品工业厂房以外的其他非住宅类型房地产 6%。

(七) 广西省的土地增值税预征率

《国家税务总局广西壮族自治区税务局关于调整土地增值税预征率的公告》(国家税务总局广西壮族自治区税务局公告 2018 年第 3 号)规定:

(1) 对房地产开发企业开发的保障性住房,暂不预征土地增值税。

(2) 对房地产开发企业开发的普通住房,按 1% 的预征率预征土地增值税。

(3) 对房地产开发企业开发的非普通住房,按 2%～3% 的预征率预征土地增值税。

(4) 对房地产开发企业开发的商铺和其他房产,按 3%～5% 的预征率预征土地增值税。

各设区的市税务机关应根据当地的实际情况,在上述规定的预征率幅度内,确定各县(区、市)具体的预征率,并报广西壮族自治区税务局批准后执行。

（八）辽宁省的土地增值税预征率

1. 预征土地增值税范围

根据《辽宁省土地增值税预征管理规定》[辽地税发〔2006〕86号印发，根据《国家税务总局辽宁省税务局关于发布修改部分税收规范性文件的公告》（国家税务总局辽宁省税务局公告2018年第3号）修改，下同]第二条的规定，从事房地产开发业务的纳税人（以下简称纳税人），在土地增值税未清算前，转让房地产取得的收入，预征土地增值税；对列入政府"经济适用住房"建设计划（包括"棚户区"改造项目）经政府及有关部门批准，并符合"经济适用住房"建设标准的建设项目，暂不预征土地增值税。

对房地产开发企业的预收房款（不含本规定第六条清算后的预收房款），预征土地增值税。

2. 土地增值税的预征率

根据《辽宁省土地增值税预征管理规定》第三条的规定，辽宁省土地增值税的预征率如下：

（1）住宅（不包括商务住宅）预征率为1%。

（2）商务住宅、非住宅地上建筑物及其附着物预征率为1.5%～3%，具体预征率由各市税务局在规定的幅度内确定，并报省税务局备案。

3. 未按规定期限预缴土地增值税加收滞纳金

根据《辽宁省土地增值税预征管理规定》第四条的规定，纳税人取得转让房地产收入和预收房款，应按规定期限向房地产所在地主管税务机关办理申报纳税。对未按规定期限预缴土地增值税的，从限定缴纳税款期限届满的次日起，按日加收滞纳金。

（九）深圳市的土地增值税预征率

根据《深圳市地方税务局关于调整我市土地增值税预征率的公告》（深地税告〔2010〕6号）的规定，深圳市从2010年8月1日（征收期）开始调整土地增值税预征率，具体调整如下：

普通标准住宅按销售收入2%预征，别墅为4%，其他类型房产为3%。

普通标准住宅执行标准按照《关于对我市土地增值税普通标准住宅执行标准进行调整的批复》（深府办函〔2006〕86号）规定执行。

根据《关于对我市土地增值税普通标准住宅执行标准进行调整的批复》（深府办函〔2006〕86号）的规定，从2006年10月1日起，对深圳市土地增值税"普通标准住宅"执行标准进行调整,具体为:住宅小区建筑容积率在 1.0 以上、单套住房套内建设面积 120 平方米以下或单套建筑面积 144 平方米以下、实际成交价格低于同级别土地上住房平均交易价格的 1.44 倍以下。

(十) 湖北省的土地增值税预征率

自 2018 年 6 月 15 日起,《国家税务总局湖北省税务局关于我省土地增值税预征率和核定征收率有关事项的公告》(国家税务总局湖北省税务局公告 2018 年第 6 号)规定,湖北省的土地增值税预征率,按普通住房、非普通住房及其他类型房地产 3 种划分,分别为 1.5%、4%、6%。各市、州税务机关可在此基础上,根据当地房地产市场实际情况,对所辖县(市、区)非普通住宅、其他类型房地产两类预征率上下浮动 0.5% 予以确定。

建造工业园区内的工业厂房车间预征土地增值税的,按照当地普通住宅预征率标准执行。

房地产开发项目中,对建造的政府廉租房、公共租赁住房等保障性住房,以及建造的限套型、限房价、限销售对象等"双限""三限"房屋,暂停预征土地增值税。

(十一) 甘肃省的土地增值税预征率

根据《国家税务总局甘肃省税务局关于调整土地增值税预征率、核定征收率的公告》(国家税务总局甘肃省税务局公告 2018 年第 10 号,自 2018 年 7 月 1 日起执行,有效期为 5 年)的规定,从事房地产开发的纳税人转让房地产取得的收入,均应按规定的预征率预缴土地增值税。除保障性住房(各级人民政府或者指定经营单位回购的廉租住房、公共租赁住房,以及按照政策规定向特定对象销售的经济适用住房)暂不预征土地增值税外,其他房地产按以下预征率预征土地增值税:

(1) 兰州市城关区、七里河区、西固区,兰州经济技术开发区,天水市秦州区、麦积区,嘉峪关市及其他地级市政府(不包括临夏州、甘南州)所在区的普通住宅为 2%,非普通住宅为 3%,其他类型房地产为 5%。

(2) 临夏州、甘南州、兰州新区及不属于第(1)款的其他县(市、区)普通住宅为 1%,非普通住宅为 1.5%,其他类型房地产为 4%。

(十二) 青海省的土地增值税预征率

根据《国家税务总局青海省税务局关于明确土地增值税预征率、核定征收率的公告》(国家税务总局青海省税务局公告 2020 年第 8 号)第一条的规定,青海省的土地增值税的预征率如表 1-3 所示。

表 1-3   **青海省的土地增值税预征率表**

地区	房地产项目类型	预征率	
全省	保障性住房	0%	
	普通住宅	1%	
	非普通住宅	1%	
西宁市(不含湟中县、大通县、湟源县)、西宁经济技术开发区	其他商品房	商铺	4%
		其他	3%
海东市、海西州、海南州、海北州、黄南州及湟中县、大通县、湟源县	其他商品房	2%	
玉树州、果洛州	其他商品房	1.5%	

非普通住宅是指除普通标准住宅以外的其他住宅。其他商品房是指除普通住宅和非普通住宅以外的其他类型房地产项目(如商铺、车库、写字楼等,下同)。纳税人既建造保障性住房、普通住宅、非普通住宅又建造其他商品房的,应按适用不同预征率的房地产转让项目分别核算,对不能分别核算或核算不清的一律从高适用预征率。

(十三)重庆市的预征率与预征办法

根据《重庆市财政局　重庆市地税局关于印发土地增值税等财产行为税政策执行问题处理意见的通知》(渝财税〔2015〕93 号)的规定,土地增值税实行按月预征,税款缴纳期限为次月的 15 日内。土地增值税预征的计税收入为房地产企业办理商品房预售许可后,依据商品房买卖合同实际取得的售房款项。税务机关受理房地产企业清算申报后至清算结论下达前,企业再转让该清算单位中的普通住宅,暂不预征土地增值税;清算审核结论下达后,应按规定征收税款。

根据《重庆市地方税务局关于土地增值税若干政策执行问题的公告》(重庆市地方税务局公告 2014 年第 9 号)第三条第三项的规定,以下类型的房地产项目,对住宅转让不预征土地增值税:

(1)棚户区或危旧房改造安置房项目。

(2)经济适用房项目。

(3)政府实施的征地(拆迁)安置房项目。

(4)符合国家规定的其他保障性住宅项目。

不预征土地增值税的房地产项目,应提供政府或者房管、建委等相关部门证明材料。保障性房地产项目向单位以及保障对象以外的个人转让住房应按规定预征土地增值税。

下列项目不属于土地增值税预征计税依据：

（1）未取得预售许可或者未签订正式商品房买卖合同，收取的"售房款"、诚意金、订金、定金等。

（2）未实际收到的按揭款。

（3）以投资、分配、抵债、还房等形式转让房产（未取得货币性收入）。

（4）未转让房产而取得的相关款项：因房产购买方违约而不予退还的定（订）金或者收取的违约金等。

根据《重庆市地方税务局关于进一步落实市政府涉企政策促进经济平稳发展的通知》（渝地税发〔2016〕55号）的规定，从2016年2月1日起（收入所属时间），非普通标准住宅、非住宅（商业用房、车库等）土地增值税预征率下调至2%。

（十四）贵州省的预征率与预征办法

《贵州省地方税务局关于调整土地增值税预征率问题的通知》（黔地税发〔2008〕61号，根据2018年6月15日《国家税务总局贵州省税务局关于发布修改的税收规范性文件目录的公告》修正）规定，自2008年7月1日起，贵州省土地增值税预征率调整如下：

（1）普通标准住宅，预征率调整为1%。

（2）非普通标准住宅，预征率调整为2%。

（3）营业用房，预征率调整为3%。

（4）其他房产，预征率调整为1.5%。

纳税人在开发项目中既建普通标准住宅又进行其他类型房地产开发的，应分别核算其增值额。纳税人不分别核算或不能分别核算的，从高适用预征率。凡符合《国家税务总局关于房地产开发企业土地增值税清算管理有关问题的通知》（国税发〔2006〕187号）规定清算条件的纳税人，主管税务机关应要求其及时进行土地增值税清算。对按照规定实行核定征收土地增值税的房地产开发企业，税务机关可参照与其开发规模和收入水平相近的当地房地产开发企业的土地增值税税负情况，区别不同类型房地产，按不低于规定的预征率确定合理的征收率核定征收土地增值税。

（十五）北京市的预征率与预征办法

《北京市地方税务局　北京市住房和城乡建设委员会关于进一步加强房地产市场调控有关税收问题的公告》[北京市地方税务局公告2011年第5号，根据《国家税务总局北京市税务局关于修改部分税收规范性文件的公告》（国家税务总局北京市税务局公告 2018 年第 2 号)修改]第一条"关于差别化土地增值税预征率问题"规定,对房地产开发企业销售商品房取得的收入,按如下规定实行差别化土地增值税预征率:

(1)房地产开发企业按照政策规定销售各类保障性住房取得的收入,暂不预征土地增值税。

保障性住房是指各级人民政府或者指定经营单位回购的廉租住房、公共租赁住房,以及按照政策规定向特定对象销售的经济适用住房、限价商品房(含比照经济适用住房、限价商品房管理)等具有保障性质的各类住房。

(2)房地产开发企业销售新办理预售许可和现房销售确认的商品房取得的收入,按照预计增值率实行 2% 至 5% 的幅度预征率。

容积率小于 1.0 的房地产开发项目,最低按照销售收入的 3% 预征土地增值税。

(3)房地产开发企业销售在本公告发布之前已办理预售许可和现房销售确认的商品房取得的收入,仍按照《北京市住房和城乡建设委员会 北京市财政局 北京市地方税务局关于贯彻落实国家有关部门房地产市场宏观调控政策有关问题的通知》(京建发〔2010〕677 号)中确定的土地增值税预征率执行。

(4)关于实行土地增值税幅度预征率的相关问题。房地产开发企业应当在商品房预售方案和现房销售方案中填报土地成本、建安成本和销售价格等信息,并匡算预计增值额和增值率,市住房城乡建设部门将上述信息及时传递至市税务部门;主管税务机关接收信息后,以《税务事项通知书》的形式告知纳税人,要求其在征期内按照规定的预征率计算缴纳土地增值税。

(十六)天津市的预征率与预征办法

《国家税务总局天津市税务局关于土地增值税征管有关事项的公告》(国家税务总局天津市税务局 2019 年第 13 号)规定:

(1)对从事房地产开发的纳税人按政府有关部门批准建造出售的经济适用房、限价商品房等社会保障性住房项目暂不预缴土地增值税。

(2)对其他从事房地产开发的纳税人应区分普通住宅、非普通住宅和其他类型房地产,分别以各类型房地产土地增值税预征的计征依据,乘以下列预征率计算预缴土地增值税。

坐落于天津市和平区、河东区、河西区、南开区、河北区和红桥区行政区域内的房地产开发项目的土地增值税预征率为:普通住宅 3%、非普通住宅 4%、其他类型房地产5%。

坐落于天津市上述行政区域外的房地产开发项目土地增值税预征率为：普通住宅2%、非普通住宅3%、其他类型房地产4%。

"土地增值税预征的计征依据"按照《国家税务总局关于营改增后土地增值税若干征管规定的公告》(国家税务总局公告2016年第70号)规定确认。

（3）房屋类型的认定以纳税人签订商品房买卖合同上标注的设计用途为准,房屋用途不明确或混合用途的,不得认定为居住用房。

（4）房地产开发项目中的普通住宅,按我市公布的普通住宅标准为依据进行确定,其适用时间以纳税人签订商品房买卖合同的时间为准。

（5）从事房地产开发的纳税人应分月预缴土地增值税,自月份终了之日起十五日内到主管税务机关申报缴纳税款。对未按规定期限缴纳税款的,从缴纳期限届满次日起加收滞纳金。

（十七）浙江省的预征率与预征办法

《浙江省地方税务局关于土地增值税征管若干问题的规定》(浙江省地方税务局公告2010年第2号)规定,自2010年7月1日(税款所属期)起,除保障性住房外,其他房地产开发项目的土地增值税预征率一律不得低于2%。各市、县税务局可依据当地房地产市场的发展现状,科学分析不同类型房地产开发项目的增值水平,确定适当的差别预征率,强化土地增值税的预征管理。

房地产开发企业须严格按税收法律法规和相关会计准则规定核算销售收入、扣除项目金额和增值额,符合清算条件的房地产开发项目,应及时向主管地税务机关报送土地增值税的清算资料。自2010年7月1日起,对确需进行核定征收的房地产开发项目,应严格按照国税发〔2010〕53号文件要求,其核定征收率原则上不得低于5%。

（十八）四川省的预征率与预征办法

《四川省地方税务局 四川省财政厅关于土地增值税征管问题的公告》(四川省地方税务局公告2010年第1号)规定中第一条规定,为发挥土地增值税在预征阶段的调节作用,均衡税款入库,降低欠税风险,经研究,决定对我省土地增值税预征率作如下调整:

（1）对保障性住房暂不预征土地增值税。

（2）普通住宅预征率为1%～1.5%。

（3）非普通住宅预征率为1.5%～2.5%。

（4）商用房预征率为 2.5%～3.5%。

各市、州地方税务局应结合本地实际，在上述幅度内确定当地预征率，于本文实施之日前公布，并报省地税局备案。

第六节 土地增值税改革与立法

一、改革与立法的必要性和可行性

1993 年 12 月 13 日，国务院公布了《中华人民共和国土地增值税暂行条例》（以下简称《土地增值税暂行条例》），自 1994 年 1 月 1 日起对转让国有土地使用权、地上建筑物及附着物的单位和个人征收土地增值税。根据《土地增值税暂行条例》授权，财政部于 1995 年 1 月印发了《中华人民共和国土地增值税暂行条例实施细则》。从实际执行情况来看，现行土地增值税税制要素基本合理，征管制度比较健全，为保持现行税制框架和税负水平总体不变，建议将《土地增值税暂行条例》上升为法律。同时，对不适应经济社会发展和改革要求的个别内容，进行适当调整。

土地增值税立法是贯彻落实税收法定原则的重要步骤，也是健全地方税体系改革的重要内容，有利于完善土地增值税制度，增强权威性和执法刚性，发挥土地增值税筹集财政收入、调节土地增值收益分配、促进房地产市场健康稳定发展的作用；有利于健全我国的房地产税收体系、推进国家治理体系和治理能力现代化。

按照党的十八届三中全会决定关于落实税收法定原则要求，以及健全地方税体系改革方案有关内容，财政部、税务总局联合起草了《中华人民共和国土地增值税法（征求意见稿）》（以下简称《征求意见稿》），并于 2019 年 7 月 16 日向社会公开征求意见。

二、征税范围

根据《土地增值税暂行条例》第二条的规定，转让国有土地使用权、地上的建筑物及其附着物（以下简称转让房地产）并取得收入的单位和个人，为土地增值税的纳税义务人（以下简称纳税人），应当依照该条例缴纳土地增值税。这与《征求意见稿》第一条的规定不同，差异比较如表 1-4 所示。

表 1-4　　　　　　　　　　　　　**征税范围**

土地增值税法(征求意见稿)	土地增值税暂行条例	修改
第一条　在中华人民共和国境内转移房地产并取得收入的单位和个人,为土地增值税的纳税人,应当依照本法的规定缴纳土地增值税。	第二条　转让国有土地使用权、地上的建筑物及其附着物(以下简称转让房地产)并取得收入的单位和个人,为土地增值税的纳税义务人(以下简称纳税人),应当依照本条例缴纳土地增值税。	扩大纳税人的范围与征税范围
第二条　本法所称转移房地产,是指下列行为: 　(一)转让土地使用权、地上的建筑物及其附着物。 　(二)出让集体土地使用权、地上的建筑物及其附着物,或以集体土地使用权、地上的建筑物及其附着物作价出资、入股。 　土地承包经营权流转,不征收土地增值税。	/	/

　《土地增值税暂行条例》规定,转让国有土地使用权及地上建筑物、构筑物并取得收入的单位和个人应缴纳土地增值税。在此基础上,《征求意见稿》将出让、转让集体土地使用权、地上的建筑物及其附着物(以下简称集体房地产)纳入征税范围。同时,拟将取消目前对集体房地产征收的土地增值收益调节金。

　调整征税范围的主要考虑是为了与土地制度改革相衔接。为贯彻落实十八届三中全会决定要求,2014 年,中共中央办公厅、国务院办公厅明确要求建立集体经营性建设用地(以下简称集建地)入市制度,并要求建立兼顾国家、集体、个人的土地增值收益分配机制,合理提高个人收益。2015 年以来,全国 33 个试点地区开展了农村土地征收、集建地入市、宅基地制度改革三项改革试点,允许集建地入市和转让,实行与国有建设用地同等入市、同权同价。目前,试点地区通过征收土地增值收益调节金的过渡办法,对土地增值收益进行调节。2019 年新修订的《中华人民共和国土地管理法》删去了从事非农业建设必须使用国有土地或者征为国有的原集体土地的规定。为了建立土地增值收益分配机制,使税制与建立城乡统一建设用地市场的土地制度改革相衔接,《征求意见稿》将集体房地产纳入了征税范围,同时,拟取消土地增值收益调节金,使立法前后集体房地产负担总体稳定。

征税范围的比较,如图 1-6 所示。

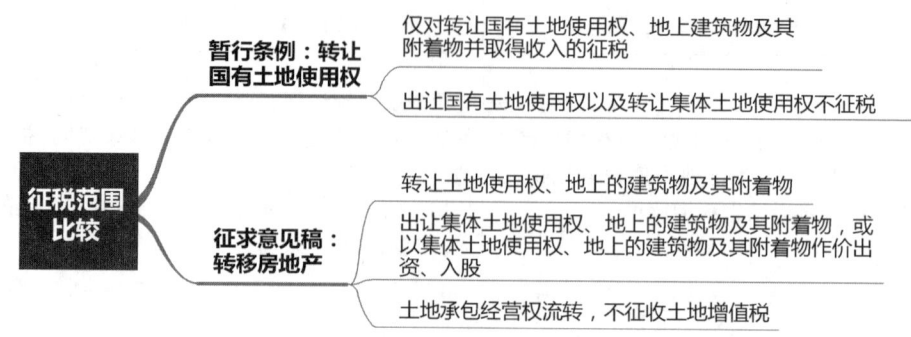

图 1-6 《土地增值税暂行条例》与《征求意见稿》征税范围的比较

三、税率

根据《土地增值税暂行条例》第七条的规定,土地增值税实行四级超率累进税率:

增值额未超过扣除项目金额 50% 的部分,税率为 30%。

增值额超过扣除项目金额 50%、未超过扣除项目金额 100% 的部分,税率为 40%。

增值额超过扣除项目金额 100%、未超过扣除项目金额 200% 的部分,税率为 50%。

增值额超过扣除项目金额 200% 的部分,税率为 60%。

《征求意见稿》延续了《土地增值税暂行条例》的规定,明确土地增值税仍实行四级超率累进税率,并以转移房地产所取得的增值额为计税依据。

四、计税依据

(一) 土地增值税的计税依据

土地增值税的计税依据为转让房地产取得的增值额。增值额为纳税人转让房地产所取得的收入减除规定扣除项目金额后的余额。有关计税依据拟修订情况如表 1-5 所示。

表 1-5   计税依据

土地增值税法(征求意见稿)	土地增值税暂行条例	修改
第三条 土地增值税按照纳税人转移房地产所取得的增值额和本法第八条规定的税率计算征收。	第三条 土地增值税按照纳税人转让房地产所取得的增值额和本条例第七条规定的税率计算征收。	"转让"改为"转移"
第四条 纳税人转移房地产所取得的收入减除本法第六条规定扣除项目金额后的余额,为增值额。	第四条 纳税人转让房地产所取得的收入减除本条例第六条规定扣除项目金额后的余额,为增值额。	

（二）转移房地产收入

根据《土地增值税暂行条例》第五条的规定，纳税人转让房地产所取得的收入，包括货币收入、实物收入和其他收入。这里的收入，包括转让房地产的全部价款及有关的经济收益。《征求意见稿》与《土地增值税暂行条例》有关收入的分类、收入范围的确定等比较如表 1-6 所示。

表 1-6　　　　　　　　　　　转移房地产的收入

土地增值税法（征求意见稿）	土地增值税暂行条例	修改情况
第五条　纳税人转移房地产所取得的收入，包括货币收入、非货币收入。	第五条　纳税人转让房地产所取得的收入，包括货币收入、实物收入和其他收入。	分类不同
第七条　本法规定的收入、扣除项目的具体范围、具体标准由国务院确定。	《暂行条例实施细则》第五条条例第二条所称的收入，包括转让房地产的全部价款及有关的经济收益。	收入范围与具体标准由国务院确定

（三）计算增值额的扣除项目

根据《土地增值税暂行条例》第六条的规定，计算增值额的扣除项目有：

（1）取得土地使用权所支付的金额。

（2）开发土地的成本、费用。

（3）新建房及配套设施的成本、费用，或者旧房及建筑物的评估价格。

（4）与转让房地产有关的税金。

（5）财政部规定的其他扣除项目。

《征求意见稿》与《土地增值税暂行条例》有关计算增值额的扣除项目比较如表 1-7 所示。

表 1-7　　　　　　　　　　　计算增值额的扣除项目

土地增值税法（征求意见稿）	土地增值税暂行条例	修改情况
第六条　计算增值额时准予扣除的项目为： （一）取得土地使用权所支付的金额； （二）开发土地的成本、费用； （三）新建房及配套设施的成本、费用或者旧房及建筑物的评估价格； （四）与转移房地产有关的税金； （五）国务院规定的其他扣除项目。	第六条　计算增值额的扣除项目： （一）取得土地使用权所支付的金额； （二）开发土地的成本、费用； （三）新建房及配套设施的成本、费用，或者旧房及建筑物的评估价格； （四）与转让房地产有关的税金； （五）财政部规定的其他扣除项目。	授权财政部规定的其他扣除项目调整为国务院规定
第十条　出让集体土地使用权、地上的建筑物及其附着物，或以集体土地使用权、地上的建筑物及其附着物作价出资、入股，扣除项目金额无法确定的，可按照转移房地产收入的一定比例征收土地增值税。具体征收办法由省、自治区、直辖市人民政府提出，报同级人民代表大会常务委员会决定。	/	

《征求意见稿》将《土地增值税暂行条例》第六条第五项授权财政部规定的其他扣除项目调整为国务院规定的其他扣除项目。需要说明的是,考虑到集体、国有房地产的成本构成差异较大,且不同地区集建地入市方式、途径、形态、用途等差异也很大,成本构成和级差收益千差万别,再者,集体房地产入市目前仍处于试点阶段,相关管理制度还在探索和逐步健全过程中,相关扣除项目难以做出统一规定。

五、税收优惠

《土地增值税暂行条例》第八条规定,有下列情形之一的,免征土地增值税:

(1)纳税人建造普通标准住宅出售,增值额未超过扣除项目金额20%的。

(2)因国家建设需要依法征收、收回的房地产。

《征求意见稿》与《土地增值税暂行条例》有关税收优惠比较如表1-8所示。

表1-8 土地增值税优惠

土地增值税法(征求意见稿)	土地增值税暂行条例	比较
第十一条 下列情形,可减征或免征土地增值税: (一)纳税人建造保障性住房出售,增值额未超过扣除项目金额20%的,免征土地增值税; (二)因国家建设需要依法征收、收回的房地产,免征土地增值税; (三)国务院可以根据国民经济和社会发展的需要规定其他减征或免征土地增值税情形,并报全国人民代表大会常务委员会备案。	第八条 有下列情形之一的,免征土地增值税: (一)纳税人建造普通标准住宅出售,增值额未超过扣除项目金额20%的; (二)因国家建设需要依法征收、收回的房地产。	重新表述相关优惠
第十二条 省、自治区、直辖市人民政府可以决定对下列情形减征或者免征土地增值税,并报同级人民代表大会常务委员会备案: (一)纳税人建造普通标准住宅出售,增值额未超过扣除项目金额20%的; (二)房地产市场较不发达、地价水平较低地区的纳税人出让集体土地使用权、地上的建筑物及其附着物,或以集体土地使用权、地上的建筑物及其附着物作价出资、入股的。		

《征求意见稿》在延续《土地增值税暂行条例》优惠规定的基础上,对个别政策做了适当调整:

一是吸收了现行税收优惠政策中关于建造增值率低于20%的保障性住房免税的规定。根据《财政部 国家税务总局关于公共租赁住房税收优惠政策的公告》(财政部 税务总局公告2019年第61号)的规定,自2019年1月1日至2020年12月31日止,对企事业单位、社会团体以及其他组织转让旧房作为公租房房源,且增值额未超过扣除项目金额20%的,免征土地增值税。

二是增加授权国务院可规定减征或免征土地增值税的其他情形。主要考虑是国务院需要根据经济社会发展形势,相机决定一些阶段性、过渡性优惠政策,如企业改制重组土地增值税政策、房地产市场调控相关的土地增值税政策等。

三是将建造增值率低于20%的普通住宅免税的规定,调整为授权省级政府结合本地实际决定减征或是免征,以体现因地制宜、因城施策的房地产市场调控政策导向,落实地方政府主体责任。

四是增加授权省级人民政府对房地产市场较不发达、地价水平较低地区的集体房地产减征或免征土地增值税的规定。主要原因是出让集建地级差收益的地区差异巨大,为了建立兼顾国家、集体、个人土地收益分配机制,适当下放税政管理权限,有必要授权省级政府因地制宜制定集体房地产相关税收优惠政策。

六、纳税义务发生时间和申报纳税期限

《征求意见稿》增加了关于土地增值税纳税义务发生时间的规定,明确为房地产转移合同签订的当日。同时,为简化缴税程序、方便纳税人,《征求意见稿》调整了申报缴税期限。一是将《土地增值税暂行条例》中分开设置的纳税申报和缴纳税款两个时间期限合并为申报缴纳期限。二是将申报缴税期限由《土地增值税暂行条例》规定的房地产转移合同签订之日后7日内申报并在税务机关核定期限内缴税,调整为区分不同类型纳税人,规定不同的期限。对于从事房地产开发的纳税人,自纳税义务发生月份终了之日起15日内,申报预缴土地增值税;达到清算条件后90日内,申报清算土地增值税。对于其他纳税人,自纳税义务发生之日起30日内申报缴税。

七、征收管理模式

按照党中央、国务院关于深化放管服改革的有关要求,《征求意见稿》明确规定了房地产开发项目实行先预缴后清算的制度,并将现行税务机关根据纳税人提供的资料进行清算审核的做法,调整为从事房地产开发的纳税人应自行完成清算,结清应缴税款或向税务机关申请退税。

现行《土地增值税清算管理规程》(国税发〔2009〕91号印发)将土地增值税的清算条件分为可清算条件与应清算条件。根据《土地增值税清算管理规程》第九条的规定,纳税人符合下列条件之一的,应进行土地增值税的清算:

（1）房地产开发项目全部竣工、完成销售的。

（2）整体转让未竣工决算房地产开发项目的。

（3）直接转让土地使用权的。

根据《土地增值税清算管理规程》第十条的规定，对符合以下条件之一的，主管税务机关可要求纳税人进行土地增值税清算：

（1）已竣工验收的房地产开发项目，已转让的房地产建筑面积占整个项目可售建筑面积的比例在85％以上，或该比例虽未超过85％，但剩余的可售建筑面积已经出租或自用的。

（2）取得销售（预售）许可证满3年仍未销售完毕的。

（3）纳税人申请注销税务登记但未办理土地增值税清算手续的。

（4）省（自治区、直辖市、计划单列市）税务机关规定的其他情况。

对上述所列第（3）项情形，应在办理注销登记前进行土地增值税清算。

而《征求意见稿》拟将现行的可清算条件与应清算条件合并为应清算条件。《征求意见稿》第十五条拟规定，房地产开发项目土地增值税实行先预缴后清算的办法。从事房地产开发的纳税人应当自纳税义务发生月份终了之日起15日内，向税务机关报送预缴土地增值税纳税申报表，预缴税款。

从事房地产开发的纳税人应当自达到以下房地产清算条件起90日内，向税务机关报送土地增值税纳税申报表，自行完成清算，结清应缴税款或向税务机关申请退税：

（1）已竣工验收的房地产开发项目，已转让的房地产建筑面积占整个项目可售建筑面积的比例在85％以上，或该比例虽未超过85％，但剩余的可售建筑面积已经出租或自用的。

（2）取得销售（预售）许可证满3年仍未销售完毕的。

（3）整体转让未竣工决算房地产开发项目的。

（4）直接转让土地使用权的。

（5）纳税人申请注销税务登记但未办理土地增值税清算手续的。

（6）国务院税务主管部门确定的其他情形。

八、土地增值税立法的影响

（一）房地产企业税收风险显著增大

《征求意见稿》拟将现行的可清算条件与应清算条件合并为应清算条件，从事房地产开发的纳税人应当自达到土地增值税清算条件之日起 90 日内,向税务机关报送土地增值税纳税申报表,自行完成清算,结清应缴税款或向税务机关申请退税。

取消可清算条件变为应清算,增加了房地产企业的申报主体责任;房地产企业纳税人应当自达到土地增值税清算条件之日起 90 日内自行完成清算,时间比较紧,因为需要整理项目、收入、成本、合同、发票及各种公共配套设施移交证明等资料,需要按照土地增值税法对会计收入、成本、费用进行调整。工程造价决算不能在 90 日内完成就会导致成本难以确定,发票难以取得,成本处于待定状态。

如果匆忙申报清算税款,将会增加申报风险,甚至承担滞纳金、罚款法律责任;如果延迟申报清算税款,则会增加不申报风险,承担滞纳金、罚款法律责任。因此要求纳税人在 90 日内完成申报清算是比较严格的。

(二) 税务机关势必加强服务和事后监管

《征求意见稿》取消了现行的"先税后证"及"清算前置审核"征管模式,并对部分征管条款进行了细化和完善,对税收征管产生深远影响:

(1)《征求意见稿》要求税务机关加强土地增值税服务和管理:一是统一了申报缴纳期限,有利于提高税法遵从度和节约征管力量;二是有利于产权受让主体及时方便办理权属登记,保护产权人的权利实现;三是明确了相关部门在土地增值税征管上的协税义务,有利于各级税务机关推动协同控管,利用信息化手段逐步实现对土地市场、房地产销售价格、工程造价监测,定期发布指标指数,为纳税人遵从、税收征管和政府宏观决策提供支持。

(2)《征求意见稿》对税收征管提出了更高要求:一是征管对象扩大,要求优化纳税服务。《征求意见稿》将集体土地出让及转让建于其上的建筑物、构筑物及附属设施纳入征税范围,村集体或集体经济组织等入市主体将成为土地增值税的纳税人,因历史因素扣除成本费用难以确定,纳税人和税务部门都缺乏相关办税经验,需要税务机关进一步优化纳税服务,完善征管手段。二是征管模式改变,要求加强事中事后监管。《征求意见稿》取消了税务机关前置审核,降低了税收执法风险,改为纳税人自行清算申报,加大了纳税人申报风险,税务机关势必加强事中事后管理。

第二章 转让房地产收入

税收如母亲，经常被误解，但很少被遗忘。

——劳德·布兰威尔

　　土地增值税的计税依据是转让国有土地使用权、地上的建筑物及其附着物所取得的增值额。增值额为纳税人转让房地产所取得的收入减除规定扣除项目金额。因而，正确计算确定转让房地产所取得的收入，是计算土地增值额的关键点之一。

　　转让房地产的土地增值税收入，是指转让国有土地使用权、地上的建筑物及其附着物取得的全部价款及有关的经济收益，包括货币收入、实物收入、其他收入和视同销售收入。本章主要阐述土地增值税收入的确认与审核，具体内容如图 2-1 所示。

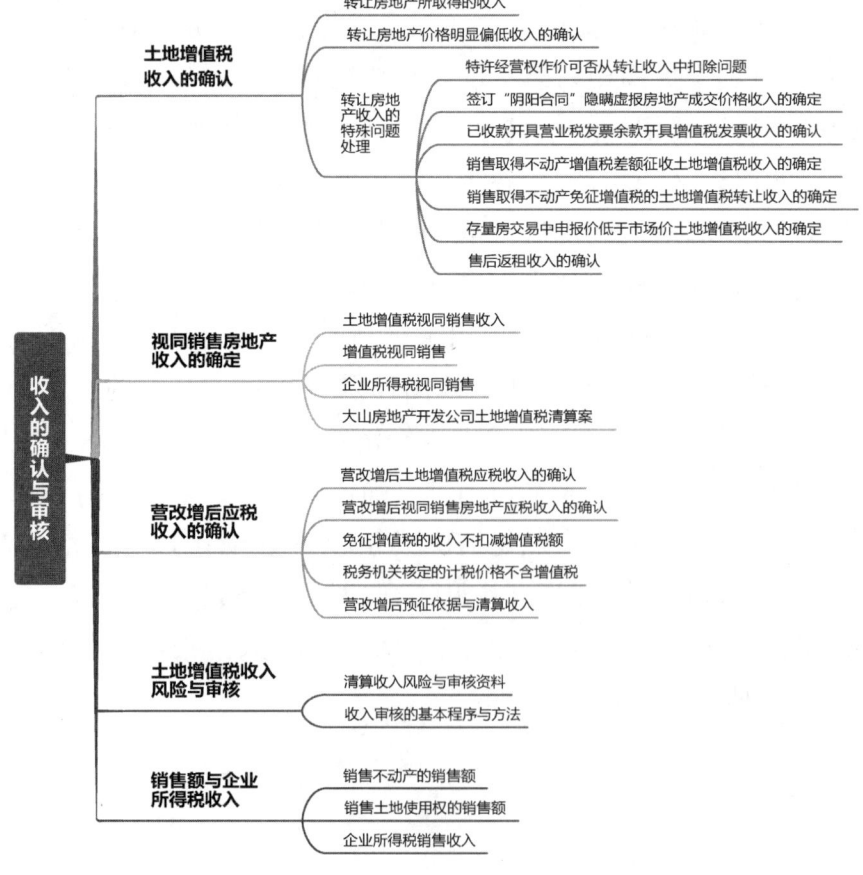

图 2-1　收入的确认与审核

第一节 土地增值税收入的确认

一、转让房地产所取得的收入

(一)转让房地产所取得收入的范围

根据《土地增值税暂行条例》第五条的规定,纳税人转让房地产所取得的收入,包括货币收入、实物收入和其他收入。

根据《土地增值税暂行条例实施细则》第五条的规定,收入包括转让房地产的全部价款及有关的经济收益。

因而,纳税人转让房地产的土地增值税收入,是指转让国有土地使用权、地上的建筑物及其附着物取得的全部价款及有关的经济收益,包括货币收入、实物收入、视同销售收入和其他收入。对纳税人申报的转让房地产的收入,税务机关要进行核实,对隐瞒收入等情况要按评估价格确定其转让收入。

转让房地产所取得的收入,如图2-2所示。

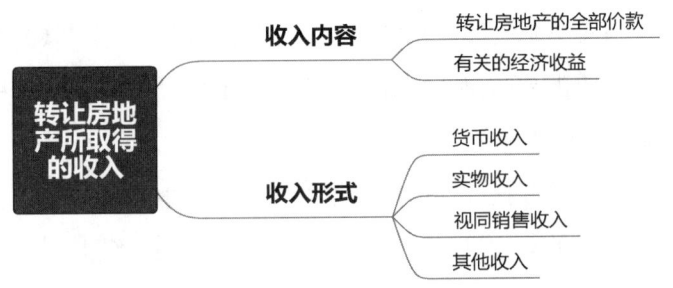

图2-2 转让房地产所取得的收入

(二)与转让房地产有关经济利益的界定

转让房地产有关的经济收益的具体范围,财政部与国家税务总局的规范性文件中没有具体明确,江苏、贵州、海南等地税务机关制定了地方性规定。

1.江苏省的具体规定

根据《江苏省地方税务局关于土地增值税有关业务问题的公告》(苏地税规〔2012〕1号)第三条"关于房地产转让收入的确认"第(一)项的规定,纳税人因转让房地产收取的违约金、滞纳金、赔偿金、分期付款(延期付款)利息以及其他各种性质的经济收益,应当确认为房地产转让收入。

因房地产购买方违约,导致房地产未能转让,转让方收取的该项违约金不作为与转让房地产有关的经济利益,不确认为房地产转让收入。

《土地增值税暂行条例实施细则》规定:"转让房地产所取得的收入,包括转让房地产的全部价款及有关的经济收益。"此处所称"有关的经济收益"根据苏地税规〔2012〕1号公告的规定,包括纳税人因转让房地产收取的违约金、滞纳金、赔偿金、分期付款(延期付款)利息以及其他各种性质的经济收益。

需要注意的是,确认"有关的经济收益"的前提是纳税人发生了转让房地产行为,即房地产交易完成。如果房地产交易未发生或者未完成(被撤销),即使纳税人取得了"经济利益",也应当属于与转让房地产无关的"经济收益",不应确认为转让房地产所取得的收入。根据上述原则,苏地税规〔2012〕1号进一步明确:"因房地产购买方违约,导致房地产未能转让,转让方收取的该项违约金不作为与转让房地产的有关的经济利益,不确认为房地产转让收入。"

2. 贵州省的具体规定

《贵州省土地增值税清算管理办法》(2016年12月28日贵州省地方税务局公告2016年第13号发布,根据2018年6月15日《国家税务总局贵州省税务局关于发布修改的税收规范性文件目录的公告》修正)第三十六条规定,房地产开发企业因销售房地产向购买方收取的违约金、赔偿金、滞纳金、分期(延期)付款利息、更名费以及其他各种性质的经济利益,应当确认为土地增值税的计税收入。

3. 海南省的具体规定

《国家税务总局海南省税务局土地增值税清算审核管理办法》(国家税务总局海南省税务局公告2021年第7号印发)第五条规定,纳税人按政府指导价、限价等非市场定价方式销售的开发产品,以各种名目(如指标费等)向购房人另外收取的价款,应计入房地产转让收入征收土地增值税。

(三) 外币收入的折算

1. 外币收入折算的基本规定

根据《土地增值税暂行条例实施细则》第二十条的规定,土地增值税以人民币为计算单位。转让房地产所取得的收入为人民币以外货币的,以取得收入当天或当月1日国家公布的市场汇价折合成人民币,据以计算应纳土地增值税税额。

2. 分期收款外币收入的折算

根据《财政部 国家税务总局关于土地增值税一些具体问题规定的通知》

（财税字〔1995〕48 号）第十五条"关于分期收款的外币收入如何折合人民币的问题"规定，对于以分期收款形式取得的外币收入，也应按实际收款日或收款当月1 日国家公布的市场汇价折合人民币。

二、房地产转让价格明显偏低收入的确认

（一）按评估价格计算征税的情形

根据《土地增值税暂行条例实施细则》第九条的规定，纳税人有下列情形之一的，按照房地产评估价格计算征收：

（1）隐瞒、虚报房地产成交价格的。

（2）提供扣除项目金额不实的。

（3）转让房地产的成交价格低于房地产评估价格，又无正当理由的。

根据《土地增值税暂行条例实施细则》第十四条的规定，转让房地产的成交价格低于房地产评估价格，又无正当理由的，是指纳税人申报的转让房地产的实际成交价格低于房地产评估机构评定的交易价，纳税人又不能提供凭据或无正当理由的行为。隐瞒、虚报房地产成交价格，应由评估机构参照同类房地产的市场交易价格进行评估。税务机关根据评估价格确定转让房地产的收入。转让房地产的成交价格低于房地产评估价格，又无正当理由的，由税务机关参照房地产评估价格确定转让房地产的收入。

（二）价格明显偏低与正当理由的判定

价格明显偏低的正当理由的具体界定方法与标准，财政部与税务总局的规范性文件中没有具体规定，江苏、贵州、海南等地税务机关出台了地方性规定可供借鉴。

1. 江苏省的判定标准

根据《江苏省地方税务局关于土地增值税有关业务问题的公告》（苏地税规〔2012〕1 号）第三条"关于房地产转让收入的确认"第（三）项的规定，对纳税人申报的房地产转让价格低于同期同类房地产平均销售价格 10% 的，税务机关可委托房地产评估机构对其评估。纳税人申报的房地产转让价格低于房地产评估机构评定的交易价，又无正当理由的，应按照房地产评估机构评定的价格确认转让收入。

对以下情形的房地产转让价格，即使明显偏低，可视为有正当理由：

（1）法院判定或裁定的转让价格。

（2）以公开拍卖方式转让房地产的价格。

（3）政府物价部门确定的转让价格。

（4）经主管税务机关认定的其他合理情形。

苏地税规〔2012〕1号公告在总结实践经验的基础上，对低于同期同类房地产平均销售价格10％的，税务机关可委托房地产评估机构对其评估，其价格变动幅度已做适当放宽，可操作性较强。

主管税务机关在计算"同期同类房地产平均销售价格"时，应当优先采集同一企业销售日当月同类房地产销售价格。如果不存在当月价格的，可采集同一企业销售日前后三个月内的同类房地产销售价格。如果不存在前后三个月内的销售价格的，可采集相同或者近似地段其他企业销售日当月或者前后三个月内的同类房地产销售价格。

为了保障纳税人的合法权益，即使主管税务机关能够确定"纳税人申报的房地产转让价格低于同期同类房地产平均销售价格10％"，也不能直接根据同期同类房地产平均销售价格核定其转让价格，而应当委托有资质的房地产评估机构评定交易价，并考虑其是否存在正当理由。如果纳税人申报的房地产转让价格低于房地产评估机构评定的交易价，又无正当理由的，则应按照房地产评估机构评定的价格确认转让收入。

"正当理由"主要包括两方面因素：一是开发产品本身存在瑕疵；二是市场供求关系发生变化。其他因素（如销售给关联方，销售给企业股东和管理人员的亲朋好友等）一般不得认定为存在正当理由。

"法院判定或裁定的转让价格""以公开拍卖方式转让房地产的价格"和"政府物价部门确定的转让价格"，一般都是在特定的市场供求关系等特殊条件下形成的价格，这些价格能够反映特殊条件下房地产的公允价值。因此，上述三类价格即使明显偏低，也应视为有正当理由。

2. 贵州省的具体界定标准

《贵州省土地增值税清算管理办法》第三十一条规定，房地产开发企业销售开发产品的价格低于同类开发产品平均销售价格30％以上或者低于成本价而又无正当理由的，主管税务机关有权核定其销售价格，但下列情形除外：

（1）采取政府指导价、限价等非市场定价方式销售的开发产品。

（2）由法院判决或裁定价格的开发产品。

（3）采取公开拍卖方式确定价格的开发产品。

（4）经主管税务机关认定的其他合理情形。

3. 海南省的具体界定

根据《国家税务总局海南省税务局土地增值税清算审核管理办法》第六条的规定，纳税人申报的房地产销售价格低于同期同类房地产平均销售价格30％且无正当理由的，可认定为房地产销售价格明显偏低。

第七条规定，符合下列条件之一的房地产销售价格明显偏低，视为有正当理由：

（1）人民法院判决或裁定的转让价格。

（2）政府有关部门确定的转让价格。

（3）经主管税务机关认定的其他情形。

4. 陕西省的判定标准

根据陕西省税务机关的相关规定，纳税人转让房地产销售价格明显偏低但符合下列条件之一的情形，视为有正当理由：

（1）采取政府指导价、限价等非市场定价方式销售的。

（2）国有资产管理部门及其授权单位依据相关法律法规明确转让（划转）价格的。

（3）各级人民法院生效判决或裁定确定价格的。

（4）主管税务机关认定的其他合理情形。

（三）符合规定的资产划转行为属于正当理由

1. 江苏省关于划转的执行口径

财政部、税务总局制定的现行有效的土地增值税规范性文件中，没有明确规定资产划转涉及的国有土地使用权转让的税收优惠政策。江苏省、重庆市等地税务机关明确了本地执行口径。

如江苏省针对纳税人资产划转过程中，涉及房产、土地权属转移的，土地增值税应如何处理问题，明确的处理方法为：

（1）国家行政机关之间无偿划转房地产不征收土地增值税。

（2）县级以上人民政府或国有资产管理部门在政府部门（或事业单位）与国有企业之间、国有企业之间，按账面净值划转，视为正当理由，不以评估价作为转让收入。

（3）同一集团公司内部所属企业之间（100％控股）、集团公司与所属企业（100％控股）之间，按账面净值划转，视为正当理由，不以评估价作为转让收入。

（4）其他情形，按规定征税。

2. 重庆关于划转的执行口径

重庆市的执行口径为，资产"划转"比照投资行为，暂不征收土地增值税，具体包括以下情形：

（1）100%直接控制母子公司之间，受同一母公司100%直接控制的子公司之间。

（2）自然人与设立的个人独资企业、一人有限公司之间划转。

（3）经县级以上人民政府或国有资产管理部门批准，按照国有产权无偿划转的相关规定，国有企业、事业单位、国家机关之间划转。

三、转让房地产收入特殊情形的处理

（一）成品油特许经营权作价可否从转让整体资产收入中扣除问题

针对成品油零售特许经营权作价或评估作价可否从转让加油站整体资产的收入金额中扣除问题，《国家税务总局关于纳税人转让加油站房地产有关土地增值税计税收入确认问题的批复》（税总函〔2017〕513号）明确，对依法不得转让的成品油零售特许经营权作价或评估作价不应从转让加油站整体资产的收入金额中扣除。

（二）签订"阴阳合同"隐瞒虚报房地产成交价格的处理

根据《土地增值税暂行条例实施细则》第十四条的规定，隐瞒、虚报房地产成交价格，应由评估机构参照同类房地产的市场交易价格进行评估。税务机关根据评估价格确定转让房地产的收入。

因此，单位或个人转让房地产过程中，通过签订"阴阳合同"，隐瞒、虚报房地产成交价格的，税务机关根据评估价格确定转让房地产的收入。

（三）已收款开具营业税发票余款开具增值税发票收入的确认

对销售同一不动产，按已收款开具了营业税发票后，又按余款开具增值税发票的，如何确定土地增值税的转让收入？

根据《国家税务总局关于营改增后土地增值税若干征管规定的公告》（国家税务总局公告2016年第70号）第四条的规定，房地产开发企业在营改增后进行房地产开发项目土地增值税清算时，按以下方法确定相关金额：

$$土地增值税应税收入 = 营改增前转让房地产取得的收入 + 营改增后转让房地产取得的不含增值税收入$$

因此,对在 2016 年 4 月 30 日前销售不动产按已收款开具了营业税发票的,应按营业税发票金额全额确定土地增值税的转让收入;2016 年 5 月 1 日后收取剩余款项并开具增值税发票的,按增值税发票票面记载"价税合计金额"扣减增值税额后的金额确定土地增值税的转让收入。

(四)销售取得不动产差额征收增值税的土地增值税收入的确定

根据《国家税务总局关于营改增后土地增值税若干征管规定的公告》(国家税务总局公告 2016 年第 70 号)第一条的规定,适用简易计税方法的纳税人,其转让房地产的土地增值税应税收入不含增值税应纳税额。

因此,对纳税人销售其取得的不动产实行差额征收增值税的,在确定土地增值税转让收入时,应区分以下两种情形处理:

(1)纳税人申报的成交价格扣减纳税人实际缴纳的增值税税额(即按差额征税方法计算的税额)后的金额高于评估价格的,按成交价格扣减纳税人实际缴纳的增值税税额(即按差额征税方法计算的税额)后的金额作为土地增值税转让收入。

(2)纳税人申报的成交价格扣减纳税人实际缴纳的增值税税额(即按差额征税方法计算的税额)后的金额低于评估价格且无正当理由的,应以评估价格作为土地增值税的计税价格(收入)。

以上评估价格均指不含增值税评估价格。

(五)销售取得不动产免征增值税的土地增值税收入的确定

根据《财政部　国家税务总局关于营改增后契税　房产税　土地增值税　个人所得税计税依据问题的通知》(财税〔2016〕43 号)第五条的规定,免征增值税的,确定计税依据时,成交价格、租金收入、转让房地产取得的收入不扣减增值税额。

因此,对纳税人销售其取得的不动产免征增值税的,成交价格即为不含税价格(收入)。具体应区分以下两种情形处理:

(1)纳税人申报的成交价格高于评估价格的,直接以成交价格作为土地增值税的计税价格(收入)。

(2)纳税人申报的成交价格低于评估价格的,应以评估价格作为土地增值税的计税价格(收入),评估价格不需要按免征的增值税税额进行调整。

(六)申报的转让房地产价格低于市场价的土地增值税收入的确定

根据《土地增值税暂行条例实施细则》的规定,转让房地产的成交价格低于房地产评估价格,又无正当理由,是指纳税人申报的转让房地产的实际成交价低于房地产评估机构评定的交易价,纳税人又不能提供凭据或无正当理由的行为。转让房地产的成交价格低于房地产评估价格,又无正当理由的,由税务机关参照房地产评估价格确定转让房地产的收入。

根据《国家税务总局关于印发〈房地产交易税收服务和管理指引〉的通知》(税总发〔2017〕4号)第二十一条的规定,纳税人申报的成交价格明显低于市场价格且无正当理由的,税务机关应当依据存量房评估价格核定其计税价格。

因此,纳税人的申报价格低于市场价格,又无正当理由的,由税务机关参照房地产评估价格确定转让房地产的收入;纳税人的申报价格低于市场价格,但有正当理由的,以纳税人的申报价格确定转让房地产的收入。

(七) 分期收款、按揭销售如何计征土地增值税问题

对分期收款、按揭销售等如何计征土地增值税,截至本书定稿时,财政部、国家税务总局的规范性文件并没有统一规定,兰州市等地方规定可供参考。

根据《兰州市地方税务局关于土地增值税清算工作中有关业务问题的处理意见的通知》(兰地税函〔2008〕159号)第五条"分期收款销售、按揭购房行为,如何计征土地增值税"规定,主管税务机关可根据合同规定的收款日期来确定具体的纳税期限。

即先计算出应缴纳的全部土地增值税税额,再按总税额除以转让房地产的总收入,求得应纳税额占总收入的比例。

然后,在每次收到价款时,按收到价款的数额乘以这个比例来确定每次应纳的税额,并规定其应在收款后数日内缴纳土地增值税。

(八) 售后返租收入的确认

1. 售后返租的土地增值税处理

售后返租的土地增值税处理,财政部与国家税务总局的规范性文件中没有具体规定,江苏等地税务机关制定了地方性的规定,可供参考借鉴。

根据《江苏省地方税务局关于土地增值税有关业务问题的公告》(苏地税规〔2012〕1号)第三条"关于房地产转让收入的确认"第(二)项的规定,单位和个人转让房地产,同时要求购房者将所购房地产无偿或低价给转让方或者转让方的关联方使用一段时间,其实质是转让方获取与转让房地产有关的经济利益。对以此方式转让房地产的行为,应将转让房地产的全部价款及有关的经济收益确认为转让收入,依法计征土地增值税。如转让房地产价款以外的有关经济收益

无法确认的,应判断其转让价格是否明显偏低。对转让价格明显偏低且无正当理由的,应采用评估或其他合理的方法确定其转让收入,依法计征土地增值税。

《江苏省地方税务局关于房地产开发公司销售返租有关营业税问题的批复》(苏地税函〔2008〕135号)曾规定:"房地产开发公司销售不动产,采取优惠方式要求购房者无偿或低价将不动产交给开发公司使用若干年。这一经营方式名义上是开发公司让利给购房者,实质上是优先取得了购房者的不动产的使用权,即其他经济利益。因此,对房地产开发公司以此方式销售不动产的行为,应按规定核定其营业额。"

苏地税规〔2012〕1号公告首次明确了售后返租的土地增值税政策,其税务处理方法与货物劳务税规定基本一致,使货物劳务税与土地增值税在售后返租收入确认口径上保持一致。实践中,对于将房地产企业(或者其关联方)以无偿或者低价方式取得的"一定期限的使用权"确认为"与转让房地产有关的经济利益",税企双方并不存在争议。但是在确定"一定期限的使用权"的具体价值时,税企双方容易产生分歧。主管税务机关可按"一定期限内房地产企业(或者其关联方)实际取得的使用收益(如对外转租取得的租金等)"来测算"一定期限的使用权"的具体价值,并据以征收土地增值税。如果在计算土地增值税时,"一定期限的使用权"的具体价值确实难以确认的,则应当按照相关税收政策规定,判断房地产转让价格是否明显偏低,对转让价格明显偏低且无正当理由的,应采用评估或其他合理的方法确定其转让收入。在判断房地产转让价格是否明显偏低时,可结合相关规定进行判定。

2. 售后返租的个人所得税处理

房地产开发企业与商店购买者个人签订协议规定,房地产开发企业按优惠价格出售其开发的商店给购买者个人,但购买者个人在一定期限内必须将购买的商店无偿提供给房地产开发企业对外出租使用。其实质是购买者个人以所购商店交由房地产开发企业出租而取得的房屋租赁收入支付了部分购房价款。

根据《国家税务总局关于个人与房地产开发企业签订有条件优惠价格协议购买商店征收个人所得税问题的批复》(国税函〔2008〕576号)的规定,对上述情形的购买者个人少支出的购房价款,应视同个人财产租赁所得,按照"财产租赁所得"项目征收个人所得税。每次财产租赁所得的收入额,按照少支出的购房价款和协议规定的租赁月份数平均计算确定。

售后返租的税务处理如图 2-3 所示。

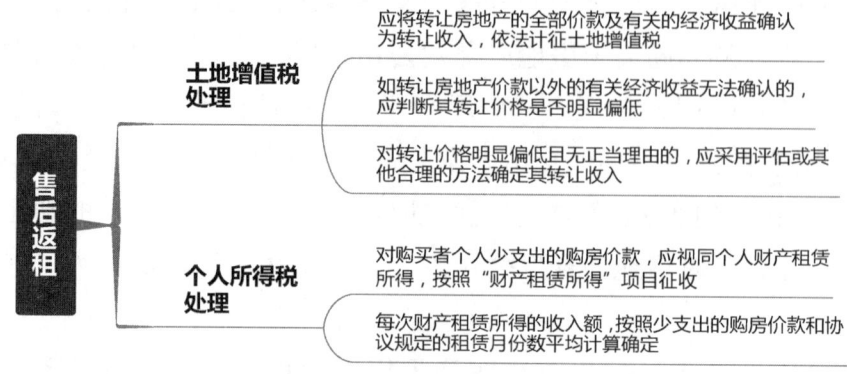

图 2-3　售后返租的税务处理

第二节　视同销售房地产收入

一、土地增值税视同销售收入

（一）土地增值税视同销售情形

土地增值税规定的视同销售主要有三种情形：

（1）不符合不征土地增值税规定的公益性捐赠以外的房地产对外捐赠。

（2）房地产开发企业将开发产品用于职工福利、奖励、对外投资、分配给股东或投资人、抵偿债务、换取其他单位和个人的非货币性资产等，发生所有权转移时应视同销售房地产。

（3）房地产企业将开发产品用于安置回迁户的，安置用房应当视同销售处理。

（二）不符合不征税条件的捐赠房地产视同销售

根据《土地增值税暂行条例实施细则》以及《财政部　国家税务总局关于土地增值税一些具体问题规定的通知》（财税字〔1995〕48 号）的规定，纳税人以房地产对外捐赠，除符合规定的公益性捐赠以外，应当视同销售征收土地增值税。

根据财税字〔1995〕48 号文件第四条的规定，不征土地增值税的"赠与"是指如下情况：

（1）房产所有人、土地使用权所有人将房屋产权、土地使用权赠与直系亲属或承担直接赡养义务人的。

（2）房产所有人、土地使用权所有人通过中国境内非营利的社会团体、国家机关将房屋产权、土地使用权赠与教育、民政和其他社会福利、公益事业的。

（三）开发产品用于特定用途的视同销售

《国家税务总局关于房地产开发企业土地增值税清算管理有关问题的通知》（国税发〔2006〕187号）第三条规定，房地产开发企业将开发产品用于职工福利、奖励、对外投资、分配给股东或投资人、抵偿债务、换取其他单位和个人的非货币性资产等，发生所有权转移时应视同销售房地产，其收入按下列方法和顺序确认：

（1）按本企业在同一地区、同一年度销售的同类房地产的平均价格确定。

（2）由主管税务机关参照当地当年、同类房地产的市场价格或评估价值确定。

房地产开发企业将开发的部分房地产转为企业自用或用于出租等商业用途时，如果产权未发生转移，不征收土地增值税，在税款清算时不列收入，不扣除相应的成本和费用。

（四）开发产品安置回迁户的视同销售

《国家税务总局关于土地增值税清算有关问题的通知》（国税函〔2010〕220号）第六条"关于拆迁安置土地增值税计算问题"规定，房地产企业用建造的本项目房地产安置回迁户的，安置用房视同销售处理，按《国家税务总局关于房地产开发企业土地增值税清算管理有关问题的通知》（国税发〔2006〕187号）第三条第一款规定确认收入，同时将此确认为房地产开发项目的拆迁补偿费。房地产开发企业支付给回迁户的补差价款，计入拆迁补偿费；回迁户支付给房地产开发企业的补差价款，应抵减本项目拆迁补偿费。

开发企业采取异地安置，异地安置的房屋属于自行开发建造的，房屋价值按国税发〔2006〕187号第三条第一款的规定计算，计入本项目的拆迁补偿费；异地安置的房屋属于购入的，以实际支付的购房支出计入拆迁补偿费。

（五）视同销售金额的确定

根据《国家税务总局关于房地产开发企业土地增值税清算管理有关问题的通知》（国税发〔2006〕187号）第三条的规定，房地产开发企业发生开发产品用于特定用途等视同销售行为，发生所有权转移时应视同销售房地产，其收入按下列方法和顺序确认：

（1）按本企业在同一地区、同一年度销售的同类房地产的平均价格确定。

（2）由主管税务机关参照当地当年、同类房地产的市场价格或评估价值确定。

土地增值税的视同销售处理如图 2-4 所示。

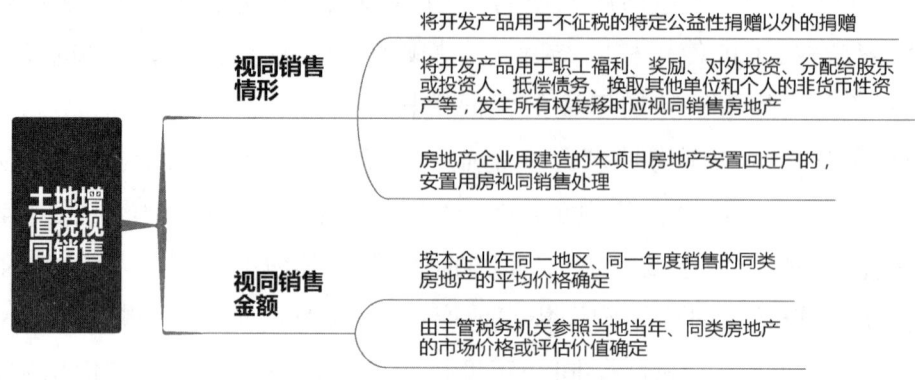

图 2-4 土地增值税的视同销售处理

(六) 视同销售的地方具体规定

1. 贵州省的具体规定

《贵州省土地增值税清算管理办法》第三十条规定,房地产开发企业将开发产品用于职工福利、奖励、对外投资、赞助、分配给股东或投资人、抵偿债务、换取其他单位和个人的非货币性资产等,应当在产权发生转移时视同销售并确认收入。

房地产开发企业以房地产开发项目中的开发产品对被拆迁户进行安置补偿的,安置用房视同销售处理并于产权发生转移时确认收入。

以上情形确认收入的时间以双方所签合同或协议的时间为准。

《贵州省土地增值税清算管理办法》第三十二条规定,符合该办法第三十条(视同销售)、第三十一条(价格明显偏低并无正当理由的)规定的情形,其收入按以下方法和顺序确认:

(1) 按房地产开发企业当月或最近月份销售同一房地产项目同类房地产的平均价格确定。

(2) 按房地产开发企业在同一地区、同一年度同类房地产的平均销售价格确定。

(3) 由主管税务机关参照当地、当年同类房地产市场价格或评估价值确定。

《贵州省土地增值税清算管理办法》第三十四条规定,房地产开发企业销售房地产时向购买方附赠的同一房地产开发项目车库(位)或其他开发产品并在售房合同(协议)中注明的,以售房合同记载的总金额确认销售收入。

房地产开发企业单独销售无产权的车库（位）等不能办理产权的其他房地产的，不确认土地增值税计税收入，不扣除相应的成本和费用。

二、增值税视同销售

（一）增值税视同销售货物

根据《中华人民共和国增值税暂行条例》第四条的规定，单位或者个体工商户的下列行为，视同销售货物：

（1）将货物交付其他单位或者个人代销。

（2）销售代销货物。

（3）设有两个以上机构并实行统一核算的纳税人，将货物从一个机构移送其他机构用于销售，但相关机构设在同一县（市）的除外。

（4）将自产或者委托加工的货物用于非增值税应税项目。

（5）将自产、委托加工的货物用于集体福利或者个人消费。

（6）将自产、委托加工或者购进的货物作为投资，提供给其他单位或者个体工商户。

（7）将自产、委托加工或者购进的货物分配给股东或者投资者。

（8）将自产、委托加工或者购进的货物无偿赠送其他单位或者个人。

2016年5月1日全面营改增后，由于实现了增值税对货物和劳务的全覆盖，不再存在征收营业税的非增值税应税项目，因而"将自产或者委托加工的货物用于非增值税应税项目"需要视同销售货物的情形也就不再存在。即全面营改增后只剩7种视同销售货物行为。

（二）视同发生应税行为

根据《营业税改征增值税试点实施办法》（财税〔2016〕36号印发）第十四条的规定，下列情形视同销售服务、无形资产或者不动产：

（1）单位或者个体工商户向其他单位或者个人无偿提供服务，但用于公益事业或者以社会公众为对象的除外。

（2）单位或者个人向其他单位或者个人无偿转让无形资产或者不动产，但用于公益事业或者以社会公众为对象的除外。

（3）财政部和国家税务总局规定的其他情形。

然而，在2016年5月1日全面营改增以前，根据《中华人民共和国营业税暂行条例实施细则》第五条的规定，纳税人有下列情形之一的，视同发生应税行为：

（1）单位或者个人将不动产或者土地使用权无偿赠送其他单位或者个人。

（2）单位或者个人自己新建（以下简称自建）建筑物后销售，其所发生的自建行为。

（3）财政部、国家税务总局规定的其他情形。

可见，与营业税视同发生应税行为相比，全面营改增后扩大了视同销售的范围，将无偿提供服务纳入了视同销售，不过视同销售服务的主体仅限定在单位与个体工商户，而不包括其他个人（自然人）。营改增前后视同发生应税行为的详细比较如表 2-1 所示。

表 2-1　　　　　　　营改增前后视同发生应税行为比较

视同销售对象		营业税视同发生应税行为		营改增后视同销售服务、无形资产或不动产		
		主体	行为	主体	行为	除外规定
不动产		单位或个人	将不动产或者土地使用权无偿赠送其他单位或者个人	单位或者个人	向其他单位或者个人无偿转让无形资产或者不动产	用于公益事业或者以社会公众为对象的除外
无形资产	土地使用权					
	其他无形资产		×			
服务	建筑服务	单位或个人	自己新建建筑物后销售，其所发生的自建行为	单位或个体工商户	向其他单位或者个人无偿提供服务	
	其他服务		×	其他个人	×	/

注：×表示不需按照视同发生应税行为处理。

从税制设计和加强征管的角度看，将无偿提供服务、转让无形资产或者不动产与有偿提供服务、转让无形资产或者不动产同等对待，均纳入征税范围，既可以体现税收的公平性，也可以堵塞税收漏洞，防止纳税人利用无偿行为不征税的规定逃避税收。

《营业税改征增值税试点实施办法》（财税〔2016〕36 号印发）第十四条，将以公益活动为目的或者以社会公众为对象的无偿提供服务、无偿转让无形资产或者不动产，如根据国家指令无偿提供的航空运输服务、铁路运输服务，排除在视同销售范围之外，不征收增值税，主要是为了促进社会公益事业的发展。需要强调的是，这里不征增值税的以公益活动为目的或者以社会公众为对象的除外规定，仅适用于无偿提供服务、无偿转让无形资产或者不动产，不适用于货物。如企业面向社会公众的展会上无偿赠送的礼品，银行对办理业务的客户赠送的春联等,不适用以社会公众为对象的不需视同销售的规定,而应按照《增值税暂行条例实施细则》第四条规定的视同销售货物处理,缴纳增值税。

(三) 视同销售的具体适用

1. 以不动产或无形资产投资入股征收增值税

《营业税改征增值税实施办法》(财税〔2016〕36 号)中明确规定了销售不动产和无形资产的概念,即有偿转让不动产所有权和无形资产所有权或者使用权。有偿指取得货币、货物或者其他经济利益。这与《增值税暂行条例》规定的有偿概念完全相同。这个基本规定实际上就解决了以不动产或者无形资产投资入股是否征收增值税的问题。因为投资入股一定有所有权的转移,同时取得股权就是取得了经济利益。所以,以不动产或者无形资产投资入股,需按销售处理,缴纳增值税。而且任何一个股份制企业的股权价值都是明确的,征税的计税依据就是其取得的股权价值。

全面营改增后,对以不动产或者无形资产投资入股征收增值税之所以存在不同意见,这是由于:一方面,在营改增以前,《财政部　国家税务总局关于股权转让有关营业税问题的通知》(财税〔2002〕191 号)第一条曾规定,以无形资产、不动产投资入股,参与接受投资方利润分配,共同承担投资风险的行为,不征收营业税。另一方面,《财政部　国家税务总局关于全面推开营业税改征增值税试点的通知》(财税〔2016〕36 号)等营改增文件中也没有明确不动产和无形资产投资入股是否征收增值税。

根据《增值税暂行条例实施细则》第四条第(六)项的规定,将货物作为投资,提供给其他单位或者个体工商户,按视同销售货物处理,征收增值税。营改增后没有对不动产或者无形资产投资入股做同样的视同销售安排。这是由于,对增值税税制的认识,需要一个过程。原来的《增值税暂行条例》形成于 1993 年,现在看还存在一些需要修正的地方。老的增值税暂行条例对有偿转移货物所有权的“有偿”做出了原则性的规定,包括取得货币、货物或者其他经济利益。这里“有偿”的概念已经涵盖了货物投资入股征税问题,取得股权就是取得了经济利益。所以,在营改增实施办法中,以不动产或者无形资产投资入股的征税问题就没必要单独明确。故财税〔2016〕36 号等营改增文件取消了之前投资入股“视同销售”,回归到“销售”的本质。

2. 积分兑换礼品需按照视同销售征收增值税

在 2016 年 5 月 1 日全面营改增之前,《营业税改征增值税试点有关事项的规定》(财税〔2013〕106 号文件附件 2)曾规定,航空运输企业提供的旅客利用里程积分兑换的航空运输服务,不征收增值税。《财政部 国家税务总局关于将电信业纳入营业税改征增值税试点的通知》(财税〔2014〕43 号)第七条也规定,以积分兑换形式赠送的电信业服务,不征收增值税。

自 2016 年 5 月 1 日起,根据《财政部 国家税务总局关于全面推开营业税改征增值税试点的通知》(财税〔2016〕36 号)的规定,《财政部 国家税务总局关于将铁路运输和邮政业纳入营业税改征增值税试点的通知》(财税〔2013〕106 号)、《财政部 国家税务总局关于将电信业纳入营业税改征增值税试点的通知》(财税〔2014〕43 号)等,除另有规定的条款外,相应废止。

也就是说,航空运输企业提供的旅客利用里程积分兑换的航空运输服务和以积分兑换形式赠送的电信业服务,不征收增值税的这一规定,自 2016 年 5 月 1 日起已废止,需要按照规定征收增值税。类似的,如银行以积分兑换方式,未另行收取价款而无偿向顾客提供礼品、服务,应根据无偿赠送货物、视同发生应税行为相关规定缴纳增值税。

3. 保险公司承揽业务送礼品或服务视同销售

关于保险公司在承揽业务时送的洗车卡、油卡等是否视同销售的问题,各地执行口径不同。

如《河南省国税局营改增问题快速处理机制专期十二》问题四明确,保险公司销售保险时,附带赠送客户的促销品,如刀具、加油卡等货物的"赠"是有偿的,是以买保险为前提的,如果购买者没有买保险,不可能获得赠品,赠品的价格是包含在保费中的。因此,不应做视同销售处理。又如《河北省国家税务局关于全面推开营改增有关政策问题的解答(之五)》第十三条规定,保险公司销售保险时,附带赠送客户的促销品,如刀具、加油卡等货物,不按视同销售处理。

不过,《内蒙古自治区国家税务局全面推开营改增政策问题解答四》第十条、《湖北省国家税务局营改增政策执行口径第一辑》问题十九等规定,在承揽业务时送的洗车卡、油卡等,要视同销售处理。销售实现时间为洗车卡、油卡等消费卡实际赠送的当天。国家税务总局明确的销售货物时无偿赠送的服务,如销售空调同时免费安装所指的情形是指与销售货物密切相关的服务。视同销售的服务能够取得抵扣凭证且符合抵扣范围的,其进项税额可以抵扣。

笔者认为,上述承揽业务时赠送的洗车卡、油卡等行为,各地税务机关已明确执行口径的,按各地的规定进行税务处理。没有明确执行口径的地区,应根据《增值税暂行条例实施细则》第四条的规定,按视同销售货物处理,征收增值税。

三、企业所得税视同销售

(一) 视同销售范围

1. 企业所得税视同销售范围

自 2008 年 1 月 1 日起,我国实行法人所得税制,企业所得税视同销售的新老政策差异较大。《企业所得税法实施条例》第二十五条规定,企业发生非货币性资产交换,以及将货物、财产、劳务用于捐赠、偿债、赞助、集资、广告、样品、职工福利和利润分配等用途的,应当视同销售货物、转让财产和提供劳务,但国务院财政、税务主管部门另有规定的除外。这是视同销售企业所得税处理的依据,该条规定终结了货物、财产、劳务用于在建工程、管理部门、非生产部门的企业所得税视同销售。按照该规定,应当视同销售货物、转让财产和提供劳务的特别情形主要包括以下两个方面。

第一,非货币性资产交换。根据企业会计准则,非货币性资产交换是指交易双方主要以存货、固定资产、无形资产和长期股权投资等非货币性资产进行的交换。该交换不涉及或只涉及少量的货币性资产(即补价)。根据企业会计准则,非货币性资产交换必须同时满足两个条件才能确认收入,一是该项交换具有商业实质,二是换入资产或者换出资产的公允价值能够可靠地计量。此种情况下,企业会计准则要求采用公允价值模式计量换入或者换出资产的价值,此时,资产转让的计税收入和换入资产计税基础的确定,税法与会计处理是一致的。除此以外的非货币性资产交换,企业会计准则采用成本模式计量,税法与会计存在差异。

第二,将货物、财产、劳务用于捐赠、偿债、赞助、集资、广告、样品、职工福利和利润分配等用途。在这些用途中,有些情况下可能是出于生产经营的需要,但有些情况是企业意图规避税法,逃避纳税义务。为了保证国家的税收收入,税法规定上述行为均视同销售货物、转让财产和提供劳务。在这些行为过程中对货物、财产和劳务没有以货币进行计价,除另有规定外,应当按照公允价值确定其收入,计算应纳所得税额。

2. 内部处置资产不视同销售

《国家税务总局关于企业处置资产所得税处理问题的通知》(国税函〔2008〕828 号,以下简称为国税函〔2008〕828 号文件)规定,自 2008 年 1 月 1 日起,企业发生下列情形的处置资产,除将资产转移至境外以外,由于资产所有权属在形式和实质上均不发生改变,可作为内部处置资产,不视同销售确认收入,相关资产的计税基础延续计算。

(1)将资产用于生产、制造、加工另一产品。

(2)改变资产形状、结构或性能。

(3)改变资产用途(如自建商品房转为自用或经营)。

(4)将资产在总机构及其分支机构之间转移。

(5)上述两种或两种以上情形的混合。

(6)其他不改变资产所有权属的用途。

此外,《国家税务总局关于确认企业所得税收入若干问题的通知》(国税函〔2008〕875号)规定,企业以买一赠一等方式组合销售本企业商品的,不属于捐赠,应将总的销售收入金额按各项商品的公允价值的比例来分摊确认各项的销售收入。

3. 资产移送他人视同销售

企业所得税将资产处置行为分为内部处置和外部处置两类,对于内部处置,通常不视同销售确认所得,相关资产的计税基础持续计算;对于外部处置,应按企业所得税法规定视同销售,确认所得并纳税。

《国家税务总局关于确认企业所得税收入若干问题的通知》(国税函〔2008〕875号)规定,企业以买一赠一等方式组合销售本企业商品的,不属于捐赠,应将总的销售收入金额按各项商品的公允价值的比例来分摊确认各项的销售收入。

企业将资产移送他人的下列情形,因资产所有权属已发生改变而不属于内部处置资产,应按规定视同销售确认收入。这些情形主要包括:

(1)用于市场推广或销售。

(2)用于交际应酬。

(3)用于职工奖励或福利。

(4)用于股息分配。

(5)用于对外捐赠。

(6)其他改变资产所有权属的用途。

与企业所得税暂行条例及其实施细则相比,企业所得税法及其实施条例有关视同销售税务处理的变化,主要表现在如下方面。

（1）扩大了视同销售的对象。企业所得税法首次明确了劳务的视同销售问题，将劳务与货物、财产一起均列为视同销售的对象，解决了以前由于政策不明确带来的争议。如果企业将劳务用于捐赠、赞助等项目，即向企业外部免费提供劳务时，会计即使不确认收入，也应当进行企业所得税纳税调整，同时调整对应项目会计成本与计税成本之间的差异。

（2）视同销售范围既有缩小也有扩大。原内资企业所得税是以独立经济核算的单位作为纳税人的，不具有法人地位但实行独立经济核算的分公司也要独立计算缴纳企业所得税。而新企业所得税法采用的是法人所得税模式，相应缩小了视同销售的范围，对于货物、财产在统一法人实体内部之间的转移，比如企业将货物、财产、劳务用于在建工程、管理部门、分公司等不再作为视同销售处理。视同销售范围的扩大主要表现在：根据内资企业所得税暂行条例，非自产产品用于广告、样品、职工福利等情形时，不需要视同销售；而根据企业所得税法的规定，应当视同销售处理。

此外，与企业所得税相比，土地增值税的视同销售比较简单。根据土地增值税相关规定，房地产开发企业将开发产品用于职工福利、奖励、对外投资、分配给股东或投资人、抵偿债务、换取其他单位和个人的非货币性资产等，发生所有权转移时应视同销售房地产；将开发的部分房地产转为企业自用或用于出租等商业用途时，如果产权未发生转移，不征收土地增值税，在税款清算时不列收入，不扣除相应的成本和费用。

4. 房地产企业视同销售

企业将开发产品用于捐赠、赞助、职工福利、奖励、对外投资、分配给股东或投资人、抵偿债务、换取其他企事业单位和个人的非货币性资产等行为，应视同销售，于开发产品所有权或使用权转移，或于实际取得利益权利时确认收入（或利润）的实现。确认收入（或利润）的方法和顺序为：

（1）按本企业近期或本年度最近月份同类开发产品市场销售价格确定。

（2）由主管税务机关参照当地同类开发产品市场公允价值确定。

（3）按开发产品的成本利润率确定。开发产品的成本利润率不得低于15％，具体比例由主管税务机关确定。

（二）视同销售金额

1. 资产视同销售金额的确定

2016年以前，企业发生按规定应作视同销售情形时，国税函〔2008〕828号文件第三条规定,属于企业自制资产的,应按企业同类资产同期对外销售价格确定销售收入;属于外购的资产的,可以按照购入时的价格确定销售收入。此外,需要说明的是,国税函〔2008〕828号文件不适用于劳务的视同销售。

《国家税务总局关于做好2009年度企业所得税汇算清缴工作的通知》〔国税函〔2010〕148号,根据《国家税务总局关于发布〈中华人民共和国企业所得税年度纳税申报表(A类,2014年版)〉的公告》(国家税务总局公告2014年第63号),自2015年1月1日起,国税函〔2010〕148号文件废止〕进一步明确国税函〔2008〕828号文件第三条规定的,企业处置外购资产按购入时的价格确定销售收入,是指企业处置该项资产不是以销售为目的,而是具有替代职工福利等费用支出性质,且购买后一般在一个纳税年度内处置。

根据《国家税务总局关于发布〈企业所得税年度纳税申报表(A类,2014年版)〉的公告》〔国家税务总局公告2014年第63号,自2017年12月29日起被《国家税务总局关于发布〈中华人民共和国企业所得税年度纳税申报表(A类,2017年版)〉的公告》(国家税务总局公告2017年第54号)废止〕的规定,企业外购资产或服务不以销售为目的,用于替代职工福利费用支出,且购置后在一个纳税年度内处置的,可以按照购入价格确认视同销售收入。

2. 除另有规定外按公允价值确定视同销售收入金额

自2016年度起,根据《国家税务总局关于企业所得税有关问题的公告》(国家税务总局公告2016年第80号)第二条"企业移送资产所得税处理问题"的规定,企业发生国税函〔2008〕828号文件第二条规定情形的,除另有规定外,应按照被移送资产的公允价值确定销售收入。

3. 公益捐赠股权按历史成本视同销售

《财政部 国家税务总局关于公益股权捐赠企业所得税政策问题的通知》(财税〔2016〕45号,以下简称财税〔2016〕45号文件)。财税〔2016〕45号文件自2016年1月1日起执行,发布前企业尚未进行税收处理的股权捐赠行为,符合财税〔2016〕45号文件规定条件的可比照财税〔2016〕45号文件执行,已经进行相关税收处理的不再进行税收调整第一条的规定,企业向公益性社会团体实施的股权捐赠,应按规定视同转让股权,股权转让收入额以企业所捐赠股权取得时的历史成本确定。

上述所称的股权,是指企业持有的其他企业的股权、上市公司股票等。

财税〔2016〕45号文件第二条规定,企业实施股权捐赠后,以其股权历史成本为依据确定捐赠额,并依此按照企业所得税法有关规定在所得税前予以扣除。公益性社会团体接受股权捐赠后,应按照捐赠企业提供的股权历史成本开具捐赠票据。

公益性社会团体,是指注册在中华人民共和国境内,以发展公益事业为宗旨,且不以营利为目的,并经确定为具有接受捐赠税前扣除资格的基金会、慈善组织等公益性社会团体。

股权捐赠行为,是指企业向中华人民共和国境内公益性社会团体实施的股权捐赠行为。企业向中华人民共和国境外的社会组织或团体实施的股权捐赠行为不适用本通知规定。

四、江苏大山房地产开发有限公司土地增值税清算案

江苏大山房地产开发有限公司与
江苏省宿迁地方税务局稽查局二审行政判决书

江苏省高级人民法院行政判决书〔2015〕苏行终字第 00508 号

【提示:土地增值税被戏称为"土地争执税",是因为我国会计核算上没有《清算准则》,没有系统地进行明确规定清算业务的计量规则,所以开发企业、税务机关、中介专家们对于"清算"业务的计量规则都没有意见统一,故形成不同意见是正常的。虽然争执归争执,但是最终走上法庭的案子并不是太多,本判例为我们学习土地增值税提供了很好的素材。本案税企争论的焦点表现在 6 个方面:(1)稽查局作出清算处理决定是否超出了行政职权范围;(2)地价款是否应扣除政府给予的奖励;(3)可售面积如何确定,依据是什么;(4)向非金融机构借款利息能否直接计入开发费用;(5)以不动产对外投资计税价格如何确认;(6)应收未收的款项是否应当确认为销售收入。】

上诉人(原审原告)江苏大山房地产开发有限公司,住所地江苏省宿迁市泗洪县经济开发区东区。

法定代表人殷荣富,该公司董事长。

委托代理人周炳泉,该公司工作人员。

委托代理人张崇练,泗洪县泗洲法律服务所法律工作者。

被上诉人(原审被告)江苏省宿迁地方税务局稽查局,住所地宿迁市宿城区发展大道 78 号地税大厦。

法定代表人曹方文,该局局长。

委托代理人黄昊,江苏省宿迁地方税务局工作人员。

委托代理人姜亚春,江苏宿兴律师事务所律师。

上诉人江苏大山房地产开发有限公司(以下简称大山公司)因诉江苏省宿迁地方税务局稽查局(以下简称宿迁地税稽查局)税务处理决定一案,不服江苏省宿迁市中级人民法院〔2014〕宿中行初字第00045号行政判决,向本院提起上诉。本院2015年7月27日立案受理后依法组成合议庭,并于2015年10月24日公开开庭审理了本案。上诉人大山公司的委托代理人周炳泉、张崇练,被上诉人宿迁地税稽查局副局长王筱祥作为行政机关负责人,以及委托代理人黄昊、姜亚春到庭参加了诉讼。本案现已审理终结。

一审法院经审理查明,大山公司于2007年4月成立,在泗洪县青阳镇以出让方式取得国有建设用地50.99亩,开发"泗洪第一街"房地产项目。该项目建筑面积114 936.73平方米,2008年12月取得预售许可证,截至2013年12月31日,对外销售27 237.97平方米,以房地产对外投资入股42 415.75平方米。2014年3月10日至6月10日宿迁地税稽查局对大山公司2010年1月1日至2013年12月31日期间的涉税情况进行了检查,认定大山公司在营业税、城市维护建设税、教育费附加、地方教育费附加、印花税、城镇土地使用税、房产税、个人所得税、土地增值税等9种税费申缴存在违法事实,并作出宿地税稽处〔2014〕60号税务处理决定书,要求大山公司补缴或者调整相关税款,其中应补缴土地增值税19 282 778.61元。对该处理决定中关于营业税、城市维护建设税、教育费附加、地方教育费附加、印花税、城镇土地使用税、房产税、个人所得税等8项处理结果,大山公司无异议,并按照要求履行了相关义务,但对处理决定中关于土地增值税清算认定的事实和处理结果有异议,向宿迁市地方税务局申请复议。2014年12月1日宿迁市地方税务局作出宿地税复决〔2014〕1号行政复议决定,维持了宿迁地税稽查局作出的土地增值税清算处理决定。大山公司不服,向法院提起诉讼,请求撤销宿地税稽处〔2014〕60号税务处理决定书中关于土地增值税(清算)的处理决定。

一审法院认为:

1. 关于在取得土地使用权支付金额时可否扣除政府奖励款问题。

江苏省地方税务局2012年8月20日制定的《关于土地增值税有关业务问题的公告》(苏地税规〔2012〕1号,以下简称《江苏地税1号公告》)规定,纳税人为取得土地使用权所支付的地价款,在计算土地增值税时,应以纳税人实际支付土地出让金,减去因受让该宗土地政府以各种形式支付给纳税人的经济利益后予以确认。本案中,大山公司从泗洪县财政局获得的 16 000 000 元奖励是基于受让土地而取得的,因此宿迁地税稽查局在计算大山公司为取得土地使用权所支付的地价款时,从大山公司交付的土地出让金中扣减 16 000 000 元,有事实和法律依据,并无不当。

2. 关于地下一层可售面积如何确定问题。

建设项目竣工规划验收合格证不是认定房屋产权面积的直接依据,而且本案中大山公司提供的验收合格证系复印件,字迹模糊,部分内容难以辨认,因此该材料不符合证据的形式要求,不能作为有效证据使用。泗洪县房地产管理处系房屋产权确认登记的法定机构,其出具的房屋登记信息能够证明泗洪第一街地下一层 H01 部分的面积为 18 826.26 平方米,所有权人为大山公司。大山公司称地下一层可办理产权面积为 10 613.08 平方米,其余属于不可办理产权的公共设施,与查明事实不符。大山公司称 H01 部分的房产证是临时性的,亦缺乏依据。

3. 关于向非金融机构借款利息能否直接计入开发费用问题。

根据《中华人民共和国土地增值税暂行条例实施细则》第七条第(三)项的规定,开发土地和新建房屋及配套设施的费用(以下简称房地产开发费用),是指与房地产开发项目有关的销售费用、管理费用、财务费用。财务费用中的利息支出,凡能够按转让房地产项目计算分摊并提供金融机构证明的,允许据实扣除……凡不能按转让房地产项目计算分摊利息支出或不能提供金融机构证明的,房地产开发费用按《中华人民共和国土地增值税暂行条例实施细则》第七条第(一)、(二)项规定计算的金额之和的 10% 以内计算扣除。《国家税务总局关于土地增值税清算有关问题的通知》和《江苏地税 1 号公告》规定,财务费用中的利息支出,凡不能按转让房地产项目计算分摊利息支出或不能提供金融机构证明的,房地产开发费用按取得土地使用权所支付的金额与房地产开发成本金额之和的 10% 计算扣除。根据上述规定,向非金融机构借款的,房地产开发费用应当按照"取得土地使用权所支付的金额"与"房地产开发成本"两项金额之和的一定比例计算扣除。本案中,大山公司系向非金融机构借款,因此其支付的利息不能直接计入开发费用予以扣除。宿迁地税稽查局按照取得土地使用权所支付的金额与房地产开发成本之和的 10% 计算大山公司的房地产开发费用,符合法规规定,并无不当。

4. 关于大山公司以不动产对外投资计税价格确认问题。

《国家税务总局关于房地产开发企业土地增值税清算管理有关问题的通知》第三条规定："非直接销售和自用房地产的收入确定：房地产开发企业将开发产品用于……对外投资等，发生所有权转移时应视同销售房地产。其收入按下列方法和顺序确认：1.按本企业在同一地区、同一年度销售的同类房地产的平均价格确定；2.由主管税务机关参照当地当年、同类房地产的市场价格或评估价值确定。"本案中，大山公司在同一地区、同一年度无同类房地产销售平均价格，当地当年也无同类房地产的市场价格，因此宿迁地税稽查局在清算时只能按评估价值确认收入。大山公司称应以协议价格确认收入，无法律依据。

5. 关于应收未收的款项是否应当确认为销售收入问题。

土地增值税计征的对象是土地增值部分，清算目的是确定土地的增值额。本案中，商品房买卖合同签订后，房屋已交付，虽然有部分购房款未实际收取，但不影响增值额的计算。相反，仅按照实际收取的部分购房款确认收入，则不能正确反映增值。而且《国家税务总局关于土地增值税清算有关问题的通知》也明确规定，土地增值税清算时，未开具发票或未全额开具发票的，以交易双方签订的销售合同所载的售房金额及其他收益确认收入。因此，宿迁地税稽查局按商品房买卖合同约定的售房价款全额确认收入，有法律依据，并无不当。综上，宿迁地税稽查局作出的宿地税稽处〔2014〕60号税务处理决定中关于土地增值税（清算）的处理决定事实清楚，适用法律、法规正确。大山公司要求撤销土地增值税清算处理决定，无事实和法律依据。一审法院根据《中华人民共和国行政诉讼法》第六十九条的规定，判决驳回大山公司的诉讼请求。

上诉人大山公司上诉称，一审认定事实不清，适用法律错误。（1）县政府奖励上诉人的16 000 000元不涉及土地开发成本，一审法院认为其应从土地出让金中扣除，认定事实错误，适用法律不当；（2）认定上诉人地下一层可售面积18 826.25平方米不当，其可售面积应为10 613.08平方米；（3）向非金融机构借款利息39 514 117元调减不合情理；（4）将上诉人对外投资的不动产评估价作为销售价计税不当，上诉人以不动产对外投资计税价格没有明显偏低，不应以评估价进行清算；（5）将应收未收款3 680 000元纳入征税错误。请求撤销本院一审判决，依法改判或发回重审，撤销被上诉人税务处理决定中关于土地增值税（清算）的处理决定。

被上诉人宿迁地税稽查局答辩称,一审判决有事实根据和法律依据。(1)政府奖励的 16 000 000 元应当作为减少土地出让金的支出;(2)一审认定的地下一层可售面积正确,上诉人已经拿到了房产证并且进行了抵押;(3)因为是向非金融机构的借款,所以不能采用据实扣除法,而应采用综合扣除法;(4)企业以非货币资产对外进行投资,应以评估价来确认投资价格;(5)应收款应当作为销售收入进行纳税。请求本院驳回上诉,维持一审判决。

上诉人大山公司提起上诉后,一审法院已将各方当事人在一审中提交的证据材料随案移送本院。

本院庭审中,各方当事人对一审判决认定的本案案件事实的客观真实性均无异议,本院依法予以确认。

本院庭审中,双方当事人围绕被上诉人宿迁地税稽查局 2014 年 8 月 7 日作出的宿地税稽处〔2014〕60 号税务处理决定的合法性,重点是被上诉人宿迁地税稽查局是否具有作出本案税务处理决定的法定职权,以及涉案的政府奖励是否调减取得土地使用权支付的地价款,地下一层可销售面积究竟是多少,向非金融机构借款利息如何计入开发费用,以不动产对外投资计税价格如何确认,应收未收的款项是否应当确认收入等六个方面的问题,进行了辩论。

上诉人大山公司认为,(1)对纳税人土地增值税清算业务是主管税务机关的职责,而非稽查局职责,因此被上诉人作出清算处理决定超出了行政职权范围。从湖北省地方税务局《关于进一步规范土地增值税征管工作的意见》(鄂地税发〔2013〕44 号)可以看出在土地增值税清算工作中,税务部门、主管税务机关和稽查局的职责不一样,可作为本案的参考。土地增值税应当由税务局的征收部门而非稽查部门进行清算,处理也应由征收部门进行。(2)上诉人收到的16 000 000 元是项目建设的奖励而非购买土地的奖励,被上诉人依据《江苏地税1 号公告》文件处理 16 000 000 元财政补贴,适用法律错误。上诉人所支付的出让金应该作为支付土地所有权所支付的金额得到全额确认。(3)上诉人的地下一层可售面积应当按照竣工验收合格证上的范围予以确定。(4)上诉人在开发前因公司尚未成立而无法办理银行贷款,是以江苏天然园米面实业有限公司的名义向银行和泗洪县宏源公司进行借款,进行房地产项目开发的,此虽然不是直接向银行借款,但是已实际支出了相关的利息,在进行清算时,应当按照账面全部计入开发费用。(5)被上诉人通过价格评估机构对上诉人对外投资房产进行评估错误。上诉人的投资协议价格仅低于评估价格的 6.05%,此偏差属于正常范围,不属于价格明显偏低,被上诉人评估时没有考虑特殊销售情形。(6)应收未收款只是债权,并不是实际收入,被上诉人不应当将此确认为销售收入。

被上诉人宿迁地税稽查局认为,(1)江苏省机构编制委员会办公室《关于印发江苏省宿迁地方税务局及所属县区局主要职责机构设置和人员编制规定的通知》(苏编办发〔2010〕30号,以下简称《江苏编办30号文》)第三条第一款第一项明确了被上诉人有监督、检查全市地税系统征管对象执行地方税收、法规、政策及制度情况,查处税收征收违法案件。上诉人没有依照规定的时间对土地增值税进行清算,未依法申报缴纳土地增值税,其行为本身已构成违法,被上诉人对上诉人的违法行为依法进行立案查处,符合法律规定,并无超越职权。上诉人认为主管税务机关不包含稽查局是错误的,稽查局也是税务主管机关。(2)泗洪县财政局情况说明和中共泗洪县委会议纪要足以证明,涉案的16 000 000元是土地出让金的奖励,被上诉人对此进行调整,符合《江苏地税1号公告》的规定,不存在适用法律错误。(3)涉案的地下一层可销售面积应当按照房产证上的面积计算。且上诉人对上述房产已设立了抵押,因此是有价值的面积,也是可以销售的面积。(4)上诉人向非金融机构借款,只能按照金额之和的10%来进行综合扣除。(5)根据相关法律规定,对作为出资的非货币财产应当评估作价,核实财产,不得高于或低于作价。被上诉人用评估的方法来确认价格正确。

本院认为,《中华人民共和国税收征收管理法》(以下简称《税收征管法》)第十四条规定,本法所称税务机关是指各级税务局、税务分局、税务所和按照国务院规定设立的并向社会公告的税务机构。《中华人民共和国税收征收管理法实施细则》(以下简称《征管法实施细则》)第九条规定,税收征管法第十四条所称按照国务院规定设立的并向社会公告的税务机构,是指省以下税务局的稽查局。国家税务总局《税务稽查工作规程》(国税发〔2009〕157号)第二条规定,税务稽查由税务局稽查局依法实施。稽查局主要职责,是依法对纳税人、扣缴义务人和其他涉税当事人履行纳税义务、扣缴义务情况及涉税事项进行检查处理,以及围绕检查处理开展的其他相关工作。《江苏编办30号文》已经明确了被上诉人宿迁地税稽查局相应的工作职责,因此被上诉人宿迁地税稽查局具有作出本案被诉的税务处理决定的法定职权。上诉人大山公司二审中提供的湖北地方税务局《关于进一步规范土地增值税征管工作的若干意见》(鄂地税发〔2013〕44号)并未涉及税务机关职权划分问题,与本案没有关联性,依法不予采信。同时,被上诉人宿迁地税稽查局一审提供的《税务稽查立案审批表》《税务检查通知书》《税务事项通知书》《税务稽查报告》和相关税务文书送达回证等证明,被上诉人宿迁地税稽查局作出的税务处理决定,行政程序符合国家税务总局《税务稽查工作规程》的相关规定。

《江苏地税 1 号公告》系根据《中华人民共和国土地增值税暂行条例》及其实施细则和其他税收法律法规作出的规范性文件,其制定规则、程序等符合《税收规范性文件制定管理办法》(国家税务总局令第 20 号)的规定,本案在卷证据表明,上诉人大山公司取得的 16 000 000 元奖励款,系泗洪县政府给上诉人的土地出让金奖励。根据《中华人民共和国土地增值税暂行条例》第六条第(一)项:计算增值额的扣除项目包括:"(一)取得土地使用权所支付的金额"以及《中华人民共和国土地增值税暂行条例实施细则》第七条:"取得土地所支付的金额,是指纳税人为取得土地使用权所支付的地价款和按国家统一法规缴纳的费用"的规定,《江苏地税 1 号公告》确定,"纳税人为取得土地使用权所支付的地价款,在计算土地增值税时,应以纳税人实际支付土地出让金(包括后期补缴的土地出让金),减去因受让该宗土地政府以各种形式支付给纳税人的经济利益后予以确认"并无不当。被上诉人宿迁地税稽查局在被诉的税务处理决定中,据此将 1 600 万元土地出让金奖励款,在计算土地增值税时从取得土地使用权所支付的地价款中予以扣减,符合上述法律法规和规范性文件的规定。

上诉人大山公司开发的泗洪第一街项目地下部分由 H01 和 H02 两部分构成。泗洪县房地产管理处有关 H01 的登记信息显示为:"所有权人:江苏大山房地产开发有限公司,证号:S025168,房号:H01,面积:18 826.26 平方米,设计用途:商业,他项权证号:T029576,他项权人:中国农业发展银行丹阳市支行,权利价值:158 000 000 元。"因该房屋已拥有合法的所有权证,并设定了他项权利,故被上诉人宿迁地税稽查局在被诉的税务处理决定中认定上诉人大山公司地下一层可售面积为 18 826.26 平方米正确。

上诉人大山公司 2009 年—2013 年支付泗洪宏源公有资产管理有限公司利息 2 608 617 元,支付苏中实业有限公司利息 36 905 500 元,两项合计 39 514 117 元,系向非金融机构借款利息,根据《中华人民共和国土地增值税暂行条例实施细则》第七条第(三)项:"开发土地和新建房及配套设施的费用(以下简称房地产开发费用),是指与房地产开发项目有关的销售费用、管理费用、财务费用。财务费用中的利息支出,凡能够按转让房地产项目计算分摊并提供金融机构证明的,允许据实扣除,但最高不能超过按商业银行同类同期贷款利率计算的金额,其他房地产开发费用,按本条(一)、(二)项规定计算的金额之和的5%以内计算扣除。凡不能按转让房地产项目计算分摊利息支出或不能提供金融机构证明的,房地产开发费用按本条(一)、(二)项规定计算的金额之和的10%以内计算扣除。"以及《国家税务总局关于土地增值税清算有关问题的通知》(国税函〔2010〕220号)及《江苏地税1号公告》的规定,财务费用中的利息支出,凡能够按转让房地产项目计算分摊并提供金融机构证明的,允许据实扣除,但最高不能超过按商业银行同类同期贷款利率计算的金额。其他房地产开发费用,在按照"取得土地使用权所支付的金额"与"房地产开发成本"金额之和的5%计算扣除;凡不能按转让房地产项目计算分摊利息支出或不能提供金融机构证明的,房地产开发费用在按"取得土地使用权所支付的金额"与"房地产开发成本"金额之和的10%计算扣除。被上诉人宿迁地税稽查局在被诉的税务处理决定中将房地产开发费用按"取得土地使用权所支付的金额"与"房地产开发成本"金额之和的10%计算扣除,符合上述法律规范的规定。这种计算扣除,并非上诉人所说的"调减"。

根据《中华人民共和国公司法》第二十七条的规定,"股东可以用货币出资,也可以用实物、知识产权、土地使用权等可以用货币估价并可以依法转让的非货币财产作价出资;但是,法律、行政法规规定不得作为出资的财产除外。对作为出资的非货币财产应当评估作价,核实财产,不得高估或者低估作价。法律、行政法规对评估作价有规定的,从其规定"。上诉人大山公司以不动产对外投资,应当评估作价。根据《国家税务总局关于房地产开发企业土地增值税清算管理有关问题的通知》(国税发〔2006〕187号)第三条的规定,"非直接销售和自用房地产的收入确定:房地产开发企业将开发产品用于职工福利、奖励、对外投资、分配给股东或投资人、抵偿债务、换取其他单位和个人的非货币性资产等,发生所有权转移时应视同销售房地产,其收入按下列方法和顺序确认:1.按本企业在同一地区、同一年度销售的同类房地产的平均价格确定;2.由主管税务机关参照当地当年、同类房地产的市场价格或评估价值确定"。上诉人大山公司在同一地区、同一年度无同类房地产销售平均价格,当地当年也无同类房地产的市场价格,因此被上诉人宿迁地税稽查局按照上述规定的方法和顺序,评估价值确定收入正确。且根据《税收征管法》第三十六条规定,"企业或者外国企业在中国境内设立的从事生产、经营的机构、场所与其关联企业之间的业务往来,应当按照独立企业之间的业务往来收取或者支付价款、费用;不按照独立企业之间的业务往来收取或者支付价款、费用,而减少其应纳税的收入或者所得额的,税务机关有权进行合理调整"。《征管法实施条例》第五十四条规定,"纳税人与其关联企业之间的业务往来有下列情形之一的,税务机关可以调整其应纳税额:……(四)转让财产、提供财产使用权等业务往来,未按照独立企业之间业务往来作价或者收取、支付费用"的规定,被上诉人宿迁地税稽查局针对上诉人大山公司将不动产投资给自己的关联企业,依法进行合理调整也是合法、适当的。

关于应收未收的款项是否应当确认收入问题。上诉人大山公司称,其项目在销售中有几户购房户仅支付首付款后就未能履行合同,形成应收未收款项3 680 000元,被上诉人应在清算过程中据实认定。经查,上诉人大山公司所述四套商铺,购销双方已签订了商品房买卖合同,合同约定付款方式为购买人支付首付款若干,余款通过银行按揭方式支付。购买人已支付首付款,上诉人大山公司开具了预收款发票,且房屋已交付。根据《中华人民共和国土地增值税暂行条例》第五条:"纳税人转让房地产所取得的收入,包括货币收入、实物收入和其他收入。"《中华人民共和国土地增值税暂行条例实施细则》第五条"条例第二条所称的收入,包括转让房地产的全部价款及有关的经济收益"的规定及《国家税务总局关于土地增值税清算有关问题的通知》(国税函〔2010〕220号)第一条关于土地增值税清算时收入确认的问题规定,土地增值税清算时,未开具发票或未全额开具发票的,以交易双方签订的销售合同所载的售房金额及其他收益确认收入。被上诉人宿迁地税稽查局在被诉的税务处理决定中按其合同约定的售房价款全额确认收入,符合上述规定。

综上,上诉人大山公司的上诉请求和理由,缺乏事实根据和法律依据,依法不予支持。一审判决认定事实清楚、适用法律正确、审判程序合法。依照《中华人民共和国行政诉讼法》第八十九条第一款第(一)项的规定,判决如下:

驳回上诉,维持原判。

二审案件受理费人民币50元,由上诉人江苏大山房地产开发有限公司承担。

本判决为终审判决。

审　判　长　史　笔

代理审判员　许傲雪

代理审判员　丁　钰

二〇一五年十月二十四日

书　记　员　谌　莹

第三节　营改增后应税收入的确认

一、营改增后土地增值税应税收入的确认

（一）土地增值税应税收入不含增值税

根据《财政部　国家税务总局关于营改增后契税　房产税　土地增值税　个人所得税计税依据问题的通知》（财税〔2016〕43 号）第三条的规定，土地增值税纳税人转让房地产取得的收入为不含增值税收入。《土地增值税暂行条例》等规定的土地增值税扣除项目涉及的增值税进项税额，允许在销项税额中计算抵扣的，不计入扣除项目，不允许在销项税额中计算抵扣的，可以计入扣除项目。

根据《国家税务总局关于营改增后土地增值税若干征管规定的公告》（国家税务总局公告 2016 年第 70 号）第一条"关于营改增后土地增值税应税收入确认问题"的规定，营改增后，纳税人转让房地产的土地增值税应税收入不含增值税。适用增值税一般计税方法的纳税人，其转让房地产的土地增值税应税收入不含增值税销项税额；适用简易计税方法的纳税人，其转让房地产的土地增值税应税收入不含增值税应纳税额。

土地增值税应税收入不含增值税，收入的具体确定方法如图 2-5 所示。

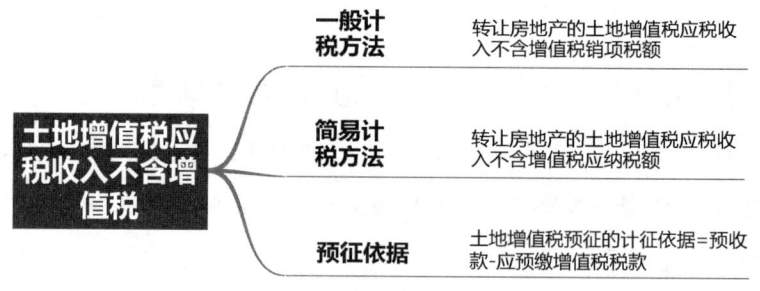

图 2-5　营改增后收入的确定

（二）土地增值税的应税收入

根据《国家税务总局关于营改增后土地增值税若干征管规定的公告》（国家税务总局公告 2016 年第 70 号）第四条"关于营改增前后土地增值税清算的计算问题"的规定，房地产开发企业在营改增后进行房地产开发项目土地增值税清算时，按以下方法确定土地增值税应税收入金额：

$$\begin{array}{c}\text{土地增值税}\\\text{应税收入}\end{array} = \begin{array}{c}\text{营改增前转让}\\\text{房地产取得的收入}\end{array} + \begin{array}{c}\text{营改增后转让房地产}\\\text{取得的不含增值税收入}\end{array}$$

二、营改增后视同销售房地产应税收入的确定

根据《国家税务总局关于营改增后土地增值税若干征管规定的公告》(国家税务总局公告 2016 年第 70 号)第二条"关于营改增后视同销售房地产的土地增值税应税收入确认问题"的规定,纳税人将开发产品用于职工福利、奖励、对外投资、分配给股东或投资人、抵偿债务、换取其他单位和个人的非货币性资产等,发生所有权转移时应视同销售房地产,其收入应按照《国家税务总局关于房地产开发企业土地增值税清算管理有关问题的通知》(国税发〔2006〕187 号)第三条规定执行。纳税人安置回迁户,其拆迁安置用房应税收入和扣除项目的确认,应按照《国家税务总局关于土地增值税清算有关问题的通知》(国税函〔2010〕220 号)第六条规定执行。即收入按下列方法和顺序确认:

(1)按本企业在同一地区、同一年度销售的同类房地产的平均价格确定。

(2)由主管税务机关参照当地当年、同类房地产的市场价格或评估价值确定。

三、免征增值税的收入不扣减增值税额

根据《财政部 国家税务总局关于营改增后契税 房产税 土地增值税 个人所得税计税依据问题的通知》(财税〔2016〕43 号)第五条的规定,免征增值税的,确定计税依据时,成交价格、租金收入、转让房地产取得的收入不扣减增值税额。

四、税务机关核定的计税价格不含增值税

根据《财政部 国家税务总局关于营改增后契税 房产税 土地增值税 个人所得税计税依据问题的通知》(财税〔2016〕43 号)第六条的规定,在计征土地增值税、个人所得税、房产税等税种时,税务机关核定的计税价格或收入不含增值税。

五、营改增后的预征依据与清算收入

(一)基本规定

根据《国家税务总局关于营改增后土地增值税若干征管规定的公告》(国家税务总局公告 2016 年第 70 号)第一条的规定,营改增后,纳税人转让房地产的

土地增值税应税收入不含增值税。适用增值税一般计税方法的纳税人,其转让房地产的土地增值税应税收入不含增值税销项税额;适用简易计税方法的纳税人,其转让房地产的土地增值税应税收入不含增值税应纳税额。为方便纳税人,简化土地增值税预征税款计算,房地产开发企业采取预收款方式销售自行开发的房地产项目的,可按照以下方法计算土地增值税预征计征依据:

土地增值税预征的计征依据＝预收款－应预缴增值税税款

(二)广州市的规定

根据《广州市地方税务局关于印发 2016 年土地增值税清算工作有关问题处理指引的通知》(穗地税函〔2016〕188 号)第一条第(一)项的规定,土地增值税纳税人销售自行开发的房地产项目取得的收入为不含增值税收入,其中:

(1)纳税人选用增值税简易计税方法计税的,土地增值税预征、清算收入均按"含税销售收入÷(1＋5%)"确认。

(2)纳税人选用增值税一般计税方法计税的,土地增值税预征收入按"含税销售收入÷(1＋适用增值税税率)"确认;土地增值税清算收入按"(含税销售收入＋本项目土地价款×适用增值税税率)÷(1＋适用增值税税率)"确认,即:纳税人按规定允许以本项目土地价款扣减销售额而减少的销项税金,应调增土地增值税清算收入。

含税销售收入是指纳税人销售房地产时取得的全部价款及有关的经济利益。本项目土地价款是指按照财税〔2016〕36 号文件规定,纳税人受让土地时向政府部门支付的土地价款(如果一次受让土地使用权,分期开发、清算的,则土地价款需要按照合法合理的方法进行分摊确认)。

举例说明:甲房地产开发企业为一般纳税人按照增值税一般计税方法计税,适用税率 9%。甲企业预售一套房产,取得含税销售收入 1 090 万元,假设对应允许扣除的土地价款为 400 万元。则甲企业预售房地产时土地增值税预征收入为:1 090÷(1＋9%)＝1 000(万元)。

甲企业按照财税〔2016〕36 号文件规定,申报应缴增值税为:(1 090－400)÷(1＋9%)×9%＝56.97(万元),则甲企业土地增值税清算收入为:1 090－56.97＝(1 090＋400×9%)÷(1＋9%)＝1 033.03(万元)。

(三)江苏省的执行口径

1. 预征计税依据

关于营改增后土地增值税预征的计征依据确定问题,江苏省税务局明确的执行口径为：采取预收款方式销售自行开发的房地产项目的，统一按照《国家税务总局关于营改增后土地增值税若干征管规定的公告》（国家税务总局公告2016年第70号），土地增值税预征的计征依据＝预收款－应预缴增值税税款。

2. 清算收入

江苏政策确定性口径明确，根据《财政部　国家税务总局关于营改增后契税房产税　土地增值税　个人所得税计税依据问题的通知》（财税〔2016〕43号）第三条的规定，土地增值税纳税人转让房地产取得的收入为不含增值税收入。根据《国家税务总局关于营改增后土地增值税若干征管规定的公告》（国家税务总局公告2016年第70号）第一条的规定，适用增值税一般计税方法的纳税人，其转让房地产的土地增值税应税收入不含增值税销项税额。

因此，适用增值税一般计税方法的房地产开发企业，清算时，其土地增值税应税收入＝转让房地产收入÷（1＋适用税率）。

（四）重庆市的执行口径

土地增值税预征收入和清算收入不含增值税；扣除项目中"转让房地产有关的税金"指增值税的附加税费等，不包括增值税；扣除项目涉及的增值税进项税额，允许在销项税额中计算抵扣的，不计入扣除项目；不允许在销项税额中计算抵扣的，可以计入扣除项目。

举例说明：房地产项目预售额1 090万元（含增值税，增值税率为9％），房地产项目销售额1 090万元（含增值税），取得土地支出400万元。

预征收入计算表　　（单位：万元）

项目	增值税预缴依据	预缴增值税额	土增税预征收入
简易计税	1 090÷（1＋5％）＝1 038.10	1 038.10×3％＝31.14	1 090－31.14＝1 058.86
一般计税	1 090÷（1＋9％）＝1 000.00	1 000×3％＝30.00	1 090－30＝1 060.00

清算收入计算表　　（单位：万元）

项目	销售额	增值税额（应纳或销项）	土增税收入	会计收入
简易计税	1 090÷（1＋5％）＝1 038.10	1 038.10×5％＝51.91	1 090－51.91＝1 038.09	1 038.09
一般计税	（1 090－400）÷（1＋9％）＝633.03	633.03×9％＝56.97	1 090－56.97＝1 033.03	1 000.00

在增值税一般计税模式下，土地增值税收入应在会计核算收入基础上调增，

调增额为土地成本抵减的增值税销项税额（上例中为 33.03 万元）。同时，企业根据《增值税会计处理规定》将土地成本抵减增值税销项税额冲减了土地成本的（贷记），土地增值税不调减"取得土地使用权所支付的金额"。

国家税务总局公告 2016 年 70 号规定的"土地增值税预征的计征依据＝预收款－应预缴增值税税款"，属土地增值税预征管理的统一性规范要求。

（五）海南省的执行口径

《国家税务总局海南省税务局土地增值税清算审核管理办法》（国家税务总局海南省税务局公告 2021 年第 7 号印发）第四条的规定，纳税人转让房地产的收入包括转让房地产的全部价款及有关的经济收益。适用增值税一般计税方法的纳税人，转让房地产取得的不含增值税收入＝转让收入－应缴纳增值税销项税额。适用简易计税方法的纳税人，转让房地产取得的不含增值税收入＝转让收入－增值税应纳税额。

国家税务总局海南省税务局《关于〈国家税务总局海南省税务局土地增值税清算审核管理办法〉的解读》这里的"应缴纳增值税销项税额"是指纳税人按《国家税务总局关于发布〈房地产开发企业销售自行开发的房地产项目增值税征收管理暂行办法〉的公告》（国家税务总局公告 2016 年第 18 号）第四条和《财政部 国家税务总局关于全面推开营业税改征增值税试点的通知》（财税〔2016〕36 号）的附件 1《营业税改征增值税试点实施办法》第二十二条规定计算的应缴纳增值税销项税额。也就是说，"应缴纳增值税销项税额"＝（全部价款和价外费用－当期允许扣除的土地价款）÷（1＋适用税率）×适用税率。

第四节　收入风险与审核

清算项目的收入，是指转让国有土地使用权、地上的建筑物及其附着物（以下简称房地产）并取得的全部价款及有关的经济收益，包括货币收入、实物收入、视同销售收入和其他收入。收入实现时间的确定，按财税主管部门的有关规定执行。

一、收入风险与审核资料

（一）清算收入风险表现

土地增值税收入风险主要表现在：

（1）开发产品用于职工福利、奖励、对外投资、分配给股东或投资人、抵偿债务、换取其他单位和个人的非货币性资产等应视同销售而未计收入。

（2）销售退回、销售折扣与折让业务虚假，冲减收入。

（3）预收购房款、售房款挂企业应收应付科目，不计收入。

（4）部分售房收入款项开具收款收据，隐匿收入。

（5）无正当理由，以明显偏低的价格将商品房销售给本公司股东或关联企业及个人，少计收入。

（6）收到购房人违约支付的违约金、滞纳金未计入收入。

（7）以视同买断方式销售开发产品的、包销方式委托销售开发产品的、采取基价（保底价）并实行超基价双方分成方式委托销售开发产品的等特殊销售方式未按规定确认收入。

（8）清算时已签订合同，但未开具发票或未全额开具发票的，未按交易双方签订的销售合同所载的售房金额及其他收益确认收入。

（9）"营改增"后，未按不含税金额确定收入。

（10）售后返租将冲减租金后实际收取的款项计作收入，少确认收入。

（11）以房抵工程款、抵广告费、抵银行贷款，以动迁补偿费抵顶购房款等业务，不计收入。

（二）收入审核资料

清算收入审核需要查阅的主要资料有：

（1）项目总平面图、经规划部门审核同意的规划图。

（2）商品房预（销）售证。

（3）房源表。

（4）销售发票、销售合同（含房管部门网上备案登记资料）。

（5）测绘报告。

（6）物价部门核价批复。

（7）房产销售分户明细表、房产销控表。

（8）大产权证（产权清册）公建配套表。

二、收入审核的基本内容与方法

土地增值税清算项目收入审核的基本内容和方法包括：

（一）应税收入确认的审核

应当按照税法及有关规定审核纳税人是否准确划分征税收入、不征税收入与免税收入,确认土地增值税的应税收入。

土地增值税以人民币为计算单位。转让房地产所取得的收入为人民币以外的货币的,以取得收入当天或当月 1 日国家公布的市场汇价折合成人民币,据以计算应纳土地增值税税额。对于以分期收款形式取得的外币收入,应当按实际收款日或收款当月 1 日国家公布的市场汇价折合人民币。

（二）视同销售收入的审核

房地产开发企业将开发产品用于职工福利、奖励、对外投资、分配给股东或投资人、抵偿债务、换取其他单位和个人的非货币性资产等,发生所有权转移时应视同销售房地产,其收入按下列方法和顺序确认:

（1）按本企业在同一地区、同一年度销售的同类房地产的平均价格确定。

（2）由主管税务机关参照当地当年、同类房地产的市场价格或评估价值确定。

房地产开发企业将开发的部分房地产转为企业自用或用于出租等商业用途时,如果产权未发生转移,不征收土地增值税,在税款清算时不列收入,不扣除相应的成本和费用。

（三）代收费用的审核

对纳税人按县级以上人民政府的规定在售房时代收的各项费用,应区分不同情形分别处理:

（1）代收费用计入房价向购买方一并收取的,应将代收费用作为转让房地产所取得的收入计税。实际支付的代收费用,在计算扣除项目金额时,可予以扣除,但不允许作为加计扣除的基数。

（2）代收费用在房价之外单独收取且未计入房地产价格的,不作为转让房地产的收入,在计算增值额时不允许扣除代收费用。

对于县级以上人民政府要求房地产开发企业在售房时代收的各项费用,审核其代收费用是否计入房价并向购买方一并收取;当代收费用计入房价时,审核有无将代收费用计入加计扣除以及房地产开发费用计算基数的情形。

（四）其他收入项目的审核思路与方法

其他收入项目的具体审核方法与思路包括但不限于以下情况:

（1）评价收入内部控制是否存在、有效且一贯遵守。了解纳税人与土地增值税清算项目相关的合同、协议及执行情况。

必要时,应当运用截止性测试确认收入的真实性和准确性。审核企业按照项目设立的"预售收入备查簿"的相关内容,观察项目合同签订日期、交付使用日期、预售款确认收入日期、收入金额和成本费用的处理情况。

（2）审核收入时,应结合销售发票、销售合同（含房管部门网上备案登记资料）、商品房销售（预售）许可证、房产销售分户明细表及其他有关资料,重点审核销售明细表、房地产销售面积与项目可售面积的数据关联性,以核实计税收入;对销售合同所载商品房面积与有关部门实际测量面积不一致,而发生补、退房款的收入调整情况进行审核;对销售价格进行评估,审核有无价格明显偏低情况。对纳税人转让房地产成交价格明显偏低且无正当理由的,由主管税务机关按该项目同期同类房地产的平均价格或评估价值确定其收入。

必要时,主管税务机关可通过实地查验,确认有无少计、漏计事项,确认有无将开发产品用于职工福利、奖励、对外投资、分配给股东或投资人、抵偿债务、换取其他单位和个人的非货币性资产等情况。

纳税人转让房地产的收入包括转让房地产的全部价款及有关的经济收益。主管税务机关应根据纳税人报送的清算资料,结合测绘成果资料、商品房销售明细表、发票等核实房地产转让收入,重点审核纳税人申报的应税收入是否真实、准确、完整,相关房产的价格是否明显偏低。

（3）土地增值税清算时,已全额开具发票的,按照发票所载金额确认收入;未开具发票或未全额开具发票的,以交易双方签订的销售合同所载的售房金额及其他收益确认收入。销售合同所载商品房面积与有关部门实际测量面积不一致,在清算前已发生补、退房款的,应在计算土地增值税时予以调整。

对于清算时已签订合同,但未开具发票或未全额开具发票的,是否以交易双方签订的销售合同所载的售房金额及其他收益确认收入。

（4）纳税人将开发产品用于职工福利、奖励、对外投资、分配给股东或投资人、抵偿债务、换取其他单位和个人的非货币性资产等,发生权属转移时应视同销售房地产,其收入按下列方法和顺序确认:

① 按本企业当月销售的同类房地产的平均价格核定。

② 按本企业在同一地区、同一年度销售的同类房地产的平均价格确认。

③ 参照当地当年、同类房地产的市场价格或评估价值确认。

（5）纳税人申报的转让房地产的成交价低于本企业当月销售的同类房地产的平均价格,或者低于本企业在同一地区、同一年度销售的同类房地产的平均价格,或者低于当地当年、同类房地产的市场价格,又无正当理由的,税务机关根据评估价格确定转让房地产的收入。前述正当理由包括但不限于以下情形：

① 采取政府指导价、限价等非市场定价方式销售的开发产品。

② 法院判决或裁定价格的开发产品。

③ 以公开拍卖方式转让的开发产品。

（6）实地查看清算项目的销售情况，将商品房销（预）售许可证、物价部门核价批复、网上签约备案、房产部门房屋测绘面积、销售合同及合同登记簿和销售发票存根、申报表等资料，结合售楼处现场销控表等，重点关注合同签订日期、交付使用日期、预售款确认收入日期、收入金额，审核确定收入核算是否完整、及时和正确。

获取或编制土地增值税清算项目收入明细表，复核加计正确，并与报表、总账、明细账及有关申报表等进行核对。

（7）查明收入的确认原则、方法，注意国家统一会计制度与税收规定以及不同税种在收入确认上的差异。

（8）正确划分预售收入与销售收入，防止影响清算数据的准确性。

（9）审核按揭贷款收入有无申报纳税，有无挂在往来账，如"其他应付款"等，不作销售收入申报纳税的情形。

（10）审核确认销售退回、销售折扣与折让业务是否真实，内容是否完整，相关手续是否符合规定，折扣与折让的计算和会计处理是否正确。重点审查给予关联方的销售折扣与折让是否合理，是否有利用销售折扣和折让转利于关联方等情况。

（11）审核纳税人以房换地，是否视同销售不动产申报缴纳税款。

（12）审核纳税人采用"还本"方式销售商品房和以房产补偿给拆迁户时，是否按规定申报纳税。

（13）审核纳税人在销售不动产过程中收取的价外费用，如延期付款利息、滞纳金、违约金、天然气初装费、有线电视初装费等收益，是否按规定申报纳税。

（14）审核将房地产抵债转让给其他单位和个人或被法院拍卖的房产，是否按规定申报纳税。

（15）审核以房地产或土地作价入股投资或联营从事房地产开发，或者房地产开发企业以其建造的商品房进行投资或联营，是否按规定申报纳税。

（16）审核售后返租业务，是否以冲减租金后实际收取的款项计收入。查看营销手册、售房合同，重点关注售房合同的补充协议或者其关联方的经营合同，查看收入确认是否准确。

（17）对纳税人按县级以上人民政府的规定，代收费用计入房价向购买方一并收取的，是否将代收费用作为转让房地产所取得的收入计税。

（18）审核特殊销售形式是否少记收入。特别注意视同买断方式销售开发产品的、包销方式委托销售开发产品的、采取基价（保底价）并实行超基价双方分成方式委托销售开发产品的，可能会少记收入。查看开发企业与受托销售方的合同内容，查看开发企业、受托销售方、购买方的合同，查看受托方已销开发产品清单，查看开发企业与受托销售方的货款结算。

（19）审核纳税人转让在建项目是否按规定申报纳税。

（20）必要时，利用专家的工作审核清算项目的收入总额。

（21）必要时，可委托价格认定部门对收入金额进行评估。

第五节　销售额与企业所得税收入

一、销售不动产的销售额

（一）销售不动产

根据《销售服务、无形资产、不动产注释》（财税〔2016〕36号文件附件1的附件）第三条的规定，销售不动产，是指转让不动产所有权的业务活动。不动产，是指不能移动或者移动后会引起性质、形状改变的财产，包括建筑物、构筑物等。建筑物，包括住宅、商业营业用房、办公楼等可供居住、工作或者进行其他活动的建造物。构筑物，包括道路、桥梁、隧道、水坝等建造物。

不动产的分类与内容如表2-2所示。

表2-2　　　　　　　　　　　不动产的分类

	分类	内容	特点
不动产	建筑物	住宅	可供居住、工作或者进行其他活动的建造物
		商业营业用房	
		办公楼	
		……	

（续表）

	分类	内容	特点
不动产	构筑物	道路	/
		桥梁	/
		隧道	/
		水坝	/
		……	……

转让建筑物有限产权或者永久使用权的，转让在建的建筑物或者构筑物所有权的，以及在转让建筑物或者构筑物时一并转让其所占土地的使用权的，按照销售不动产缴纳增值税。

房屋，即建筑物，包括住宅、商业用房、办公楼、厂房等。也就是说房屋，仅仅是建筑物，包括住宅、商业用房、办公楼、厂房等，比不动产的范围要小。住房，是指住宅、居民用房。不动产的概念大于房屋，房屋概念大于住房，《营业税改增值税试点有关事项的规定》《营业税改增值税试点过渡政策的规定》文件中，优惠政策多是针对"住房"的。

（二）销售开发产品的销售额

1. 一般计税方法下销售开发产品销售额

根据《营业税改征增值税试点有关事项的规定》（财税〔2016〕36号印发）第一条第（三）项第十点的规定，房地产开发企业中的一般纳税人销售其开发的房地产项目（选择简易计税方法的房地产老项目除外），以取得的全部价款和价外费用，扣除受让土地时向政府部门支付的土地价款后的余额为销售额。

根据《财政部 国家税务总局关于明确金融 房地产开发 教育辅助服务等增值税政策的通知》（财税〔2016〕140号，以下简称财税〔2016〕140号文件）第七条的规定，"向政府部门支付的土地价款"，包括土地受让人向政府部门支付的征地和拆迁补偿费用、土地前期开发费用和土地出让收益等。房地产开发企业中的一般纳税人销售其开发的房地产项目（选择简易计税方法的房地产老项目除外），在取得土地时向其他单位或个人支付的拆迁补偿费用也允许在计算销售额时扣除。纳税人按上述规定扣除拆迁补偿费用时，应提供拆迁协议、拆迁双方支付和取得拆迁补偿费用凭证等能够证明拆迁补偿费用真实性的材料。

根据财税〔2016〕140号文件第八条的规定，房地产开发企业（包括多个房地产开发企业组成的联合体)受让土地向政府部门支付土地价款后,设立项目公司对该受让土地进行开发,同时符合下列条件的,可由项目公司按规定扣除房地产开发企业向政府部门支付的土地价款。

(1) 房地产开发企业、项目公司、政府部门三方签订变更协议或补充合同,将土地受让人变更为项目公司。

(2) 政府部门出让土地的用途、规划等条件不变的情况下,签署变更协议或补充合同时,土地价款总额不变。

(3) 项目公司的全部股权由受让土地的房地产开发企业持有。

纳税人按照规定从全部价款和价外费用中扣除的价款,应当取得符合法律、行政法规和国家税务总局规定的有效凭证。否则,不得扣除。

上述凭证是指:

(1) 支付给境内单位或者个人的款项,以发票为合法有效凭证。

(2) 支付给境外单位或者个人的款项,以该单位或者个人的签收单据为合法有效凭证,税务机关对签收单据有疑义的,可以要求其提供境外公证机构的确认证明。

(3) 缴纳的税款,以完税凭证为合法有效凭证。

(4) 扣除的政府性基金、行政事业性收费或者向政府支付的土地价款,以省级以上(含省级)财政部门监(印)制的财政票据为合法有效凭证。

(5) 国家税务总局规定的其他凭证。

纳税人取得的上述凭证属于增值税扣税凭证的,其进项税额不得从销项税额中抵扣。

2. 销售开发产品的简易计税方法

根据《营业税改征增值税试点有关事项的规定》(财税〔2016〕36 号印发)第一条第(八)项的规定,房地产开发企业中的一般纳税人,销售自行开发的房地产老项目,可以选择适用简易计税方法按照 5% 的征收率计税。

房地产开发企业中的小规模纳税人,销售自行开发的房地产项目,按照 5% 的征收率计税。

3. 采取预收款方式销售开发产品的预缴增值税

根据《营业税改征增值税试点有关事项的规定》(财税〔2016〕36 号印发)第一条第(八)项第九点的规定,房地产开发企业采取预收款方式销售所开发的房地产项目,在收到预收款时按照 3% 的预征率预缴增值税。

（三）销售取得的不动产的销售额

根据《营业税改征增值税试点有关事项的规定》（财税〔2016〕36号印发）第一条第（八）项的规定，一般纳税人销售其2016年4月30日前取得（不含自建）的不动产，可以选择适用简易计税方法，以取得的全部价款和价外费用减去该项不动产购置原价或者取得不动产时的作价后的余额为销售额，按照5%的征收率计算应纳税额。纳税人应按照上述计税方法在不动产所在地预缴税款后，向机构所在地主管税务机关进行纳税申报。

一般纳税人销售其2016年4月30日前自建的不动产，可以选择适用简易计税方法，以取得的全部价款和价外费用为销售额，按照5%的征收率计算应纳税额。纳税人应按照上述计税方法在不动产所在地预缴税款后，向机构所在地主管税务机关进行纳税申报。

一般纳税人销售其2016年5月1日后取得（不含自建）的不动产，应适用一般计税方法，以取得的全部价款和价外费用为销售额计算应纳税额。纳税人应以取得的全部价款和价外费用减去该项不动产购置原价或者取得不动产时的作价后的余额，按照5%的预征率在不动产所在地预缴税款后，向机构所在地主管税务机关进行纳税申报。

一般纳税人销售其2016年5月1日后自建的不动产，应适用一般计税方法，以取得的全部价款和价外费用为销售额计算应纳税额。纳税人应以取得的全部价款和价外费用，按照5%的预征率在不动产所在地预缴税款后，向机构所在地主管税务机关进行纳税申报。

小规模纳税人销售其取得（不含自建）的不动产（不含个体工商户销售购买的住房和其他个人销售不动产），应以取得的全部价款和价外费用减去该项不动产购置原价或者取得不动产时的作价后的余额为销售额，按照5%的征收率计算应纳税额。纳税人应按照上述计税方法在不动产所在地预缴税款后，向机构所在地主管税务机关进行纳税申报。

小规模纳税人销售其自建的不动产，应以取得的全部价款和价外费用为销售额，按照5%的征收率计算应纳税额。纳税人应按照上述计税方法在不动产所在地预缴税款后，向机构所在地主管税务机关进行纳税申报。

个体工商户销售购买的住房，应按照财税〔2016〕36号文件附件3《营业税改征增值税试点过渡政策的规定》第五条的规定，个人将购买不足2年的住房对外销售的，按照5%的征收率全额缴纳增值税；个人将购买2年以上（含2年）的住房对外销售的,免征增值税。上述政策适用于北京市、上海市、广州市和深圳市之外的地区。纳税人应按照上述计税方法在不动产所在地预缴税款后,向机构所在地主管税务机关进行纳税申报。

其他个人销售其取得(不含自建)的不动产(不含其购买的住房),应以取得的全部价款和价外费用减去该项不动产购置原价或者取得不动产时的作价后的余额为销售额,按照5%的征收率计算应纳税额。

二、销售土地使用权的销售额

(一)销售土地使用权与无形资产

根据《销售服务、无形资产、不动产注释》(财税〔2016〕36号文件附件1的附件)第二条的规定,销售无形资产,是指转让无形资产所有权或者使用权的业务活动。无形资产,是指不具实物形态,但能带来经济利益的资产,包括技术、商标、著作权、商誉、自然资源使用权和其他权益性无形资产。

技术,包括专利技术和非专利技术。自然资源使用权,包括土地使用权、海域使用权、探矿权、采矿权、取水权和其他自然资源使用权。

其他权益性无形资产,包括基础设施资产经营权、公共事业特许权、配额、经营权(包括特许经营权、连锁经营权、其他经营权)、经销权、分销权、代理权、会员权、席位权、网络游戏虚拟道具、域名、名称权、肖像权、冠名权、转会费等。

无形资产的范围如表2-3所示。

表2-3　　　　　　　　销售无形资产的征税范围和适用税率表

分类		内容	税率
无形资产	技术	专利技术和非专利技术	6%
	商标	/	
	著作权	/	
	商誉	/	
无形资产	自然资源使用权	土地使用权	9%
		海域使用权、探矿权、采矿权、取水权和其他自然资源使用权	
	其他权益性无形资产	基础设施资产经营权、公共事业特许权、配额	6%
		经营权(包括特许经营权、连锁经营权、其他经营权)	
		经销权、分销权、代理权、会员权、席位权、网络游戏虚拟道具	
		域名、名称权、肖像权、冠名权、转会费等	

（二）销售土地使用权的销售额

根据《财政部 国家税务总局关于进一步明确全面推开营改增试点有关劳务派遣服务、收费公路通行费抵扣等政策的通知》（财税〔2016〕47号）第三条第（二）项的规定，纳税人以经营租赁方式将土地出租给他人使用，按照不动产经营租赁服务缴纳增值税。纳税人转让2016年4月30日前取得的土地使用权，可以选择适用简易计税方法，以取得的全部价款和价外费用减去取得该土地使用权的原价后的余额为销售额，按照5%的征收率计算缴纳增值税。

三、企业所得税销售收入

为了加强从事房地产开发经营企业的企业所得税征收管理，规范从事房地产开发经营业务企业的纳税行为，国家税务总局制定了《房地产开发经营业务企业所得税处理办法》（国税发〔2009〕31号印发），适用于中国境内从事房地产开发经营业务的企业（以下简称企业）。

（一）开发产品销售收入的范围

开发产品销售收入的范围为销售开发产品过程中取得的全部价款，包括现金、现金等价物及其他经济利益。企业代有关部门、单位和企业收取的各种基金、费用和附加等，凡纳入开发产品价内或由企业开具发票的，应按规定全部确认为销售收入；未纳入开发产品价内并由企业之外的其他收取部门、单位开具发票的，可作为代收代缴款项进行管理。

企业将开发产品用于捐赠、赞助、职工福利、奖励、对外投资、分配给股东或投资人、抵偿债务、换取其他企事业单位和个人的非货币性资产等行为，应视同销售，于开发产品所有权或使用权转移，或于实际取得利益权利时确认收入（或利润）的实现。确认收入（或利润）的方法和顺序为：

（1）按本企业近期或本年度最近月份同类开发产品市场销售价格确定。

（2）由主管税务机关参照当地同类开发产品市场公允价值确定。

（3）按开发产品的成本利润率确定。开发产品的成本利润率不得低于15%，具体比例由主管税务机关确定。

（二）销售房地产收入的确定时间

《房地产开发经营业务企业所得税处理办法》（国税发〔2009〕31号印发）第六条规定，企业通过正式签订《房地产销售合同》或《房地产预售合同》所取得的收入，应确认为销售收入的实现，具体按以下规定确认：

（1）采取一次性全额收款方式销售开发产品的，应于实际收讫价款或取得索取价款凭据（权利）之日，确认收入的实现。

（2）采取分期收款方式销售开发产品的，应按销售合同或协议约定的价款和付款日确认收入的实现。付款方提前付款的，在实际付款日确认收入的实现。

（3）采取银行按揭方式销售开发产品的，应按销售合同或协议约定的价款确定收入额，其首付款应于实际收到日确认收入的实现，余款在银行按揭贷款办理转账之日确认收入的实现。

（4）采取委托方式销售开发产品的，应按以下原则确认收入的实现：

第一，采取支付手续费方式委托销售开发产品的，应按销售合同或协议中约定的价款于收到受托方已销开发产品清单之日确认收入的实现。

第二，采取视同买断方式委托销售开发产品的，属于企业与购买方签订销售合同或协议，或企业、受托方、购买方三方共同签订销售合同或协议的，如果销售合同或协议中约定的价格高于买断价格，则应按销售合同或协议中约定的价格计算的价款于收到受托方已销开发产品清单之日确认收入的实现；如果属于前两种情况中销售合同或协议中约定的价格低于买断价格，以及属于受托方与购买方签订销售合同或协议的，则应按买断价格计算的价款于收到受托方已销开发产品清单之日确认收入的实现。

第三，采取基价（保底价）并实行超基价双方分成方式委托销售开发产品的，属于由企业与购买方签订销售合同或协议，或企业、受托方、购买方三方共同签订销售合同或协议的，如果销售合同或协议中约定的价格高于基价，则应按销售合同或协议中约定的价格计算的价款于收到受托方已销开发产品清单之日确认收入的实现，企业按规定支付受托方的分成额，不得直接从销售收入中减除；如果销售合同或协议约定的价格低于基价的，则应按基价计算的价款于收到受托方已销开发产品清单之日确认收入的实现。属于由受托方与购买方直接签订销售合同的，则应按基价加上按规定取得的分成额于收到受托方已销开发产品清单之日确认收入的实现。

第四，采取包销方式委托销售开发产品的，包销期内可根据包销合同的有关约定，参照上述第一至第三项规定确认收入的实现；包销期满后尚未出售的开发产品，企业应根据包销合同或协议约定的价款和付款方式确认收入的实现。

（三）销售未完工开发产品按计税毛利额计税

《房地产开发经营业务企业所得税处理办法》（国税发〔2009〕31号印发）第九

条规定,企业销售未完工开发产品取得的收入,应先按预计计税毛利率分季(或月)计算出预计毛利额,计入当期应纳税所得额。开发产品完工后,企业应及时结算其计税成本并计算此前销售收入的实际毛利额,同时将其实际毛利额与其对应的预计毛利额之间的差额,计入当年度企业本项目与其他项目合并计算的应纳税所得额。

在年度纳税申报时,企业须出具对该项开发产品实际毛利额与预计毛利额之间差异调整情况的报告以及税务机关需要的其他相关资料。

1. 计税毛利率的确定

根据《房地产开发经营业务企业所得税处理办法》第八条的规定,企业销售未完工开发产品的计税毛利率由各省、自治区、直辖市税务局按下列规定进行确定:

(1) 开发项目位于省、自治区、直辖市和计划单列市人民政府所在地城市城区和郊区的,不得低于15%。

(2) 开发项目位于地及地级市城区及郊区的,不得低于10%。

(3) 开发项目位于其他地区的,不得低于5%。

(4) 属于经济适用房、限价房和危改房的,不得低于3%。

2. 开发产品已完工的界定

《房地产开发经营业务企业所得税处理办法》(国税发〔2009〕31号印发)第三条规定,企业房地产开发经营业务包括土地的开发、建造、销售住宅、商业用房以及其他建筑物、附着物、配套设施等开发产品。除土地开发之外,其他开发产品符合下列条件之一的,应视为已经完工:

(1) 开发产品竣工证明材料已报房地产管理部门备案。

(2) 开发产品已开始投入使用。

(3) 开发产品已取得了初始产权证明。

《国家税务总局关于房地产开发企业开发产品完工条件确认问题的通知》(国税函〔2010〕201号)规定,房地产开发企业建造、开发的开发产品,无论工程质量是否通过验收合格,或是否办理完工(竣工)备案手续以及会计决算手续,当企业开始办理开发产品交付手续(包括入住手续)或已开始实际投入使用时,为开发产品开始投入使用,应视为开发产品已经完工。房地产开发企业应按规定及时结算开发产品计税成本,并计算企业当年度应纳税所得额。

第三章　扣　除　项　目

土地增值税的计算依据是增值额，即转让房地产收入减除扣除项目金额后的余额。扣除项目金额主要包括：取得土地使用权所支付的金额，房地产开发成本，房地产开发费用，旧房及建筑物的评估价格，与转让房地产有关的税金，以及财政部规定的其他扣除项目。本章阐述计算增值额的扣除项目，主要内容如图3-1所示。

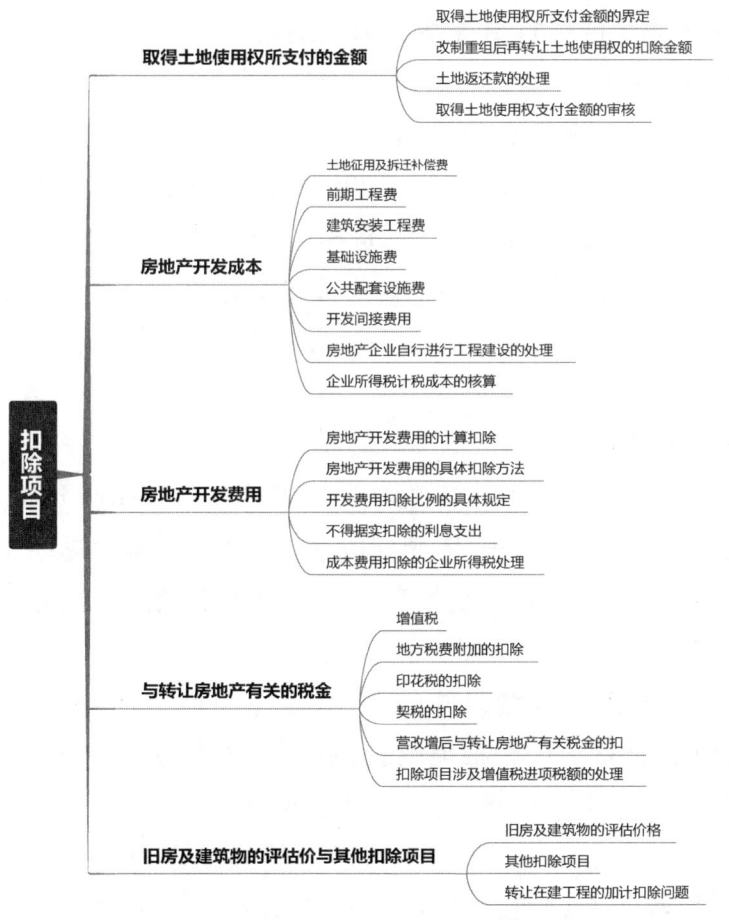

图3-1　扣除项目

第一节 取得土地使用权所支付的金额

一、计算增值额的扣除项目

(一) 扣除项目的一般规定

根据《土地增值税暂行条例》第六条的规定,计算增值额的扣除项目包括:

(1) 取得土地使用权所支付的金额。

(2) 开发土地的成本、费用。

(3) 新建房及配套设施的成本、费用,或者旧房及建筑物的评估价格。

(4) 与转让房地产有关的税金。

(5) 财政部规定的其他扣除项目。

计算增值额需要把握两个关键要素:一是转让房地产的收入,二是扣除项目金额。根据《土地增值税宣传提纲》(国税函发〔1995〕110 号印发)的规定,扣除项目按规定有下列几项。

1. 取得土地使用权所支付的金额

取得土地使用权所支付的金额,包括纳税人为取得土地使用权所支付的地价款和按国家统一规定交纳的有关费用。具体为:以出让方式取得土地使用权的,为支付的土地出让金;以行政划拨方式取得土地使用权的,为转让土地使用权时按规定补交的出让金;以转让方式取得土地使用权的,为支付的地价款。

2. 房地产开发成本

开发土地和新建房及配套设施的成本(以下简称房地产开发成本),包括土地征用及拆迁补偿费、前期工程费、建筑安装工程费、基础设施费、公共设施配套费、开发间接费用。这些符合规定的房地产开发成本允许按实际发生额扣除。

3. 房地产开发费用

开发土地和新建房及配套设施的费用(以下简称房地产开发费用),是指销售费用、管理费用、财务费用。根据财税制度规定,与房地产开发有关的费用直接计入当年损益,不按房地产项目进行归集或分摊。为了便于计算操作,《土地增值税暂行条例实施细则》规定,财务费用中的利息支出,凡能够按转让房地产项目计算分摊,并提供金融机构证明的,允许据实扣除,但最高不能超过按商业银行同类同期贷款利率计算的金额。房地产开发费用按取得土地使用权所支付的金额及房地产开发成本之和的 5% 以内予以扣除。凡不能按转让房地产项目计算分摊或不能提供金融机构证明的,利息不单独扣除,三项费用的扣除按取得土地使用权所支付的金额及房地产开发成本的 10% 以内计算扣除。

4. 旧房及建筑物的评估价格

旧房及建筑物的评估价格,是指在转让已使用的房屋及建筑物时,由政府批准设立的房地产评估机构评定的重置成本价乘以成新度折扣率后的价值,并由当地主管税务机关参考评估机构的评估价确认的价格。

5. 与转让房地产有关的税金

与转让房地产有关的税金,是指在转让房地产时缴纳的营业税、城市维护建设税、印花税。因转让房地产缴纳的教育费附加,也可视同税金予以扣除。

6. 加计扣除

对从事房地产开发的纳税人,可按取得土地使用权所支付的金额与房地产开发成本之和加计 20% 扣除。

(二) 转让开发产品的扣除项目

对取得土地使用权后进行房地产开发建造的,在计算其增值额时,允许扣除取得土地使用权时支付的地价款和有关费用、开发土地和新建房及配套设施的成本和规定的费用(房地产开发成本和房地产开发费用)、转让房地产有关的税金,并允许加计 20% 扣除。这可以使从事房地产开发的纳税人有一个基本的投资回报,以调动其从事正常房地产开发的积极性。

(三) 转让土地使用权扣除项目

对取得土地使用权后,未进行开发即转让的,计算其增值额时,只允许扣除取得土地使用权时支付的地价款、交纳的有关费用,以及在转让环节缴纳的税金。这样规定,其目的主要是抑制炒买炒卖地皮的行为。

对取得土地使用权后投入资金,将生地变为熟地转让的,计算其增值额时,允许扣除取得土地使用权时支付的地价款、交纳的有关费用,和开发土地所需成本再加计开发成本的 20% 以及在转让环节缴纳的税金。这样规定,是鼓励投资者将更多的资金投向房地产开发。

(四) 转让旧房的扣除项目

转让旧房及建筑物的,在计算其增值额时,允许扣除由税务机关参照评估价格确定的扣除项目金额(即房屋及建筑物的重置成本价乘以成新度折扣率后的价值），以及在转让时缴纳的有关税金。这主要是考虑到如果按原成本价作为扣除项目金额，不尽合理。而采用评估的重置成本价能够相对消除通货膨胀因素的影响，比较合理。

二、取得土地使用权所支付金额的确定

根据《土地增值税暂行条例实施细则》第七条第一项的规定，取得土地使用权所支付的金额，是指纳税人为取得土地使用权所支付的地价款和按国家统一规定交纳的有关费用。

（一）取得土地使用权所支付的地价款

取得土地使用权所支付的金额，包括纳税人为取得土地使用权所支付的地价款和按国家统一规定交纳的有关费用。其中为取得土地使用权所支付的地价款具体为：以出让方式取得土地使用权的，为支付的土地出让金；以行政划拨方式取得土地使用权的，为转让土地使用权时按规定补交的出让金；以转让方式取得土地使用权的，为支付的地价款。

（二）按国家统一规定交纳的有关费用

根据《国家税务总局关于土地增值税清算有关问题的通知》（国税函〔2010〕220号）第五条"房地产开发企业取得土地使用权时支付的契税的扣除问题"的规定，房地产开发企业为取得土地使用权所支付的契税，应视同"按国家统一规定交纳的有关费用"，计入"取得土地使用权所支付的金额"中扣除。

取得土地使用权所支付的金额的确定如图 3-2 所示。

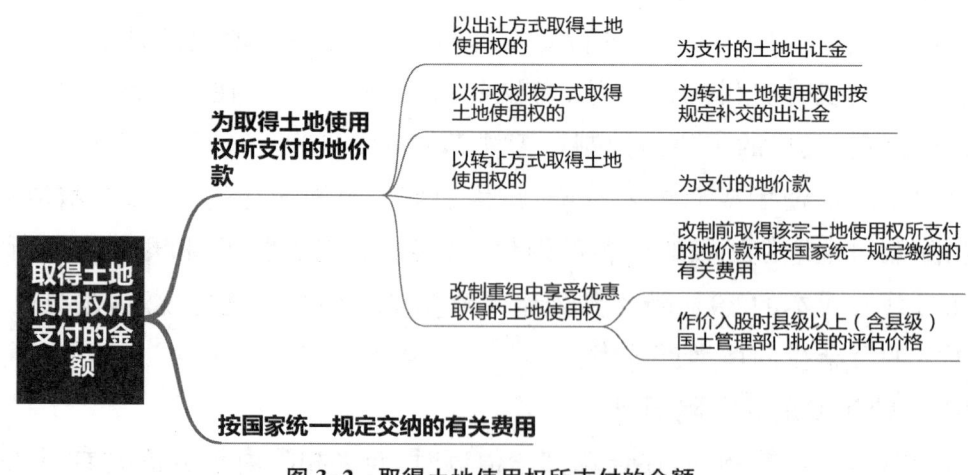

图 3-2　取得土地使用权所支付的金额

（三）转让方可否扣除转让划拨土地受让方缴纳的出让金问题

【问】 甲供销社转让一处房地产，土地属性为划拨用地，由受让人缴纳土地出让金，受让人缴纳的土地出让金可否作为转让人计算土地增值税增值额的扣除项目？

【解析】 根据《城市房地产管理法》第四十条的规定，以划拨方式取得土地使用权的，转让房地产时，应当按照国务院规定，报有批准权的人民政府审批。有批准权的人民政府准予转让的，应当由受让方办理土地使用权出让手续，并依照国家有关规定缴纳土地使用权出让金。

根据《土地增值税暂行条例实施细则》第七条的规定，取得土地使用权所支付的金额，是指纳税人为取得土地使用权所支付的地价款和按国家统一规定交纳的有关费用。

因此，受让人缴纳的土地出让金不能作为转让人计算缴纳土地增值税的扣除项目。

三、改制重组后再转让土地使用权的扣除金额的确定

（一）享受改制重组优惠后再转让的扣除金额确定

对改制重组过程中转让方符合优惠条件暂不征收土地增值税的，受让方承受国有土地使用权后再次转让土地使用权时如何征收土地增值税问题。自2021年1月1日至2023年12月31日，根据《财政部 税务总局关于继续实施企业改制重组有关土地增值税政策的公告》（财政部 税务总局公告2021年第21号）第六条的规定，改制重组后再转让房地产并申报缴纳土地增值税时，对"取得土地使用权所支付的金额"，按照改制重组前取得该宗国有土地使用权所支付的地价款和按国家统一规定交纳的有关费用确定；经批准以国有土地使用权作价出资入股的，为作价入股时县级及以上自然资源部门批准的评估价格。按购房发票确定扣除项目金额的，按照改制重组前购房发票所载金额并从购买年度起至本次转让年度止每年加计5%计算扣除项目金额，购买年度是指购房发票所载日期的当年。

在此之前，根据《财政部 国家税务总局关于企业改制重组有关土地增值税政策的通知》（财税〔2015〕5号，自2015年1月1日起至2017年12月31日止执行）和《财政部 税务总局关于继续实施企业改制重组有关土地增值税政策的通知》（财税〔2018〕57号，自2018年1月1日起至2020年12月31日止执行）第六条的规定，企业改制重组后再转让国有土地使用权并申报缴纳土地增值税时，应

以改制前取得该宗国有土地使用权所支付的地价款和按国家统一规定交纳的有关费用,作为该企业"取得土地使用权所支付的金额"扣除。企业在改制重组过程中经省级以上(含省级)国土管理部门批准,国家以国有土地使用权作价出资入股的,在转让该宗国有土地使用权并申报缴纳土地增值税时,应以该宗土地作价入股时省级以上(含省级)国土管理部门批准的评估价格,作为该企业"取得土地使用权所支付的金额"扣除。办理纳税申报时,企业应提供该宗土地作价入股时省级以上(含省级)国土管理部门的批准文件和批准的评估价格,不能提供批准文件和批准的评估价格的,不得扣除。

(二)未享受改制重组优惠后再转让的扣除金额确定

房地产转移任意一方是房地产开发企业的,不得享受改制重组土地增值税优惠。纳税人应按规定申报缴纳改制重组中转让国有土地使用权、地上建筑物及其附着物的土地增值税。此时,受让方改制重组后再转让该房地产并申报缴纳土地增值税时,对"取得土地使用权所支付的金额",按照改制重组时转让方缴纳土地增值税的作价和纳税人按国家统一规定交纳的有关费用确定。

四、土地返还款项等的处理

(一)安徽省土地返还款项等的处理

根据《安徽省土地增值税清算管理办法》第三十七条的规定,取得土地使用权所支付的金额,是指纳税人为取得土地使用权所支付的地价款和按国家统一规定交纳的有关费用。其中,取得土地使用权所支付的地价款是指纳税人依据有关土地转让、出让合同、协议及其补充协议以货币或者其他形式支付的款项。依据有关土地转让、出让合同、协议及其补充协议,政府或有关单位、部门以扶持、奖励、补助、改制或其他形式返还、支付、拨付给纳税人或其控股方、关联方的金额应从取得土地使用权所支付的金额中剔除。

(二)江苏省土地返还款项等的处理

根据《江苏省地方税务局关于土地增值税有关业务问题的公告》(苏地税规〔2012〕1号)第五条第四项"取得土地使用权所支付费用的扣除"的规定,纳税人为取得土地使用权所支付的地价款,在计算土地增值税时,应以纳税人实际支付土地出让金(包括后期补交的土地出让金),减去因受让该宗土地政府以各种形式支付给纳税人的经济利益后予以确认。房地产开发企业支付的土地闲置费不得扣除。

（三）重庆市土地返还款项等的处理

重庆市的执行口径为：纳税人收到的与房地产项目开发有关的财政性补助资金应抵减"取得土地使用权所支付的金额"，主要包括：土地价款或城市建设配套费返还款；税费返还款；公配设施建设补偿款；奖励款等。财政补助资金取得渠道包括纳税人直接取得，或者纳税人所在企业集团通过关联企业转移、分解取得。

（四）贵州省政府返还款项等的处理

《贵州省土地增值税清算管理办法》第四十七条规定，房地产开发企业以各种名义取得的政府返还款（包括土地出让金、市政建设配套费、税金等），在确认扣除项目金额时应当抵减相应的扣除项目金额。

房地产开发企业取得不能区分扣除项目的政府返还款应抵减"取得土地使用权所支付的金额"。

（五）陕西省政府返还款项等的处理

陕西省的执行口径为，纳税人以各种名义取得的政府返还款（包括土地出让金、市政建设配套费、税金等），在确认扣除项目金额时应当抵减相应的扣除项目金额；纳税人取得不能区分扣除项目的政府返还款应抵减取得土地使用权所支付的金额。

第二节　房地产开发成本

房地产开发企业一般按照开发项目、开发期数并兼顾产品类型等确定成本核算对象。根据《土地增值税暂行条例实施细则》第七条第二项的规定，开发土地和新建房及配套设施（以下简称房地产开发）的成本，是指纳税人房地产开发项目实际发生的成本（以下简称房地产开发成本），包括土地征用及拆迁补偿费、前期工程费、建筑安装工程费、基础设施费、公共配套设施费、开发间接费用。这些成本符合规定的允许按实际发生额在计算增值额时扣除。

根据《企业产品成本核算制度（试行）》（财会〔2013〕17号印发）第二十六条的规定，房地产企业一般设置土地征用及拆迁补偿费、前期工程费、建筑安装工程费、基础设施建设费、公共配套设施费、开发间接费、借款费用等成本项目。

一、土地征用及拆迁补偿费

（一）财务处理的归集范围

根据《企业产品成本核算制度（试行）》（财会〔2013〕17号印发）第二十六条第

二款的规定,土地征用及拆迁补偿费,是指为取得土地开发使用权(或开发权)而发生的各项费用,包括土地买价或出让金、大市政配套费、契税、耕地占用税、土地使用费、土地闲置费、农作物补偿费、危房补偿费、土地变更用途和超面积补交的地价及相关税费、拆迁补偿费用、安置及动迁费用、回迁房建造费用等。

(二)企业所得税的归集范围

在企业所得税处理时,根据《房地产开发经营业务企业所得税处理办法》(国税发〔2009〕31号印发)第二十七条的规定,土地征用费及拆迁补偿费,指为取得土地开发使用权(或开发权)而发生的各项费用,主要包括土地买价或出让金、大市政配套费、契税、耕地占用税、土地使用费、土地闲置费、土地变更用途和超面积补交的地价及相关税费、拆迁补偿支出、安置及动迁支出、回迁房建造支出、农作物补偿费、危房补偿费等。

(三)土地增值税的归集范围

根据《土地增值税暂行条例实施细则》第七条第二项的规定,土地增值税开发成本中的土地征用及拆迁补偿费,包括土地征用费、耕地占用税、劳动力安置费及有关地上、地下附着物拆迁补偿的净支出、安置动迁用房支出等。

由此可见,在会计核算和企业所得税处理时"土地征用及拆迁补偿费"项目中归集的土地买价或出让金、契税,在土地增值税增值额计算时,单独作为"取得土地使用权支付的金额"扣除。此外,"土地闲置费"属于会计上"土地征用及拆迁补偿费"的核算内容,企业所得税处理时,也可以计入"土地征用费及拆迁补偿费"项目在税前扣除,但在计算土地增值税增值额时,不得扣除。"土地征用及拆迁补偿费"列支范围比较如表3-1所示。

表3-1 土地征用及拆迁补偿费归集范围比较表

项目	会计处理	企业所得税处理	土地增值税处理	差异
土地征用及拆迁补偿费	土地买价或出让金、契税	土地买价或出让金、契税	/	土地增值税单列项目扣除
	大市政配套费、耕地占用税、土地使用费、土地闲置费、农作物补偿费、危房补偿费、土地变更用途和超面积补交的地价及相关税费、拆迁补偿费用、安置及动迁费用、回迁房建造费用等	大市政配套费、耕地占用税、土地使用费、土地闲置费、土地变更用途和超面积补交的地价及相关税费、拆迁补偿支出、安置及动迁支出、回迁房建造支出、农作物补偿费、危房补偿费等	土地征用费、耕地占用税、劳动力安置费及有关地上、地下附着物拆迁补偿的净支出、安置动迁用房支出等	土地增值税扣除项目中不含"土地闲置费"

二、前期工程费

(一) 财务处理的归集范围

根据《企业产品成本核算制度(试行)》(财会〔2013〕17 号印发)第二十六条第三款的规定,前期工程费是指项目开发前期发生的政府许可规费、招标代理费、临时设施费以及水文地质勘察、测绘、规划、设计、可行性研究、咨询论证费、筹建、场地通平等前期费用。

(二) 企业所得税的归集范围

在企业所得税处理时,根据《房地产开发经营业务企业所得税处理办法》(国税发〔2009〕31 号印发)第二十七条的规定,前期工程费是指项目开发前期发生的水文地质勘察、测绘、规划、设计、可行性研究、筹建、场地通平等前期费用。

(三) 土地增值税的归集范围

根据《土地增值税暂行条例实施细则》第七条第二项的规定,土地增值税开发成本扣除项目中的前期工程费,包括规划、设计、项目可行性研究和水文、地质、勘察、测绘、"三通一平"等支出。

三、建筑安装工程费

(一) 财务处理的归集范围

根据《企业产品成本核算制度(试行)》(财会〔2013〕17 号印发)第二十六条第四款的规定,建筑安装工程费是指开发项目开发过程中发生的各项主体建筑的建筑工程费、安装工程费及精装修费等。

(二) 企业所得税的归集范围

在企业所得税处理时,根据《房地产开发经营业务企业所得税处理办法》(国税发〔2009〕31 号印发)第二十七条的规定,建筑安装工程费,是指开发项目开发过程中发生的各项建筑安装费用。主要包括开发项目建筑工程费和开发项目安装工程费等。

(三) 土地增值税的归集范围

根据《土地增值税暂行条例实施细则》第七条第二项的规定,土地增值税开发成本扣除项目中的建筑安装工程费,是指以出包方式支付给承包单位的建筑安装工程费,以自营方式发生的建筑安装工程费。

四、基础设施费

(一) 财务处理的归集范围

根据《企业产品成本核算制度（试行）》（财会〔2013〕17 号印发）第二十六条第五款的规定，基础设施建设费，是指开发项目在开发过程中发生的道路、供水、供电、供气、供暖、排污、排洪、消防、通讯、照明、有线电视、宽带网络、智能化等社区管网工程费和环境卫生、园林绿化等园林、景观环境工程费用等。

(二) 企业所得税的归集范围

在企业所得税处理时，根据《房地产开发经营业务企业所得税处理办法》（国税发〔2009〕31 号印发）第二十七条的规定，基础设施建设费，是指开发项目在开发过程中所发生的各项基础设施支出，主要包括开发项目内道路、供水、供电、供气、排污、排洪、通讯、照明等社区管网工程费和环境卫生、园林绿化等园林环境工程费。

(三) 土地增值税的归集范围

根据《土地增值税暂行条例实施细则》第七条第二项的规定，土地增值税开发成本扣除项目中的基础设施费，包括开发小区内道路、供水、供电、供气、排污、排洪、通讯、照明、环卫、绿化等工程发生的支出。

五、公共配套设施费

(一) 财务处理的归集范围

根据《企业产品成本核算制度（试行）》（财会〔2013〕17 号印发）第二十六条第六款的规定，公共配套设施费，是指开发项目内发生的、独立的、非营利性的且产权属于全体业主的，或无偿赠与地方政府、政府公共事业单位的公共配套设施费用等。

(二) 企业所得税的归集范围

在企业所得税处理时，根据《房地产开发经营业务企业所得税处理办法》（国税发〔2009〕31 号印发）第二十七条的规定，公共配套设施费指开发项目内发生的、独立的、非营利性的，且产权属于全体业主的，或无偿赠与地方政府、政府公用事业单位的公共配套设施支出。

(三) 土地增值税的归集范围

根据《土地增值税暂行条例实施细则》第七条第二项的规定，土地增值税开发成本扣除项目中的公共配套设施费,包括不能有偿转让的开发小区内公共配套设施发生的支出。

六、开发间接费用

(一) 财务处理的归集范围

根据《企业产品成本核算制度(试行)》(财会〔2013〕17 号印发)第二十六条第七款的规定,开发间接费,是指企业为直接组织和管理开发项目所发生的,且不能将其直接归属于成本核算对象的工程监理费、造价审核费、结算审核费、工程保险费等。

为业主代扣代缴的公共维修基金等不得计入产品成本。

(二) 企业所得税的归集范围

在企业所得税处理时,根据《房地产开发经营业务企业所得税处理办法》(国税发〔2009〕31 号印发)第二十七条的规定,开发间接费,是指企业为直接组织和管理开发项目所发生的,且不能将其归属于特定成本对象的成本费用性支出。主要包括管理人员工资、职工福利费、折旧费、修理费、办公费、水电费、劳动保护费、工程管理费、周转房摊销以及项目营销设施建造费等。

(三) 土地增值税的归集范围

根据《土地增值税暂行条例实施细则》第七条第二项的规定,土地增值税开发成本扣除项目中的开发间接费用,是指直接组织、管理开发项目发生的费用,包括工资、职工福利费、折旧费、修理费、办公费、水电费、劳动保护费、周转房摊销等。

【例 3-1·多选】 下列有关房地产开发企业土地增值税扣除项目的说法中,正确的有(　　)。

A. 为取得土地使用权支付的契税,应计入取得土地使用权支付的金额扣除

B. 房地产开发费用中的销售费用应按照实际发生额扣除

C. 土地增值税清算时,企业财务处理时已经计入房地产开发成本的利息支出,应调整到财务费用中,按土地增值税相关规定扣除

D. 超过银行贷款期限支付的超期利息不允许扣除

【解析】 计算土地增值税时可以扣除的房地产开发费用,包括销售费用、管理费用和财务费用,按照比例计算扣除,而不是按照实际发生额扣除。因而,选项 B 错,该题应选 ACD。

七、房地产企业自行进行工程建设的处理

根据《企业产品成本核算制度（试行）》（财会〔2013〕17 号印发）第二十六条第九项的规定，房地产企业自行进行基础设施、建筑安装等工程建设的，可以比照建筑企业设置有关成本项目。

八、企业所得税计税成本的核算

企业所得税计税成本是指企业在开发、建造开发产品（包括固定资产，下同）过程中所发生的按照税收规定进行核算与计量的应归入某项成本对象的各项费用。根据《房地产开发经营业务企业所得税处理办法》（国税发〔2009〕31 号印发）第三十五条的规定，开发产品完工以后，企业可在完工年度企业所得税汇算清缴前选择确定计税成本核算的终止日，不得滞后。凡已完工开发产品在完工年度未按规定结算计税成本，主管税务机关有权确定或核定其计税成本，据此进行纳税调整，并按《税收征收管理法》的有关规定对其进行处理。

（一）计税成本对象的确定原则

根据《房地产开发经营业务企业所得税处理办法》（国税发〔2009〕31 号印发）第二十六条的规定，成本对象是指为归集和分配开发产品开发、建造过程中的各项耗费而确定的费用承担项目。计税成本对象的确定原则如下：

1．可否销售原则

开发产品能够对外经营销售的，应作为独立的计税成本对象进行成本核算；不能对外经营销售的，可先作为过渡性成本对象进行归集，然后再将其相关成本摊入能够对外经营销售的成本对象。

2．分类归集原则

对同一开发地点、竣工时间相近、产品结构类型没有明显差异的群体开发的项目，可作为一个成本对象进行核算。

3．功能区分原则

开发项目某组成部分相对独立，且具有不同使用功能时，可以作为独立的成本对象进行核算。

4．定价差异原则

开发产品因其产品类型或功能不同等而导致其预期售价存在较大差异的，应分别作为成本对象进行核算。

5. 成本差异原则

开发产品因建筑上存在明显差异可能导致其建造成本出现较大差异的,要分别作为成本对象进行核算。

6. 权益区分原则

开发项目属于受托代建的或多方合作开发的,应结合上述原则分别划分成本对象进行核算。

根据《国家税务总局关于房地产开发企业成本对象管理问题的公告》(国家税务总局公告 2014 年第 35 号)的规定,房地产开发企业应依据计税成本对象确定原则确定已完工开发产品的成本对象,并就确定原则、依据,共同成本分配原则、方法,以及开发项目基本情况、开发计划等出具专项报告,在开发产品完工当年企业所得税年度纳税申报时,随同《企业所得税年度纳税申报表》一并报送主管税务机关。房地产开发企业将已确定的成本对象报送主管税务机关后,不得随意调整或相互混淆。如确需调整成本对象的,应就调整的原因、依据和调整前后成本变化情况等出具专项报告,在调整当年企业所得税年度纳税申报时报送主管税务机关。

房地产开发企业应建立健全成本对象管理制度,合理区分已完工成本对象、在建成本对象和未建成本对象,及时收集、整理、保存成本对象涉及的证据材料,以备税务机关检查。

主管税务机关应对房地产开发企业报送的成本对象确定专项报告做好归档工作,及时进行分析,加强后续管理。对资料不完整、不规范的,应及时通知房地产开发企业补齐、修正;对成本对象确定不合理或共同成本分配方法不合理的,主管税务机关有权进行合理调整;对成本对象确定情况异常的,主管税务机关应进行专项检查;对不如实出具专项报告或不出具专项报告的,应按《税收征收管理法》的相关规定进行处理。

(二) 计税成本核算的一般程序

企业计税成本核算的一般程序如下:

(1) 对当期实际发生的各项支出,按其性质、经济用途及发生的地点、时间进行整理、归类,并将其区分为应计入成本对象的成本和应在当期税前扣除的期间费用。同时,还应按规定对有关预提费用和待摊费用进行计量与确认。

(2) 对应计入成本对象中的各项实际支出、预提费用、待摊费用等合理地划分为直接成本、间接成本和共同成本,并按规定将其合理地归集、分配至已完工成本对象、在建成本对象和未建成本对象。

（3）对已完工成本对象应负担的成本费用按已销开发产品、未销开发产品和固定资产进行分配，其中应由已销开发产品负担的部分，在当期纳税申报时进行扣除，未销开发产品应负担的成本费用待其实际销售时再予扣除。

（4）对本期已完工成本对象分类为开发产品和固定资产并对其计税成本进行结算。其中属于开发产品的，应按可售面积计算其单位工程成本，据此再计算已销开发产品计税成本和未销开发产品计税成本。对本期已销开发产品的计税成本，准予在当期扣除，未销开发产品计税成本待其实际销售时再予扣除。

（5）对本期未完工和尚未建造的成本对象应当负担的成本费用，应分别建立明细台账，待开发产品完工后再予结算。

（三）共同成本和间接成本的分摊方法

根据《房地产开发经营业务企业所得税处理办法》（国税发〔2009〕31号印发）第二十九条的规定，企业开发、建造的开发产品应按制造成本法进行计量与核算。其中，应计入开发产品成本中的费用属于直接成本和能够分清成本对象的间接成本，直接计入成本对象，共同成本和不能分清负担对象的间接成本，应按受益的原则和配比的原则分配至各成本对象，具体分配方法可按以下规定选择其一：

1．占地面积法

占地面积法，指按已动工开发成本对象占地面积占开发用地总面积的比例进行分配。

（1）一次性开发的，按某一成本对象占地面积占全部成本对象占地总面积的比例进行分配。

（2）分期开发的，首先按本期全部成本对象占地面积占开发用地总面积的比例进行分配，然后再按某一成本对象占地面积占期内全部成本对象占地总面积的比例进行分配。

期内全部成本对象应负担的占地面积为期内开发用地占地面积减除应由各期成本对象共同负担的占地面积。

2．建筑面积法

建筑面积法，指按已动工开发成本对象建筑面积占开发用地总建筑面积的比例进行分配。

（1）一次性开发的，按某一成本对象建筑面积占全部成本对象建筑面积的比例进行分配。

（2）分期开发的，首先按期内成本对象建筑面积占开发用地计划建筑面积的比例进行分配，然后再按某一成本对象建筑面积占期内成本对象总建筑面积的比例进行分配。

3．直接成本法

直接成本法，指按期内某一成本对象的直接开发成本占期内全部成本对象直接开发成本的比例进行分配。

4．预算造价法

预算造价法，指按期内某一成本对象预算造价占期内全部成本对象预算造价的比例进行分配。

5．各项成本的分配方法适用

根据《房地产开发经营业务企业所得税处理办法》（国税发〔2009〕31号印发）第三十条的规定，企业下列成本应按以下方法进行分配：

（1）土地成本，一般按占地面积法进行分配。如果确需结合其他方法进行分配的，应商税务机关同意。

土地开发同时联结房地产开发的，属于一次性取得土地分期开发房地产的情况，其土地开发成本经商税务机关同意后可先按土地整体预算成本进行分配，待土地整体开发完毕再行调整。

（2）单独作为过渡性成本对象核算的公共配套设施开发成本，应按建筑面积法进行分配。

（3）借款费用属于不同成本对象共同负担的，按直接成本法或按预算造价法进行分配。

（4）其他成本项目的分配方法由企业自行确定。

（四）非货币交易方式取得土地使用权成本的确定

根据《房地产开发经营业务企业所得税处理办法》（国税发〔2009〕31号印发）第三十一条的规定，企业以非货币交易方式取得土地使用权的，应按下列规定确定其成本：

（1）企业、单位以换取开发产品为目的，将土地使用权投资企业的，按下列规定进行处理：

① 换取的开发产品如为该项土地开发、建造的，接受投资的企业在接受土地使用权时暂不确认其成本，待首次分出开发产品时，再按应分出开发产品（包

括首次分出的和以后应分出的)的市场公允价值和土地使用权转移过程中应支付的相关税费计算确认该项土地使用权的成本。如涉及补价,土地使用权的取得成本还应加上应支付的补价款或减除应收到的补价款。

② 换取的开发产品如为其他土地开发、建造的,接受投资的企业在投资交易发生时,按应付出开发产品市场公允价值和土地使用权转移过程中应支付的相关税费计算确认该项土地使用权的成本。如涉及补价,土地使用权的取得成本还应加上应支付的补价款或减除应收到的补价款。

(2)企业、单位以股权的形式,将土地使用权投资企业的,接受投资的企业应在投资交易发生时,按该项土地使用权的市场公允价值和土地使用权转移过程中应支付的相关税费计算确认该项土地使用权的取得成本。如涉及补价,土地使用权的取得成本还应加上应支付的补价款或减除应收到的补价款。

非货币资产交换土地如图 3-3 所示。

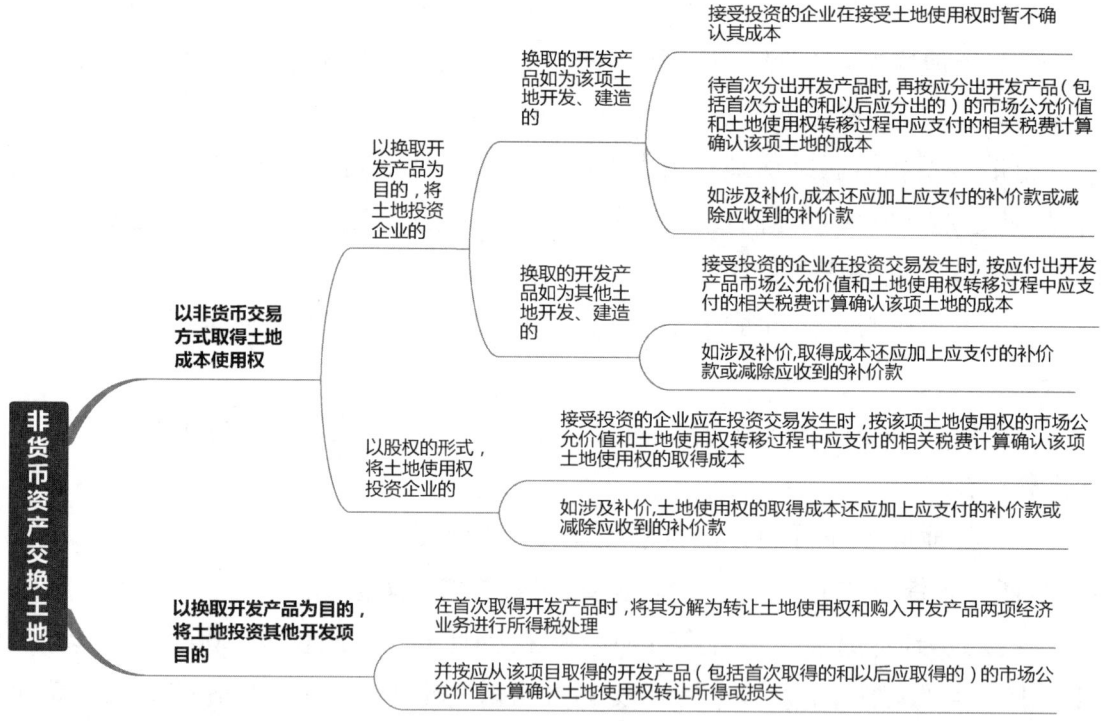

图 3-3　非货币资产交换土地

(五) 停车场所的处理

根据《房地产开发经营业务企业所得税处理办法》(国税发〔2009〕31 号印发)第三十三条的规定,企业单独建造的停车场所,应作为成本对象单独核算。利用地下基础设施形成的停车场所,作为公共配套设施进行处理。

(六) 税前扣除的合法有效凭据

根据《房地产开发经营业务企业所得税处理办法》(国税发〔2009〕31 号印发)第三十四条的规定,企业在结算计税成本时其实际发生的支出应当取得但未取得合法凭据的,不得计入计税成本,待实际取得合法凭据时,再按规定计入计税成本。

第三节　房地产开发费用

《土地增值税暂行条例实施细则》第七条第(三)项规定,开发土地和新建房及配套设施的费用(以下简称房地产开发费用),是指与房地产开发项目有关的销售费用、管理费用、财务费用。

一、房地产开发费用的计算扣除

财务费用中的利息支出,凡能够按转让房地产项目计算分摊并提供金融机构证明的,允许据实扣除,但最高不能超过按商业银行同类同期贷款利率计算的金额。其他房地产开发费用,按"取得土地使用权所支付的金额"和"房地产开发成本"两项金额之和的 5% 以内计算扣除。

凡不能按转让房地产项目计算分摊利息支出或不能提供金融机构证明的,房地产开发费用按"取得土地使用权所支付的金额"和"房地产开发成本"两项金额之和的 10% 以内计算扣除。

上述计算扣除的具体比例,由各省、自治区、直辖市人民政府规定。

根据国家统一会计制度的规定,与房地产开发有关的期间费用直接计入当年损益,不按房地产项目进行归集或分摊。这与土地增值税的处理规定不同,在计算增值额时,凡能够按转让房地产项目计算分摊并提供金融机构证明的,利息支出据实扣除,其他房地产开发费用按"取得土地使用权所支付的金额"及"房地产开发成本"之和的 5% 以内予以扣除。凡不能按转让房地产项目计算分摊利息支出或不能提供金融机构证明的,利息不单独扣除,三项期间费用的扣除按"取得土地使用权所支付的金额"及"房地产开发成本"的 10% 以内计算扣除。

二、房地产开发费用的具体扣除方法

《国家税务总局关于土地增值税清算有关问题的通知》(国税函〔2010〕220 号

印发)第三条"房地产开发费用的扣除问题"规定:

(1) 财务费用中的利息支出,凡能够按转让房地产项目计算分摊并提供金融机构证明的,允许据实扣除,但最高不能超过按商业银行同类同期贷款利率计算的金额。其他房地产开发费用,在按照"取得土地使用权所支付的金额"与"房地产开发成本"金额之和的 5% 以内计算扣除。

(2) 凡不能按转让房地产项目计算分摊利息支出或不能提供金融机构证明的,房地产开发费用在按"取得土地使用权所支付的金额"与"房地产开发成本"金额之和的 10% 以内计算扣除。

全部使用自有资金,没有利息支出的,按照以上方法扣除。

上述具体适用的比例按省级人民政府规定的比例执行。

(3) 房地产开发企业既向金融机构借款,又有其他借款的,其房地产开发费用计算扣除时不能同时适用上述第(1)、(2)项两种办法。

(4) 土地增值税清算时,已经计入房地产开发成本的利息支出,应调整至财务费用中计算扣除。

三、计算扣除利息支出的注意事项

《财政部 国家税务总局关于土地增值税一些具体问题规定的通知》(财税字〔1995〕48 号)第八条"关于扣除项目金额中的利息支出如何计算问题"规定:

(1) 利息的上浮幅度按国家的有关规定执行,超过上浮幅度的部分不允许扣除。

(2) 对于超过贷款期限的利息部分和加罚的利息不允许扣除。

【例 3-2】 甲房地产开发企业开发的 A 房地产项目取得土地使用权支付的出让金是 1 000 万元,房地产开发成本是 6 000 万元,向金融机构支付借款利息 400 万元,其中超过国家规定上浮幅度的金额是 100 万元。该省规定能够提供借款证明的,其他房地产开发费用按照 5% 计算扣除,不能够提供金融机构利息证明的开发费用按照 9% 计算扣除。假设该企业能够提供证明,能够扣除的房地产开发费用是( )万元。

    A. 750   B. 650   C. 930   D. 630

【解析】 根据《国家税务总局关于土地增值税清算有关问题的通知》(国税函〔2010〕220 号)第三条的规定,财务费用中的利息支出,凡能够按转让房地产项目计算分摊并提供金融机构证明的,允许据实扣除,但最高不能超过按商业银行同类同期贷款利率计算的金额。其他房地产开发费用,在按照"取得土地使用权所支付的金额"与"房地产开发成本"金额之和的 5% 以内计算扣除。

根据《财政部　国家税务总局关于土地增值税一些具体问题规定的通知》(财税字〔1995〕48 号)第八条的规定,利息的上浮幅度按国家的有关规定执行,超过上浮幅度的部分不允许扣除。

因而,该案例中允许扣除的房地产开发费用为:

$(400-100)+(1\,000+6\,000)\times5\%=650$(万元),即选项 B 正确。

四、扣除比例的具体规定

(一) 江苏省房地产开发费用计算扣除比例

根据《江苏省财政厅　江苏省国家税务局　江苏省地方税务局转发〈关于印发《中华人民共和国土地增值税暂行条例实施细则》的通知〉的通知》(苏地税发〔1995〕103 号)第一条的规定,"房地产开发费用"是指与房地产开发项目有关的销售费用、管理费用、财务费用。凡财务费用中的利息支出能够按转让房地产项目计算分摊并提供金融机构证明的,允许据实扣除,但最高不能超过按商业银行同类同期贷款利率计算的金额,其他房地产开发费用按《土地增值税暂行条例实施细则》第七条(一)(取得土地使用权所支付的金额)、(二)(房地产开发成本)项规定计算的金额之和的 5% 计算扣除;凡不能按转让房地产项目计算分摊利息支出或不能提供金融机构证明的,房地产开发费用按《土地增值税暂行条例实施细则》第七条(一)(取得土地使用权所支付的金额)、(二)(房地产开发成本)项规定计算的金额之和的 10% 计算扣除。

(二) 安徽省房地产开发费用计算扣除比例

根据《安徽省人民政府关于开征土地增值税几个有关问题的批复》(皖政秘〔1996〕80 号)的规定,对财务费用中的利息支出,凡能够按转让房地产项目计算分摊并提供金融机构证明的,允许在按商业银行同类同期贷款利率计算的金额内,据实扣除;对其他开发费用(销售、管理费用等)按房地产开发成本和取得土地使用权所支付金额之和的 5% 计算扣除。对财务费用中的利息支出不能按转让房地产项目计算分摊或不能提供金融机构证明的,房地产开发费用统按房地产开发成本和取得土地使用权所支付金额之和的 10% 计算扣除。

《安徽省土地增值税清算管理办法》(安徽省地方税务局公告 2017 年第 6 号印发)第四十四条规定,财务费用中的利息支出按以下方法处理:

凡能够按转让房地产项目计算分摊并提供金融机构证明的,允许据实扣除,但最高不能超过按商业银行同类同期贷款利率计算的金额。其他房地产开发费用,在按照"取得土地使用权所支付的金额"与"房地产开发成本"金额之和的5%计算扣除。

凡不能按转让房地产项目计算分摊利息支出或不能提供金融机构证明的,房地产开发费用在按"取得土地使用权所支付的金额"与"房地产开发成本"金额之和的10%计算扣除。全部使用自有资金,没有利息支出的,按照本款扣除。

纳税人既向金融机构借款,又有其他借款的,其房地产开发费用计算扣除时不能同时适用上述所述两种办法。

纳税人据实列支利息支出的,应当提供贷款合同、利息结算单据以及发票。

纳税人向金融机构支付的咨询费等非利息性质的款项,不得作为利息支出扣除。

纳税人同时开发多个项目、分期开发项目或者同一项目中建造不同类型房地产需要分摊共同的成本费用的,其扣除项目中利息支出的计算方法应保持一致。

《安徽省土地增值税清算管理办法》所称金融机构,是指有关部门按照规定许可进行金融贷款业务的金融单位。《安徽省土地增值税清算管理办法》所称"能够按转让房地产项目计算分摊"是指纳税人按照《企业会计准则》或《企业会计制度》的规定核算房地产开发项目应当予以资本化的利息。

"同类同期贷款利率"是指在贷款期限、贷款金额、贷款担保以及企业信誉等条件基本相同下,商业银行提供贷款的利率。

(三)上海市房地产开发费用计算扣除比例

《上海市地方税务局转发财政部〈印发《中华人民共和国土地增值税暂行条例实施细则》的通知〉及本市的补充规定》(沪地税地〔1995〕36号)第一条"关于房地产开发费用扣除比例的确定"规定,财务费用中的利息支出,凡能够按转让房地产项目计算分摊并提供金融机构证明的,允许据实扣除,但最高不能超过按商业银行同类同期贷款利率计算金额。其他房地产开发费用,按《土地增值税暂行条例实施细则》第七条(一)、(二)项规定计算的金额之和的5%计算扣除。

凡不能按转让房地产项目计算分摊利息支出或不能提供金融机构证明的,房地产开发费用按《土地增值税暂行条例实施细则》第七条(一)、(二)项规定计算的金额之和的 10% 计算扣除。

【例 3-3】 下列项目,在计算房地产企业土地增值税增值额时可以扣除的项目有( )。

A. 取得土地使用权所支付的金额

B. 开发土地的成本、费用

C. 与转让房地产有关的税金

D. 财政部规定的其他扣除项目即加计扣除 20%

【解析】 根据《土地增值税暂行条例》第六条的规定,计算增值额的扣除项目包括:(1)取得土地使用权所支付的金额;(2)开发土地的成本、费用;(3)新建房及配套设施的成本、费用,或者旧房及建筑物的评估价格;(4)与转让房地产有关的税金;(5)财政部规定的其他扣除项目。

因而,本题的正确选项为 ABCD。

五、成本费用扣除的企业所得税处理

企业在进行成本、费用的核算与企业所得税扣除时,必须按规定区分期间费用和开发产品计税成本、已销开发产品计税成本与未销开发产品计税成本。

《房地产开发经营业务企业所得税处理办法》(国税发〔2009〕31 号印发)第十三条规定,企业发生的期间费用、已销开发产品计税成本、税金及附加、土地增值税准予当期按规定扣除。

(一)已销开发产品的计税成本的确认

《房地产开发经营业务企业所得税处理办法》(国税发〔2009〕31 号印发)第十四条规定,已销开发产品的计税成本,按当期已实现销售的可售面积和可售面积单位工程成本确认。可售面积单位工程成本和已销开发产品的计税成本按下列公式计算确定:

可售面积单位工程成本＝成本对象总成本÷成本对象总可售面积

已销开发产品的计税成本＝已实现销售的可售面积×可售面积单位工程成本

(二)维修费用的扣除

《房地产开发经营业务企业所得税处理办法》(国税发〔2009〕31 号印发)第十五条规定,企业对尚未出售的已完工开发产品和按照有关法律、法规或合同规定对已售开发产品(包括共用部位、共用设施设备)进行日常维护、保养、修理等实际发生的维修费用,准予在当期据实扣除。

（三）维修基金的扣除

《房地产开发经营业务企业所得税处理办法》（国税发〔2009〕31号印发）第十六条规定，企业将已计入销售收入的共用部位、共用设施设备维修基金按规定移交给有关部门、单位的，应于移交时扣除。

（四）配套设施的税务处理

《房地产开发经营业务企业所得税处理办法》（国税发〔2009〕31号印发）第十七条规定，企业在开发区内建造的会所、物业管理场所、电站、热力站、水厂、文体场馆、幼儿园等配套设施，按以下规定进行处理：

（1）属于非营利性且产权属于全体业主的，或无偿赠与地方政府、公用事业单位的，可将其视为公共配套设施，其建造费用按公共配套设施费的有关规定进行处理。

（2）属于营利性的，或产权归企业所有的，或未明确产权归属的，或无偿赠与地方政府、公用事业单位以外其他单位的，应当单独核算其成本。除企业自用应按建造固定资产进行处理外，其他一律按建造开发产品进行处理。

企业在开发区内建造的邮电通信、学校、医疗设施应单独核算成本，其中，由企业与国家有关业务管理部门、单位合资建设，完工后有偿移交的，国家有关业务管理部门、单位给予的经济补偿可直接抵扣该项目的建造成本，抵扣后的差额应调整当期应纳税所得额。

（五）按揭贷款提供担保的损失的扣除

《房地产开发经营业务企业所得税处理办法》（国税发〔2009〕31号印发）第十九条规定，企业采取银行按揭方式销售开发产品的，凡约定企业为购买方的按揭贷款提供担保的，其销售开发产品时向银行提供的保证金（担保金）不得从销售收入中减除，也不得作为费用在当期税前扣除，但实际发生损失时可据实扣除。

企业因国家无偿收回土地使用权而形成的损失，可作为财产损失按有关规定在税前扣除。

企业开发产品（以成本对象为计量单位）整体报废或毁损，其净损失按有关规定审核确认后准予在税前扣除。

（六）委托境外销售费用的扣除

《房地产开发经营业务企业所得税处理办法》（国税发〔2009〕31号印发）第二十条规定，企业委托境外机构销售开发产品的，其支付境外机构的销售费用（含佣金或手续费）不超过委托销售收入10%的部分，准予据实扣除。

（七）利息支出的扣除

《房地产开发经营业务企业所得税处理办法》（国税发〔2009〕31号印发）第二十一条规定，企业的利息支出按以下规定进行处理：

（1）企业为建造开发产品借入资金而发生的符合税收规定的借款费用，可按企业会计准则的规定进行归集和分配，其中属于财务费用性质的借款费用，可直接在税前扣除。

（2）企业集团或其成员企业统一向金融机构借款分摊集团内部其他成员企业使用的，借入方凡能出具从金融机构取得借款的证明文件，可以在使用借款的企业间合理地分摊利息费用，使用借款的企业分摊的合理利息准予在税前扣除。

（八）开发产品折旧的扣除

《房地产开发经营业务企业所得税处理办法》（国税发〔2009〕31号印发）第二十四条规定，企业开发产品转为自用的，其实际使用时间累计未超过12个月又销售的，不得在税前扣除折旧费用。

第四节　与转让房地产有关的税金

《土地增值税暂行条例实施细则》第七条第（五）项规定，与转让房地产有关的税金，是指在转让房地产时缴纳的营业税、城市维护建设税、印花税。因转让房地产缴纳的教育费附加，也可视同税金予以扣除。

一、增值税

（一）销售房地产的增值税

1. 销售不动产

销售不动产，是指转让不动产所有权的业务活动。不动产，是指不能移动或者移动后会引起性质、形状改变的财产，包括建筑物、构筑物等。

《销售服务、无形资产、不动产注释》（财税〔2016〕36号文件附件1的附件）规定，转让建筑物有限产权或者永久使用权的，转让在建的建筑物或者构筑物所有权的，以及在转让建筑物或者构筑物时一并转让其所占土地的使用权的，按照销售不动产缴纳增值税。

2. 销售无形资产

销售无形资产，是指转让无形资产所有权或者使用权的业务活动。无形资产,是指不具实物形态,但能带来经济利益的资产,包括技术、商标、著作权、商誉、自然资源使用权和其他权益性无形资产。

技术,包括专利技术和非专利技术。

自然资源使用权,包括土地使用权、海域使用权、探矿权、采矿权、取水权和其他自然资源使用权。

其他权益性无形资产,包括基础设施资产经营权、公共事业特许权、配额、经营权(包括特许经营权、连锁经营权、其他经营权)、经销权、分销权、代理权、会员权、席位权、网络游戏虚拟道具、域名、名称权、肖像权、冠名权、转会费等。

3. 计税方法

《营业税改征增值税试点有关事项的规定》(财税〔2016〕36 号)第一条第(八)项第七点规定,房地产开发企业中的一般纳税人,销售自行开发的房地产老项目,可以选择适用简易计税方法按照 5% 的征收率计税。

根据《财政部　国家税务总局关于进一步明确全面推开营改增试点有关劳务派遣服务、收费公路通行费抵扣等政策的通知》(财税〔2016〕47 号)第三条第(二)项的规定,纳税人转让 2016 年 4 月 30 日前取得的土地使用权,可以选择适用简易计税方法,以取得的全部价款和价外费用减去取得该土地使用权的原价后的余额为销售额,按照 5% 的征收率计算缴纳增值税。

4. 营改增后办理改革前转让住房过户的处理

根据《国家税务总局关于明确营改增试点若干征管问题的公告》(国家税务总局公告 2016 年第 26 号)第二条的规定,个人转让住房的,在 2016 年 4 月 30 日前已签订转让合同,2016 年 5 月 1 日以后办理产权变更事项的,应缴纳增值税,不缴纳营业税。

上述所称个人包括个体工商户和其他个人。对于个人转让非住房,在 2016 年 4 月 30 日前已签订转让合同,2016 年 5 月 1 日以后办理产权变更事项的,应根据营业税和增值税纳税义务发生时间来判断是缴纳增值税还是营业税。

(二)销售自行开发的房地产项目增值税

自行开发,是指在依法取得土地使用权的土地上进行基础设施和房屋建设。

1. 征收率与预征率

房地产开发企业中的小规模纳税人,销售自行开发的房地产项目,按照 5% 的征收率计税。房地产开发企业中的一般纳税人,销售自行开发的房地产老项目,可以选择适用简易计税方法按照 5% 的征收率计税。

房地产开发企业采取预收款方式销售所开发的房地产项目,在收到预收款时按照 3%的预征率预缴增值税。

2. 一般纳税人的税务处理

(1) 一般计税方法的销售额。房地产开发企业中的一般纳税人销售其开发的房地产项目(选择简易计税方法的房地产老项目除外),以取得的全部价款和价外费用,扣除受让土地时向政府部门支付的土地价款后的余额为销售额。

根据《房地产开发企业销售自行开发的房地产项目增值税征收管理暂行办法》(国家税务总局公告 2016 年第 18 号印发)第四条的规定,房地产开发企业中的一般纳税人(以下简称一般纳税人)销售自行开发的房地产项目,适用一般计税方法计税,按照取得的全部价款和价外费用,扣除当期销售房地产项目对应的土地价款后的余额计算销售额。销售额的计算公式如下:

销售额=(全部价款和价外费用-当期允许扣除的土地价款)÷(1+税率)

(2) 允许扣除的土地价款。《财政部 国家税务总局关于明确金融 房地产开发 教育辅助服务等增值税政策的通知》(财税〔2016〕140 号)第七条规定,"向政府部门支付的土地价款",包括土地受让人向政府部门支付的征地和拆迁补偿费用、土地前期开发费用和土地出让收益等。一般纳税人销售其开发的房地产项目(选择简易计税方法的房地产老项目除外),在取得土地时向其他单位或个人支付的拆迁补偿费用也允许在计算销售额时扣除。纳税人按上述规定扣除拆迁补偿费用时,应提供拆迁协议、拆迁双方支付和取得拆迁补偿费用凭证等能够证明拆迁补偿费用真实性的材料。

《国家税务总局关于土地价款扣除时间等增值税征管问题的公告》(国家税务总局公告 2016 年第 86 号)第一条规定,房地产开发企业向政府部门支付的土地价款,以及向其他单位或个人支付的拆迁补偿费用,按照财税〔2016〕140 号文件第七、八条规定,允许在计算销售额时扣除但未扣除的,从 2016 年 12 月份(税款所属期)起按照现行规定计算扣除。

《财政部 国家税务总局关于明确金融 房地产开发 教育辅助服务等增值税政策的通知》(财税〔2016〕140 号)第八条规定,房地产开发企业(包括多个房地产开发企业组成的联合体)受让土地向政府部门支付土地价款后,设立项目公司对该受让土地进行开发,同时符合下列条件的,可由项目公司按规定扣除房地产开发企业向政府部门支付的土地价款。

① 房地产开发企业、项目公司、政府部门三方签订变更协议或补充合同,将

土地受让人变更为项目公司。

②政府部门出让土地的用途、规划等条件不变的情况下,签署变更协议或补充合同时,土地价款总额不变。

③项目公司的全部股权由受让土地的房地产开发企业持有。

当期允许扣除的土地价款按照以下公式计算:

$$
\begin{matrix} \text{当期允许扣除的} \\ \text{土地价款} \end{matrix} = \left(\begin{matrix} \text{当期销售房地产} \\ \text{项目建筑面积} \end{matrix} \div \begin{matrix} \text{房地产项目可供} \\ \text{销售建筑面积} \end{matrix} \right) \times \begin{matrix} \text{支付的} \\ \text{土地价款} \end{matrix}
$$

当期销售房地产项目建筑面积,是指当期进行纳税申报的增值税销售额对应的建筑面积。房地产项目可供销售建筑面积,是指房地产项目可以出售的总建筑面积,不包括销售房地产项目时未单独作价结算的配套公共设施的建筑面积。支付的土地价款,是指向政府、土地管理部门或受政府委托收取土地价款的单位直接支付的土地价款。

《国家税务总局关于土地价款扣除时间等增值税征管问题的公告》(国家税务总局公告2016年第86号)第五条规定,“当期销售房地产项目建筑面积”“房地产项目可供销售建筑面积”,是指计容积率地上建筑面积,不包括地下车位建筑面积。

在计算销售额时从全部价款和价外费用中扣除土地价款,应当取得省级以上(含省级)财政部门监(印)制的财政票据。

一般纳税人应建立台账登记土地价款的扣除情况,扣除的土地价款不得超过纳税人实际支付的土地价款。

(3)简易计税方法计税的销售额。一般纳税人销售自行开发的房地产老项目,可以选择适用简易计税方法按照5%的征收率计税。一经选择简易计税方法计税的,36个月内不得变更为一般计税方法计税。

一般纳税人销售自行开发的房地产老项目适用简易计税方法计税的,以取得的全部价款和价外费用为销售额,不得扣除对应的土地价款。

(4)预缴税款。对于房地产开发项目,考虑到房地产企业的进销项取得的时间一般间隔较长,为保证纳税人税款均匀入库,避免房地产企业在整个房地产开发项目开发销售期间,前期取得售房款较多、支付工程款较少而导致前期交税多、后期取得售房款较少、支付工程款较多而导致后期进项留抵的情况发生,对房地产开发企业销售房地产项目采取预收款方式的,在收到预收款时预缴税款。

《营业税改征增值税试点有关事项的规定》(财税〔2016〕36号印发)第一条第(八)项第九点规定,对房地产开发企业采取预收款方式销售所开发的房地产项目,在收到预收款时按照3%的预征率预缴增值税。

根据《房地产开发企业销售自行开发的房地产项目增值税征收管理暂行办法》(国家税务总局公告2016年第18号印发)第十条的规定,一般纳税人采取预收款方式销售自行开发的房地产项目,应在收到预收款时按照3%的预征率预缴增值税。

应预缴税款按照以下公式计算:

$$应预缴税款 = 预收款 \div (1 + 适用税率或征收率) \times 3\%$$

一般纳税人应在取得预收款的次月纳税申报期向主管税务机关预缴税款。

(5)进项税额的抵扣。一般纳税人销售自行开发的房地产项目,兼有一般计税方法计税、简易计税方法计税、免征增值税的房地产项目而无法划分不得抵扣的进项税额的,应以《建筑工程施工许可证》注明的"建设规模"为依据进行划分。

$$\frac{不得抵扣的}{进项税额} = \frac{当期无法划分的}{全部进项税额} \times \left(\frac{简易计税、免税房地产}{项目建设规模} \div \frac{房地产项目}{总建设规模} \right)$$

3. 小规模纳税人的税务处理

房地产开发企业中的小规模纳税人,销售自行开发的房地产项目,按照5%的征收率计税。

房地产开发企业采取预收款方式销售所开发的房地产项目,在收到预收款时按照3%的预征率预缴增值税。

应预缴税款按照以下公式计算:

$$应预缴税款 = 预收款 \div (1 + 5\%) \times 3\%$$

(三)销售取得的不动产增值税

这里所称的取得的不动产,包括以直接购买、接受捐赠、接受投资入股、自建以及抵债等各种形式取得的不动产。

1. 一般纳税人销售取得的不动产

(1)销售营改增前取得的不动产。一般纳税人销售其2016年4月30日前取得(不含自建)的不动产,可以选择适用简易计税方法,以取得的全部价款和价外费用减去该项不动产购置原价或者取得不动产时的作价后的余额为销售额,按照5%的征收率计算应纳税额。纳税人应按照上述计税方法在不动产所在地预缴税款后,向机构所在地主管税务机关进行纳税申报。

一般纳税人销售其2016年4月30日前自建的不动产,可以选择适用简易计税方法，以取得的全部价款和价外费用为销售额，按照5%的征收率计算应纳税额。纳税人应按照上述计税方法在不动产所在地预缴税款后，向机构所在地主管税务机关进行纳税申报。

一般纳税人销售其2016年4月30日前取得（不含自建）的不动产，选择适用一般计税方法计税的，以取得的全部价款和价外费用为销售额计算应纳税额。纳税人应以取得的全部价款和价外费用扣除不动产购置原价或者取得不动产时的作价后的余额，按照5%的预征率向不动产所在地主管税务机关预缴税款，向机构所在地主管税务机关申报纳税。

一般纳税人销售其2016年4月30日前自建的不动产，选择适用一般计税方法计税的，以取得的全部价款和价外费用为销售额计算应纳税额。纳税人应以取得的全部价款和价外费用，按照5%的预征率向不动产所在地主管税务机关预缴税款，向机构所在地主管税务机关申报纳税。

一般纳税人销售营改增前取得的不动产计税方法如表3-2所示。

表3-2　　　　　　　　一般纳税人销售营改增前取得的不动产

取得时间	计税方法	取得方式	销售额	应纳税额	预缴税款与申报纳税	备注
2016年4月30日前	选择适用简易计税方法	非自建	以取得的全部价款和价外费用扣除不动产购置原价或者取得不动产时的作价后的余额为销售额	按照5%的征收率计算应纳税额	按应纳税额向不动产所在地主管税务机关预缴税款	自建与非自建的销售额不同
					向机构所在地主管税务机关申报纳税	
		自建	以取得的全部价款和价外费用为销售额	按照5%的征收率计算应纳税额	按应纳税额向不动产所在地主管税务机关预缴税款	
					向机构所在地主管税务机关申报纳税	
2016年4月30日前	适用一般计税方法	非自建	以取得的全部价款和价外费用为销售额计算应纳税额	按销售额和适用税率计算销项税额	以取得的全部价款和价外费用扣除不动产购置原价或者取得不动产时的作价后的余额，按照5%的预征率向不动产所在地主管税务机关预缴税款	自建与非自建预缴税款依据不同
					向机构所在地主管税务机关申报纳税	
		自建	以取得的全部价款和价外费用为销售额计算应纳税额	按销售额和适用税率计算销项税额	以取得的全部价款和价外费用，按照5%的预征率向不动产所在地主管税务机关预缴税款	
					向机构所在地主管税务机关申报纳税	

（2）销售营改增后取得的不动产。一般纳税人销售其 2016 年 5 月 1 日后取得（不含自建）的不动产，应适用一般计税方法，以取得的全部价款和价外费用为销售额计算应纳税额。纳税人应以取得的全部价款和价外费用减去该项不动产购置原价或者取得不动产时的作价后的余额，按照 5% 的预征率在不动产所在地预缴税款后，向机构所在地主管税务机关进行纳税申报。

一般纳税人销售其 2016 年 5 月 1 日后自建的不动产，应适用一般计税方法，以取得的全部价款和价外费用为销售额计算应纳税额。纳税人应以取得的全部价款和价外费用，按照 5% 的预征率在不动产所在地预缴税款后，向机构所在地主管税务机关进行纳税申报。

（3）销售额与预缴税款的确定。一般纳税人销售其 2016 年 4 月 30 日前取得的不动产（不含自建），适用一般计税方法计税的，以取得的全部价款和价外费用为销售额计算应纳税额。上述纳税人应以取得的全部价款和价外费用减去该项不动产购置原价或者取得不动产时的作价后的余额，按照 5% 的预征率在不动产所在地预缴税款后，向机构所在地主管税务机关进行纳税申报。

一般纳税人销售房地产老项目，以及一般纳税人出租其 2016 年 4 月 30 日前取得的不动产，适用一般计税方法计税的，应以取得的全部价款和价外费用，按照 3% 的预征率在不动产所在地预缴税款后，向机构所在地主管税务机关进行纳税申报。

一般纳税人销售其 2016 年 4 月 30 日前自建的不动产，适用一般计税方法计税的，应以取得的全部价款和价外费用为销售额计算应纳税额。一般纳税人应以取得的全部价款和价外费用，按照 5% 的预征率在不动产所在地预缴税款后，向机构所在地主管税务机关进行纳税申报。

一般纳税人销售取得的非自建的不动产，选择适用简易计税方法的，以减去该项不动产购置原价或者作价后的余额为销售额；适用一般计税方法计税时不允许差额确认销售额。一般纳税人销售自建的不动产，均以取得的全部价款和价外费用为销售额。

一般纳税人销售取得的不动产适用简易计税方法的，预缴税款的计算依据与销售额相同，乘以预征率来计算。销售取得的不动产适用一般计税方法的，预缴税款的计算依据为减除不动产购置价或作价后的余额，乘以相应的预征率来计算。

一般纳税人销售营改增后取得的不动产计税方法如表 3-3 所示。

表 3-3 一般纳税人销售营改增后取得的不动产

取得时间	计税方法	取得方式	销售额	应纳税额	预缴税款与申报纳税	备注
2016年5月1日后	适用一般计税方法	非自建	以取得的全部价款和价外费用为销售额计算应纳税额	按销售额和适用税率计算销项税额	以取得的全部价款和价外费用扣除不动产购置原价或者取得不动产时的作价后的余额,按照5%的预征率向不动产所在地主管税务机关预缴税款	
					向机构所在地主管税务机关申报纳税	
		自建	以取得的全部价款和价外费用为销售额	按销售额和适用税率计算销项税额,扣除进项税额后计算应纳税额	以取得的全部价款和价外费用,按照5%的预征率向不动产所在地主管税务机关预缴税款	
					向机构所在地主管税务机关申报纳税	

2. 小规模纳税人销售取得的不动产

(1)销售非自建的不动产。小规模纳税人销售其取得(不含自建)的不动产(不含个体工商户销售购买的住房和其他个人销售不动产),应以取得的全部价款和价外费用减去该项不动产购置原价或者取得不动产时的作价后的余额为销售额,按照5%的征收率计算应纳税额。小规模纳税人应按照上述计税方法在不动产所在地预缴税款后,向机构所在地主管税务机关进行纳税申报。

《纳税人转让不动产增值税征收管理暂行办法》第四条进一步明确规定,小规模纳税人转让其取得的不动产,除个人转让其购买的住房外,按照以下规定缴纳增值税:小规模纳税人转让其取得(不含自建)的不动产,以取得的全部价款和价外费用扣除不动产购置原价或者取得不动产时的作价后的余额为销售额,按照5%的征收率计算应纳税额。

(2)销售自建的不动产。小规模纳税人销售其自建的不动产,应以取得的全部价款和价外费用为销售额,按照5%的征收率计算应纳税额。小规模纳税人应按照上述计税方法在不动产所在地预缴税款后,向机构所在地主管税务机关进行纳税申报。

小规模纳税人销售取得的不动产(不含个体工商户销售购买的住房和其他个人销售不动产)的计税方法如表3-4所示。

表 3-4 　　　小规模纳税人销售取得的不动产(不含个人销售购买的住房)

	计税方法	取得方式	销售额	应纳税额	预缴与申报纳税	备注
一般规定	适用简易计税方法	非自建	以取得的全部价款和价外费用扣除不动产购置原价或者取得不动产时的作价后的余额为销售额	按照销售额和5%的征收率计算应纳税额	除其他个人之外的小规模纳税人,应按应纳税额向不动产所在地主管税务机关预缴税款,向机构所在地主管税务机关申报纳税	自建与非自建的销售额不同
		自建	以取得的全部价款和价外费用为销售额	按照销售额和5%的征收率计算应纳税额	其他个人按照应纳税额向不动产所在地主管税务机关申报纳税	

3. 个人销售购买的住房

(1) 个人销售购买的住房优惠。

1) 个人销售住房增值税优惠。个人将购买不足 2 年的住房对外销售的,按照 5%的征收率全额缴纳增值税;个人将购买 2 年以上(含 2 年)的住房对外销售的,免征增值税。上述政策适用于北京市、上海市、广州市和深圳市之外的地区。

个人将购买不足 2 年的住房对外销售的,按照 5%的征收率全额缴纳增值税;个人将购买 2 年以上(含 2 年)的非普通住房对外销售的,以销售收入减去购买住房价款后的差额按照 5%的征收率缴纳增值税;个人将购买 2 年以上(含 2 年)的普通住房对外销售的,免征增值税。上述政策仅适用于北京市、上海市、广州市和深圳市。

个人办理免税的具体程序、购买房屋的时间、开具发票、非购买形式取得住房行为及其他相关税收管理规定,按照《国务院办公厅转发建设部等部门关于做好稳定住房价格工作意见的通知》(国办发〔2005〕26 号)、《国家税务总局 财政部 建设部关于加强房地产税收管理的通知》(国税发〔2005〕89 号)和《国家税务总局关于房地产税收政策执行中几个具体问题的通知》(国税发〔2005〕172 号)的有关规定执行。

个人因产权纠纷等原因未能及时获取房屋所有权证书的,根据《国家税务总局关于个人转让住房享受税收优惠政策判定购房时间问题的公告》(国家税务总局公告 2017 年第 8 号,自 2017 年 4 月 1 日起施行,此前尚未进行税收处理的,按本公告规定执行)规定,个人转让住房,因产权纠纷等原因未能及时取得房屋所有权证书(包括不动产权证书,下同),对于人民法院、仲裁委员会出具的法律文书确认个人购买住房的,法律文书的生效日期视同房屋所有权证书的注明时间,据以确定纳税人是否享受税收优惠政策。

2）个体工商户销售购买的住房。个体工商户销售购买的住房,应按照《营业税改征增值税试点过渡政策的规定》(财税〔2013〕106 号文件附件 3)第五条的规定征免增值税。纳税人应按照上述计税方法在不动产所在地预缴税款后,向机构所在地主管税务机关进行纳税申报。

3）其他个人销售其非自建的非住房。其他个人销售其取得（不含自建）的不动产（不含其购买的住房）,应以取得的全部价款和价外费用减去该项不动产购置原价或者取得不动产时的作价后的余额为销售额,按照 5％的征收率计算应纳税额。

其他个人销售自建自用住房和销售购买的住房,在《营业税改征增值税试点过渡政策的规定》(财税〔2013〕106 号文件附件 3)里已经作出了相应的规定,因此这里将此两种情形排除掉。除了这两种情形以外的,采用差额征税的办法按 5％征收率计税。

其他个人销售不动产,与单位和个体工商户销售不动产的纳税地点不同,单位和个体工商户纳税地点为机构所在地,而其他个人则是向不动产所在地纳税申报。

4）个人销售购买的住房应纳税款的计算。个人销售其购买的住房,按照以下规定缴纳增值税:

个人销售其购买的住房,按照有关规定全额缴纳增值税的,以取得的全部价款和价外费用为销售额,按照 5％的征收率计算应纳税额。

个人销售其购买的住房,按照有关规定差额缴纳增值税的,以取得的全部价款和价外费用扣除购买住房价款后的余额为销售额,按照 5％的征收率计算应纳税额。

（2）转让取得的不动产应预缴税款的计算。根据《纳税人转让不动产增值税征收管理暂行办法》第六条的规定,其他个人以外的纳税人转让其取得的不动产,根据以下情形计算应向不动产所在地主管税务机关预缴的税款:

以转让不动产取得的全部价款和价外费用作为预缴税款计算依据的,计算公式为:

$$应预缴税款＝全部价款和价外费用÷(1＋5％)×5％$$

以转让不动产取得的全部价款和价外费用扣除不动产购置原价或者取得不

动产时的作价后的余额作为预缴税款计算依据的,计算公式为:

$$应预缴税款 = \left(全部价款和价外费用 - \frac{不动产购置原价或者}{取得不动产时的作价}\right) \div (1+5\%) \times 5\%$$

(3) 其他个人转让取得的不动产应纳税额的计算。《纳税人转让不动产增值税征收管理暂行办法》第七条规定,其他个人转让其取得的不动产,按照《纳税人转让不动产增值税征收管理暂行办法》第六条规定的计算方法计算应纳税额并向不动产所在地主管税务机关申报纳税。

以转让不动产取得的全部价款和价外费用作为应纳税款计算依据的,计算公式为:

$$应纳税款 = 全部价款和价外费用 \div (1+5\%) \times 5\%$$

以转让不动产取得的全部价款和价外费用扣除不动产购置原价或者取得不动产时的作价后的余额作为应纳税款计算依据的,计算公式为:

$$应纳税款 = \left(全部价款和价外费用 - \frac{不动产购置原价或者}{取得不动产时的作价}\right) \div (1+5\%) \times 5\%$$

自然人销售不动产不需要预缴税款。自然人全部属于小规模纳税人,小规模纳税人转让不动产的征收率为 5%。因此,按照规定的计税方法,自然人转让不动产,直接以差额或者全额依照 5% 征收率计算应纳税额,在不动产所在地主管税务机关缴纳税款即可。

4. 差额纳税、预缴税款的扣除凭证

《纳税人转让不动产增值税征收管理暂行办法》第八条规定,纳税人按规定从取得的全部价款和价外费用中扣除不动产购置原价或者取得不动产时的作价的,应当取得符合法律、行政法规和国家税务总局规定的合法有效凭证。否则,不得扣除。

上述凭证是指:

(1) 税务部门监制的发票。

(2) 法院判决书、裁定书、调解书,以及仲裁裁决书、公证债权文书。

(3) 国家税务总局规定的其他凭证。

根据《国家税务总局关于纳税人转让不动产缴纳增值税差额扣除有关问题的公告》(国家税务总局公告 2016 年第 73 号)的规定,纳税人转让不动产,按照有关规定差额缴纳增值税的,如因丢失等原因无法提供取得不动产时的发票,可

向税务机关提供其他能证明契税计税金额的完税凭证等资料,进行差额扣除。纳税人以契税计税金额进行差额扣除的,按照下列公式计算增值税应纳税额:

（1）2016 年 4 月 30 日及以前缴纳契税的:

$$\text{增值税应纳税额} = \left[\text{全部交易价格（含增值税）} - \text{契税计税金额（含营业税）}\right] \div (1 + 5\%) \times 5\%$$

（2）2016 年 5 月 1 日及以后缴纳契税的:

$$\text{增值税应纳税额} = \left[\text{全部交易价格（含增值税）} \div (1 + 5\%) - \text{契税计税金额（不含增值税）}\right] \times 5\%$$

纳税人同时保留取得不动产时的发票和其他能证明契税计税金额的完税凭证等资料的,应当凭发票进行差额扣除。

5. 已预缴税款的抵减

《纳税人转让不动产增值税征收管理暂行办法》第九条规定,纳税人转让其取得的不动产,向不动产所在地主管税务机关预缴的增值税税款,可以在当期增值税应纳税额中抵减,抵减不完的,结转下期继续抵减。

纳税人以预缴税款抵减应纳税额,应以完税凭证作为合法有效凭证。

个人转让其购买的住房计税办法如表 3-5 所示。

表 3-5　　　　　　　　　　个人转让其购买的住房

计税方法	缴税方法	销售额	应纳税额	预缴与申报纳税
适用简易计税方法	按规定全额缴纳增值税	以取得的全部价款和价外费用为销售额	按照销售额和 5% 的征收率计算应纳税额	个体工商户应按照应纳税额向住房所在地主管税务机关预缴税款,向机构所在地主管税务机关申报纳税;其他个人应按照应纳税额向住房所在地主管税务机关申报纳税
	按规定差额缴纳增值税	以取得的全部价款和价外费用扣除购买住房价款后的余额为销售额	按照销售额和 5% 的征收率计算应纳税额	

二、地方税费附加的扣除

（一）城市维护建设税

城市维护建设税是国家对缴纳增值税、消费税的单位和个人就其缴纳的增值税和消费税的税额为计税依据而征收的一种税。

凡缴纳增值税、消费税的单位和个人,都是城市维护建设税的纳税义务人（以下简称纳税人）,都应当依照《中华人民共和国城市维护建设税法》的规定缴纳城市维护建设税。自 2010 年 12 月 1 日起,对外商投资企业、外国企业及外籍个人征收城市维护建设税和教育费附加。

经税务局正式审核批准的当期免抵的增值税税额应纳入城市维护建设税和教育费附加的计征范围,分别按规定的税(费)率征收城市维护建设税和教育费附加。

城市维护建设税的应纳税额＝(实纳增值税税额＋实纳消费税税额)×适用税率

城市维护建设税税率如下:

纳税人所在地在市区的,税率为7%;

纳税人所在地在县城、镇的,税率为5%;

纳税人所在地不在市区、县城或镇的,税率为1%。

这里所称纳税人所在地,是指纳税人住所地或者与纳税人生产经营活动相关的其他地点,具体地点由省、自治区、直辖市确定。

根据《财政部 国家税务总局关于纳税人异地预缴增值税有关城市维护建设税和教育费附加政策问题的通知》(财税〔2016〕74号)的规定,纳税人跨地区提供建筑服务、销售和出租不动产的,应在建筑服务发生地、不动产所在地预缴增值税时,以预缴增值税税额为计税依据,并按预缴增值税所在地的城市维护建设税适用税率和教育费附加征收率就地计算缴纳城市维护建设税和教育费附加。预缴增值税的纳税人在其机构所在地申报缴纳增值税时,以其实际缴纳的增值税税额为计税依据,并按机构所在地的城市维护建设税适用税率和教育费附加征收率就地计算缴纳城市维护建设税和教育费附加。

根据《财政部 税务总局关于实施小微企业普惠性税收减免政策的通知》(财税〔2019〕13号)的规定,由省、自治区、直辖市人民政府根据本地区实际情况,以及宏观调控需要确定,对增值税小规模纳税人可以在50%的税额幅度内减征资源税、城市维护建设税、房产税、城镇土地使用税、印花税(不含证券交易印花税)、耕地占用税和教育费附加、地方教育附加。增值税小规模纳税人已依法享受资源税、城市维护建设税、房产税、城镇土地使用税、印花税、耕地占用税、教育费附加、地方教育附加其他优惠政策的,可叠加享受上述规定的优惠政策。

根据《财政部 税务总局关于进一步实施小微企业"六税两费"减免政策的公告》(财政部 税务总局公告2022年第10号)第一条的规定,自2022年1月1日起至2023年12月31日止,由省、自治区、直辖市人民政府根据本地区实际情况,以及宏观调控需要确定,对增值税小规模纳税人、小型微利企业和个体工商户可以在50%的税额幅度内减征资源税、城市维护建设税、房产税、城镇土地使用税、印花税(不含证券交易印花税)、耕地占用税和教育费附加、地方教育附加。

增值税小规模纳税人、小型微利企业和个体工商户已依法享受资源税、城市维护建设税、房产税、城镇土地使用税、印花税、耕地占用税、教育费附加、地方教育附加其他优惠政策的,可叠加享受本公告第一条规定的优惠政策。

(二)教育费附加与地方教育附加

对转让房地产环节缴纳的地方教育附加如何扣除问题,到本书出版时财政部、国家税务总局没有统一明确规定。但江苏省、江西省等税务机关发文明确了地方执行口径。

1. 江苏省的具体规定

根据《土地增值税暂行条例实施细则》以及《江苏省地方税务局关于地方税有关业务问题的通知》(苏地税发〔1999〕87号)的规定,纳税人缴纳的教育费附加和地方教育附加,在计算土地增值税时比照税金扣除。

2. 江西省的具体规定

根据《国家税务总局江西省税务局关于土地增值税若干征管问题的公告》(国家税务总局江西省税务局公告2018年第16号)第四条第三项的规定,对房地产转让环节缴纳的地方教育附加,由于其计税依据为增值税,与教育费附加相同,在计算土地增值税时,允许视同税金进行扣除。

3. 甘肃省的具体规定

根据《甘肃省地方税务局税政一处关于土地增值税清算审核有关问题的通知》(甘地税税政一便函〔2017〕24号)第五条的规定,收取地方教育附加时,使用省税务局统一印制的税收票证。因此,甘肃省地方教育附加虽属非税收入,但实际已作为地方财政收入进行统一管理。根据《甘肃省价格调节基金征收使用管理暂行办法》的规定,价格调节基金委托税务局部门代征,使用税务部门统一监制的专用票据,并严格按照税收票证管理规定执行。因此,甘肃省价格调节基金虽属非税收入,但已作为地方财政收入进行统一管理。自2016年2月1日起,停征价格调节基金。《国家税务总局关于房地产开发企业土地增值税清算管理有关问题的通知》(国税发〔2006〕187号)第四条第一项规定,房地产开发企业办理土地增值税清算项目有关的扣除项目金额,应根据《土地增值税暂行条例》第六条及其实施细则第七条的规定执行。除另有规定外,扣除取得土地使用权所支付的金额、房地产开发成本、费用及与转让房地产有关税金,须提供合法有效凭证,不能提供合法有效凭证的,不予扣除。全国有部分省市在土地增值税清算中,已把地方教育附加作为可扣除的税金处理,我省作为经济欠发达地区,建议将甘肃地方教育附加、价格调节基金予以扣除。

4. 重庆市的具体规定

根据《重庆市财政局　重庆市地税局关于印发土地增值税等财产行为税政策执行问题处理意见的通知》(渝财税〔2015〕93号)第一条的规定,纳税人转让房产缴纳的地方教育费附加,可计入"与转让房地产有关的税金"予以扣除。

三、印花税的扣除

(一)印花税的扣除方法

根据《财政部　国家税务总局关于土地增值税一些具体问题规定的通知》(财税字〔1995〕48号)第九条"关于计算增值额时扣除已缴纳印花税的问题"的规定,《土地增值税暂行条例实施细则》中规定允许扣除的印花税,是指在转让房地产时缴纳的印花税。房地产开发企业按照《施工、房地产开发企业财务制度》的有关规定,其缴纳的印花税列入管理费用,已相应予以扣除。其他的土地增值税纳税义务人在计算土地增值税时允许扣除在转让时缴纳的印花税。

自2016年12月3日起,根据《增值税会计处理规定》(财会〔2016〕22号)的规定,全面试行营业税改征增值税后,"营业税金及附加"科目名称调整为"税金及附加"科目,该科目核算企业经营活动发生的消费税、城市维护建设税、资源税、教育费附加及房产税、土地使用税、车船税、印花税等相关税费;利润表中的"营业税金及附加"项目调整为"税金及附加"项目。因而,笔者的建议是土地增值税纳税义务人2016年12月以后转让房地产时缴纳的印花税,可允许计入"与转让房地产有关的税金"项目在计算土地增值税时扣除。

根据《财政部　国家税务总局关于印花税若干政策的通知》(财税〔2006〕162号)的规定,对土地使用权出让合同、土地使用权转让合同按产权转移书据征收印花税。对商品房销售合同按照产权转移书据征收印花税。

根据《财政部　税务总局关于对营业账簿减免印花税的通知》(财税〔2018〕50号)的规定,自2018年5月1日起,对按万分之五税率贴花的资金账簿减半征收印花税,对按件贴花五元的其他账簿免征印花税。

(二)印花税能否作为税金据实扣除问题

1. 江苏省的执行口径

根据《财政部　国家税务总局关于土地增值税一些具体问题规定的通知》

（财税字〔1995〕48 号）的规定，计算增值额时允许扣除的印花税，是指在转让房地产时缴纳的印花税。房地产开发企业按照《施工、房地产开发企业财务制度》的有关规定，其缴纳的印花税列入管理费用，已相应予以扣除。其他的土地增值税纳税义务人在计算土地增值税时允许扣除在转让时缴纳的印花税。

因此，江苏明确在总局出台新的文件之前，按财税字〔1995〕48 号的规定，房地产开发企业转让房地产时缴纳的印花税不得作为"与转让房地产有关的税金"扣除。

2. 重庆市的具体规定

根据《重庆市财政局　重庆市地税局关于印发土地增值税等财产行为税政策执行问题处理意见的通知》（渝财税〔2015〕93 号）第一条的规定，房地产企业转让房产缴纳的产权转移书据印花税，纳入税金及附加核算的，作为"与转让房地产有关的税金"予以扣除。

3. 西藏自治区的具体规定

《西藏自治区土地增值税清算管理规程（试行）》第三十五条"与转让房地产有关税金的审核"规定，应当确认与转让房地产有关税金及附加扣除的范围是否符合税收有关规定。根据会计制度规定，纳税人缴纳的印花税列入"管理费用"科目核算的，按照房地产开发费用的有关规定扣除，列入"税金及附加"科目核算的，计入"与转让房地产有关税金"予以扣除。纳税人缴纳的教育费附加、地方教育附加可计入"与转让房地产有关税金"予以扣除。对不属于清算范围或者不属于转让房地产时发生的税金及附加，不应作为清算扣除项目。

四、契税的扣除

（一）转让购入房地产按评估价计税已缴契税的扣除

根据《财政部　国家税务总局关于土地增值税一些具体问题规定的通知》（财税字〔1995〕48 号）第十一条"关于已缴纳的契税可否在计税时扣除的问题"的规定，对于个人购入房地产再转让的，其在购入时已缴纳的契税，在旧房及建筑物的评估价中已包括了此项因素，在计征土地增值税时，不另作为"与转让房地产有关的税金"予以扣除。

（二）转让旧房按发票金额加计计税已缴契税的扣除

根据《财政部　国家税务总局关于土地增值税若干问题的通知》（财税〔2006〕21 号）第二条"关于转让旧房准予扣除项目的计算问题"第一款的规定，纳税人转让旧房及建筑物,凡不能取得评估价格,但能提供购房发票的,经当地税务部门确认,《土地增值税暂行条例》第六条第(一)(取得土地使用权支付的金额)、(三)(旧房及建筑物的评估价)项规定的扣除项目的金额,可按发票所载金额并从购买年度起至转让年度止每年加计5%计算。对纳税人购房时缴纳的契税,凡能提供契税完税凭证的,准予作为"与转让房地产有关的税金"予以扣除,但不作为加计5%的基数。

(三)房地产开发企业为取得土地使用权支付契税的扣除

根据《国家税务总局关于土地增值税清算有关问题的通知》(国税函〔2010〕220号)第五条"房地产开发企业取得土地使用权时支付的契税的扣除问题"的规定,房地产开发企业为取得土地使用权所支付的契税,应视同"按国家统一规定交纳的有关费用",计入"取得土地使用权所支付的金额"中扣除。

五、营改增后与转让房地产有关税金的扣除

《国家税务总局关于营改增后土地增值税若干征管规定的公告》(国家税务总局公告2016年第70号)第三条"关于与转让房地产有关的税金扣除问题"规定:

(1)营改增后,计算土地增值税增值额的扣除项目中"与转让房地产有关的税金"不包括增值税。

(2)营改增后,房地产开发企业实际缴纳的城市维护建设税、教育费附加,凡能够按清算项目准确计算的,允许据实扣除。凡不能按清算项目准确计算的,则按该清算项目预缴增值税时实际缴纳的城市维护建设税、教育费附加扣除。

其他转让房地产行为的城市维护建设税、教育费附加扣除比照上述规定执行。

根据《国家税务总局关于营改增后土地增值税若干征管规定的公告》(国家税务总局公告2016年第70号)第四条"关于营改增前后土地增值税清算的计算问题"的规定,房地产开发企业在营改增后进行房地产开发项目土地增值税清算时,按以下方法确定与转让房地产有关的税金金额:

$$\text{与转让房地产有关的税金} = \text{营改增前实际缴纳的营业税、城建税、教育费附加} + \text{营改增后允许扣除的城建税、教育费附加}$$

综上所述,与转让房地产有关的税金具体包括转让房地产时缴纳的营业税、城市维护建设税、印花税、教育费附加、地方教育附加。营改增后,不包括缴纳的增值税。实际缴纳的城市维护建设税、教育费附加、地方教育附加,凡能够按清算项目准确计算的,据实扣除;凡不能按清算项目准确计算的,则按预缴增值税时实际缴纳的城建税、教育费附加、地方教育附加扣除。

六、扣除项目涉及增值税进项税额的处理

根据《财政部 国家税务总局关于营改增后契税 房产税 土地增值税 个人所得税计税依据问题的通知》(财税〔2016〕43 号)第三条的规定,《土地增值税暂行条例》等规定的土地增值税扣除项目涉及的增值税进项税额,允许在销项税额中计算抵扣的,不计入扣除项目,不允许在销项税额中计算抵扣的,可以计入扣除项目。

七、与转让房地产有关税金扣除的地方具体规定

(一)海南省的具体规定

《国家税务总局海南省税务局土地增值税清算审核管理办法》第二十条规定,纳税人应缴纳的营业税、城市维护建设税、教育费附加、地方教育附加,允许据实扣除。营改增后,纳税人应缴纳的城市维护建设税、教育费附加、地方教育附加,涉及多个开发项目应分摊的,按各项目不含增值税收入的占比计算分摊。主管税务机关清算时发现纳税人应缴的营业税、城市维护建设税、教育费附加、地方教育附加大于实际缴纳税费的,应及时追缴并按《中华人民共和国税收征收管理法》相关规定处理。

为提高清算工作效率,减少税企争议,对清算时纳税人应缴纳的营业税、城市维护建设税、教育费附加、地方教育附加,海南省规定允许据实扣除。

(二)西藏自治区的具体规定

《西藏自治区土地增值税清算管理规程(试行)》(国家税务总局西藏自治区税务局公告 2022 年第 2 号印发)第三十五条规定,应当确认与转让房地产有关税金及附加扣除的范围是否符合税收有关规定。根据会计制度规定,纳税人缴纳的印花税列入"管理费用"科目核算的,按照房地产开发费用的有关规定扣除,列入"税金及附加"科目核算的,计入"与转让房地产有关的税金"予以扣除。纳

税人缴纳的教育费附加、地方教育附加可计入"与转让房地产有关的税金"予以扣除。对不属于清算范围或者不属于转让房地产时发生的税金及附加,不应作为清算扣除项目。

八、与转让房地产有关的税金的审核

(一) 风险表现与审核资料

与转让房地产有关的税金扣除项目风险的主要表现有:

(1) 企业申报税金时计税依据错误。

(2) 将其他业务的税金混入了该房地产项目并扣除。

(3) "营改增"后,将增值税计入与转让房地产有关的税金扣除。

与转让房地产有关的税金扣除项目审核的主要资料有:

(1) 企业纳税申报资料。

(2) 减免税申请审批(备案)表。

(3) 税收缴款书或银行扣款凭证。

(二) 审核方法与要点

审核与转让房地产有关的税金,应当确认与转让房地产有关的税金及附加扣除的范围是否符合税收规定,计算的扣除金额是否正确。

对于不属于清算范围或者不属于转让房地产时发生的税金及附加,或者按照预售收入(不包括已经结转销售收入部分)计算并缴纳的税金及附加,不应作为清算项目的扣除内容。

营改增后审核与转让房地产有关的税金是否符合如下公式要求:

$$\text{与转让房地产有关的税金} = \text{营改增前实际缴纳的营业税、城建税、教育费附加} + \text{营改增后允许扣除的城建税、教育费附加}$$

与转让房地产有关的税金扣除项目的具体审核方法与要点是:

(1) 查看企业纳税申报资料,主要审核与转让房地产有关的税金,具体指在转让房地产时缴纳的营业税、城市维护建设税、印花税。因转让房地产缴纳的教育费附加,也可视同税金予以扣除。

(2) 查看纳税申报表,主要审核已纳税金是否与项目相关。

(3) 审核减免税金在清算时是否扣除。

(4) 查看税收缴款书或银行扣款凭证,确认是否实际缴纳。

第五节　旧房及建筑物的评估价与其他扣除项目

一、旧房及建筑物的评估价格

根据《土地增值税暂行条例实施细则》第七条第（四）项的规定，旧房及建筑物的评估价格，是指在转让已使用的房屋及建筑物时，由政府批准设立的房地产评估机构评定的重置成本价乘以成新度折扣率后的价格。评估价格须经当地税务机关确认。

重置成本价的含义是，对旧房及建筑物按转让时的建材价格和人工费用计算，建造同样面积、同样层次、同样结构、同样建设标准的新房及建筑物所需花费的成本费用。采用评估的重置成本价能够相对消除通货膨胀因素的影响，比较合理。

成新度折扣率的含义是，按旧房的新旧程度做一定比例的折扣。

二、其他扣除项目与审核

（一）加计 20%扣除

根据《土地增值税暂行条例实施细则》第七条第六项的规定，对从事房地产开发的纳税人可按"取得土地使用权所支付的金额"与"房地产开发成本"之和，加计 20%扣除。

"对从事房地产开发的纳税人"是否仅指房地产开发企业问题，江苏明确的执行口径为，《中华人民共和国城市房地产管理法》第二条规定，本法所称房地产开发，是指在依据本法取得国有土地使用权的土地上进行基础设施、房屋建设的行为。从事房地产开发的纳税人，不仅指房地产开发企业。

（二）代收费用的处理

根据《财政部　国家税务总局关于土地增值税一些具体问题规定的通知》（财税字〔1995〕48 号）第六条的规定，对于县级及县级以上人民政府要求房地产开发企业在售房时代收的各项费用，对于代收费用作为转让收入计税的，在计算扣除项目金额时，可予以扣除，但不允许作为加计 20%扣除的基数。

根据《贵州省土地增值税清算管理办法》第三十五条的规定，对于县级及县级以上人民政府要求房地产开发企业在售房时代收的各项费用，代收费用已计入房价中向购买方一并收取的,视同销售房地产所取得的收入计税;代收费用未计入房价中,而在房价之外单独收取的,不确认为销售房地产所取得的收入。

房地产开发企业除前款规定之外的因销售房地产向购买方单独收取的水、电、煤气、天然气、有线电视初装费、呼叫系统购置安装费以及其他价外费用,应当确认为土地增值税的计税收入。

(三)基础设施配套费与人防工程异地建设费的处理

根据《江苏省地方税务局关于土地增值税有关业务问题的公告》(苏地税规〔2012〕1号)第五条第五项的规定,市政公用基础设施配套费、人防工程异地建设费不得加计扣除,也不作为房地产开发费用扣除的计算基数。

三、转让在建工程的加计扣除问题

(一)江苏省的执行口径

【问】　转让在建工程,受让方再开发建造的,土地增值税应如何处理?

(1)转让方是否需要分类型清算?

(2)转让方转让在建工程和受让方开发后再转让的,能否加计扣除;若能扣除,加计扣除的基数如何确定?

【解析】

(1)转让方计算土地增值税时,不区分房产类型。

(2)对取得土地使用权后进行房地产开发的,无论是转让方还是受让方,均可据实予以加计扣除。转让方和受让方是关联企业且有转让收益的除外。

转让方与被转让方是关联企业的,受让方取得土地使用权支付的金额,根据转让方土地使用权支付的金额与转让方实际发生的开发成本之和、购入在建工程价款孰低原则确定。转让收益部分不得计入取得土地使用权支付的金额,也不得加计扣除。

(二)重庆市的具体规定

根据《重庆市财政局　重庆市地税局关于印发土地增值税等财产行为税政策执行问题处理意见的通知》(渝财税〔2015〕93号)第一条的规定,房地产企业转让开发的土地、未竣工房地产项目,其"取得土地使用权所支付的金额"不能加计扣除;承受土地、未竣工项目的房地产企业在完成房地产项目开发,进行土地增值税清算时,其取得土地、未竣工项目所支付的款项,可作为"取得土地使用权所支付的金额",并适用加计扣除。

可见,重庆的执行口径认为,取得土地使用权后,未对土地进行开发即转让的,扣除项目包括:

(1)取得土地使用权时支付的价款。

(2)受让土地环节按国家规定缴纳的土地规费、登记费等相关行政事业性收费。

(3)土地契税。

(4)转让环节缴纳的税金及附加。

取得土地使用权后,仅对土地进行开发(即土地一级开发)后转让的,扣除项目包括上述内容,以及开发土地的成本及其加计扣除。开发土地的成本指开发土地发生的道路、供水、供电、供气、排水、通信、照明、绿化、土地平整等基础设施建设工程施工发生的成本,不包括"房地产开发费用"。开发土地成本加计扣除仅适用于房地产开发企业,取得土地使用权时支付的价款及有关费用不纳入加计扣除基数。

取得土地使用权后开发土地、建造房产,房地产项目竣工前转让在建项目的,应按照土地增值税清算规程的规定实施清算,计算房地产开发成本、开发费用,取得土地使用权时支付的价款及有关费用不纳入加计扣除基数。

第六节　扣除项目的风险与审核

一、扣除项目的审核

(一)扣除项目范围的审核

清算审核人员应当审核纳税人申报的扣除项目是否符合《土地增值税暂行条例实施细则》第七条规定的范围。土地增值税扣除项目范围审核的主要内容包括:

(1)取得土地使用权所支付的金额。

(2)房地产开发成本,包括:土地征用及拆迁补偿费、前期工程费、建筑安装工程费、基础设施费、公共配套设施费、开发间接费用。

(3)房地产开发费用。

(4)与转让房地产有关的税金。

(5)国家规定的其他扣除项目。

（二）审核的基本程序和方法

扣除项目审核的基本程序和方法包括：

（1）获取或编制扣除项目明细表，并与明细账、总账及有关申报表核对是否一致。

（2）审核相关合同、协议和项目预（概）算资料，并了解其执行情况，审核成本、费用支出项目。

（3）审核扣除项目的记录、归集是否正确，是否取得合法、有效的凭证，会计及税务处理是否正确，确认扣除项目的金额是否准确。

（4）实地查看、询问调查和核实。并剔除不属于清算项目发生的开发成本和费用。

（5）必要时，利用专家审核扣除项目。

（三）可扣除项目应符合的要求

审核扣除项目是否符合下列要求：

（1）在土地增值税清算中，计算扣除项目金额时，其实际发生的支出应当取得但未取得合法凭据的不得扣除。

对哪些属于扣除项目的合法凭证问题，安徽省、海南省等省级税务机关的规定比较具体。根据《安徽省土地增值税清算管理办法》第三十六条的规定，扣除项目金额中所归集的各项成本和费用，应取得合法有效凭证。包括但不限于：

① 支付给境内单位或者个人的款项，且属于《发票管理办法》第19条规定的开具发票范围的，以取得的发票或者按照规定视同发票管理的凭证为合法有效凭证。

② 支付的行政事业性收费或者政府性基金，以取得的财政票据为合法有效凭证。

③ 支付给境外单位或者个人的款项，以该单位或者个人的签收单据及境外公证机构的确认证明为合法有效凭证；属于境内代扣代缴税款的，按国家税务总局有关规定执行。

④ 法院判决书、裁定书、调解书，以及仲裁裁决书、公证债权文书。

⑤ 财政部、国家税务总局规定的其他合法有效凭证。

《国家税务总局海南省税务局土地增值税清算审核管理办法》第十一条也规定，扣除项目金额中所归集的各项成本和费用，必须实际发生且取得合法有效凭证。本办法所称合法有效凭证是指：

① 支付给境内单位或者个人的款项,且该单位或者个人发生的涉税行为应当开具发票的,以发票为合法有效凭证。

② 通过购买或接受投资方式取得土地使用权的,转让方足额缴纳土地增值税,受让方取得契税完税凭证的,契税完税凭证可视同合法有效凭证。

③ 支付的行政事业性收费或者政府性基金,以财政票据为合法有效凭证。

④ 支付给境外单位或者个人的款项,以该单位或者个人的签收单据为合法有效凭证。

⑤ 发生在我国境内,不属于发票或行政事业性收据开具范围,以合同(协议)、收据、收款证明等相关材料作为合法有效凭证。

⑥ 其他合法有效凭证。

(2)扣除项目金额中所归集的各项成本和费用,必须是实际发生的。对于预提费用,除另有规定外,不得扣除。

(3)扣除项目金额应当准确地在各扣除项目中分别归集,不得混淆。如是否存在将属于期间费用性质的支出,人为的列入开发成本项目扣除等。

(4)扣除项目金额中所归集的各项成本和费用必须是在清算项目开发中直接发生的或应当分摊的。

(5)纳税人分期开发项目或者同时开发多个项目的,或者同一项目中建造不同类型房地产的,应按照受益对象,采用合理的分配方法,分摊共同的成本费用。共同成本的具体分摊方法,各地可能存在一定差异,因而需要符合清算项目所在地税务机关的相关具体规定。

如江苏省《土地增值税清算管理规程》(苏地税函〔2009〕72 号印发)第二十一条规定,纳税人分期开发项目或者同时开发多个项目的,或者同一项目中既建普通标准住宅又建造其他类型房地产的,应按照受益对象,采用转让土地使用权的面积占总面积的比例或转让建筑面积占总面积比例等分配方法,分摊共同的成本费用。

(6)对同一类事项,应当采取相同的会计政策或处理方法。会计核算与税务处理规定不一致的,纳税时以税务处理规定为准。

此外,根据《安徽省土地增值税清算管理办法》第三十五条的规定,扣除项目应同时符合下列要求:

① 符合国家法律、法规、规章以及有关规范性文件的规定。

② 经济业务应当是真实发生的。

③ 扣除项目金额应当按照《土地增值税暂行条例实施细则》第七条的规定,

准确地在各项目中分别归集,不得混淆。

④ 扣除项目金额中所归集的各项成本和费用必须是在清算项目开发中直接发生的或应当分摊的。

⑤ 纳税人同时开发多个项目、分期开发项目,或者同一项目中建造不同类型房地产涉及分摊共同的成本费用的,应按照受益对象,采用合理的分配方法分摊。

⑥ 在土地增值税清算中,对同一类事项,应当采取相同的会计政策及税务处理方法。会计核算与税务处理规定不一致的,以税务处理规定为准。

⑦ 取得土地使用权所支付的金额、土地征用及拆迁补偿费、前期工程费、建筑安装工程费、基础设施费、公共配套设施费以及据实计算扣除的利息支出,应当已经实际支付。

(四)扣除项目分配的审核

审核各项扣除项目分配或分摊的顺序和标准是否符合下列规定,并确认扣除项目的具体金额:

(1)扣除项目能够直接认定的,审核是否取得合法、有效的凭证。

(2)扣除项目不能够直接认定的,审核当期扣除项目分配标准和口径是否一致,是否按照规定合理分摊。

(3)审核并确认房地产开发土地面积、建筑面积和可售面积,是否与权属证、房产证、预售证、房屋测绘所测量数据、销售记录、销售合同、有关主管部门的文件等载明的面积数据相一致,并确定各项扣除项目分摊所使用的分配标准。

如果上述性质相同的三类面积所获取的各项证据发生冲突、不能相互印证时,应当追加审核程序,并按照外部证据比内部证据更可靠的原则,确认适当的面积。

(4)审核并确认扣除项目的具体金额时,应当考虑总成本、单位成本、可售面积、累计已售面积、累计已售分摊成本、未售分摊成本(存货)等因素。

(5)对于纳税人成片受让土地使用权后,分期分批开发、转让房地产的,审核其扣除项目金额是否按主管税务机关确定的分摊方法计算分摊扣除。

二、取得土地使用权支付金额的扣除风险与审核

(一)风险表现

取得土地使用权所支付的金额扣除风险的主要表现是:

（1）以不符合规定的票据列支土地成本，多列取得土地使用权支付的金额。

（2）企业取得土地价款的返还资金或补贴收入未冲减费用发生额，多列取得土地使用权支付金额。

（3）土地闲置费等不得扣除项目未剔除，多列取得土地使用权支付金额。

（4）分期开发的，对不属于本期清算项目的土地成本，未予以剔除；同一土地有多个开发项目，未按合理的方法分摊，多列取得土地使用权支付的金额。

（5）将期间费用记入取得土地使用权支付的金额。

（6）预提取得土地使用权支付的金额扣除。

（二）审核资料

取得土地使用权支付金额主要审核如下资料：

（1）土地出让金缴费证明。

（2）土地出让金缴费票据及银行转账凭据。

（3）土地出让、转让合同及发票。

（4）取得土地使用权时支付的契税票据。

（5）土地使用权证。

（6）建设用地规划许可证。

（7）立项批准文件。

（8）总平面图。

（三）审核内容

取得土地使用权支付金额的审核，应当包括下列内容：

（1）审核取得土地使用权支付的金额是否取得合法有效的凭证。

（2）如果同一土地有多个开发项目，审核取得土地使用权支付金额是否予以分摊，分摊方法是否合理、合规，分配比例和具体金额的计算是否正确。

（3）审核取得土地使用权支付金额是否含有关联方的费用。

（4）审核有无将期间费用记入取得土地使用权支付金额的情形。

（5）审核有无预提的取得土地使用权支付的金额扣除。

（6）比较、分析相同地段、相同期间、相同档次项目，判断其取得土地使用权支付的金额是否存在明显异常。

（四）审核方法与要点

（1）审核取得土地使用权支付的金额是否获取合法有效的凭证。

以招标、公开拍卖出让方式取得土地使用权的，以实际交纳的土地出让金和按国家统一规定缴纳的有关费用和契税为取得土地使用权所支付的金额。审核土地出让合同、土地出让金缴费证明、土地出让金缴费票据及银行转账凭据、契税票据上计税金额和土地出让金是否一致。

以行政划拨方式取得土地使用权的,以其实际补交的土地出让金和按国家统一规定缴纳的有关费用和税金为取得土地使用权所支付的金额。审核土地出让合同、土地出让金缴费证明、土地出让金缴费票据及银行转账凭据、契税票据上计税金额和土地出让金是否一致。

通过企业改制方式取得土地使用权,改制时转让方享受改制重组土地增值税优惠的,改制重组后再转让土地使用权,除另有规定外应以改制前取得土地时支付的土地成本金额进行土地成本扣除。审核原始土地出让合同、土地出让金缴费证明、土地出让金缴费票据及银行转账凭据、契税票据上计税金额和土地出让金是否一致。

房地产开发企业的土地为股东作价入股方式取得的土地使用权金额的确定问题,《财政部 国家税务总局关于土地增值税若干问题的通知》(财税〔2006〕21 号)下发前,土地作价入股享受土地增值税免税的,在进行土地增值税清算计算土地成本扣除时,允许扣除入股方(投资方)受让土地时支付的土地成本金额。审核投资协议或合同、投资作价时交纳土地增值税的证明资料、投资时的评估报告、土地出让合同、土地出让金缴费证明、土地出让金缴费票据及银行转账凭据。

以毛地出让方式取得土地使用权的,以交纳的土地出让金、拆迁补偿费以及按国家统一规定缴纳的有关费用和契税为取得土地使用权所支付的金额。审核土地出让合同、土地出让金缴费证明、土地出让金缴费票据及银行转账凭据、契税票据上计税金额和土地出让金是否一致。

(2)审核土地成本分摊方法是否合理、金额是否正确。

如果同一宗土地上有多个开发项目,应结合房地产开发企业提供的土地使用权证、经规划部门审核同意的规划图、立项批准文件、总平面图、房屋分户(室)测绘面积对照表等资料(加盖房屋产权监理部门面积复核专用章),可按转让土地使用权的面积占总面积的比例计算分摊,或按建筑面积计算分摊,也可按税务机关确认的其他方式计算分摊,以此判定其土地成本的分摊是否合理、准确。

(3)审核扣除取得土地使用权支付金额是否含有土地闲置费。

(4)审核"营业外收入"等科目发生额,取得的土地征用款的返还资金或补贴收入是否冲减取得土地使用权支付金额,必要时可取得财政部门等第三方单位的补贴清单。

（5）审核取得土地使用权支付金额是否含有关联方的费用。

（6）审核有无将期间费用记入取得土地使用权支付金额扣除的情形。

（7）审核有无预提的取得土地使用权支付金额。

（8）比较、分析相同地段、相同期间、相同档次项目，判断其取得土地使用权支付金额是否存在明显异常。

三、房地产开发成本扣除风险与审核

（一）土地征用及拆迁补偿费扣除风险与审核

1. 风险表现与审核资料

计算增值额时多列支土地征用及拆迁补偿费风险主要表现在：

（1）编造虚假拆迁安置协议及拆迁安置费领取凭证，虚报拆迁安置费，拆迁旧建筑物的残值收入未冲减拆迁补偿费，多列支拆迁补偿费。

（2）企业扣除未实际支付的拆迁补偿费。

（3）分期开发的，对不属于本期清算项目的土地征用及拆迁补偿费，未予以剔除；对多个项目成本混合的，未按合理的方法分摊。

（4）收到回迁户支付给企业的拆迁安置补差价款，未抵减本项目拆迁补偿费。

（5）异地安置的房屋属于购入的，以超过实际支付的购房支出计入拆迁补偿费。

土地征用及拆迁补偿费审核涉及的主要资料有：

（1）拆迁补偿协议。

（2）开具的发票。

（3）签收花名册等。

（4）城市房屋拆迁许可证及其拆迁计划、拆迁方案。

（5）立项批复、土地规划许可证、建设用地规划许可证。

（6）异地安置购房发票及付款凭证。

（7）测绘报告、项目总平面图。

2. 土地征用及拆迁补偿费的审核

土地征用及拆迁补偿费审核的具体方法及要点是：

（1）审核拆迁补偿费是否实际发生，是否取得合法有效的凭证或者能证明

该项费用发生的书面凭据(合同协议、收据),尤其是支付给个人的拆迁补偿款、拆迁(回迁)合同和签收花名册或签收凭证是否一一对应。重点关注款项支付方式,必要时调查资金流向。

(2)审核拆迁协议、合同是否与开发商编制的拆迁计划和拆迁方案相吻合,查看立项批复、土地规划许可证和建筑规划许可证,对于同一宗土地有多个开发项目,是否予以分摊,分摊方法是否合理、合规,具体金额的计算是否正确。

(3)是否存在将房地产开发费用记入土地征用及拆迁补偿费的情形。

(4)查阅购房发票及付款凭证,审核计入拆迁补偿费的用于异地安置购房支出是否真实。

(5)关注拆迁旧建筑物的残值收入,是否冲减拆迁补偿费。

(6)审核纳税人在由政府或者他人承担补偿费用已征用和拆迁好的土地上进行开发的相关扣除项目,是否按税收规定扣除。

(7)房地产企业用建造的本项目房地产安置回迁户的,审核安置用房视同销售处理确认收入,同时是否将此确认为房地产开发项目的拆迁补偿费;房地产开发企业支付给回迁户的补差价款,是否计入拆迁补偿费;回迁户支付给房地产开发企业的补差价款,是否抵减本项目拆迁补偿费。

(8)审核征地费用、拆迁费用等实际支出与概(预)算是否存在明显异常。

(9)拆迁补偿费是否实际发生,尤其是支付给个人的拆迁补偿款、拆迁(回迁)合同和签收花名册或签收凭证是否一一对应。

(二)前期工程费扣除风险与审核

1. 风险表现与审核资料

前期工程费扣除项目的主要风险表现有:

(1)通过虚签合同、虚构成本项目或虚增前期工程费金额,多扣除前期工程费。

(2)虚构没有实际发生的业务开具虚假发票,虚增成本。

(3)分期开发的,利用滚动开发项目故意混淆前后期项目之间的前期工程费,提前列支前期工程费。

(4)多个(或分期)项目共同发生的前期工程费是否按项目合理分摊。

(5)同一项目中建造不同类型房地产的,未按照受益对象,采用合理的分配方法,分摊共同的前期工程费。

(6)成本归集错误。混淆成本归集对象,将正在开发的未完工项目的成本费用计入已经决算的项目,加大已完工项目成本费用的扣除。

（7）将房地产开发费用记入前期工程费。

（8）预提费用计入前期工程费扣除。

（9）收到政府部门返还、减免的行政事业性收费、政府性基金,如散装水泥专项基金、新型墙体材料基金,未按规定冲减前期工程费。

前期工程费扣除项目主要审核如下资料:

（1）经规划部门审核同意的规划图、规划许可证。

（2）立项批准文件。

（3）总平面图、勘察报告、土地出让合同。

（4）项目可行性报告、概预算资料。

（5）政府规费收费文件、收费标准。

（6）测绘报告。

（7）其他相关票据、支付凭证、合同协议及成果文件。

2. 前期工程费的审核

前期工程费扣除项目审核的具体方法及要点是:

（1）到项目现场实地查看、询问、调查和核实相关当事人,了解其真实的前期工程开发情况,剔除不属于清算项目发生的前期工程费用。

（2）审查与扣除项目核算相关的内部控制是否存在、有效且被一贯遵守;根据与扣除项目有关的内部环境、风险评估、控制活动、信息与沟通、内部监督等内控要素,评价内部控制的设计、运行的有效性,判断是否存在重大漏洞。

（3）审查前期工程费明细表与明细账、总账及有关申报表,核对是否一致;扣除项目金额应当准确地在各扣除项目中分别归集,不得混淆;参照当地税务机关核定的前期工程费的单位面积金额标准,验证前期工程费成本支出是否存在异常。

（4）取得前期工程费相关合同和项目概（预）算资料,审核其执行情况和成本、费用支出情况,比较、分析有关前期工程费资料与实际支出能否相互印证,验证其是否真实发生,是否存在虚列情形。重点审核金额较大的成本费用,查看原始凭证、发票、付款方式、内部报销审核记录等情况,确认前期工程费发生的真实性。

（5）查看相关合同、协议及票据,从而判断其交易的真实性、相关性;审核大额的费用账载金额与合同决算金额的一致性;资金支付流向是否与合同当事人、发票开具方一致;结算金额是否全额支付,有无应付未付的情形。需要说明的是,如果纳税人取得的是已经进行了土地开发的"熟地",即已经过"七通一平",则这部分支出已体现在纳税人取得土地使用权所支付的金额中,这部分前期工程费在纳税人的房地产开发成本中不允许再重复扣除。

(6)针对前期工程费支出与相关合同、项目概(预)算资料金额差异较大、大额现金支出等情形的扣除项目风险疑点,审查扣除项目列支的真实性,必要时,引入行业专家对扣除项目进行审核。

(7)审核是否将房地产开发费用记入前期工程费。审核立项批复、工程规划许可证时间,前期工程费一般发生在项目开工之前,因此应特别注意对合同签订时间和取得票据时间的审核。是否将售楼处、样板房的设计费和销售模型设计费等费用计入前期工程费扣除。

(8)同一项目中建造不同类型房地产的,审核是否按照受益对象,采用合理的分配方法,分摊共同的前期工程费成本费用,以及同一开发项目的清算扣除项目与本次清算收入是否合理配比。

(9)要求提供政府收费文件和标准,关注政府性收费返还情况,如新型墙体材料专项基金,如果使用新型墙体材料的可申请返退,查看是否冲减前期工程费。

(10)审查发票、财政票据,审查发票和银行支付记录金额的一致性;对通过现金支付的大额发票,应关注其是否真实合理。

① 可根据收款方的性质、支付款项的内容来判断鉴别凭据的合法有效性:

如对方单位是经营性企业,须提供税务机关监制的发票;如对方是行政机关或是政府行业管理部分,收取的是相关政府性规费,须提供省级财政部门监制的行政事业性收费收据。

② 可查看相关合同,确认合同工程费用造价,关注合同中明确的前期工程款、材料费及单位用量等,查验票据的真伪及开票方与领票方是否一致。

③ 对真伪难以认定的发票,通过发票查询系统查询。

④ 超过一定金额的可疑发票,查阅银行对账单,确认是否实际支付。对通过现金支付的大额发票,应关注其是否真实合理。

审核前期工程费时应当重点关注:

(1)审核前期工程费的各项实际支出与概预算是否存在明显异常。

(2)前期工程费是否真实发生,是否虚列前期工程费。

（3）是否将房地产开发费用记入前期工程费。

（4）多个（或分期）项目共同发生的前期工程费，是否按项目合理分摊。

（三）建筑安装工程费扣除风险与审核

1. 风险表现与审核资料

建筑安装工程费扣除风险的主要表现是：

（1）采取虚签合同，虚构建筑安装成本项目或虚增建筑安装工程合同金额，达到增加建筑安装工程费扣除金额的目的。

（2）通过虚列、重复列支甲供材增加建筑安装成本。

（3）虚构没有实际发生的业务，开具虚假发票，虚增成本。

（4）通过变更合同虚增建筑安装成本。

（5）将售楼处等营销设施费用计入建筑安装成本。

（6）精装修房通过虚列装修费用增加装饰成本。

（7）分期开发的，利用滚动开发项目故意混淆前后项目之间的建筑安装成本，提前列支建筑安装成本支出。

（8）开发多个项目的，对不属于本期清算项目的建筑安装工程费，未予以剔除。

（9）同一项目中建造不同类型房地产的，未按照受益对象，采用合理的分配方法，分摊共同的建筑安装成本。

（10）成本归集错误，混淆成本归集对象，将正在开发的未完工项目的成本费用计入已经决算的项目，加大已完工项目成本费用。

（11）虚构开发成本项目，通过虚增某一项成本金额或虚构某一成本项目来达到虚增开发成本的目的。

（12）多预提施工费用，虚增开发成本，或提前列支成本支出。

（13）在结转成本时，虚增销售面积，多分摊开发成本。

（14）将不属于装修费、不属于房屋不可分割部分的费用支出列入建筑安装费用扣除，如样板房、会所、售楼处及物业中的家具、电器等可以移动的设备。该部分设备费用支出在建筑安装工程费项目中列支扣除。

（15）"营改增"后取得的建筑业发票未在发票的备注栏注明建筑服务发生地县（市、区）名称及项目名称。

建筑安装工程费审核的主要资料有：

（1）工程招标文件、投标书、工程施工合同等。

（2）建筑安装工程费造价明细表。

（3）建筑安装工程项目甲供材料明细分摊表。

（4）甲供材领用明细、发票。

（5）施工图审查意见书、预(决)算书、审定单、结算单、签证合同等。

（6）与清算项目有关的建筑安装费发票、建筑安装工程费支付凭据。

（7）涉及项目分摊的,须提供分摊的依据、标准和计算方法。

（8）项目总平面图、房屋测绘报告、产权证,从中可以得知项目的规模及建筑面积等情况。

2.建筑安装工程费的审核

在企业清算申报的基础上审核确定真实发生的建筑安装工程费,具体的审核方法与要点是:

（1）审核企业内控制度,评估与成本核算相关的内部控制是否存在、有效且被一贯遵守;根据有关的内部环境、风险评估、控制活动、信息与沟通、内部监督等内控要素,评价内部控制的设计、运行的有效性,判断是否存在重大漏洞。

（2）进行"实地查验",到施工现场了解其真实建筑工程开发情况。

（3）审核发生的造价成本与决算报告、审计报告、工程结算报告、工程施工合同记载的内容是否相符。

（4）采用出包方式的,重点审核完工决算成本与工程概(预)算成本是否存在明显异常。当二者差异较大时,一方面从合同管理部门获取施工单位与开发商签订的施工合同,并与相关账目进行核对,必要时向建筑监理公司取证;另一方面审核纳税人是否存在利用关联方承包或分包工程,增加或减少建筑安装成本的情形。

（5）采用自营方式的,重点审核工程施工所发生的人工费、材料费、机械使用费、其他直接费和管理费支出是否取得合法有效凭证,是否按规定进行会计处理和税务处理,关注有无虚列、多列施工人工费、材料费、机械使用费等情况。

（6）归集整理开发企业提供的成本资料,将合同金额、竣工决算金额与开发企业账面归集的建筑工程费用发票金额加以比对;结合合同、预决算资料、甲方、乙方、监理方、设计方、建设主管部门共同签字确认的记录和施工图纸等确认业务发生的真实性和金额的准确性;审核付款方式(追踪资金流向)。

（7）特别关注是否多列支甲供材。可审核查看建筑安装工程合同中的工程名称和内容、《工程决(结)算书》中的工程明细、工程审定单的工程内容明细、工程项目甲供材料明细分摊表中各甲供材对应的工程项目。

（8）关注是否存在大额现金支付的现象，审核发票和银行支付记录金额的一致性；确定大额现金支付业务是否真实发生。

（9）对于房地产企业存在多个项目同时开发的，应着重分清清算项目的建筑安装工程费与其他项目的建筑安装工程费，对不属于清算项目的建筑安装工程费，应予以剔除。

（10）对存在多个项目造价成本混合的，审核是否采用合理的方法进行分摊以及分摊的金额是否正确。

（11）若存在变更造价合同的，重点审核合同的真实性以及金额的准确性。在审核中发现施工过程中涉及施工图纸或施工要求变更，使得建筑成本增加的，应提供由甲方、乙方、监理方、设计方、建设主管部门共同签字确认的记录和施工图纸，根据决算报告审核成本的真实性。查看向相关单位支付款项与开票金额（剔除质量保证金）是否一致，对应付施工、供货单位款项长期挂账的应作为延伸审核的重点，通过延伸审核弄清有无开发商要求施工、供货单位虚开发票，导致"应付"工程款项长期挂账的问题。

（12）将企业的建筑安装基本造价与建设部门提供的各年度建筑安装工程造价参考表核对，对超出一定幅度的，要求企业合理解释并提供依据，无正当理由的，按建设部门公布的每平方米建筑安装造价金额标准核定企业的建筑安装成本。

（13）对工程造价明显偏高且无正当理由的房地产项目可核定工程造价计算扣除。可延伸核查施工、供货单位，无法查清纳税人建筑安装工程费发生的真实性，且其申报的建筑安装工程成本费用明显偏高且无正当理由的，或者提供的扣除凭证及资料不完整、不规范、不真实的房地产项目，可参照建设工程造价管理部门公布的建安造价定额，核定工程费用计算扣除。扣除凭证及资料不完整、不规范、不真实是指有下列情形之一的：

① 不能提供符合国家标准的建筑施工合同的，不能完整提供工程竣工、工程结算、工程监理等方面资料的，或未按国家有关规定、程序、手续进行工程结算的。

② 装饰装修、园林绿化工程由具有相应资质且账务健全的企业施工，但不能提供完整的工程施工图、竣工图、工程量清单、材料苗木清单，建安造价高于当地扣除项目金额标准且无正当理由的；装饰装修、园林绿化工程由无资质企业、

个体工商户或个人施工,建安造价高于当地扣除项目金额标准且无正当理由的。

③ 房地产开发企业与工程承包企业存在关联关系,建安造价高于当地扣除项目金额标准且无正当理由的。

④ 大额工程款采取现金支付或支付资金流向异常的。

⑤ 其他扣除凭证及资料不完整、不规范的情形。

(14) 对于精装修房,审核是否有不属于装修费、不属于房屋不可分割部分的费用支出进行了扣除,如样板房、会所、售楼处及物业中的家具、电器等可以移动的设备。该部分设备费用支出不得在建筑安装工程费项目中列支,不得进行加计扣除。

(15) 审核发票与支付凭证。

① 可根据收款方的性质、支付款项的内容来判断鉴别凭据的合法有效性:

如对方单位是经营性企业,须提供税务机关监制的发票;如对方是行政机关或是政府行业管理机构,收取的是相关政府性规费,须提供省级财政部门监制的行政事业性收费收据。

② 可查看相关合同,确认合同工程造价,关注合同中明确的建筑工程款、材料费及单位用量等,来查验票据的真伪及开票方与领票方是否一致。

③ 对真伪不确定的发票,通过全国增值税发票查验平台(https://inv-veri.chinatax.gov.cn),对增值税发票管理系统开具的增值税专用发票、增值税普通发票、机动车销售统一发票和增值税电子专用/普通发票、全电发票信息进行查验。

④ 超过一定金额的可疑发票,可查阅银行对账单,确认是否实际支付。对通过现金支付的大额发票,应关注其是否真实合理。

⑤ 查看发票备注栏是否注明建筑服务发生地县(市、区)名称及项目名称,未注明的不得计入土地增值税扣除项目金额。

(16) 发生的费用是否与决算报告、审计报告、工程结算报告、工程施工合同记载的内容相符。

(17) 房地产开发企业自购建筑材料的,自购建材费用是否重复计算扣除。

(18) 参照当地当期同类开发项目单位平均建安成本或当地建设部门公布的单位定额成本,验证建筑安装工程费支出是否存在异常。

如有异常,应进一步详细审核房地产开发企业与建筑施工企业签订的建筑工程施工合同、施工企业送审的结算书及房地产开发企业与工程监理公司、施工企业三方签名盖章确认的竣工图等。

（19）房地产开发企业采用自营方式自行施工建设的，还应当关注有无虚列、多列施工人工费、材料费、机械使用费等情况。

（20）2016年5月1日"营改增"前建筑安装费发票是否在项目所在地税务机关开具。取得营改增后开具的建安发票的备注栏内是否注明建筑服务发生地县（市、区）名称及项目名称，否则不得计入土地增值税扣除项目金额。

（21）对出包方式重点审核完工决算成本与工程概预算成本是否存在明显异常。当二者差异较大时，应当追加下列审核程序，以获取充分、适当、真实的证据：

① 从合同管理部门获取施工单位与开发商签订的施工合同，并与相关账目进行核对；

② 实地查看项目工程情况，必要时，向建筑监理公司取证；

③ 审核纳税人是否存在利用关联方（尤其是各企业适用不同的征收方式、不同税率，不同时段享受税收优惠时）承包或分包工程，增加或减少建筑安装成本的情形。

（四）基础设施费扣除风险与审核

1. 风险表现与审核资料

基础设施费扣除风险的主要表现有：

（1）通过虚签合同，虚构基础设施费或虚增基础设施合同金额，达到增加基础设施费扣除金额的目的。

（2）通过虚列、重复列支甲供材增加基础设施费。

（3）虚构没有实际发生的业务，开具虚假发票，虚增成本。

（4）通过变更合同虚增基础设施费。

（5）分期开发的，利用滚动开发项目故意混淆前后期项目之间的基础设施费，提前列支基础设施费。

（6）开发多个项目的，对不属于本期清算项目的基础设施费，未予以剔除。

（7）同一项目中建造不同类型房地产的，未按照受益对象，采用合理的分配方法，分摊共同的基础设施费。

（8）成本归集错误，混淆成本归集对象，将正在开发的未完工项目的成本费用计入已经决算的项目，加大已完工项目成本费用扣除。

基础设施费扣除项目审核的主要资料是：

（1）经规划部门审核同意的规划图、规划许可证。

（2）立项批准文件。

（3）总平面图。

（4）项目概（预）算资料、决算报告、工程造价审计资料、建造合同。

（5）零星工程须提供施工日记或由建设方、施工方、监理方三方签字确认的签证单据。

（6）绿化工程，特别是涉及提供自产苗木的，须提供苗木清单。

（7）隐蔽工程（是指电气管线、供水供热管线等需要覆盖、掩盖的工程）需提供由发包人或者其派驻的工地代表签字确认的隐蔽工程验收单据。

（8）涉及项目分摊的，须提供分摊的依据、标准和计算方法。

（9）施工许可证。

（10）政府规费收费文件、收费标准。

（11）测绘报告。

（12）其他相关票据、支付凭证、合同协议。

2．基础设施费的审核

基础设施费扣除项目审核的具体方法与要点是：

（1）审核企业内控制度，评估与成本核算相关的内部控制是否存在、有效且被一贯遵守。根据有关的内部环境、风险评估、控制活动、信息与沟通、内部监督等内控要素，评价内部控制的设计、运行的有效性，判断是否存在重大漏洞。

（2）进行"实地查验"，到施工现场了解其真实的基础设施建设情况。

（3）审核发生的基础设施费是否与决算报告、审计报告、工程结算报告、工程施工合同记载的内容相符。

（4）采用出包方式的，重点审核完工决算成本金额与工程概（预）算成本金额是否存在明显异常，当二者差异较大时，一方面从合同管理部门获取施工单位与开发商签订的施工合同，并与相关账目进行核对，必要时向建筑监理公司取证；另一方面审核纳税人是否存在利用关联方承包或分包工程，增加或减少基础设施成本造价的情形。

（5）归集整理开发企业提供的成本资料，将合同金额、竣工决算金额与开发企业账面归集的基础设施费发票金额加以比对；结合合同，预决算资料，甲方、乙方、监理方、设计方、建设主管部门共同签字确认的记录和施工图纸等确认业务发生的真实性和金额的准确性；审核付款方式、追踪资金流向。

（6）特别关注是否存在多列支甲供材。可审核查看建筑工程合同中的工程名称和内容、《工程决（结）算书》中的工程明细、工程审定单的工程内容明细、工程项目甲供材料明细分摊表中各甲供材对应的工程项目。

（7）关注是否存在大额现金支付的现象，审核发票和银行支付记录金额的一致性；确定大额现金支付业务是否真实发生。

（8）对于房地产企业存在多个项目同时开发的，应着重划分清算项目的基础设施费与其他项目的基础设施费，对不属于清算项目的基础设施费，应予以剔除。

（9）对存在多个项目成本混合的，审核是否以合理的方法进行分摊以及分摊金额是否正确。

（10）审核企业是否按要求归集基础设施费，有无将前期工程费、建筑安装工程费、公共配套设施费错误地归集到基础设施费项目中并重复扣除。

（11）若存在变更合同的，重点审核合同的真实性以及金额的准确性。在审核中发现施工过程中涉及施工图纸或施工要求变更，使得建筑成本增加的，应提供由甲方、乙方、监理方、设计方、建设主管部门共同签字确认的记录和施工图纸，根据决算报告审核成本的真实性。查看向相关单位所付总款项与开票金额（剔除质量保证金）是否一致，对应付施工、供货单位款项长期挂账的应作为延伸审核的重点单位，通过延伸审核弄清有无开发商要求施工、供货单位虚开发票，导致"应付"工程款项长期挂账的问题。

（12）发票审核与扣除凭证。

① 基础设施费营业税发票是否在项目所在地税务机关开具。

② 根据收款方的性质、支付款项的内容判断鉴别凭据的合法有效性：如对方单位是经营性企业，须提供税务机关监制的发票；如对方是行政机关或是政府行业管理机构，收取相关政府性规费，须提供省级财政部门监制的行政事业性收费收据。

③ 可查看相关合同，确认合同工程造价，关注合同中明确的建筑工程款、材料费及单位用量等，查验票据的真伪及开票方与领票方是否一致。

④ 对真伪难以确认的发票，通过全国增值税发票查验平台（https://inv-veri.chinatax.gov.cn），对增值税发票管理系统开具的增值税专用发票、增值税普通发票、机动车销售统一发票和增值税电子专用/普通发票、全电发票信息进行查验。

⑤ 超过一定金额的可疑发票，可查阅银行对账单，确认是否实际支付。对

通过现金支付的大额发票,应关注其是否真实合理。

(13)审核基础设施费时应当重点关注:

① 获取项目概预算资料,比较、分析概预算费用与实际费用是否存在明显异常,并进一步审核基础设施费的各项实际支出与概预算是否存在明显异常。

② 基础设施费是否真实发生,是否虚列相关费用,是否按税收规定扣除。

③ 是否将房地产开发费用记入基础设施费。

④ 如果有多个开发项目,基础设施费是否分项目核算,是否将应记入其他项目的费用记入了清算项目。

⑤ 审核各项基础设施费是否取得合法有效的凭证。

⑥ 审核各项基础设施费是否含有其他企业的费用。

⑦ 审核各项基础设施费是否含有以明显不合理的金额开具的各类凭证。

⑧ 审核有无预提的基础设施费。

⑨ 审核基础设施费应负担的各项开发成本是否已经按规定分摊。

⑩ 各项基础设施费分摊和扣除是否符合有关税收规定。

(五) 公共配套设施费扣除风险与审核

1. 风险表现与审核资料

公共配套设施费扣除项目的主要风险表现在:

(1)虚签合同,虚列公共配套设施费金额,或存在规划中未列明的项目。

(2)虚开发票,列支的开票金额大于实际支付金额。

(3)将移交给政府用于营利性社会公共事业或产权不属于全体业主的项目作为公共配套设施费列支;或是将企业自用或出租的公共配套设施进行了费用列支。

(4)成本费用归集错误,将应列入其他费用项目的成本费用列入了公共配套设施费中扣除。

(5)虚构房地产开发成本,通过虚增某一项成本金额或虚构某一成本项目达到虚增开发成本的目的。

公共配套设施费扣除项目需要审核的主要资料有:

(1)项目规划书、销售合同和具有法律效力的有关证明文件,无偿移交给政府、公用事业单位用于非营利性社会公共事业的相关文件及证明材料。

(2)公共配套设施工程施工合同、预(决)算书、审定单、结算单等。

(3)公共配套设施变更合同工程施工日记或由建设方、施工方、监理方三方签字确认的签证单据。

（4）住宅小区公建配套项目建设完成情况备案表。

（5）公共配套设施费的发票、票据和银行支付记录。

2. 公共配套设施费的审核

公共配套设施费扣除项目具体审核方法与要点是：

（1）实地查看公共配套设施，并将查看结果与项目规划书、住宅小区公建配套项目建设完成情况备案表上的信息进行比对，审核公共配套设施的界定是否准确，有无扣除预提的公共配套设施费情况。

（2）查看相关工程的预算书、工程合同、决算书，审核公共配套设施费是否真实发生。

（3）审核是否将房地产开发费用记入公共配套设施费。

（4）多个（或分期）项目共同发生的公共配套设施费，是否按项目合理分摊。

（5）查看公告或其他证明资料，判断公共配套设施产权是否交付给全体业主。

（6）查看产权所有人的房产证，判断是否存在建成后无偿移交给政府、公用事业单位用于非营利性社会公共事业的情况。

（7）审核公共配套设施费是否取得合法有效的凭证，相关款项是否已经支付。审查发票和银行支付记录金额的一致性；对通过现金支付的大额发票，应关注其是否真实合理。

（8）查看是否存在不属于公建配套验收表列明是公配性质的房产移交给相关部门的情况。

（9）公共配套设施的界定是否准确，公共配套设施费是否真实发生，有无预提的公共配套设施费情况。

（六）开发间接费用扣除风险与审核

1. 风险表现与审核资料

开发间接费用扣除风险主要表现在：

（1）虚列支出，虚增人员工资，虚列工资福利费金额，虚增办公费用。

（2）将企业行政管理部门（总部）为组织和管理生产经营活动而发生的管理费用记入开发间接费用扣除。

（3）将属于期间费用，如竣工验收后缴纳的政府行政事业性收费、政府性基金等，计入开发间接费用扣除。

开发间接费用扣除项目审核的主要资料有：

（1）企业工资制度、企业董事会或职工代表大会通过的规章制度。

（2）个人所得税的扣缴申报资料。

（3）各个开发项目的管理人员工作安排及变更表。

（4）企业福利费明细表。

（5）企业各年度的办公费用使用情况分配表。

（6）发放劳保用品的发放表与规章制度。

2. 开发间接费用的审核

开发间接费用扣除项目审核的具体方法与要点是：

（1）评估与扣除项目核算相关的内部控制是否存在、有效且被一贯遵守。根据与扣除项目有关的内部环境、风险评估、控制活动、信息与沟通、内部监督等内控要素，评价内部控制的设计、运行的有效性，判断是否存在重大漏洞。

（2）实地查看工程项目部现场，结合项目部文件及其他配套制度说明，确定项目部人员、资产构成，重点关注项目部人员、资产是否属于该清算项目，分摊的方法、依据、计算是否合理、准确。

（3）查看企业工资制度。查阅经企业董事会或职工代表大会通过的规章制度，主要审核工资的合理性。

（4）查看个人所得税全员全额扣缴申报表。核查项目开发以来的个人所得税全员全额扣缴申报明细资料，重点审核企业直接组织、管理开发项目的人员的个人所得税的扣缴申报金额。

（5）查看企业的福利费、办公费用等支出明细表或相关凭证，判断是否存在将企业行政管理部门为组织和管理生产经营活动而发生的管理费用记入开发间接费用的情形。

（6）审核开发间接费用是否真实发生，有无扣除预提开发间接费用的情况，取得的凭证是否合法有效。

（7）如果有多个开发项目，开发间接费用是否分项目核算，是否将应记入其他项目的费用记入了清算项目。

（8）审核各项开发间接费用是否含有其他企业的费用。

（9）审核各项开发间接费用是否含有以明显不合理的金额开具的各类凭证。

（10）审核是否将期间费用记入开发间接费用。

（11）审核纳税人的预提费用及为管理和组织经营活动而发生的管理费用，

是否在本项目中予以剔除。

（12）在计算加计扣除项目基数时，审核是否剔除了已计入开发间接费用的借款费用。

四、房地产开发费用扣除风险与审核

（一）风险表现与审核资料

房地产开发费用扣除风险主要表现在：

（1）将向非金融机构借款发生的利息支出计入房地产开发费用按实际发生额据实扣除。

（2）将逾期借款利息、罚息计入房地产开发费用按实际发生额据实扣除。

（3）超过商业银行同类同期贷款利率计算利息计入房地产开发费用按实际发生额据实扣除。

（4）分期开发项目或者同时开发多个项目的，其取得的一般性贷款的利息支出，未按照项目合理分摊。

（5）利用闲置专项借款对外投资取得的收益未冲减利息支出。

（6）将代收费用计入加计扣除以及房地产开发费用计算扣除基数。

房地产开发费用扣除项目审核的主要资料有：

（1）金融机构借款凭证、借款合同。

（2）支付利息相关原始凭证。

（二）审核方法与要点

审核应据实列支的贷款利息支出是否取得合法有效的凭证，除据实列支的利息支出外的其他房地产开发费用是否按规定比例计算扣除。具体审核方法及要点是：

（1）查看企业是否将利息支出从房地产开发成本中调整至房地产开发费用中扣除。

（2）审核财务费用中的利息支出，凡能够按转让房地产项目计算分摊并提供金融机构证明的，允许据实扣除，但最高不能超过按商业银行同类同期贷款利率计算的金额。其他房地产开发费用，在按照"取得土地使用权所支付的金额"与"房地产开发成本"金额之和的5%以内计算扣除。

凡不能按转让房地产项目计算分摊利息支出或不能提供金融机构证明的，房地产开发费用在按"取得土地使用权所支付的金额"与"房地产开发成本"金额之和的 10％以内计算扣除。全部使用自有资金,没有利息支出的,按照该方法扣除。

(3) 分期开发项目或者同时开发多个项目的,其取得的一般性贷款的利息支出,是否按照项目合理分摊。

(4) 审核利用闲置专项借款对外投资取得收益,其收益是否冲减利息支出。

(5) 对于县级以上人民政府要求房地产开发企业在售房时代收的各项费用,审核其代收费用是否计入房价并向购买方一并收取;当代收费用计入房价时,审核有无将代收费用计入加计扣除以及房地产开发费用计算基数。

(三) 利息支出的审核

企业开发项目的利息支出不能够提供金融机构证明的,审核其利息支出是否并入其他房地产开发费用按税收规定的比例计算扣除;开发项目的利息支出能够按项目计算分配利息支出并提供金融机构证明的,应按下列方法进行审核:

(1) 审核各项利息费用是否取得合法有效的凭证。

(2) 如果有多个开发项目,利息费用是否分项目核算,是否将应记入其他项目的利息费用记入了清算项目。

(3) 审核各项借款合同,判断其相应条款是否符合有关规定。

(4) 审核利息费用是否超过按商业银行同类同期贷款利率计算的金额。

(5) 是否将利息支出从房地产开发成本中调整至开发费用。

(6) 分期开发项目或者同时开发多个项目的,其取得的项目贷款的利息支出,是否按照项目合理分摊。

(7) 利用闲置专项借款对外投资取得收益,其收益是否冲减利息支出。

五、与转让房地产有关税金扣除风险与审核

(一) 风险表现与审核资料

与转让房地产有关税金扣除项目风险的主要表现有:

(1) 企业申报税金时计税依据错误。

(2) 将其他业务的税金混入了该房地产项目并扣除。

(3) "营改增"后,将增值税计入与转让房地产有关的税金扣除。

与转让房地产有关税金扣除项目审核的主要资料有:

(1) 企业纳税申报资料。

(2) 减免税申请审批(备案)表。

(3) 税收缴款书或银行扣款凭证。

（二）审核方法与要点

审核与转让房地产有关的税金，应当确认与转让房地产有关的税金及附加扣除的范围是否符合税收规定，计算的扣除金额是否正确。

对于不属于清算范围或者不属于转让房地产时发生的税金及附加，或者按照预售收入（不包括已经结转销售收入部分）计算并缴纳的税金及附加，不应作为清算项目的扣除内容。

营改增后审核与转让房地产有关的税金是否符合如下公式要求：

$$\begin{array}{c}\text{与转让房地产}\\\text{有关的税金}\end{array} = \begin{array}{c}\text{营改增前实际缴纳的营业税、}\\\text{城市维护建设税、教育费附加}\end{array} + \begin{array}{c}\text{营改增后允许扣除的城市}\\\text{维护建设税、教育费附加}\end{array}$$

转让房地产有关税金扣除项目具体审核方法与要点是：

（1）查看企业纳税申报资料，主要审核与转让房地产有关的税金，具体指在转让房地产时缴纳的营业税、城市维护建设税、印花税。因转让房地产缴纳的教育费附加，也可视同税金予以扣除。

（2）查看纳税申报表，主要审核已纳税金是否与项目相关。

（3）审核减免税金在清算时是否扣除。

（4）查看税收缴款书或银行扣款凭证，确认是否实际缴纳。

六、加计扣除项目风险与审核

税法规定的加计扣除项目的审核，应当包括下列内容：

（1）对取得土地（不论是生地还是熟地）使用权后，未进行任何形式的开发即转让的，审核是否按税收规定计算扣除项目金额，核实有无违反税收规定加计扣除的情形。

（2）对于取得土地使用权后，仅进行土地开发（如"三通一平"等），不建造房屋即转让土地使用权的，审核是否按税收规定计算扣除项目金额，是否按取得土地使用权时支付的地价款和开发土地的成本之和计算加计扣除。

（3）对于取得了房地产产权后，未进行任何实质性的改良或开发即再行转让的，审核是否按税收规定计算扣除项目金额，核实有无违反税收规定加计扣除的情形。

（4）对于县级以上人民政府要求房地产开发企业在售房时代收的各项费用，审核其代收费用是否计入房价并向购买方一并收取，核实有无将代收费用作为加计扣除的基数的情形。

第四章 税 收 优 惠

> 税收上的任何特权都是不公平的。
>
> ——伏尔泰

税收优惠是税制的基本要素。现行的土地增值税税收优惠项目主要包括：纳税人建造普通住宅出售增值率未超过 20％的免征土地增值税；因国家建设需要依法征收、收回房地产免征土地增值税；转让旧房作为改造安置住房房源且增值额未超过扣除项目金额 20％的免征土地增值税；个人转让住房的免征土地增值税等。本章主要内容如图 4-1 所示。

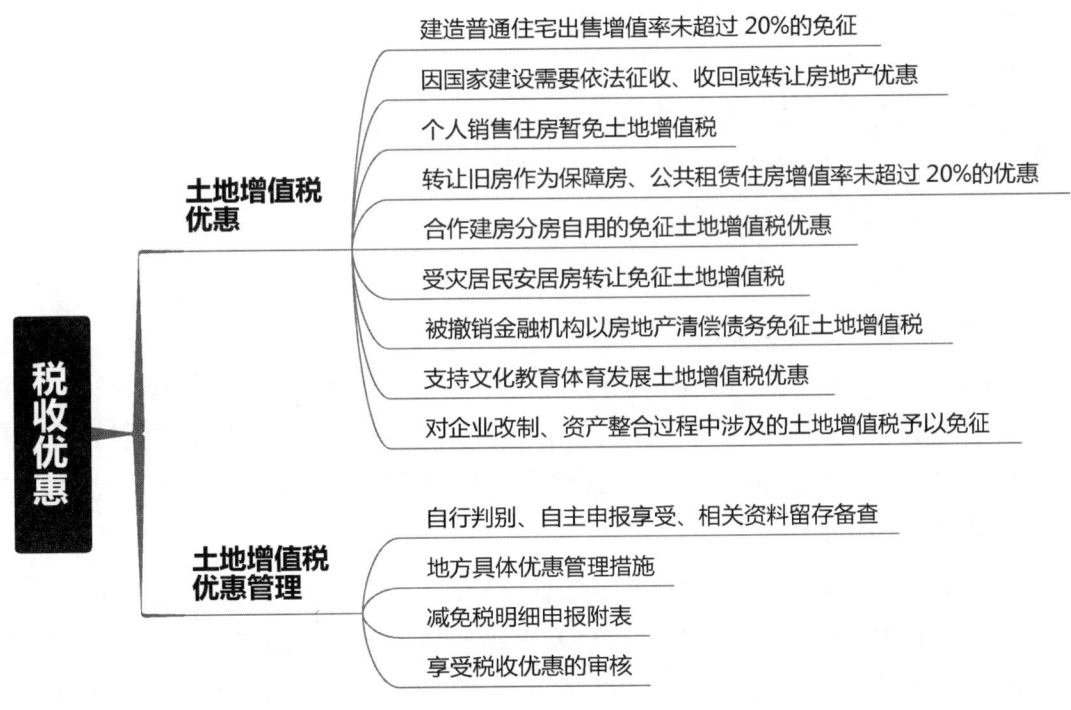

图 4-1 税收优惠

第一节　土地增值税优惠

一、建造普通住宅出售增值率未超过 20% 的免征优惠

（一）建造普通住宅出售增值率未超过 20% 的免征土地增值税

根据《土地增值税暂行条例》第八条第（一）项的规定，纳税人建造普通标准住宅出售，增值额未超过扣除项目金额 20% 的，免征土地增值税。

根据《土地增值税暂行条例实施细则》第十一条的规定，纳税人建造普通标准住宅出售，增值额未超过本细则第七条（一）（取得土地使用权所支付的金额）、（二）（开发土地的成本、费用）、（三）（新建房及配套设施的成本、费用）、（五）（与转让房地产有关的税金）、（六）（加计 20% 扣除）项扣除项目金额之和 20% 的（含20%），免征土地增值税；增值额超过扣除项目金额之和 20% 的，应就其全部增值额按规定计税（包括未超过扣除项目金额 20% 的部分）。

这是考虑到我国人民居住条件仍然较差，对建造普通住宅而增值较低的予以免税，而对增值较高的就全部增值额征税，有利于控制普通住宅售价，促进和保证其健康发展。

享受该项优惠的主要留存备查资料有：

（1）开发立项及不动产权属资料复印件。

（2）土地增值税清算报告。

（3）相关的收入、成本、费用等相关材料。

（二）普通标准住宅与普通住宅

根据《土地增值税暂行条例实施细则》第十一条的规定，普通标准住宅，是指按所在地一般民用住宅标准建造的居住用住宅。高级公寓、别墅、度假村等不属于普通标准住宅。普通标准住宅与其他住宅的具体划分界限由各省、自治区、直辖市人民政府规定。

自 2006 年 3 月 2 日起，根据《财政部　国家税务总局关于土地增值税若干问题的通知》（财税〔2006〕21 号）第一条"关于纳税人建造普通标准住宅出售和居民个人转让普通住宅的征免税问题"的规定，《土地增值税暂行条例》第八条中"普通标准住宅"和《财政部　国家税务总局关于调整房地产市场若干税收政策的通知》（财税字〔1999〕210 号）第三条中"普通住宅"的认定，一律按各省、自治区、直

辖市人民政府根据《国务院办公厅转发建设部等部门关于做好稳定住房价格工作意见的通知》(国办发〔2005〕26 号)制定并对社会公布的"中小套型、中低价位普通住房"的标准执行。纳税人既建造普通住宅，又建造其他商品房的，应分别核算土地增值额。

《国务院办公厅转发建设部等部门关于做好稳定住房价格工作意见的通知》(国办发〔2005〕26 号)第五条规定，对中小套型、中低价位普通住房给予优惠政策支持。享受优惠政策的住房原则上应同时满足以下条件：住宅小区建筑容积率在 1.0 以上、单套建筑面积在 120 平方米以下、实际成交价格低于同级别土地上住房平均交易价格 1.2 倍以下。各省、自治区、直辖市要根据实际情况，制定本地区享受优惠政策普通住房的具体标准。允许单套建筑面积和价格标准适当浮动，但向上浮动的比例不得超过上述标准的 20%。

根据《财政部　国家税务总局关于土地增值税普通标准住宅有关政策的通知》(财税〔2006〕141 号)的规定，"普通标准住宅"的认定，可在各省、自治区、直辖市人民政府根据《国务院办公厅转发建设部等部门关于做好稳定住房价格工作意见的通知》(国办发〔2005〕26 号)制定的"普通住房标准"的范围内从严掌握。

除另有特别说明外，本书不再区分普通标准住宅与普通住宅，统称为普通住宅。

(三) 普通住宅的认定

国办发〔2005〕26 号文件将享受税收优惠的普通住宅的条件界定为：建筑容积率在 1.0 以上、单套建筑面积在 120 平方米以下、实际成交价格低于同级别土地上住房平均交易价格 1.2 倍以下，并授权各省、自治区、直辖市对单套建筑面积和价格标准适当浮动，但向上浮动的比例不得超过上述标准的 20%。在各省出台的普通住宅的认定条件上，存在争议较大的是面积标准和价格标准。

1. 面积标准

各省根据实际情况出台的单套建筑面积标准有 120 平方米、140 平方米和 144 平方米。但单套建筑面积是以单栋楼为单位计算的每套平均面积还是每套房屋建筑面积为单位？例如河北省曾出台文件《河北省地方税务局转发国家税务总局关于土地增值税清算有关问题的通知》(冀地税函〔2010〕93 号)，以单栋楼为单位，平均单套建筑面积在 140 平方米(含 140 平方米)以下，而北京则是以每套房屋建筑面积计算。

根据《北京市地方税务局关于明确土地增值税有关问题的公告》(北京市地

方税务局公告 2013 年第 8 号)第一条的规定,纳税人进行房地产开发项目土地增值税清算时,税务机关应按单套房屋销售时同级别土地上的普通住房标准对普通住宅进行审核确认。

2. 价格标准

在各省规定的普通住宅条件中均有价格标准,但是由于很多城市的政府部门并没有公布同级别土地上住房平均交易价格,导致在土地增值税清算过程中价格标准条件常形同虚设,甚至引发税企争议。例如合肥市房产局曾在 2005 年公布合肥市望江街地段普通住房可享受税收政策优惠的价格标准为 3 400 元/平方米,该市某开发商 2007 年销售该地段房屋,销售均价约 4 000 元/平方米。主管税务机关以 2005 年标准认定该开发产品不属于普通住宅,不应享受免税待遇,但企业提出由于合肥市房产局在 2007 年并未公布价格标准,所以应适用企业从网上自行收集整理的价格标准。该税企税款争议金额达 2 000 万元之多。

3. 公寓是否属于普通住宅

在我国,公寓大致可以分为三类:普通公寓、商务公寓、酒店式公寓。普通公寓的用地性质为住宅用地,使用权为 70 年,对该类公寓争议较少,一般认定为住宅,如符合普通住宅的认定条件,可以享受优惠待遇。实务中争议较大的是商务公寓和酒店式公寓。这两种公寓既可以用于办公又可以用于居住,在划分成本对象类型时,应认定为住宅还是非住宅呢? 有的税务机关依据商务公寓或酒店式公寓的用地性质进行区分,如果建在使用权为 40 年的商业用地上则认定为非住宅。但有的商务公寓或酒店式公寓的用地性质属于商住混合用地,使用权为 50 年,且产权类型登记为公寓。

(四) 普通住宅的具体标准

1. 江苏省普通住宅标准

在 2006 年 3 月 1 日以前,江苏省财政厅、江苏省国家税务局、江苏省地方税务局转发《关于印发〈中华人民共和国土地增值税暂行条例实施细则〉的通知》的通知(苏地税发〔1995〕103 号)第二条规定,"普通标准住宅",暂定为按当地政府部门规定和建筑标准建造,按商品房住宅价格管理的要求实行国家定价或限价,为安排住房困难户、解决中低档收入者住房而建造的经济适用房、微利房、解困解危房、拆迁安置住房、落实私改房等。高级公寓、别墅、度假村等不属于普通标准住宅。

自 2006 年 3 月 2 日起,根据《江苏省政府办公厅关于转发省建设厅等部门

关于切实稳定住房价格促进房地产业健康发展意见的通知》(苏政办发〔2005〕
55 号)的规定,享受优惠政策的住房原则上应同时满足以下条件:住宅小区建筑
容积率在 1.0 以上、单套建筑面积在 120 平方米以下、实际成交价格在同级别土
地住房平均交易价格 1.2 倍以内。单套建筑面积和价格标准可适当浮动,但向
上浮动的比例不得超过上述标准的 20%。各市要根据实际情况,制定本地区享
受优惠政策普通住房的具体标准,报省建设厅、财政厅、税务局备案。

2. 广东省普通住宅标准

《转发省政府办公厅关于确定土地增值税若干问题的复函的通知》(粤地税
发〔1995〕102 号)规定,根据《中华人民共和国土地增值税暂行条例实施细则》有
关规定,房地产开发费用计算扣除比例,以及普通标准住宅与其他住宅的具体划
分界限由省人民政府规定。由于我省各地情况差别较大,省人民政府同意将上
述审定权下放到地级市人民政府,但不宜下放到县。各市在审定时,应从本地的
实际出发,由地方税务部门牵头,会同财政、建设部门提出具体方案,报市人民政
府决定。

3. 海南省普通住宅标准

自 2008 年 11 月 19 日起,根据《海南省人民政府关于促进房地产业持续稳
定健康发展的意见》(琼府〔2008〕74 号)第九条的规定,海南省享受税收优惠政策
普通住房标准调整为:同时具备住宅小区容积率 1.0 以上,单套建筑面积 144 平
方米以下(含 144 平方米)两个条件。

根据《海南省地方税务局关于普通住宅执行标准有关问题的通知》(琼地税
发〔2009〕9 号)的规定,当地房产管理部门公布住房平均交易价格超过半年未更
新的,税务机关在确定普通住宅标准时不考虑价格因素。当地房产管理部门按
规定每半年定期公布住房平均交易价格的,其普通住房价格标准在具备住宅小
区容积率 1.0 以上、单套建筑面积 144 平方米以下(含 144 平方米)两个条件的同
时,再加上当地公布的价格标准。

二、转让旧房作为保障房、公共租赁住房增值率未超过 20% 的优惠

(一) 转让旧房作为改造安置住房房源增值率未超过 20% 的免征

根据《财政部　国家税务总局关于棚户区改造有关税收政策的通知》(财税
〔2013〕101 号)第二条的规定,企事业单位、社会团体以及其他组织转让旧房作为

改造安置住房房源且增值额未超过扣除项目金额 20％的,免征土地增值税。

棚户区是指简易结构房屋较多、建筑密度较大、房屋使用年限较长、使用功能不全、基础设施简陋的区域,具体包括城市棚户区、国有工矿(含煤矿)棚户区、国有林区棚户区和国有林场危旧房、国有垦区危房。棚户区改造是指列入省级人民政府批准的棚户区改造规划或年度改造计划的改造项目;改造安置住房是指相关部门和单位与棚户区被征收人签订的房屋征收(拆迁)补偿协议或棚户区改造合同(协议)中明确用于安置被征收人的住房或通过改建、扩建、翻建等方式实施改造的住房。

享受该项优惠的主要留存备查资料有:

(1)不动产权属资料复印件。

(2)房地产转让合同(协议)复印件。

(3)扣除项目金额相关材料(如评估报告、发票等)。

(二)转让旧房作为公共租赁住房房源且增值率未超过 20％的免征

根据《财政部 税务总局关于公共租赁住房税收优惠政策的公告》(财政部 税务总局公告 2019 年第 61 号,自 2019 年 1 月 1 日至 2020 年 12 月 31 日止执行)第四条的规定,对企事业单位、社会团体以及其他组织转让旧房作为公租房房源,且增值额未超过扣除项目金额 20％的,免征土地增值税。根据《财政部 税务总局关于延长部分税收优惠政策执行期限的公告》(财政部 税务总局公告 2021 年第 6 号)的规定,该项优惠政策的执行期限延长至 2023 年 12 月 31 日。

享受上述税收优惠政策的公租房是指纳入省、自治区、直辖市、计划单列市人民政府及新疆生产建设兵团批准的公租房发展规划和年度计划,或者市、县人民政府批准建设(筹集),并按照《关于加快发展公共租赁住房的指导意见》(建保〔2010〕87 号)和市、县人民政府制定的具体管理办法进行管理的公租房。

纳税人享受上述规定的优惠政策,应按规定进行免税申报,并将不动产权属证明、载有房产原值的相关材料、纳入公租房及用地管理的相关材料、配套建设管理公租房相关材料、购买住房作为公租房相关材料、公租房租赁协议等留存备查。

根据《财政部 国家税务总局关于公共租赁住房税收优惠政策的通知》(财税〔2015〕139 号,自 2016 年 1 月 1 日至 2018 年 12 月 31 日止执行)第四条的规定,对企事业单位、社会团体以及其他组织转让旧房作为公共租赁住房房源,且增值额未超过扣除项目金额 20％的,免征土地增值税。

根据《财政部 国家税务总局关于促进公共租赁住房发展有关税收优惠政策的通知》(财税〔2014〕52 号,2013 年 9 月 28 日至 2015 年 12 月 31 日执行)第四条的规定,对企事业单位、社会团体以及其他组织转让旧房作为公共租赁住房房源、且增值额未超过扣除项目金额 20% 的,免征土地增值税。

(三) 转让旧房作为经济适用住房房源且增值率未超 20% 的免征

自 2007 年 8 月 1 日起至 2014 年 8 月 11 日止,《财政部 国家税务总局关于廉租住房经济适用住房和住房租赁有关税收政策的通知》(财税〔2008〕24 号,根据财税〔2014〕52 号文件的规定,财税〔2008〕24 号中有关廉租住房税收政策的规定自 2014 年 8 月 11 起废止)第一条第(三)项的规定,企事业单位、社会团体以及其他组织转让旧房作为廉租住房、经济适用住房房源且增值额未超过扣除项目金额 20% 的,免征土地增值税。

廉租住房、经济适用住房等须符合国发〔2007〕24 号文件及《廉租住房保障办法》(建设部等 9 部委令第 162 号)、《经济适用住房管理办法》(建住房〔2007〕258 号)的规定;廉租住房、经济适用住房经营管理单位为县级以上人民政府主办或确定的单位。

【例】 下列关于土地增值税优惠政策的说法中,正确的是( )。

A. 建造普通住宅出售增值额超过扣除项目金额 20% 的,应就其超过部分的增值额征税

B. 企事业单位转让旧房作为公共租赁住房房源的,免征土地增值税

C. 居民个人转让住房需要缴纳土地增值税

D. 因国家建设需要而被政府征收的房产免征土地增值税

【解析】 根据《土地增值税暂行条例》第八条第(一)项的规定,纳税人建造普通住宅出售,增值额未超过扣除项目金额 20% 的,免征土地增值税。对建造普通住宅出售增值额超过扣除项目金额 20% 的,应就其全部增值额按照规定征收土地增值税,而不是就其超过部分的增值额征税。因而,选项 A 错误。

对企事业单位、社会团体以及其他组织转让旧房作为公共租赁住房房源、且增值额未超过扣除项目金额 20% 的,免征土地增值税。对增值额超过扣除项目金额 20% 的,不免征土地增值税。因而,选项 B 错误。

自 2008 年 11 月 1 日起,根据《财政部 国家税务总局关于调整房地产交易环节税收政策的通知》(财税〔2008〕137 号)第三条的规定,对个人销售住房暂免征收土地增值税。因而,选项 C 错误。

根据《土地增值税暂行条例》第八条第（二）项的规定，因国家建设需要依法征收、收回的房地产，免征土地增值税。因而，选项 D 正确。

三、因国家建设需要依法征收、收回或转让房地产优惠

（一）因国家建设需要依法征收、收回房地产免征土地增值税

根据《土地增值税暂行条例》第八条第（二）项的规定，因国家建设需要依法征收、收回的房地产的，免征土地增值税。

因国家建设需要依法征收、收回的房地产，根据《土地增值税暂行条例实施细则》第十一条的规定，是指因城市实施规划、国家建设的需要而被政府批准征收的房产或收回的土地使用权，免征土地增值税。

享受该项优惠的主要留存备查资料有：

（1）不动产权属资料复印件。

（2）政府依法征用、收回土地使用权补偿协议复印件。

（二）因城市实施规划、国家建设需要而搬迁自行转让房地产优惠

根据《土地增值税暂行条例实施细则》第十一条第二款的规定，因城市实施规划、国家建设的需要而搬迁，由纳税人自行转让原房地产的，免征土地增值税。

根据城市规划，污染、扰民企业（主要是指企业产生的过量废气、废水、废渣和噪音，使城市居民生活受到一定的危害）需要陆续搬迁到城外，有些企业因国家建设需要也要进行搬迁。这些企业要搬迁不是以盈利为目的，而是为城市规划需要，存在许多困难，如人员安置、搬迁资金不足等；而且大都是一些老企业，这个问题就更突出。为了使这些企业能够易地重建或重购房地产，对其自行转让原有房地产的增值收益，给予免征土地增值税是必要的。

根据《财政部　国家税务总局关于土地增值税若干问题的通知》（财税〔2006〕21 号）第四条"关于因城市实施规划、国家建设需要而搬迁，纳税人自行转让房地产的征免税问题"的规定，因"城市实施规划"而搬迁，是指因旧城改造或因企业污染、扰民（指产生过量废气、废水、废渣和噪音，使城市居民生活受到一定危害），而由政府或政府有关主管部门根据已审批通过的城市规划确定进行搬迁的情况；因"国家建设的需要"而搬迁，是指因实施国务院、省级人民政府、国务院有关部委批准的建设项目而进行搬迁的情况。

享受该项优惠的主要留存备查资料有：

（1）不动产权属资料复印件。

（2）政府依法征用、收回土地使用权文件复印件。

四、个人销售住房暂免土地增值税

（一）个人销售住房暂免土地增值税优惠

自 2008 年 11 月 1 日起，根据《财政部 国家税务总局关于调整房地产交易环节税收政策的通知》（财税〔2008〕137 号）第三条的规定，对个人销售住房暂免征收土地增值税。

（二）个人转让自用住房优惠

根据《土地增值税暂行条例实施细则》第十二条的规定，个人因工作调动或改善居住条件而转让原自用住房，凡居住满五年或五年以上的，免予征收土地增值税；居住满三年未满五年的，减半征收土地增值税。居住未满三年的，按规定计征土地增值税。

自 2008 年 11 月 1 日起，按照财税〔2008〕137 号文件第三条的规定，对个人销售住房暂免征收土地增值税。

（三）个人转让普通住宅优惠

自 1999 年 8 月 1 日起至自 2011 年 2 月 20 日止，根据《财政部 国家税务总局关于调整房地产市场若干税收政策的通知》〔财税字〔1999〕210 号，自 2011 年 2 月 21 日起已被《财政部关于公布废止和失效的财政规章和规范性文件目录（第十一批）的决定》（财政部令第 62 号）废止〕第三条"关于土地增值税征免政策问题"的规定，对居民个人拥有的普通住宅，在其转让时暂免征收土地增值税。

（四）个人互换住房免征土地增值税

根据《财政部 国家税务总局关于土地增值税一些具体问题规定的通知》（财税字〔1995〕48 号）第五条"关于个人互换住房的征免税问题"的规定，对个人之间互换自有居住用房地产的，可以免征土地增值税。

对于单位之间的互换房地产应按规定征收土地增值税。《安徽省地方税务局关于明确房产税等有关税收政策问题的通知》（皖地税〔1999〕345 号）第四条"关于单位之间互换房地产未取得货币收入是否征收土地增值税问题"也已明确规定，单位之间互换房地产发生权属变更的，虽然未取得货币收入，但转让双方仍应按规定分别作价计征土地增值税。

五、合作建房分房自用的免征土地增值税优惠

根据《财政部 国家税务总局关于土地增值税一些具体问题规定的通知》

（财税字〔1995〕48 号）第二条"关于合作建房的征免税问题"的规定，对于一方出地，一方出资金，双方合作建房，建成后按比例分房自用的，暂免征收土地增值税；建成后转让的，应征收土地增值税。

享受该项优惠的主要留存备查资料有：

（1）不动产权属资料复印件。

（2）合作建房合同（协议）复印件。

（3）房产分配方案相关材料。

六、被撤销金融机构以房地产清偿债务免征土地增值税

根据《财政部　国家税务总局关于被撤销金融机构有关税收政策问题的通知》（财税〔2003〕141 号）第二条第四项的规定，对被撤销金融机构财产用来清偿债务时，免征被撤销金融机构转让货物、不动产、无形资产、有价证券、票据等应缴纳的增值税、营业税、城市维护建设税、教育费附加和土地增值税。

享受该项优惠的主要留存备查资产有：

（1）中国人民银行依法决定撤销的相关材料。

（2）不动产权属资料复印件。

（3）财产处置协议复印件。

七、支持体育发展土地增值税优惠

（一）对北京 2022 年冬奥组委赛后出让资产免征土地增值税

根据《财政部　税务总局　海关总署关于北京 2022 年冬奥会和冬残奥会税收政策的通知》（财税〔2017〕60 号）的规定，对北京 2022 年冬奥组委再销售所获捐赠物品和赛后出让资产取得收入，免征应缴纳的增值税、消费税和土地增值税。

（二）对武汉军运会执行委员会赛后出让资产免征土地增值税

为支持举办 2019 年武汉第七届世界军人运动会（以下简称武汉军运会），根据《财政部　税务总局　海关总署　关于第七届世界军人运动会税收政策的通知》（财税〔2018〕119 号）第一条第（五）项的规定，对武汉军运会执行委员会（简称执委会）赛后出让资产取得的收入，免征应缴纳的增值税、土地增值税。

（三）三亚第 6 届亚洲沙滩运动会执行委员会、组委会出让资产优惠

《财政部　税务总局　海关总署关于第 18 届世界中学生运动会等三项国际

综合运动会税收政策的公告》（财政部公告 2020 年第 19 号）第六条规定，对 2020 年三亚第 6 届亚洲沙滩运动会的执行委员会、组委会赛后出让资产取得的收入，免征土地增值税。

（四）成都第 31 届大运会执行委员会、组委会赛后出让资产优惠

《财政部　税务总局　海关总署关于第 18 届世界中学生运动会等三项国际综合运动会税收政策的公告》（财政部公告 2020 年第 19 号）第六条规定，对 2021 年成都第 31 届世界大学生运动会的执行委员会、组委会赛后出让资产取得的收入，免征土地增值税。

（五）亚运会组委会赛后出让资产免征土地增值税

根据《财政部　海关总署　国家税务总局关于第 16 届亚洲运动会等三项国际综合运动会税收政策的通知》（财税〔2009〕94 号）第一条第六项的规定，对组委会赛后出让资产取得的收入，免征应缴纳的营业税和土地增值税。

八、对企业改制、资产整合过程中涉及的土地增值税免征优惠

（一）中国邮政改制、资产整合过程中涉及的土地增值税免征优惠

根据《财政部　国家税务总局关于中国邮政储蓄银行改制上市有关税收政策的通知》（财税〔2013〕53 号）第四条的规定，对中国邮政集团公司与原中国邮政储蓄银行有限责任公司之间划转、变更土地、房屋等资产权属交易涉及的土地增值税予以免征〔《财政部　国家税务总局关于土地增值税若干问题的通知》（财税〔2006〕21 号）第五条规定不予免征的情形除外〕。

根据《财政部　国家税务总局关于中国邮政集团公司邮政速递物流业务重组改制有关税收问题的通知》（财税〔2011〕116 号）第二条的规定，对因中国邮政集团公司邮政速递物流业务重组改制，中国邮政集团公司向中国邮政速递物流股份有限公司、各省邮政公司向各省邮政速递物流有限公司转移房地产产权应缴纳的土地增值税，予以免征。

（二）中信集团改制、资产整合过程中涉及的土地增值税免征优惠

《财政部　国家税务总局关于中国中信集团公司重组改制过程中土地增值税等政策的通知》（财税〔2013〕3 号）第一条规定，在中信集团整体改制为中国中信集团有限公司（以下简称中信有限）过程中，对中信集团无偿转移到中信有限的房地产，以及中信集团无偿转移到中国中信股份有限公司（以下简称中信股份）的房地产，不征土地增值税。

在中信集团通过股权投资方式将符合境外上市条件的资产等注入中信股份过程中,对中信集团涉及的土地增值税(房地产开发企业销售房地产除外),予以免征。

(三)金融资产管理公司处置剥离资产中土地增值税免征优惠

《财政部 国家税务总局关于中国信达等4家金融资产管理公司税收政策问题的通知》(财税〔2001〕10号)第三条第五项规定,对"资产公司"(指中国信达资产管理公司、中国华融资产管理公司、中国长城资产管理公司和中国东方资产管理公司)及其经批准分设于各地的分支机构,转让回收的房地产取得的收入,免征土地增值税。

根据《财政部 国家税务总局关于中国信达资产管理股份有限公司等4家金融资产管理公司有关税收政策问题的通知》(财税〔2013〕56号)第一条的规定,中国信达资产管理股份有限公司、中国华融资产管理股份有限公司及其分支机构处置剩余政策性剥离不良资产比照执行《财政部 国家税务总局关于中国信达等4家金融资产管理公司税收政策问题的通知》(财税〔2001〕10号)、《财政部 国家税务总局关于4家资产管理公司接收资本金项下的资产在办理过户时有关税收政策问题的通知》(财税〔2003〕21号)、《国家税务总局关于中国信达等四家金融资产管理公司受让或出让上市公司股权免征证券(股票)交易印花税有关问题的通知》(国税发〔2002〕94号)规定的税收优惠政策。中国长城资产管理公司和中国东方资产管理公司如经国务院批准改制后,继承其权利、义务的主体及其分支机构处置剩余政策性剥离不良资产比照执行前款所列规范性文件规定的税收优惠政策。

(四)东方资产管理公司处置港澳国际资产土地增值税优惠

根据《财政部 国家税务总局关于中国东方资产管理公司处置港澳国际(集团)有限公司有关资产税收政策问题的通知》(财税〔2003〕212号)第二条的规定,对东方资产管理公司接收港澳国际(集团)有限公司的资产,包括货物、不动产、有价证券等,免征东方资产管理公司销售转让该货物、不动产、有价证券等资产以及利用该货物、不动产从事融资租赁业务应缴纳的增值税、营业税、城市维护建设税、教育费附加和土地增值税。

对港澳国际(集团)内地公司的资产,包括货物、不动产、有价证券、股权、债权等,在清理和被处置时,免征港澳国际(集团)内地公司销售转让该货物、不动产、有价证券、股权、债权等资产应缴纳的增值税、营业税、城市维护建设税、教育费附加和土地增值税。

对港澳国际（集团）香港公司在中国境内的资产，包括货物、不动产、有价证券、股权、债权等，在清理和被处置时，免征港澳国际（集团）香港公司销售转让该货物、不动产、有价证券、股权、债权等资产应缴纳的增值税、营业税、预提所得税和土地增值税。

（五）中国联通转让 CDMA 网及其用户资产企业合并资产整合优惠

《财政部　国家税务总局关于中国联合网络通信集团有限公司转让 CDMA 网及其用户资产企业合并资产整合过程中涉及的增值税营业税印花税和土地增值税政策问题的通知》（财税〔2011〕13 号）第九条规定，对中国联合网络通信集团有限公司（原中国联合通信有限公司）、联通新时空通信有限公司（原联通新时空移动通信有限公司）、中国联合网络通信有限公司（原中国联通有限公司）向中国电信转让 CDMA 网络资产和业务过程中，转让房地产涉及的土地增值税，予以免征。

财税〔2011〕13 号第十条规定，对中国联合网络通信集团有限公司吸收合并中国网络通信集团公司、中国联合网络通信有限公司吸收合并中国网通（集团）有限公司过程中涉及的土地增值税，予以免征。

财税〔2011〕13 号第十一条规定，对联通新国信通信有限公司在资产整合过程中，向中国联合网络通信集团有限公司（原中国联合通信有限公司）转让房地产涉及的土地增值税，予以免征。

【例·单选】　下列情形中，可以享受免征土地增值税税收优惠政策的是（　　）。

A. 企业间互换办公用房

B. 企业转让一栋房产给政府机关用于办公

C. 房地产开发企业将建造的商品房作价入股某酒店

D. 居民因省政府批准的文化园项目建设需要而自行转让房地产

【答案】　D

第二节　税收优惠管理

一、自行判别、自主申报享受、相关资料留存备查

《国家税务总局关于进一步深化税务领域"放管服"改革　培育和激发市

场主体活力若干措施的通知》(税总征科发〔2021〕69号)第一条第(二)项"简化税费优惠享受程序"的规定,简化土地增值税免税事项办理,由事前备案改为纳税人自行判别、自主申报享受、相关资料留存备查。

根据《国家税务总局关于进一步支持和服务长江三角洲区域一体化发展若干措施的通知》(税总函〔2020〕138号)第三条的规定,进一步简并征期,将城镇土地使用税、房产税、印花税(按次申报的除外)、土地增值税等四个税种统一按季申报。

税总函〔2020〕138号第六条规定,加快土地增值税免税优惠办理。对除纳税信用级别为C级、D级以外的纳税人,推进土地增值税免税事项办理环节的简并,进一步优化办理方式,减少资料报送,促进纳税人更快享受免税优惠。

二、地方具体优惠管理措施

根据《江苏省地方税务局关于加强土地增值税征管工作的通知》(苏地税发〔2011〕53号)第四条"加强税收优惠政策管理"的规定,符合《土地增值税暂行条例》第八条、《财政部 国家税务总局关于廉租住房经济适用住房和住房租赁有关税收政策的通知》(财税〔2008〕24号)第一条第三款、《财政部 国家税务总局关于城市和国有工矿棚户区改造项目有关税收优惠政策的通知》(财税〔2010〕42号)第二条、《财政部 国家税务总局关于支持公共租赁住房建设和运营有关税收优惠政策的通知》(财税〔2010〕88号)第四条规定免征土地增值税情形的,主管税务机关应进行核查,并形成核查报告,报省辖市地方税务局备案。

三、减免税明细申报表

财产和行为税减免税明细申报附表

纳税人识别号(统一社会信用代码):☐☐☐☐☐☐☐☐☐☐☐☐☐☐☐☐☐☐

纳税人名称: 金额单位:人民币元(列至角分)

本期是否适用增值税小规模纳税人减征政策	☐是 ☐否	本期适用增值税小规模纳税人减征政策起始时间	年 月
		本期适用增值税小规模纳税人减征政策终止时间	年 月
合计减免税额			

（续表）

房产税

序号	房产编号	税款所属期起	税款所属期止	减免性质代码和项目名称	减免税额
1					
2					
小计	—			—	

城镇土地使用税

序号	土地编号	税款所属期起	税款所属期止	减免性质代码和项目名称	减免税额
1					
2					
小计	—			—	

车船税

序号	车辆识别代码/船舶识别码	税款所属期起	税款所属期止	减免性质代码和项目名称	减免税额
1					
2					
小计				—	

土地增值税

序号	税目	税款所属期起	税款所属期止	减免性质代码和项目名称	减免税额
1					
2					
小计	—			—	

契税

序号	税源编号	税款所属期起	税款所属期止	减免性质代码和项目名称	减免税额
1					
2					
小计	—			—	

耕地占用税

序号	税源编号	税款所属期起	税款所属期止	减免性质代码和项目名称	减免税额
1					
2					
小计	—			—	

印花税

序号	税目	税款所属期起	税款所属期止	减免性质代码和项目名称	减免税额
1					
2					
小计	—			—	

（续表）

资源税

序号	税目	子目	税款所属期起	税款所属期止	减免性质代码和项目名称	减免税额
1						
2						
小计	—	—			—	

环境保护税

序号	税源编号	污染物类别	污染物名称	税款所属期起	税款所属期止	减免性质代码和项目名称	减免税额
1							
2							
小计	—	—	—			—	

声明：此表是根据国家税收法律法规及相关规定填写的，本人（单位）对填报内容（及附带资料）的真实性、可靠性、完整性负责。

纳税人（签章）：　　　　年　月　日

经办人： 经办人身份证号： 代理机构签章： 代理机构统一社会信用代码：	受理人： 受理税务机关（章）： 受理日期：　　年　月　日

填表说明：

1. 本表为《财产行为税通用申报表》的附表，适用于申报房产税、城镇土地使用税、契税、耕地占用税、土地增值税、印花税、车船税、烟叶税、环境保护税、资源税等10个税种的减免税。

2. 本表根据各税种税源信息采集表自动生成，减免税申报前需填写税源信息表。适用增值税小规模纳税人减征政策的，需填写"本期是否适用增值税小规模纳税人减征政策""本期适用增值税小规模纳税人减征政策起始时间""本期适用增值税小规模纳税人减征政策终止时间"。

3. "纳税人识别号（统一社会信用代码）"：填报税务机关核发的纳税人识别号或有关部门核发的统一社会信用代码。"纳税人名称"：填报营业执照、税务登记证等证件载明的纳税人名称。

4. "本期是否适用增值税小规模纳税人减征政策"：适用增值税小规模纳税人减征政策的，须填写本项。纳税人自增值税一般纳税人按规定转登记为小规模纳税人的，自成为小规模纳税人的当月起适用减征优惠。增值税小规模纳税人按规定登记为一般纳税人的，自一般纳税人生效之日起不再适用减征优惠；增值税年应税销售额超过小规模纳税人标准应当登记为一般纳税人而未登记，经税务机关通知，逾期仍不办理登记的，自逾期次月起不再适用减征优惠。纳税人在税款所属期内适用增值税小规模纳税人减征政策的，勾选"是"；否则，勾选"否"。本项根据纳税人登记信息自动带出，可修改。

5. "本期适用增值税小规模纳税人减征政策起始时间"：适用增值税小规模纳税人减征政策的，须填写本项。如果税款所属期内纳税人一直为增值税小规模纳税人，填写税款所属期起始月份；如果税款所属期内纳税人由增值税一般纳税人转登记为增值税小规模纳税人，填写成为增值税小规模纳税人的月份。

6. "本期适用增值税小规模纳税人减征政策终止时间"：适用增值税小规模纳税人减征政策的，须填写本项。如果税款所属期内纳税人一直为增值税小规模纳税人，填写税款所属期终止月份，如同时存在多个税款所属期，则填写最晚的税款所属期终止月份；如果税款所属期内纳税人由增值税小规模纳税人登记为增值税一般纳税人，填写增值税一般纳税人生效之日上月；经税务机关通知，逾期仍不办理增值税一般纳税人登记的，自逾期次月起不再适用减征优惠，填写逾期当月所在的月份。

7. 税款所属期起：指纳税人申报相应税种所属期的起始时间，具体到年、月、日。本项根据税源信息采集表和本期适用增值税小规模纳税人减征政策起始时间确定。

8. 税款所属期止：指纳税人申报相应税种所属期的终止时间，具体到年、月、日。本项根据税源信息采集表和本期适用增值税小规模纳税人减征政策终止时间确定。

9. 减免性质代码和项目名称：按照税务机关最新制发的减免税政策代码表中最细项减免项目名称填写。本项根据各税种基础税源信息采集表自动带出。

10. 减免税额：减免税项目享受的减免税金额。本项根据各税种基础税源信息采集表自动带出。

四、享受税收优惠的审核

(一) 风险表现

土地增值税优惠风险的主要表现有：

(1) 混淆"普通住宅"(或"普通标准住宅")的界限，将不符合减免税规定的房产计入"普通住宅"。

(2) 未按规定对享受优惠的"普通住宅"分别核算，或核算不清。

(3) 未按规定办理减免税核准手续。

(4) 收入归集正确，或成本分摊不合理。

(二) 审核资料

土地增值税优惠审核的主要资料有：

(1) 立项批准文件。

(2) 与政府签订的协议、物价部门关于定价的相关文件。

(3) 销售分户明细表、销控表。

(4) 销售合同。

(5) 拆迁安置协议。

(三) 审核方法

土地增值税优惠审核的具体方法是：

(1) 审核确认享受优惠的清算对象是否符合"普通住宅"条件。

(2) 结合销售合同、销售分户明细表、销控表，审核确定收入归集是否正确，成本分摊的建筑面积是否准确。

(3) 审核收入归集、成本分摊是否合理、准确，审核确认增值率是否超过 20%。

(4) 对于享受税收优惠的，审核确认是否办理相关核准手续。

第五章 土地增值税预征与清算

　　土地增值税是保障收入公平分配、促进房地产市场健康发展的有力工具。预征是土地增值税征收管理工作的基础,是实现土地增值税调节功能、保障税收收入均衡入库的重要手段。土地增值税清算,是指纳税人在符合土地增值税清算条件后,依照税收法律、法规及土地增值税有关政策规定,计算房地产开发项目应缴纳的土地增值税税额,向主管税务机关提供有关资料,办理土地增值税清算手续,结清该房地产项目应缴纳土地增值税税款的行为。本章阐述土地增值税的预征与清算及其管理,主要内容如图5-1所示。

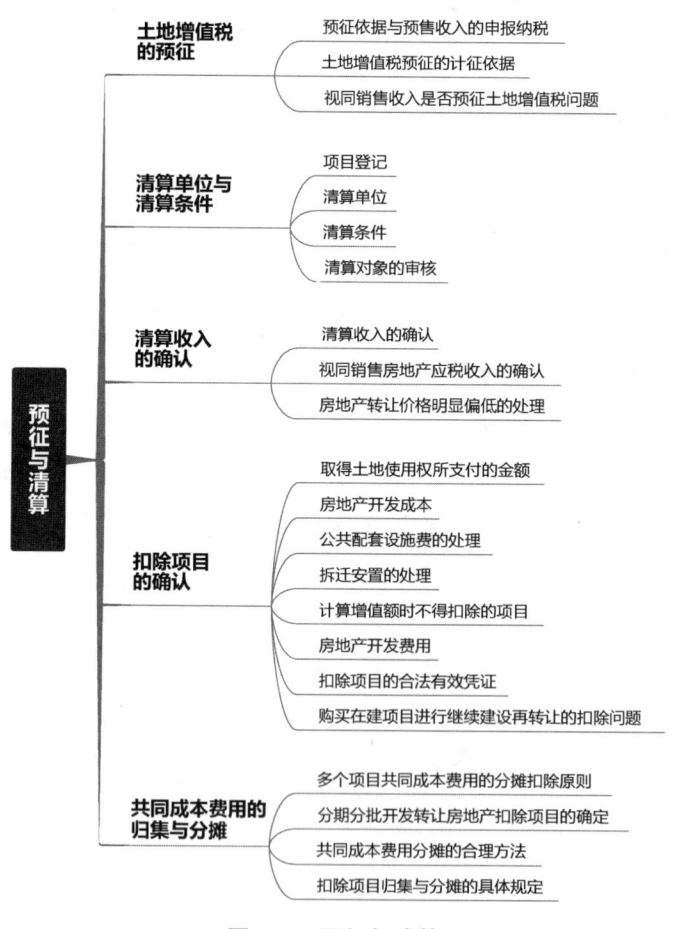

图5-1　预征与清算

第一节　土地增值税的预征

一、预征依据与预售收入申报纳税

(一)预征依据与适用

根据《土地增值税暂行条例实施细则》第十六条的规定,纳税人在项目全部竣工结算前转让房地产取得的收入,由于涉及成本确定或其他原因,而无法据以计算土地增值税的,可以预征土地增值税,待该项目全部竣工、办理结算后再进行清算,多退少补。具体办法由各省、自治区、直辖市税务局根据当地情况制定。

(二)预售房地产收入的申报纳税

《财政部　国家税务总局关于土地增值税一些具体问题规定的通知》(财税字〔1995〕48 号)第十四条"关于预售房地产所取得的收入是否申报纳税的问题"规定,根据《土地增值税暂行条例实施细则》的规定,对纳税人在项目全部竣工结算前转让房地产取得的收入可以预征土地增值税。具体办法由各省、自治区、直辖市税务局根据当地情况制定。因此,对纳税人预售房地产所取得的收入,当地税务机关规定预征土地增值税的,纳税人应当到主管税务机关办理纳税申报,并按规定比例预缴,待办理决算后,多退少补。

二、土地增值税预征的计征依据

(一)预征依据的基本规定

根据《国家税务总局关于营改增后土地增值税若干征管规定的公告》(国家税务总局公告 2016 年第 70 号)第一条的规定,营改增后,纳税人转让房地产的土地增值税应税收入不含增值税。适用增值税一般计税方法的纳税人,其转让房地产的土地增值税应税收入不含增值税销项税额;适用简易计税方法的纳税人,其转让房地产的土地增值税应税收入不含增值税应纳税额。为方便纳税人,简化土地增值税预征税款计算,房地产开发企业采取预收款方式销售自行开发的房地产项目的,可按照以下方法计算土地增值税预征计征依据:

土地增值税预征的计征依据＝预收款－应预缴增值税税款

（二）预征依据的地方具体规定

1. 广州市的具体规定

根据《广州市地方税务局关于印发2016年土地增值税清算工作有关问题处理指引的通知》（穗地税函〔2016〕188号）第一条第（一）项的规定，土地增值税纳税人销售自行开发的房地产项目取得的收入为不含增值税收入，其中：

（1）纳税人选用增值税简易计税方法计税的，土地增值税预征、清算收入均按"含税销售收入÷（1＋5％）"确认。

（2）纳税人选用增值税一般计税方法计税的，土地增值税预征收入按"含税销售收入÷（1＋适用增值税税率）"确认；土地增值税清算收入按"（含税销售收入＋本项目土地价款×适用增值税税率）÷（1＋适用增值税税率）"确认，即：纳税人按规定允许以本项目土地价款扣减销售额而减少的销项税金，应调增土地增值税清算收入。

含税销售收入是指纳税人销售房地产时取得的全部价款及有关的经济利益。本项目土地价款是指按照财税〔2016〕36号文件的规定，纳税人受让土地时向政府部门支付的土地价款（如果一次受让土地使用权，分期开发、清算的，则土地价款需要按照合法合理的方法进行分摊确认）。

举例说明：广州甲房地产开发企业为一般纳税人，按照增值税一般计税方法计税。2022年甲企业预售一套房产，取得含税销售收入1 090万元，假设对应允许扣除的土地价款为400万元。则甲企业预售房产时土地增值税预征收入为：1 090÷（1＋9％）＝1 000（万元）。甲企业按照规定，到期申报应缴增值税为：（1 090－400）÷（1＋9％）×9％＝56.97（万元），则甲企业土地增值税清算收入为1 090－56.97＝（1 090＋400×9％）÷（1＋9％）＝1 033.03（万元）。

2. 江苏省的执行口径

适用增值税一般计税方法的房地产开发企业，采取预收款方式销售自行开发的房地产项目的，其土地增值税预征的计征依据如何确定问题，江苏省的执行口径为：根据《国家税务总局关于营改增后土地增值税若干征管规定的公告》（国家税务总局公告2016年第70号）第一条的规定，房地产开发企业采取预收款方式销售自行开发的房地产项目的，土地增值税预征的计征依据＝预收款－应预缴增值税税款。

另外，根据《房地产开发企业销售自行开发的房地产项目增值税征收管理暂行办法》（2016年第18号印发）第十一条的规定，应预缴增值税税款＝预收款÷

（1＋适用税率）×3%。

因此,适用增值税一般计税方法的房地产开发企业,采取预收款方式销售自行开发的房地产项目的,土地增值税预征的计征依据＝预收款－预收款÷（1＋适用税率）×3%。

上述适用税率是指适用增值税一般计税方法的房地产开发企业,销售自行开发房地产项目的增值税适用税率（现行税率为9%）。

三、视同销售收入是否预征土地增值税问题

（一）基本规定

《国家税务总局关于修订土地增值税纳税申报表的通知》（税总函〔2016〕309号）印发的"土地增值税纳税申报表（一）（从事房地产开发的纳税人预征适用）"将土地增值税的应税收入分为,货币收入、实物收入及其他收入和视同销售收入。

《国家税务总局关于简并税费申报有关事项的公告》（国家税务总局公告2021年第9号）印发的"土地增值税税源明细表"也将应税收入分为货币收入、实物收入及其他收入和视同销售收入。

（二）具体规定

1.海南省的具体规定

《国家税务总局海南省税务局土地增值税清算工作规程》第十二条规定,纳税人将开发产品用于职工福利、奖励、对外投资、分配给股东或投资人、抵偿债务、换取其他单位和个人的非货币性资产等,发生所有权转移时应视同转让房地产预缴土地增值税。

2.江苏省的具体执行口径

根据《国家税务总局关于修订土地增值税纳税申报表的通知》（税总函〔2016〕309号）的规定,纳税人将开发产品用于职工福利、奖励、对外投资、分配给股东或投资人、抵偿债务、换取其他单位和个人的非货币性资产等,发生所有权转移时应视同销售房地产,其收入不含增值税。

因此,纳税人将开发产品用于职工福利、奖励、对外投资、分配给股东或投资人、抵偿债务、换取其他单位和个人的非货币性资产等视同销售情形,项目未清算的,应于发生所有权转移时预征土地增值税;项目已清算的,按销售尾盘规定计算缴纳土地增值税。

第二节 清算单位与清算条件

一、清算单位

土地增值税清算是纳税人应尽的法定义务。组织土地增值税清算工作是实现土地增值税调控功能的关键环节。

（一）开发产品的分类

《土地增值税清算管理规程》（国税发〔2009〕91号印发）规定，清算审核时，应审核房地产开发项目是否以国家有关部门审批、备案的项目为单位进行清算；对于分期开发的项目，是否以分期项目为单位清算；对不同类型房地产是否分别计算增值额、增值率，缴纳土地增值税。根据上述规定，同一清算单位存在不同类型的房地产时，应分别计算增值额。实务中，同一清算单位内划分成几种成本对象，对土地增值税的计算影响巨大。例如某楼盘清算单位内有普通住宅，其增值额是－2亿元；豪华别墅，其增值额是＋1亿元；商铺，其增值额是＋1亿元。如果将该清算单位内的开发产品划分为三种成本对象，则计算土地增值税的增值额为＋2亿元；如果将该清算单位内的开发产品划分为普通住宅和非普通住宅两个成本对象，则计算土地增值税的增值额为＋2亿元；如果将该清算单位内的开发产品划分为住宅和非住宅两个成本对象，则其土地增值税计算时的增值额为＋1亿元。在2016年7月7日《国家税务总局关于修订土地增值税纳税申报表的通知》（税总函〔2016〕309号）发布以前，对该问题国家税务总局没有明确的规定，各省的划分类型并不统一。有的地方分为两类，如辽宁（《辽宁省地方税务局关于印发〈辽宁省房地产开发企业土地增值税清算管理办法〉的通知》辽地税发〔2007〕102号）、宁夏（《宁夏回族自治区地方税务局关于印发〈宁夏回族自治区房地产开发企业土地增值税清算管理办法〉的通知》宁地税发〔2007〕46号）、浙江（《浙江省地方税务局关于土地增值税若干政策问题的解答》）、西安（《关于明确土地增值税若干政策问题的通知》西地税发〔2010〕235号）、安徽（《安徽省地方税务局关于土地增值税有关问题的批复》皖地税函〔2012〕583号）、江西（《江西省地方税务局关于土地增值税清算若干问题的通知》赣地税发〔2008〕76号）等；有的地方则划分为三类，例如江苏（《江苏省地方税务局关于土地增值税有关业务问题的公告》苏地税规〔2012〕1号）、重庆（《重庆市地方税务局转发〈财政部 国家税务总局关于土地增值税若干问题的通知〉的通知》渝地税发〔2006〕143 号）、河南（《河南省地方税务局关于调整土地增值税核定征收率有关问题的公告》2011 年第 10 号）、广西（《广西壮族自治区地方税务局关于土地增值税清算工作若干问题的通知》桂地税发〔2008〕96 号）、福建（《福建省地方税务局关于印发〈福建省房地产开发企业土地增值税征收管理办法［试行］〉的通知》闽地税发〔2005〕195 号）、湖北（《湖北省地方税务局关于房地产开发企业土地增值税清算工作若干政策问题的通知》鄂地税发〔2008〕211 号）等；而宁波（《宁波市地方税务局关于宁波市土地增值税清算若干政策问题的补充通知》甬地税二〔2010〕106 号）则划分为 4 类。

根据《国家税务总局关于修订土地增值税纳税申报表的通知》（税总函〔2016〕309 号）和"土地增值税税源明细表"《国家税务总局关于简并税费申报有关事项的公告》（2021 年第 9 号）的设计思路，开发产品分为：普通住宅、非普通住宅和其他类型房地产三类。但有少数几个省仍采用两分类，如贵州省将开发产品分为"普通住宅"和"其他类型房地产"两类等。

（二）土地增值税清算单位

1. 计算单位的确定原则

根据《土地增值税暂行条例实施细则》第八条的规定，土地增值税以纳税人房地产成本核算的最基本的核算项目或核算对象为单位计算。

2. 清算单位的确定方法

根据《国家税务总局关于房地产开发企业土地增值税清算管理有关问题的通知》（国税发〔2006〕187 号）第一条的规定，土地增值税以国家有关部门审批的房地产开发项目为单位进行清算，对于分期开发的项目，以分期项目为单位清算。

开发项目中同时包含普通住宅和非普通住宅的，应分别计算增值额。

"国家有关部门"，江苏省的执行口径为，原则上是指发展改革委（发改局、行政审批局等）。但对收入、成本难以确定的特殊情况，如对发展改革委因批准权限限制将同一宗地块划分为多个项目，可根据规划或建设部门核发的建设工程规划许可证确定清算单位。

由于房地产开发企业开发周期长、销售房屋频繁，每次转让房屋均进行土地增值税纳税申报不具有可操作性，所以，财政部制定的《土地增值税暂行条例实施细则》第十六条开创了"预征＋清算"制度，即"纳税人在项目全部竣工结算前转让房地产取得的收入，由于涉及成本确定或其他原因，而无法据以计算土地增值税的，可以预征土地增值税，待项目全部竣工、办理结算后再进行清算，多退少补"。由此可见，房地产开发企业土地增值税清算针对的是房地产开发项目。

国税发〔2006〕187号文件规定，土地增值税以国家有关部门审批的房地产开发项目为单位进行清算，对于分期开发的项目，以分期项目为单位清算。何为"分期开发的项目"。在各省的土地增值税清算中，有的地方以"工程规划许可证"作为分期的标准，例如辽宁（《辽宁省地方税务局关于明确土地增值税清算有关问题的通知》辽地税函〔2012〕92号）、安徽（《安徽省地方税务局关于土地增值税有关问题的批复》皖地税函〔2012〕583号）、宁波（《宁波市地方税务局关于进一步加强房地产开发项目土地增值税清算工作的通知》甬地税二〔2009〕104号）、重庆（《重庆市地方税务局转发国家税务总局关于印发〈土地增值税清算管理规程〉的通知的通知》渝地税发〔2010〕168号）、厦门（《厦门市地方税务局关于印发〈厦门市房地产开发企业土地增值税清算管理办法〉的通知》厦地税发〔2010〕16号）、湖北（《湖北省地方税务局关于进一步规范土地增值税征管工作的若干意见》鄂地税发〔2013〕44号）、海南（《海南省地方税务局关于土地增值税清算有关问题的通知》琼地税发〔2009〕187号）；有的以"销售许可证"作为分期的标准，例如深圳（《深圳市地方税务局关于土地增值税有关问题的通知》深地税发〔2005〕609号）；有的以税务局审核后的企业会计核算对象作为分期的标准，例如大连（《辽宁省大连市地方税务局关于进一步加强土地增值税清算工作的通知》大地税函〔2008〕188号）；还有的并未发文明确。

（三）普通住宅可否与非普通住宅合并计算问题

1. 既建普通住宅又搞其他类型房地产开发的基本处理规定

根据《财政部　国家税务总局关于土地增值税一些具体问题规定的通知》（财税字〔1995〕48号）第十三条"关于既建普通标准住宅又搞其他类型房地产开发的如何计税的问题"的规定，对纳税人既建普通标准住宅又搞其他房地产开发的，应分别核算增值额。不分别核算增值额或不能准确核算增值额的，其建造的普通标准住宅不能适用《土地增值税暂行条例》第八条第（一）项（即纳税人建造普通标准住宅出售，增值额未超过扣除项目金额20%的，免征土地增值税）的免税规定。

根据《土地增值税暂行条例》的规定，普通住宅的增值率未超过20%，可享受免征土地增值税待遇。在实务中，由于某些房地产开发项目中普通住宅是负增值，而非普通住宅是正增值，此时企业会提出放弃普通住宅的免税待遇，要求将两者合并计算增值额。天津(《天津市地方税务局关于明确土地增值税清算若干问题的通知》津地税地〔2011〕24号)和安徽(《安徽省地方税务局关于土地增值税有关问题的批复》皖地税函〔2012〕583号)出台文件允许合并,而大多数省份不允许合并计算。不同房产类型是否应当强制分开清算?这是实务中税企争议的焦点之一。

2.不同类型房地产可否合并清算的基本规定

根据《国家税务总局关于房地产开发企业土地增值税清算管理有关问题的通知》(国税发〔2006〕187号)的规定,土地增值税以国家有关部门审批的房地产开发项目为单位进行清算,对于分期开发的项目,以分期项目为单位清算。开发项目中同时包含普通住宅和非普通住宅的,应分别计算增值额。

根据财税字〔1995〕48号文件第十三条的规定,对纳税人既建普通标准住宅又搞其他房地产开发的,应分别核算增值额。

3.辽宁省的具体规定

根据《辽宁省房地产开发企业土地增值税清算管理办法》[辽地税发〔2007〕102号,根据《国家税务总局辽宁省税务局关于发布修改部分税收规范性文件的公告》(2018年第3号)修改]第三条的规定,对一个清算项目中既有普通标准住宅又有非普通标准住宅的,应分别核算增值额;未分别核算计算增值额的,按照普通标准住宅和非普通标准住宅的可售面积占清算项目可售面积的比例计算扣除项目金额后,分别按照普通标准住宅和非普通标准住宅的销售收入和计算的扣除项目金额计算增值额。

4.安徽省的具体规定

《安徽省土地增值税清算管理办法》第五十二条规定,纳税人按照规定办理清算申报时,对同一开发项目或同一分期项目中既建有普通标准住宅又建有非普通标准住宅(其他类型房地产)的,如纳税人在清算报告中就其普通标准住宅申请免征土地增值税,应分别计算增值额、增值率以及应缴的土地增值税;如纳税人在清算报告中提出放弃申请免征普通标准住宅土地增值税权利的,应以整个开发项目为对象,统一计算增值额、增值率以及应缴的土地增值税。

纳税人在清算申报时未明确是否就其普通标准住宅申请免征土地增值税的,主管税务机关应告知纳税人相关政策,并将清算报告退还纳税人,待纳税人明确后予以受理。

《安徽省地方税务局关于土地增值税有关问题的通知》(皖地税函〔2007〕311号)进一步规定:纳税人开发项目中同时包含普通住宅和非普通住宅,应依照《国家税务总局关于房地产开发企业土地增值税清算管理有关问题的通知》(国税发〔2006〕187号)的要求,分别核算增值额。在分别核算增值额时,可以采取按普通住宅可售建筑面积占整个项目可售总建筑面积的比例或其他合理的方法,计算确定扣除金额。这里其他合理的方法,是指按照土地增值税计算的原则和规定以及房地产开发企业实际计算并分摊开发成本、开发费用等扣除项目的方法。

纳税人开发项目中同时包含普通住宅和非普通住宅,不分别核算增值额或不能准确核算增值额的,根据《财政部 国家税务总局关于土地增值税一些具体问题规定的通知》(财税字〔1995〕第48号)的规定,其建造的普通标准住宅不能适用《土地增值税暂行条例》第八条第(一)项的免税规定,此时,应以整个开发项目(包含普通住宅和非普通住宅)为基准,计算征收土地增值税。

纳税人开发项目中同时包含普通住宅和非普通住宅,应在清算申请中明确,是否分别核算增值额,主管税务机关应区分不同情况相应处理。

5. 江苏省的具体规定

根据《江苏省地方税务局关于土地增值税若干问题的公告》(苏地税规〔2015〕8号)第一条"关于土地增值税清算单位问题"的规定,土地增值税以国家有关部门审批、备案的项目为单位进行清算。对于国家有关部门批准分期开发的项目,以分期项目为单位进行清算。对开发周期较长,纳税人自行分期的开发项目,可将自行分期项目确定为清算单位,并报主管税务机关备案。同一清算单位中包含普通住宅、非普通住宅、其他类型房产的,应分别计算收入、扣除项目金额、增值额、增值率和应纳税额。

6. 兰州市的具体规定

关于在一个清算单位中包含普通标准住宅(即普通住宅)、非普通标准住宅(即非普通住宅)以及其他开发产品如何计征土地增值税的问题,兰州的执行口径是:

(1)自土地增值税开征以来至《国家税务总局关于房地产开发企业土地增值税清算管理有关问题的通知》(国税发〔2006〕187号)文件下发执行之日(2007年2月1日)之前达到土地增值税清算条件的,根据《财政部 国家税务总局关于土地增值税一些具体问题规定的通知》(财税字〔1995〕48号)文件第十三条的规定,即"对纳税人既建普通标准住宅又搞其他房地产开发的,应分别核算增值额。不分别核算增值额或不能准确核算增值额的,其建造的普通标准住宅不能适用《土地增值税暂行条例》第八条第(一)项的免税规定"。普通标准住宅与其他开发产品合并计算土地增值税。能分别核算增值额的,其建造的普通标准住宅适用《土地增值税暂行条例》第八条第(一)项的免税规定,除普通标准住宅以外的其他开发产品合并计算土地增值税。

(2) 2007 年 2 月 1 日(含)以后达到清算条件的,严格按照《国家税务总局关于房地产开发企业土地增值税清算管理有关问题的通知》(国税发〔2006〕187 号)文件第一条第(二)项规定执行,即"开发项目中同时包含普通住宅和非普通住宅的,应分别计算增值额"。开发企业会计核算对象是合并的,应按合理的标准进行划分。普通标准住宅可以适用《土地增值税暂行条例》第八条第(一)项的免税规定,非普通标准住宅和其他开发产品合并计算土地增值税。

(四) 清算单位确定的具体方法

根据《土地增值税暂行条例实施细则》第八条和《国家税务总局关于房地产开发企业土地增值税清算管理有关问题的通知》(国税发〔2006〕187 号)的规定,江西、江苏、安徽等地税务机关对清算单位的确定方法作出了具体规定。

1. 江西省清算单位的具体规定

根据《国家税务总局江西省税务局关于土地增值税若干征管问题的公告》(2018 年第 16 号)第一条、第二条的规定,房地产开发项目的土地增值税清算单位应依据发展和改革委员会审批或核准的项目文件确定。

对房地产开发项目,应区分普通住宅、非普通住宅、其他类型房地产等三种产品类型分别核算其转让收入、扣除项目、增值额、增值率和土地增值税的应纳税额。

2. 江苏省清算单位的具体规定

《江苏省地方税务局关于土地增值税若干问题的公告》(苏地税规〔2015〕8 号)第一条"关于土地增值税清算单位问题"规定,土地增值税以国家有关部门审批、备案的项目为单位进行清算。对于国家有关部门批准分期开发的项目,以分期项目为单位进行清算。对开发周期较长,纳税人自行分期的开发项目,可将自行分期项目确定为清算单位,并报主管税务机关备案。

同一清算单位中包含普通住宅、非普通住宅、其他类型房产的,应分别计算收入、扣除项目金额、增值额、增值率和应纳税额。

江苏清算单位的确定方法如图 5-2 所示。

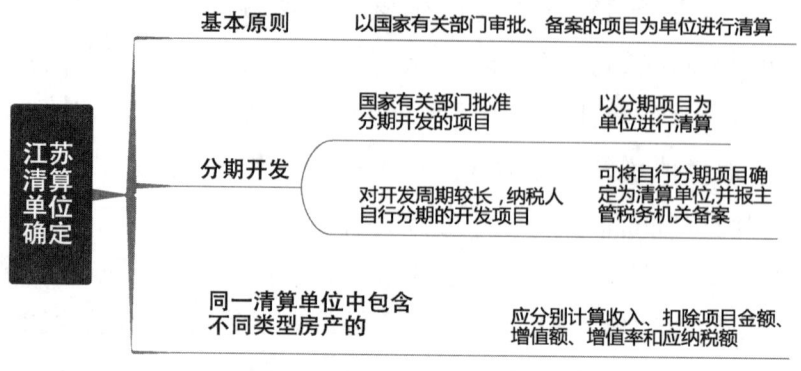

图 5-2　清算单位的确定方法

3. 海南省清算单位的具体规定

《国家税务总局海南省税务局土地增值税清算审核管理办法》第五条、第六条规定,土地增值税以《建设工程规划许可证》确认的房地产开发项目为单位进行清算。纳税人办理土地增值税项目报告手续时,应填报《土地增值税项目信息报告表》,报告项目应与清算单位保持一致。

4. 西藏自治区清算单位的具体规定

根据《西藏自治区土地增值税清算管理规程(试行)》第八条的规定,土地增值税以房地产主管部门审批、备案的房地产开发项目为单位进行清算。对于分期开发的项目,以分期项目为单位清算。具体结合项目立项、用地规划、方案设计审查(修建性详细规划)、工程规划、销售(预售)、竣工验收等确定。

同一个项目既建造普通住宅,又建造其他类型房地产的,应分别计算增值额、增值率,分别清算土地增值税。

5. 安徽省清算单位的具体规定

根据《安徽省土地增值税清算管理办法》的规定,房地产开发项目是指经国家有关部门审批、备案的项目。对于分期开发的项目,以分期项目为单位清算。这里的国家有关部门是指发展改革部门,或者履行项目备案职能的经信委、计经委等部门。

上述分期开发的项目,是指规划部门下发的《建设工程规划许可证》中确认的项目。依据《建设工程规划许可证》难以确认分期开发项目的,纳税人应于取得《建设工程规划许可证》之日起 30 日内向主管税务机关报告,主管税务机关应依据《建设用地规划许可证》《建设工程规划许可证》以及相关《建筑工程施工许可证《预售许可证》及预售资金回笼等情况,经调查核实、集体审议,综合认定分期开发项目。主管税务机关认定分期开发项目,应当于纳税人报送分期项目最后一个《预售许可证》之日起 15 日内书面告知纳税人。

房地产开发项目中,符合下列情形的,应当认定为同一分期开发项目:

(1) 取得多个《建设工程规划许可证》,只取得一个《建筑工程施工许可证》的。

(2) 取得多个《建设工程规划许可证》,且由若干个《建筑工程施工许可证》确定组织施工,经主管税务机关调查核实该多个《建设工程规划许可证》所确定的项目未利用本分期项目回笼资金开工建造的。

纳税人分期开发项目确认后,因有关事项发生变化,确需变更分期开发项目的,应于有关事项发生变化之日起 15 日内向主管税务机关报告,并报送有关证明材料,主管税务机关应于接到报告之日起 15 日内调查核实,并通过集体审议的方式确认是否变更分期开发项目。

主管税务机关应对纳税人分期开发项目实施跟踪管理,发现纳税人未按照确定的分期开发项目开发的,或发现确因有关事项导致分期开发项目的分期发生变化的,应及时开展调查核实,并经集体审议确认是否变更分期开发项目。

变更分期开发项目的,主管税务机关应于集体审议结果确定之日起 7 日内书面告知纳税人。

6. 福建省关于清算单位的规定

根据《国家税务总局福建省税务局关于土地增值税若干政策问题的公告》(2018 年第 21 号)第三条"关于土地增值税清算单位问题"的规定,房地产开发企业应当自取得《建设工程规划许可证》的次月 15 日前,向主管税务机关申报备案《建设工程规划许可证》所载的建设项目名称等基础信息,并以申报备案的建设项目为单位进行土地增值税清算。

7. 广东省清算单位的具体规定

根据《广东省税务局土地增值税清算管理规程(暂行)》第十三条的规定,房地产开发项目应以国家有关部门审批、备案的项目为单位进行清算;对于分期开发的项目,原则上以规划建设部门的项目修建性详细规划批准文件确定分期开发的清算单位;同一个项目,既建造普通住宅,又建造其他商品房的,应分别计算增值额、增值率,分别清算土地增值税。

8. 兰州市清算单位的确定原则

兰州市土地增值税的清算单位按以下原则确定：

（1）国家有关部门审批的房地产开发项目为单项工程的，以该单项工程为清算单位，国家有关部门审批的开发项目需要分期开发建设的，则应以分期开发建设项目为清算单位。

（2）企业会计确定的成本核算对象的范围与国家审批的房地产开发项目不一致的，如果成本核算对象小于审批项目，应以会计确定的成本核算对象为清算单位，如果会计确定的成本对象大于审批项目，那么按审批项目为清算单位，应划分合并项目的收入，同时将会计合并核算的成本对象按照一定的标准划分扣除项目金额，分别进行清算。

（3）国家有关机关审批为一个开发项目，但是分期开发完成的，如果分期开发多个项目的，且会计核算为多个成本项目的，应以每个项目为一个清算单位，如果会计核算为一个成本对象，并且结构、用途、位置、开发起止时间大体一致的，可以作为一个清算单位。如果会计核算为一个成本对象，但是各单项建筑结构、用途、地理位置、开发起止时间不同的，也应划分为几个清算单位。

单位项目是指纳税人房地产成本核算的最基本的核算项目；已竣工决算项目是指取得建设工程质量监督部门已出具工程质量认定合格证书，建设施工单位对工程已签署《工程造价决算书》的工程项目。

《兰州市房地产开发企业土地增值税清算管理暂行办法》第三条规定，土地增值税以有关部门审批的房地产开发项目为单位进行清算；对于分期开发的项目，以分期项目为清算单位；对一个清算项目中既有普通标准住宅又有非普通标准住宅的，应分别核算增值额。未分别核算增值额的，按照普通标准住宅和非普通标准住宅的可售面积占清算项目可售面积的比例计算扣除项目金额后，分别按照普通标准住宅和非普通标准住宅的销售收入及计算的扣除项目金额计算增值额。

9. 重庆市清算单位的确定方法

根据《重庆市地方税务局关于土地增值税若干政策执行问题的公告》（重庆市地方税务局公告 2014 年第 9 号）第一条的规定，房地产开发以规划主管部门审批的用地规划项目为清算单位。用地规划项目实施开发工程规划分期的，可选择以工程规划项目（分期）为清算单位。清算单位中建造多类房产的，应按普通住宅、非普通住宅、非住宅，确认计税收入、扣除项目金额，分别计算增值额和应纳土地增值税额。

用地规划项目可依据用地规划许可证为判定标准，用地规划项目下办理的工程规划许可证数即可作为工程规划分期数。为便于管理、减少税企争议，可要求纳税人在房地产项目开始预售前确定清算单位报税务机关备案，清算单位一经确定原则上不再调整变更（房地产项目发生重大规划调整等特殊原因除外）。

10. 浙江省清算单位的确定方法

《浙江省地方税务局关于土地增值税若干政策问题的公告》（浙江省地方税务局公告 2014 年第 16 号）第一条"土地增值税清算单位的确定"规定，土地增值税以国家有关部门审批的房地产开发项目为单位进行清算，对于分期开发的项目，一般以城市建设规划部门颁发的《建设工程规划许可证》所审批确认的分期项目为清算单位。

（五）风险表现与审核资料

确认清算单位的主要风险表现是：

（1）清算单位确定错误或分期不符合相关政策规定。

（2）将两个或两个以上的清算单位擅自合并进行清算。

清算单位确定需审核的主要资料是：

（1）国家有关部门审批、备案的项目批文，此处所称"国家有关部门"一般是指发改委（发改局、经发局），如江苏省等。

（2）该项目建设用地规划许可证、建设工程规划许可证、预售证、项目总平图、土地出让（转让合同）。

（六）清算单位确定的审核

清算单位确定的具体审核方法如下：

结合发改委（发改局、经发局等）项目批文，审核确定清算项目的内容和范围是否与批文一致；如项目批文未明确分期，一般是以整体项目为单位进行土地增值税清算；如果发改委（发改局、经发局）项目批文中明确了分期，则应当以分期项目为单位进行土地增值税清算。对国家有关部门批准的开发项目或分期项目开发周期较长（江苏省的执行口径为一般是指从项目立项起满 5 年），纳税人自行分期开发的，其收入、成本、费用按规定分别归集的，可结合该项目建设工程规划许可证将自行分期项目确定为清算单位。

各省有不同的清算单位确定方法的，可按该省规定执行。

二、清算条件

(一) 应清算条件

根据《土地增值税清算管理规程》(国税发〔2009〕91号)第九条、《国家税务总局关于房地产开发企业土地增值税清算管理有关问题的通知》(国税发〔2006〕187号)第二条第(一)项的规定,符合下列情形之一的,纳税人应进行土地增值税的清算:

(1) 房地产开发项目全部竣工、完成销售的。

(2) 整体转让未竣工决算房地产开发项目的。

(3) 直接转让土地使用权的。

(二) 可清算条件

根据《土地增值税清算管理规程》(国税发〔2009〕91号)第十条、国税发〔2006〕187号第二条第(二)项的规定,符合下列情形之一的,主管税务机关可要求纳税人进行土地增值税清算:

(1) 已竣工验收的房地产开发项目,已转让的房地产建筑面积占整个项目可售建筑面积的比例在85%以上,或该比例虽未超过85%,但剩余的可售建筑面积已经出租或自用的。

根据《财政部 国家税务总局关于土地增值税若干问题的通知》(财税〔2006〕21号)第三条"关于土地增值税的预征和清算问题"的规定,对已竣工验收的房地产项目,凡转让的房地产的建筑面积占整个项目可售建筑面积的比例在85%以上的,税务机关可以要求纳税人按照转让房地产的收入与扣除项目金额配比的原则,对已转让的房地产进行土地增值税的清算。具体清算办法由各省、自治区、直辖市和计划单列市税务局规定。

(2) 取得销售(预售)许可证满3年仍未销售完毕的。

(3) 纳税人申请注销税务登记但未办理土地增值税清算手续的。

对此种情形,应在办理注销登记前进行土地增值税清算。

(4) 省税务机关规定的其他情况。

【例5-1·单选】 下列情形中,纳税人应当进行土地增值税清算的是( )。

A. 直接转让土地使用权的

B. 房地产开发项目尚未竣工但已销售面积为50%的

C. 转让未竣工结算房地产开发项目 50% 股权的

D. 取得销售(预售)许可证满 1 年仍未销售完毕的

【解析】　根据《土地增值税清算管理规程》(国税发〔2009〕91 号)第九条的规定,符合下列情形之一的,纳税人应进行土地增值税的清算:

(1) 房地产开发项目全部竣工、完成销售的。

(2) 整体转让未竣工决算房地产开发项目的。

(3) 直接转让土地使用权的。

因而,选项 A 正确。

(三) 清算条件的地方具体规定

1. 安徽省的土地增值税清算条件

根据《安徽省土地增值税清算管理办法》的规定,纳税人符合下列条件之一的,应当进行土地增值税清算:

(1) 房地产开发项目全部竣工、完成销售(含视同销售)的。

(2) 整体转让未竣工决算房地产开发项目的。

(3) 直接转让土地使用权的。

(4) 纳税人申请注销税务登记,但其开发的房地产开发项目未办理土地增值税清算手续的,应在办理注销登记前进行土地增值税清算。

符合以下条件之一的,主管税务机关可要求纳税人进行土地增值税清算:

(1) 已竣工验收的房地产开发项目,已转让(含视同销售)的房地产建筑面积占整个项目可售建筑面积的比例 85% 以上,或该比例虽未超过 85%,但剩余的可售建筑面积已经出租或自用的。

(2) 取得销售(预售)许可证满三年仍未销售完毕的。

可见,对"纳税人申请注销税务登记但未办理土地增值税清算手续的"这种情形,国家税务总局《土地增值税清算管理规程》将其作为可清算条件,而《安徽省土地增值税清算管理办法》将其作为应清算条件。

2. 辽宁省的土地增值税清算条件

根据《辽宁省房地产开发企业土地增值税清算管理办法》〔辽地税发〔2007〕102 号,根据《国家税务总局辽宁省税务局关于发布修改部分税收规范性文件的公告》(2018 年第 3 号)修改〕第五条的规定,符合下列情况之一的,纳税人应到主管税务机关办理土地增值税清算手续:

(1) 全部竣工并销售完毕并按规定已预缴土地增值税的房地产开发项目;

全部竣工并销售完毕未预缴土地增值税的,在补缴预缴土地增值税完毕后的房地产开发项目;根据辽宁省房屋建筑工程竣工验收备案的有关规定,以工程验收部门核发《辽宁省房屋建筑工程竣工验收备案书》之日,作为土地增值税清算项目竣工的时限。

(2)整体转让未竣工的房地产开发项目。

(3)直接转让土地使用权的项目。

根据《辽宁省房地产开发企业土地增值税清算管理办法》第六条的规定,符合下列情况之一的,主管税务机关可要求纳税人进行土地增值税清算:

(1)纳税人开发的房地产开发项目已通过竣工验收,在整个预(销)售的房地产开发建筑面积达到可销售总建筑面积的比例85%(含)以上,或该比例虽未超过85%,但剩余的可售建筑面积已经出租或自用的。

(2)取得销售(预售)许可证满三年仍未销售完毕的。

(3)税务机关认定有可能造成税款流失、经县级(含县级)以上主管税务机关批准清算的开发项目。

(4)纳税人申请注销税务登记的房地产开发项目。

3. 广东省的土地增值税清算条件

根据《广东省税务局土地增值税清算管理规程(暂行)》[广东省地方税务局公告2014年第3号印发,根据《国家税务总局广东省税务局关于公布税费规范性文件清理结果的公告》(2018年第1号)修改]第六条的规定,纳税人符合下列条件之一的,应进行土地增值税清算:

(1)房地产开发项目全部竣工、完成销售的。

(2)整体转让未竣工决算房地产开发项目的。

(3)直接转让土地使用权的。

(4)申请注销税务登记但未办理土地增值税清算手续的。

根据《广东省税务局土地增值税清算管理规程(暂行)》第七条的规定,对符合以下条件之一的,主管税务机关可要求纳税人进行土地增值税清算。

(1)已竣工验收(备案)的房地产开发项目,已转让的房地产建筑面积占整个项目可售建筑面积的比例(以下简称"销售比例")在85%以上,或该比例虽未超过85%,但剩余的可售建筑面积已经出租或自用的。

(2)取得清算项目最后一份销售(预售)许可证满三年仍未销售完毕的。

(3)主管税务机关有根据认为纳税人有逃避纳税义务行为,可能造成税款流失,经县以上税务局局长批准的。

4.兰州市的土地增值税的清算条件

根据《兰州市房地产开发企业土地增值税清算管理暂行办法》第四条的规定,符合下列情况之一的,纳税人应到主管税务机关办理土地增值税清算手续:

(1)房地产开发项目全部竣工、完成销售并能够准确核算的。

(2)整体转让未竣工决算房地产开发项目的。

(3)直接转让土地使用权的。

《兰州市房地产开发企业土地增值税清算管理暂行办法》第五条的规定,符合下列情况之一的,主管税务机关可要求纳税人进行土地增值税清算:

(1)已竣工验收的房地产开发项目,其转让的房地产建筑面积占整个项目可售建筑面积的比例在85%以上,或该比例虽未超过85%,但剩余的可售建筑面积已经出租或自用的。

(2)取得销售(预售)许可证满三年仍未销售完毕的。

(3)纳税人申请注销税务登记但未办理土地增值税清算手续的。

(4)主管税务机关在项目管理中发现纳税人有涉嫌偷逃税款、利润异常或存在问题的房地产开发项目。

(5)主管税务机关规定的其他情况。

5.海南省的土地增值税清算条件

《国家税务总局海南省税务局土地增值税清算工作规程》第十三条规定,符合下列条件之一的,纳税人应进行土地增值税清算:

(1)房地产开发项目全部竣工、完成销售的。

(2)整体转让未竣工决算房地产开发项目的。

(3)直接转让土地使用权的。

《国家税务总局海南省税务局土地增值税清算工作规程》第十四条规定,符合以下条件之一的,主管税务机关可要求纳税人进行土地增值税清算:

(1)已竣工验收的房地产开发项目,已销售(包括视同销售)的房地产建筑面积占清算项目总可售建筑面积的比例在85%以上,或该比例虽未超过85%,但剩余的可售建筑面积已经出租或自用的。

(2)取得销售(预售)许可证满三年仍未销售完毕的。

(3)申请注销税务登记但未办理土地增值税清算手续的。

纳税人符合"申请注销税务登记但未办理土地增值税清算手续的"情形的，应当在注销税务登记前办理土地增值税清算申报。

这里所称"竣工"和"竣工验收"，是指除土地开发外，其开发产品符合下列条件之一：

（1）开发产品竣工证明材料已报房地产管理部门备案。

（2）开发产品已开始交付购买方。

（3）开发产品已取得了初始产权证明。

6. 西藏自治区的土地增值税的清算条件

根据《西藏自治区土地增值税清算管理规程（试行）》第十二条的规定，纳税人符合下列条件之一的，应当进行土地增值税清算：

（1）房地产开发项目全部竣工、完成销售的。

（2）整体转让未竣工决算房地产开发项目的。

（3）直接转让土地使用权的。

《西藏自治区土地增值税清算管理规程（试行）》第十三条规定，对符合以下条件之一的，主管税务机关可要求纳税人进行土地增值税清算。

（1）已竣工验收的房地产开发项目，已转让的房地产建筑面积占整个项目可售建筑面积的比例在 85% 以上，或该比例虽未超过 85%，但剩余的可售建筑面积已经出租或自用的。

（2）取得清算项目销售（预售）许可证满三年仍未销售完毕的。

（3）纳税人申请注销税务登记但未办理土地增值税清算手续的。

（4）主管税务机关有根据认为纳税人有逃避纳税义务行为，可能造成税款流失的。

（5）国家税务总局西藏自治区税务局规定的其他情况。

7. 福建省关于"已转让的房地产建筑面积"的具体规定

《国家税务总局福建省税务局关于土地增值税若干政策问题的公告》（福建省税务局公告 2018 年第 21 号）第四条规定，根据《国家税务总局关于房地产开发企业土地增值税清算管理有关问题的通知》（国税发〔2006〕187 号）第二条的规定，已竣工验收的房地产开发项目，已转让的房地产建筑面积占整个项目可售建筑面积的比例在 85% 以上的，主管税务机关可要求纳税人进行土地增值税清算。其中"已转让的房地产建筑面积"包括房地产开发企业将开发产品用于职工福利、奖励、对外投资、分配给股东或投资人、抵偿债务、换取其他单位和个人的非货币性资产等,发生所有权转移时应视同销售的房地产面积。

(四) 完成销售和已转让的界定

《土地增值税清算管理规程》(国税发〔2009〕91 号印发)第九条规定:"纳税人符合下列条件之一的,应进行土地增值税的清算。……(一)房地产开发项目全部竣工、完成销售的;……。"《土地增值税清算管理规程》第十条规定:"对符合以下条件之一的,主管税务机关可要求纳税人进行土地增值税清算。……(一)已竣工验收的房地产开发项目,已转让的房地产建筑面积占整个项目可售建筑面积的比例在 85% 以上,或该比例虽未超过 85%,但剩余的可售建筑面积已经出租或自用的;……。"

何为"完成销售"和"已转让"? 国家财税主管部门的规范性文件并没有统一的明确规定。如,某开发商开发楼盘中 1 号楼全部签订预售合同,但尚未交房,其是否属于"完成销售"或"已转让"? 再如,已经签订预售合同且已经交房,但尚未办理产权证是否属于"完成销售"或"已转让"? 对此,安徽省、辽宁省等地规定了本地的执行口径。

1. 安徽省的竣工判定标准

根据《安徽省土地增值税清算管理办法》第十九条的规定,竣工,是指除土地开发外,其房地产开发项目符合下列条件之一:

(1) 房地产开发项目竣工证明材料已报房地产管理部门备案。

(2) 房地产开发项目已开始交付购买方。

(3) 房地产开发项目已取得了初始产权证明。

【例 5-2·多选】　下列选项中,属于纳税人应进行土地增值税清算的条件有(　　)。

A. 房地产开发项目全部竣工、完成销售的

B. 整体转让未竣工决算房地产开发项目的

C. 直接转让国有土地使用权的

D. 取得销售(预售)许可证满三年仍未销售完毕的

【解析】　根据《土地增值税清算管理规程》(国税发〔2009〕91 号印发)第九条、《国家税务总局关于房地产开发企业土地增值税清算管理有关问题的通知》(国税发〔2006〕187 号)第二条第(一)项的规定,符合下列情形之一的,纳税人应进行土地增值税的清算:(1)房地产开发项目全部竣工、完成销售的;(2)整体转让未竣工决算房地产开发项目的;(3)直接转让土地使用权的。

对取得销售(预售)许可证满三年仍未销售完毕的属于可清算条件。因而，本题的正确选项为 ABC。

2. 辽宁省的开发项目竣工标准

《辽宁省房地产开发企业土地增值税清算管理办法》第五条规定,根据辽宁省房屋建筑工程竣工验收备案的有关规定,以工程验收部门核发《辽宁省房屋建筑工程竣工验收备案书》之日,作为土地增值税清算项目竣工的时限。

3. 海南省的"竣工""竣工验收"标准

《国家税务总局海南省税务局土地增值税清算工作规程》这里所称"竣工"和"竣工验收",是指除土地开发外,其开发产品符合下列条件之一:

（1）开发产品竣工证明材料已报房地产管理部门备案。

（2）开发产品已开始交付购买方。

（3）开发产品已取得了初始产权证明。

（五）风险表现与审核资料

清算条件的风险表现是:

（1）纳税人房地产开发项目全部竣工、完成销售的,逾期未按规定办理土地增值税清算。

（2）纳税人整体转让未竣工决算房地产开发项目,逾期未按规定办理土地增值税清算。

（3）纳税人直接转让土地使用权,逾期未按规定办理土地增值税清算。

（4）房地产开发企业有未清算项目,申请注销的,未按规定办理土地增值税清算。

（5）纳税人达到可清算条件,通知清算申报而未按规定期限申报的。

（6）纳税人未达到清算条件但办理土地增值税清算申报的。

审核清算条件的参阅资料有:

对于房地产开发项目全部竣工、完成销售,整体转让未竣工决算房地产开发项目,直接转让土地使用权,或有未清算项目申请注销但未办理清算申报的,参阅下列资料:

（1）房地产项目竣工验收备案表。

（2）房地产测绘报告、预(销)售许可证。

（3）整体转让的合同或协议。

（4）土地转让合同或协议。

（5）申请注销的资料。

（6）公共配套设施验收、移交资料。

（7）房源表。

（8）销售发票、销售合同（含房管部门网上备案登记资料）。

（9）房产销售分户明细表、销控表。

（六）清算条件的审核

清算条件的具体审核方法是：

（1）对于房地产开发项目全部竣工、完成销售，查看房地产项目竣工验收备案表，审核项目是否已竣工验收；结合测绘报告、预销售许可证、公共配套验收或移交资料，审核确定是否有未测绘的建筑面积，可售面积是否计算准确；结合房源表、销售合同（含房管部门网上备案登记资料）、房产销售分户明细表、销控表，审核确定已售面积是否准确；是否确实属于100%销售完毕。对于全部竣工、完成销售，整体转让未竣工决算房地产开发项目，直接转让土地使用权的，有未清算项目申请注销，审核是否在达到应清算条件90天内或注销前办理清算申报，未申报的应责令限期改正，逾期拒不改正的，可按核定征收的相关规定核定征收土地增值税。

（2）对于销售比例达到85%或虽未超过85%，但剩余的可售建筑面积已经出租或自用的，查看房地产项目竣工验收备案表，审核项目是否竣工验收；查看测绘报告、预销售许可证、公共配套验收或移交资料，审核确定是否有未测绘的建筑面积，可售面积是否计算准确；结合房源表、销售合同（含房管部门网上备案登记资料）、房产销售分户明细表、销控表，审核确定已售面积是否超过可售面积的85%，如未超过85%，查看租赁合同、"固定资产"账户、房源表、销控表等资料，结合实地查看未售房源，确定未售部分是否已出租或已自用，审核确定已售面积、出租面积、自用面积之和是否超过85%；对于达到可清算条件的，审核确定是否已送达清算通知书通知清算申报，是否在90天内办理清算申报手续，对于通知申报而未申报的应责令限期改正，逾期拒不改正的，可按核定征收的相关规定核定征收土地增值税。

（3）对于取得预售证满三年而达到可清算条件的项目，查看项目的最后一张预（销）售许可证，审核确定是否确实为该项目的最后一张预售证；对于取得预售证满三年而达到可清算条件，审核确定是否已送达清算通知书通知清算申报，是否在90天内办理清算申报手续，对于通知申报而未申报的应责令限期改正，逾期拒不改正的,可按核定征收的相关规定核定征收土地增值税。

三、清算对象的审核

（一）风险表现

清算对象风险主要表现在：

（1）同一开发项目中包含多种类型房地产的,未按规定类别作为核算对象,分别计算收入、扣除项目金额、增值额、增值率,缴纳土地增值税。

（2）混淆房产类型,或分类不准确。

（二）审核资料

清算对象风险需审阅的资料有：

（1）立项批准文件。

（2）销售分户明细表、销控表。

（3）销售合同。

（三）审核方法

清算对象的具体审核方法有：

（1）结合建筑工程规划许可证、项目容积率、不动产证房屋用途以及房屋等因素,审核确认享受优惠的清算对象是否符合"普通住宅"条件,是否单独核算；审核确定是否按普通住宅、非普通住宅、非住宅（如当地税务机关规定按两分类处理的从其规定）分别计算收入、扣除项目金额、增值额、增值率,缴纳土地增值税。

（2）结合销售合同、销售分户明细表、销控表,审核确定房屋类型分类是否符合相关规定,收入归集是否正确,成本分摊的建筑面积是否准确。

第三节　清算收入的确认

一、土地增值税清算收入的确认

（一）清算收入确定的一般规定

根据《国家税务总局关于土地增值税清算有关问题的通知》（国税函〔2010〕220号）第一条"关于土地增值税清算时收入确认的问题"的规定,土地增值税清算时,已全额开具商品房销售发票的,按照发票所载金额确认收入；未开具发票或未全额开具发票的,以交易双方签订的销售合同所载的售房金额及其他收益确认收入。销售合同所载商品房面积与有关部门实际测量面积不一致,在清算前已发生补、退房款的,应在计算土地增值税时予以调整。

土地增值税清算收入的确定如图 5-3 所示。

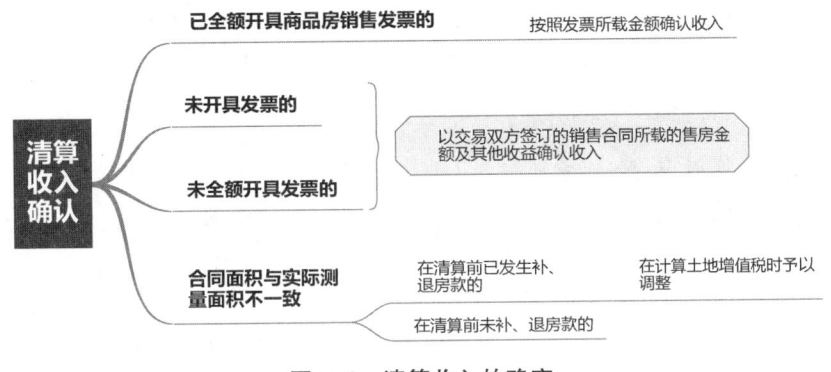

图 5-3 清算收入的确定

(二) 收入确认的地方具体规定

销售开发产品适用简易计税方法计算缴纳增值税的,清算收入为"含税收入÷(1+5%)",如适用一般计税方法计算缴纳增值税的,清算收入的确定存在不同的处理方法。

1. 江苏省增值税一般计税方法下清算收入的确定

江苏有关适用增值税一般计税方法的房地产开发企业,清算时其土地增值税应税收入确认口径为:根据《财政部 国家税务总局关于营改增后契税、房产税、土地增值税、个人所得税计税依据问题的通知》(财税〔2016〕43号)第三条的规定,土地增值税纳税人转让房地产取得的收入为不含增值税收入。根据《国家税务总局关于营改增后土地增值税若干征管规定的公告》(2016年第70号)第一条的规定,适用增值税一般计税方法的纳税人,其转让房地产的土地增值税应税收入不含增值税销项税额。

因此,适用增值税一般计税方法的房地产开发企业,清算时,其土地增值税应税收入=转让房地产收入÷(1+适用税率)。

2. 广州市增值税一般计税方法下清算收入的确认

根据《广州市地方税务局关于印发2016年土地增值税清算工作有关问题处理指引的通知》(穗地税函〔2016〕188号)的规定,土地增值税纳税人销售自行开发的房地产项目取得的收入为不含增值税收入,其中:

（1）纳税人选用增值税简易计税方法计税的，土地增值税预征、清算收入均按"含税销售收入÷（1＋5％）"确认。

（2）纳税人选用增值税一般计税方法计税的，土地增值税预征收入按"含税销售收入÷（1＋适用税率）"确认。

土地增值税清算收入按"（含税销售收入＋本项目土地价款×适用税率）÷（1＋适用税率）"确认，即：纳税人按规定允许以本项目土地价款扣减销售额而抵减的销项税金，应调增土地增值税清算收入。

3. 海南省清算收入的确定

《国家税务总局海南省税务局土地增值税清算审核管理办法》第四条规定，纳税人转让房地产的收入包括转让房地产的全部价款及有关的经济收益。适用增值税一般计税方法的纳税人，转让房地产取得的不含增值税收入＝转让收入－应缴纳增值税销项税额。适用简易计税方法的纳税人，转让房地产取得的不含增值税收入＝转让收入－增值税应纳税额。

海南省税务局关于该办法的解读明确，"应缴纳增值税销项税额"是指纳税人按《国家税务总局关于发布〈房地产开发企业销售自行开发的房地产项目增值税征收管理暂行办法〉的公告》（国家税务总局公告2016年第18号）第四条和《财政部 国家税务总局关于全面推开营业税改征增值税试点的通知》（财税〔2016〕36号）的附件1《营业税改征增值税试点实施办法》第二十二条规定计算的应缴纳增值税销项税额。也就是说，应缴纳增值税销项税额＝（全部价款和价外费用－当期允许扣除的土地价款）÷（1＋适用税率）×适用税率。

（三）代收费用是否确认为清算收入问题

根据《财政部 国家税务总局关于土地增值税一些具体问题规定的通知》（财税字〔1995〕48号）的规定，对于县级及县级以上人民政府要求房地产开发企业在售房时代收的各项费用，如果代收费用是计入房价中向购买方一并收取的，可作为转让房地产所取得的收入计税；如果代收费用未计入房价中，而是在房价之外单独收取的，可以不作为转让房地产的收入。对于代收费用作为转让收入计税的，在计算扣除项目金额时，可予以扣除，但不允许作为加计20％扣除的基数；对于代收费用未作为转让房地产的收入计税的，在计算增值额时不允许扣除代收费用。

代收费用的处理如图5-4所示。

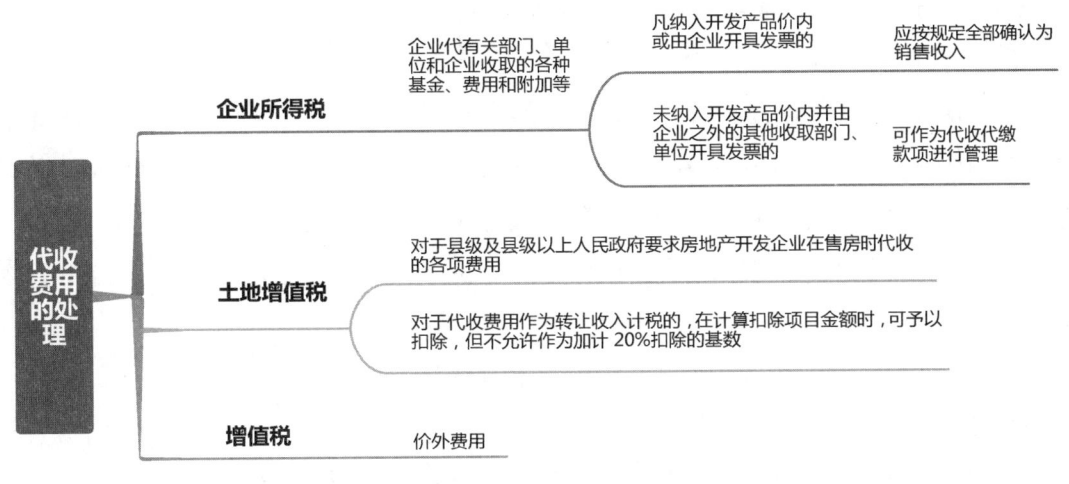

图 5-4 代收费用的处理

（四）清算收入和扣除项目金额的截止时间

一些省级税务机关对确认清算收入和归集扣除项目金额的截止时间作出了具体规定。如《国家税务总局海南省税务局土地增值税清算工作规程》（国家税务总局海南省税务局公告 2021 年第 8 号）第十七条规定,纳税人办理清算时,应以清算申报当日为确认清算收入和归集扣除项目金额的截止时间。

二、视同销售房地产应税收入的确认

（一）视同销售房地产应税收入确认的一般规律

根据《国家税务总局关于营改增后土地增值税若干征管规定的公告》（国家税务总局公告 2016 年第 70 号）第二条"关于营改增后视同销售房地产的土地增值税应税收入确认问题"的规定,纳税人将开发产品用于职工福利、奖励、对外投资、分配给股东或投资人、抵偿债务、换取其他单位和个人的非货币性资产等,发生所有权转移时应视同销售房地产,其收入应按照《国家税务总局关于房地产开发企业土地增值税清算管理有关问题的通知》（国税发〔2006〕187 号）第三条规定执行。即:土地增值税视同销售收入按下列方法和顺序确认:

（1）按本企业在同一地区、同一年度销售的同类房地产的平均价格确定。

（2）由主管税务机关参照当地当年、同类房地产的市场价格或评估价值确定。

（二）安置回迁户视同销售收入的确认

纳税人安置回迁户,其拆迁安置用房应税收入和扣除项目的确认,应按照

《国家税务总局关于土地增值税清算有关问题的通知》(国税函〔2010〕220号)第六条的规定执行。即：

（1）房地产企业用建造的本项目房地产安置回迁户的，安置用房视同销售处理，按国税发〔2006〕187号第三条第（一）项规定确认收入，同时将此确认为房地产开发项目的拆迁补偿费。房地产开发企业支付给回迁户的补差价款，计入拆迁补偿费；回迁户支付给房地产开发企业的补差价款，应抵减本项目拆迁补偿费。

（2）开发企业采取异地安置，异地安置的房屋属于自行开发建造的，房屋价值按国税发〔2006〕187号文件第三条第（一）项的规定计算，计入本项目的拆迁补偿费；异地安置的房屋属于购入的，以实际支付的购房支出计入拆迁补偿费。

（三）开发产品对外投资或抵偿债务收入的确认

根据《国家税务总局关于房地产开发企业土地增值税清算管理有关问题的通知》(国税发〔2006〕187号)第三条的规定，房地产开发企业将开发产品用于职工福利、奖励、对外投资、分配给股东或投资人、抵偿债务、换取其他单位和个人的非货币性资产等，发生所有权转移时应视同销售房地产，其收入按下列方法和顺序确认：

（1）按本企业在同一地区、同一年度销售的同类房地产的平均价格确定。

（2）由主管税务机关参照当地当年、同类房地产的市场价格或评估价值确定。

因此，房地产开发企业将开发的商品房进行对外投资或用于抵偿债务，发生所有权转移时应视同销售房地产，并按照上述规定确认土地增值税收入。同样，如果房地产开发企业将自行建造房屋中的一套或数套奖励给员工，发生所有权转移时应视同销售房地产，并按照上述规定确认土地增值税收入。

三、价格明显偏低的处理与正当理由的界定

何为房地产销售价格明显偏低，以及什么是正当理由的界定，截至本书定稿国家财税主管部门没有给出界定标准，海南等省土地增值税管理相关文件中，给出如下地方界定标准。

（一）海南省价格明显偏低与正当理由的界定

《国家税务总局海南省税务局土地增值税清算审核管理办法》第六条规定，纳税人申报的房地产销售价格低于同期同类房地产平均销售价格30%且无正当

理由的,可认定为房地产销售价格明显偏低。

这里的"纳税人申报的房地产销售价格低于同期同类房地产平均销售价格30%的"按如下方法计算确定:

(1)区分房地产类型,计算销售均价。

$$销售均价＝房地产总销售收入÷已售总建筑面积$$

(2)区分房地产类型,确认销售价格偏低的房屋。

销售价格偏低30%的计算公式为:

$$(销售均价－单套销售均价)÷销售均价≥30\%$$

(3)区分房地产类型,调整销售价格偏低的房屋价格。

(4)销售价格偏低30%的房屋的销售均价＝同类型房地产销售均价

《国家税务总局海南省税务局土地增值税清算审核管理办法》第七条规定,符合下列条件之一的房地产销售价格明显偏低,视为有正当理由:

(1)人民法院判决或裁定的转让价格。

(2)政府有关部门确定的转让价格。

(3)经主管税务机关认定的其他情形。

(二)江苏省价格明显偏低与正当理由的界定

根据《江苏省地方税务局关于土地增值税有关业务问题的公告》(苏地税规〔2012〕1号)第三条"房地产转让价格明显偏低的收入确定"的规定,对纳税人申报的房地产转让价格低于同期同类房地产平均销售价格10%的,税务机关可委托房地产评估机构对其评估。纳税人申报的房地产转让价格低于房地产评估机构评定的交易价,又无正当理由的,应按照房地产评估机构评定的价格确认转让收入。

对以下情形的房地产转让价格,即使明显偏低,可视为有正当理由:

(1)法院判定或裁定的转让价格。

(2)以公开拍卖方式转让房地产的价格。

(3)政府物价部门确定的转让价格。

(4)经主管税务机关认定的其他合理情形。

(三)贵州省价格明显偏低与正当理由的界定

《贵州省土地增值税清算管理办法》第三十一条规定,房地产开发企业销售开发产品的价格低于同类开发产品平均销售价格30%以上或者低于成本价而又

无正当理由的,主管地方税务机关有权核定其销售价格,但下列情形除外:

(1)采取政府指导价、限价等非市场定价方式销售的开发产品。

(2)由法院判决或裁定价格的开发产品。

(3)采取公开拍卖方式确定价格的开发产品。

(4)经主管地方税务机关认定的其他合理情形。

符合上述规定的情形,其收入按以下方法和顺序确认:

(1)按房地产开发企业当月或最近月份销售同一房地产项目同类房地产的平均价格确定。

(2)按房地产开发企业在同一地区、同一年度同类房地产的平均销售价格确定。

(3)由主管地方税务机关参照当地、当年同类房地产市场价格或评估价值确定。

(四)价格明显偏低且无正当理由可否按同期同类价核定问题

根据《土地增值税暂行条例》第九条的规定,纳税人转让房地产的成交价格低于房地产评估价格,又无正当理由的,应按照房地产评估价格计算征收。根据《土地增值税暂行条例实施细则》的规定,转让房地产的成交价格低于房地产评估价格,又无正当理由的,是指纳税人申报的转让房地产的实际成交价格低于房地产评估机构评定的交易价,纳税人又不能提供凭据或无正当理由的行为。隐瞒、虚报房地产成交价格,应由评估机构参照同类房地产的市场交易价格进行评估。税务机关根据评估价格确定转让房地产的收入。转让房地产的成交价格低于房地产评估价格,又无正当理由的,由税务机关参照房地产评估价格确定转让房地产的收入。

根据《江苏省地方税务局关于土地增值税有关业务问题的公告》(苏地税规〔2012〕1号)的规定,纳税人申报的房地产转让价格低于房地产评估机构评定的交易价,又无正当理由的,应按照房地产评估机构评定的价格确认转让收入。因此,即使主管税务机关能够确定"纳税人申报的房地产转让价格低于同期同类房地产平均销售价格10%",也不能直接根据同期同类房地产平均销售价格核定其转让价格,而应当委托有资质的房地产评估机构评定交易价,并考虑其是否存在正当理由。如果纳税人申报的房地产转让价格低于房地产评估机构评定的交易价,又无正当理由的,则应按照房地产评估机构评定的价格确认转让收入。

（五）清算收入确认案例分析

【例 5-3】　甲市 A 房地产开发企业为增值税一般纳税人，2020 年 5 月 8 日，支付土地出让金 10 900 万元取得土地一块。开发写字楼一栋，2022 年 6 月取得销售该写字楼价税合计 54 500 万元，同时支付建安成本等 21 800 万元，取得增值税专用发票注明税额为 1 800 万元。

土地增值税预征率为 4%。不考虑其他事项。要求：

1. 计算增值税的销售额、应预缴的增值税额和销项税额；

2. 预征土地增值税的计算依据和土地增值税清算收入；

3. 企业所得税收入和可以扣除的主营业务成本金额；

4. 会计核算的收入，并进行相关的会计处理；

5. 土地增值税清算时可以扣除的取得土地使用权支付的金额。

【解析】

（1）增值税的销售额。

根据《房地产开发企业销售自行开发的房地产项目增值税征收管理暂行办法》（国家税务总局公告 2016 年第 18 号）的规定，房地产开发企业中的一般纳税人（以下简称一般纳税人）销售自行开发的房地产项目，适用一般计税方法计税，按照取得的全部价款和价外费用，扣除当期销售房地产项目对应的土地价款后的余额计算销售额。销售额的计算公式如下：

销售额＝（全部价款和价外费用－当期允许扣除的土地价款）÷（1＋税率）

当期允许扣除的土地价款按照以下公式计算：

$$当期允许扣除的土地价款＝\left(当期销售房地产项目建筑面积 ÷ 房地产项目可供销售建筑面积\right)×支付的土地价款$$

因而，增值税的销售额为：（54 500－10 900）÷（1＋9%）＝40 000（万元）。

（2）应预缴的增值税。

根据《房地产开发企业销售自行开发的房地产项目增值税征收管理暂行办法》的规定，一般纳税人采取预收款方式销售自行开发的房地产项目，应在收到预收款时按照 3% 的预征率预缴增值税。

应预缴税款按照以下公式计算：

应预缴税款＝预收款÷（1＋适用税率或征收率）×3%

适用一般计税方法计税的，按照适用税率（现为 9%）计算；适用简易计税方法计税的,按照 5% 的征收率计算。

因而,应预缴的增值税:$54\,500 \div (1+9\%) \times 3\% = 1\,500$(万元)。

(3) 销项税额。

根据江苏的执行口径,土地增值税应税收入 = 转让房地产收入 ÷(1+适用税率)。因而,在江苏其销项税额为:$54\,500 \times 9\% \div (1+9\%) = 4\,500$(万元)。

根据海南省等地的规定,销项税额为:

$(54\,500 - 10\,900) \div (1+9\%) \times 9\% = 3\,600$(万元)。

(4) 土地增值税预征的计税依据。

《国家税务总局关于营改增后土地增值税若干征管规定的公告》(2016 年第 70 号)第一条规定,营改增后,纳税人转让房地产的土地增值税应税收入不含增值税。适用增值税一般计税方法的纳税人,其转让房地产的土地增值税应税收入不含增值税销项税额;适用简易计税方法的纳税人,其转让房地产的土地增值税应税收入不含增值税应纳税额。

为方便纳税人,简化土地增值税预征税款计算,房地产开发企业采取预收款方式销售自行开发的房地产项目的,可按照以下方法计算土地增值税预征计征依据:土地增值税预征的计征依据 = 预收款 - 应预缴增值税税款。

根据江苏省等地明确的执行口径为:采取预收款方式销售自行开发的房地产项目的,统一按照《国家税务总局关于营改增后土地增值税若干征管规定的公告》(2016 年第 70 号),土地增值税预征的计征依据 = 预收款 - 应预缴增值税税款。

此时,土地增值税预征的计税依据为:$54\,500 - 1\,500 = 53\,000$(万元)。

应预缴的土地增值税:$(54\,500 - 1\,500) \times 4\% = 2\,120$(万元)。

按照广州等地的规定,应预缴的土地增值税为:

$54\,500 \div (1+9\%) \times 4\% = 2\,000$(万元)。

(5) 土地增值税清算转让房地产收入。

根据《广州市地方税务局关于印发 2016 年土地增值税清算工作有关问题处理指引的通知》(穗地税函〔2016〕188 号)的规定,土地增值税纳税人销售自行开发的房地产项目取得的收入为不含增值税收入,其中:纳税人选用增值税一般计税方法计税的,土地增值税预征收入按"含税销售收入 ÷(1+适用税率)"确认;土地增值税清算收入按"(含税销售收入 + 本项目土地价款 × 适用税率)÷(1+适用税率)"确认,即:纳税人按规定允许以本项目土地价款扣减销售额而减少的销项税金,应调增土地增值税清算收入。

此时,土地增值税清算转让房地产收入为:$54\,500 - 40\,000 \times 9\% = 50\,900$

（万元）。这种方法也适用于海南省。

不过根据江苏的执行口径为，适用增值税一般计税方法的房地产开发企业，清算时，其土地增值税应税收入＝转让房地产收入÷（1＋适用税率）。

此时，清算收入则为：54 500÷（1＋9%）＝50 000（万元）。

（6）会计处理（单位：万元）。

① 支付土地款 10 900 万元：

借：开发成本——土地 10 900
　　贷：银行存款 10 900

② 取得支付土地款的财政票据，且销售开发产品纳税义务发生时，按照允许抵扣的税额 900 万元：

借：应交税费——应交增值税（销项税额抵减） 900
　　贷：主营业务成本 900

③ 支付工程款 21 800 万元：

借：开发成本 20 000
　　应交税费——应交增值税（进项税额） 1 800
　　贷：银行存款 21 800

④ 确认销售收入：

借：银行存款 54 500
　　贷：主营业务收入 50 000
　　　　应交税费——应交增值税（销项税额） 4 500

⑤ 计算应交的增值税为：4 500－1 800－900＝1 800（万元）。

（7）土地增值税清算时可以扣除的取得土地使用权金额为 10 900 万元。

第四节　扣除项目的确认

一、取得土地使用权所支付的金额

（一）取得土地使用权所支付的金额的具体范围

取得土地使用权所支付的金额，是指纳税人为取得土地使用权所支付的地价款和按国家统一规定交纳的有关费用。

根据《土地增值税宣传提纲》（国税函发〔1995〕110 号）的规定,纳税人为取得土地使用权所支付的地价款,如果是以协议、招标、拍卖等出让方式取得土地使用权的,地价款为纳税人所支付的土地出让金;如果是以行政划拨方式取得土地使用权的,地价款为按照国家有关规定补交的土地出让金;如果是以转让方式取得土地使用权的,为向原土地使用权人实际支付的地价款。

根据《国家税务总局关于土地增值税清算有关问题的通知》（国税函〔2010〕220 号）的规定,房地产开发企业为取得土地使用权所支付的契税,应视同"按国家统一规定交纳的有关费用",计入"取得土地使用权所支付的金额"中扣除。

因此,"取得土地使用权所支付的金额"具体包括地价款（出让金）、土地契税和按国家统一规定交纳的其他有关费用。

此外,根据国税函〔2010〕220 号文件的规定,房地产开发企业逾期开发缴纳的土地闲置费不得扣除。

(二) 土地出让金返还款的处理

地方政府为了招商引资常对区域内拿地的开发商给予一定的财政奖励,即在开发商依法纳税后将地方留成部分按比例给予财政返还。另外,实务中也常常出现开发商拿地前政府已经承诺土地最低价格,在招拍挂拿地时超出政府承诺最低价格部分会以财政返还方式将开发商缴纳的土地出让金给予返还。对这些财政返还如何进行土地增值税处理呢? 土地增值税清算时,由于土地成本和房地产开发成本不仅可以据实扣除,而且还可以加计 20% 扣除,所以房地产开发企业更希望政府的财政返还可以作为收入处理,而不是冲减可以加计扣除的取得土地使用权成本。大多数地方税务机关规定,要求冲减取得土地使用权成本,而不是作为收入。

1. 江苏省的具体规定

根据《江苏省地方税务局关于土地增值税有关业务问题的公告》（苏地税规〔2012〕1 号）第五条第（四）项的规定,纳税人为取得土地使用权所支付的地价款,在计算土地增值税时,取得土地使用权支付的地价款,应以纳税人实际支付土地出让金（包括后期补交的土地出让金）,减去因受让该宗土地政府以各种形式支付给纳税人的经济利益后予以确认。因此,房地产企业取得的土地出让金返还款应在"取得土地使用权支付的地价款"扣除项目中减除。

2. 重庆市的具体规定

重庆的执行口径是,纳税人收到的与房地产项目开发有关的财政性补助资金应抵减"取得土地使用权所支付的金额",主要包括：土地价款或城市建设配套费返还款,税费返还款,公配设施建设补偿款,奖励款等。财政补助资金取得渠道包括纳税人直接取得,或者纳税人所在企业集团通过关联企业转移、分解取得。

3. 贵州省的具体规定

《贵州省土地增值税清算管理办法》第四十七条规定,房地产开发企业以各种名义取得的政府返还款(包括土地出让金、市政建设配套费、税金等),在确认扣除项目金额时应当抵减相应的扣除项目金额。

房地产开发企业取得不能区分扣除项目的政府返还款应抵减"取得土地使用权所支付的金额"。

(三) 土地竞拍佣金可否作为取得土地使用权支付的金额扣除问题

根据《土地增值税暂行条例实施细则》第七条第一款的规定,取得土地使用权所支付的金额,是指纳税人为取得土地使用权所支付的地价款和按国家统一规定交纳的有关费用。

土地竞拍佣金可否在计算增值额时单独扣除问题,截止到本书定稿时国家财税主管部门没有全国统一规定,但海南等省给出了地方性的执行口径。

《国家税务总局海南省税务局土地增值税清算审核管理办法》第十三条规定,"取得土地使用权所支付的金额,应按以下规定处理"第(五)项明确,为取得土地使用权所支付的契税、"招拍挂"佣金,视同"按国家统一规定交纳的有关费用",允许扣除。

不过也有省份规定执行口径为,佣金是支付给中介机构的服务费用,而不是支付给土地出让方或转让方的地价款或者按国家统一规定交纳的费用,因此,不应当作为取得土地使用权所支付的金额扣除,但可以计入管理费用按规定比例计算扣除。

(四) 因扣减销售额而抵减的销项税额能否在土地成本中扣除问题

《财政部　国家税务总局关于营改增后契税　房产税　土地增值税　个人所得税计税依据问题的通知》(财税〔2016〕43号)第三条第二款规定："《中华人民共和国土地增值税暂行条例》等规定的土地增值税扣除项目涉及的增值税进项税额,允许在销项税额中计算抵扣的,不计入扣除项目……。"营改增之后,增值税采用一般计税方法的房地产项目,在土地增值税清算时,因扣减销售额而抵减的销项税额,能否参照上述规定,在土地成本中扣除问题,江苏、重庆等地规定了具体执行口径。

1. 江苏省的执行口径

支付的土地价款因扣减销售额而抵减的销项税额,不同于可抵扣的进项税额。因此,增值税采用一般计税方法的房地产项目,在土地增值税清算时,因扣减销售额而减少的销项税额,不能参照上述规定在土地成本中扣除。

2. 重庆市的执行口径

在增值税一般计税方式下收入及成本认定问题,重庆的执行口径为,在增值税一般计税模式下,土地增值税收入应在会计核算收入基础上调增,调增额为土地成本抵减的增值税销项税额。同时,企业根据《增值税会计处理规定》将土地成本抵减增值税销项税额冲减了土地成本的(贷记),土地增值税不调减"取得土地使用权所支付的金额"。

(五)土地使用权评估增值可否作为计算增值额的扣除项目问题

纳税人对其拥有的土地使用权进行评估,评估增值额无论会计上如何处理,在土地使用权转让计算土地增值税时,不应作为计算土地增值额的扣除项目。

(六)取得土地使用权所支付的金额具体确定方法

根据《国家税务总局海南省税务局土地增值税清算审核管理办法》第十三条的规定,取得土地使用权所支付的金额,应按以下规定处理:

(1)因容积率调整等原因补缴的土地出让金及契税,允许扣除。

(2)在项目建设用地边界外,为政府建设公共设施或其他工程所发生的支出,凡能提供政府有关部门出具的文件证明该项支出与建造本清算项目有直接关联的(含项目的土地使用权取得相关联的),允许扣除;

一般情况下,房地产开发时在项目建设用地边界外发生的成本费用不能扣除,但符合本项规定的允许扣除。"项目建设用地边界外"是指国家有关部门审批的项目规划外,即"红线"外;"政府有关部门"是指市、县(区)级政府主管部门;"文件"包括通知、批复、会议纪要等。

(3)通过出让方式取得土地使用权,未能提供所支付金额的原始凭证,其允许扣除的金额可根据政府相关部门的文件、合同或者其他证明材料上记载的金额予以确认。

(4)因政府规划等原因置换取得土地使用权的,置换土地的土地出让金额或者评估价格,以及按国家统一规定交纳的有关费用,允许扣除。

对于因政府规划等原因置换取得的土地使用权的,后续转让时以置换土地的土地出让金额或者评估价格,以及国家统一规定缴纳的有关税费确认其取得土地使用权所支付的金额。

（5）为取得土地使用权所支付的契税、"招拍挂"佣金，视同"按国家统一规定交纳的有关费用"，允许扣除。

（6）按照土地出让合同约定分期缴纳土地出让金而支付的利息，允许扣除。

二、房地产开发成本

（一）销售已装修房屋装修费的扣除

1. 装修费的扣除原则

根据《国家税务总局关于房地产开发企业土地增值税清算管理有关问题的通知》（国税发〔2006〕187号）第四条第（四）项的规定，房地产开发企业销售已装修的房屋，其装修费用可以计入房地产开发成本。房地产开发企业的预提费用，除另有规定外，不得扣除。

2. 江苏省装修费的扣除规定

根据《江苏省地方税务局关于土地增值税若干问题的公告》（苏地税规〔2015〕8号）第五条"关于装修支出问题"的规定，自2016年3月1日起，房地产开发企业销售已装修的房屋，对以建筑物或构筑物为载体，移动后会引起性质、形状改变或者功能受损的装修支出，可作为开发成本予以扣除。对可移动的物品（如可移动的家用电器、家具、日用品、装饰用品等），不计收入也不允许扣除相关成本费用。

自2012年10月1日起至2016年2月29日止，根据《江苏省地方税务局关于土地增值税有关业务问题的公告》（苏地税规〔2012〕1号）第五条第三项"装修装饰费用的扣除"的规定，凡以建筑物或构筑物为载体，移动后会引起性质、形状改变或者功能受损的装修装饰物支出，可以作为开发成本计算扣除。上述之外的其他装修装饰费用支出，一律不得作为开发成本扣除。对房地产开发企业售楼处等营销设施的装修费用，应计入房地产开发费用。

根据《土地增值税暂行条例》及其实施细则的规定，土地增值税的征税对象包括转让国有土地使用权、地上建筑物（包括地上地下的各种建筑物及各种附属设施）及其附着物（是指附着于该土地上的不能移动，一经移动即遭损坏的物品，如花、草、树木等），即对转让"不动产"征税。移动后不会引起性质、形状改变或者功能受损的装修装饰物属于"动产"，因此不属于土地增值税的征税范围。属于"动产"的装修装饰物支出不得作为开发成本扣除，同时在确认转让房地产收入时，可减去属于"动产"的装修装饰物的合理买价。

售楼处等营销设施属于为销售房地产服务的设施,其装修的目的主要是改善销售环境和提升企业形象,而不是直接对外销售,因此对房地产开发企业售楼处等营销设施的装修费用,应作为房地产开发费用处理,不得计入开发成本。

装修费用支出的土地增值税处理如图5-5所示。

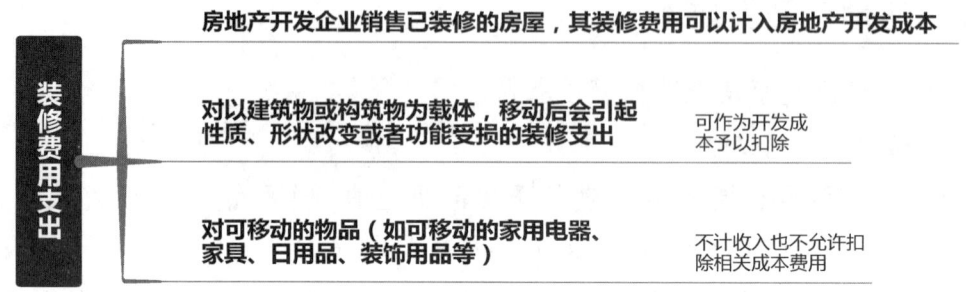

装修费用支出

房地产开发企业销售已装修的房屋,其装修费用可以计入房地产开发成本

对以建筑物或构筑物为载体,移动后会引起性质、形状改变或者功能受损的装修支出 —— 可作为开发成本予以扣除

对可移动的物品(如可移动的家用电器、家具、日用品、装饰用品等)—— 不计收入也不允许扣除相关成本费用

图5-5 装修费用支出的处理

【问5-4】 房地产开发企业仅对普通住宅和非普通住宅进行精装修,其发生的精装修费用,是否只能在普通住宅和非普通住宅中分摊?

【解析】 根据《土地增值税清算管理规程》(国税发〔2009〕91号)第二十一条第(五)项的规定,纳税人分期开发项目或者同时开发多个项目的,或者同一项目中建造不同类型房地产的,应按照受益对象,采用合理的分配方法,分摊共同的成本费用。

房地产开发企业仅对普通住宅和非普通住宅进行精装修的,其发生精装修费用的受益对象为普通住宅和非普通住宅。因此,该房地产开发企业发生的精装修费用,按照受益对象,只能在普通住宅和非普通住宅中分摊。

【问5-5】 如果开发商将房屋进行了精装修销售,装修费是否可以扣除?如果附带橱柜等一体式家具、电器等是否可以扣除?

【解析】 根据《国家税务总局关于房地产开发企业土地增值税清算管理有关问题的通知》(国税发〔2006〕187号)第四条第(四)项的规定,房地产开发企业销售已装修的房屋,其装修费用可以计入房地产开发成本。

根据《江苏省地方税务局关于土地增值税若干问题的公告》(苏地税规〔2015〕8号)第五条的规定,房地产开发企业销售已装修的房屋,对以建筑物或构筑物为载体,移动后会引起性质、形状改变或者功能受损的装修支出,可作为开发成本予以扣除。对可移动的物品(如可移动的家用电器、家具、日用品、装饰用品等),不计收入也不允许扣除相关成本费用。

因此,开发商将房屋进行了精装修销售,装修费可以扣除;对附带橱柜等一体式家具、电器,以建筑物或构筑物为载体,移动后会引起性质、形状改变或者功能受损的,可以扣除。

3. 安徽省装修费扣除规定

根据《安徽省土地增值税清算管理办法》第四十条的规定,纳税人销售已装修的房屋,其装修费用可以计入房地产开发成本。

纳税人销售已装修的房屋,其装修费用不包括房地产开发企业自行采购或委托装修公司购买的家用电器、家具所发生的支出,也不包括与房地产连接在一起、但可以拆除且拆除后无实质性损害的物品所发生的支出。

房地产开发企业销售精装修房时,如其销售收入包括销售家用电器、家具等取得的收入,应以总销售收入减去销售家用电器、家具等取得的收入作为房地产销售收入计算土地增值税。

4. 重庆市的具体扣除规定

根据《重庆市财政局　重庆市地税局关于印发土地增值税等财产行为税政策执行问题处理意见的通知》(渝财税〔2015〕93号)的规定,房地产企业销售已装修的房屋,其装修费用(包括固定设备)可以计入房地产开发成本。

上述装修费用不包括房地产企业自行采购或委托装修企业购买的家用电器、家具、日用品、装饰用品等物品所发生的支出。

计入房地产开发成本所指装修包括基础装修以及附属设备、设施。基础装修费包括:土建、水电、墙顶、木作、泥水工程涉及的施工费、材料费,不包括赠送的可移动(拆卸)电器、家具、日用品、装饰用品等物品。附属设备、设施认定条件包括:装修时同步安装,以房屋为载体不可随意移动,若拆除后将明显影响房屋使用功能(例如固定空调系统、整体橱柜、嵌入式家具等)。

在清算单位范围内营销设施、样板房装修费用处理方法为:附着于可售房产的,对象化计入相应类型房产建筑安装成本;附着于不可售公配设施的,计入公共配套设施费;附着于临时建筑体的,计入开发间接费(临时建筑体建造费)。

(二) 未支付的质量保证金的扣除

1. 未支付的质量保证金的扣除

根据《国家税务总局关于土地增值税清算有关问题的通知》(国税函〔2010〕220号)第二条"房地产开发企业未支付的质量保证金,其扣除项目金额的确定问题"的规定,房地产开发企业在工程竣工验收后,根据合同约定,扣留建筑安装施工企业一定比例的工程款，作为开发项目的质量保证金，在计算土地增值税时，建筑安装施工企业就质量保证金对房地产开发企业开具发票的，按发票所载金额予以扣除；未开具发票的，扣留的质保金不得计算扣除。

2. 质保金增值税纳税义务发生时间

根据《国家税务总局关于在境外提供建筑服务等有关问题的公告》（2016年第69号）第四条的规定，纳税人提供建筑服务，被工程发包方从应支付的工程款中扣押的质押金、保证金，未开具发票的，以纳税人实际收到质押金、保证金的当天为纳税义务发生时间。

相反，如果已开具发票的，开具发票时增值税纳税义务发生。

【问5-6】 房地产企业将一些工程尾款挂在应付账款上以保证工程质量，这些应付账款可否计入开发成本扣除？

【解析】 根据《土地增值税清算管理规程》（国税发〔2009〕91号）第二十一条第（一）项的规定，在土地增值税清算中，计算扣除项目金额时，其实际发生的支出应当取得但未取得合法凭据的不得扣除。

《国家税务总局关于土地增值税清算有关问题的通知》（国税函〔2010〕220号）第二条规定，房地产开发企业在工程竣工验收后，根据合同约定，扣留建筑安装施工企业一定比例的工程款，作为开发项目的质量保证金，在计算土地增值税时，建筑安装施工企业就质量保证金对房地产开发企业开具发票的，按发票所载金额予以扣除；未开具发票的，扣留的质保金不得计算扣除。

因此，如果合同约定以部分工程款作为质量保证金，符合合同法等规定的比例要求，并且开具了发票，可作为房地产开发成本按规定扣除。

（三）相关费用、基金的扣除

1. 江苏省政府性基金和行政事业性收费的扣除规定

自2012年10月1日起，《江苏省地方税务局关于土地增值税有关业务问题的公告》（苏地税规〔2012〕1号）第五条"关于房地产开发成本、费用的扣除"第（五）项"相关费用、基金的扣除"规定，政府性基金和行政事业性收费按照以下原则处理：

（1）企业建造房屋建筑物时特有的费用和基金，按其是否与开发建造活动相关的原则进行划分。凡与开发活动直接相关，且可直接计入或分配计入开发对象的，允许计入开发成本；反之，则应计入开发费用。对企业非建造房屋建筑物时特有的费用和基金，应计入开发费用。

（2）允许计入开发成本的费用、基金，如果是在开发项目竣工验收之后发生的，则也应计入开发费用。

对于房地产企业缴纳的政府性基金和行政事业性收费的土地增值税处理。苏地税规〔2012〕1号允许同时符合以下条件的政府性基金和行政事业性收费计入开发成本：

（1）具备特有性，即政府性基金和行政事业性收费是开发房地产项目特有的，如新型墙体材料专项基金、散装水泥基金等。房地产行业以及其他行业普遍缴纳的基金费（如防洪保安资金、退役士兵安置保障金等）不允许计入开发成本。

（2）具备直接相关性，即政府性基金和行政事业性收费应当与开发活动直接相关。

（3）发生时间在开发项目竣工验收之前。

需要说明的是，此处所称"在开发项目竣工验收之前"是指政府性基金和行政事业性收费的发生环节在竣工验收之前，而不是要求实际缴纳时间在竣工验收之前。

允许计入开发成本的政府性基金和行政事业性收费，在计算土地增值税时加计扣除，并作为计算房地产开发费用扣除限额的计算基数。

政府性基金和行政事业性收费的土地增值税处理如图5-6所示。

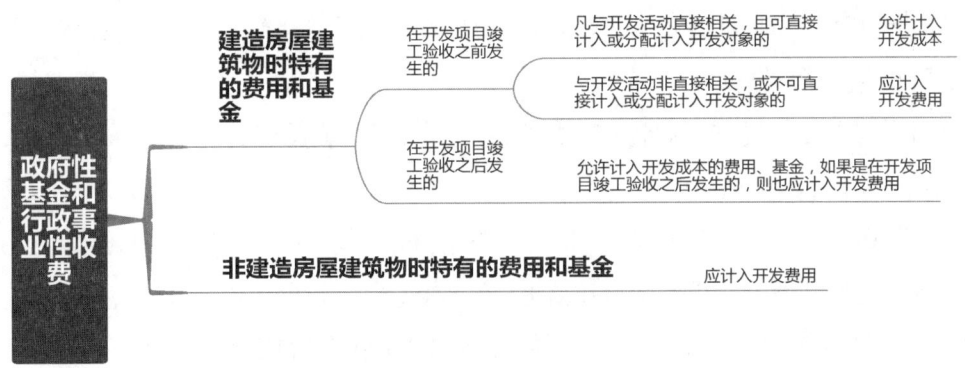

图 5-6　基金与收费的处理

2. 安徽省的具体规定

根据《安徽省土地增值税清算管理办法》第四十三条的规定，政府或有关部门直接向房地产开发企业收取的市政配套费、报批报建费、"四源"费、供电贴费、增容费等应由房地产开发企业缴纳、并在核算时计入房地产开发成本的收费项目，在计算土地增值税时，列入开发土地和新建房及配套设施的成本计算扣除项目金额。

上述费用政府或有关部门收取后又返还的,返还的部分不得计入扣除项目金额。

(四)土地征用及拆迁补偿费扣除的地方具体规定

1.海南省的具体规定

《国家税务总局海南省税务局土地增值税清算审核管理办法》第十四条规定,土地征用及拆迁补偿费的扣除,应按以下规定处理:

(1)拆迁补偿费、青苗补偿费、迁坟补偿费、安置补偿费等允许据实扣除,其扣除金额根据补偿协议、清册、收付款凭据等相关资料确定。

(2)购入不动产,后续将不动产拆除再次开发房地产的,原有不动产的购入成本及缴纳的契税、拆除原有房产发生的拆迁费用,允许扣除。

2.贵州省的具体规定

《贵州省土地增值税清算管理办法》第三十八条规定,土地征用及拆迁补偿费包括土地征用费、耕地占用税、劳动力安置费及有关地上、地下附着物拆迁补偿的净支出、安置动迁用房支出等。

房地产开发企业用建造的本项目房地产安置回迁户,安置用房视同销售处理,按规定确认收入,同时将此计入本项目拆迁补偿费;房地产开发企业支付给回迁户的补差价款,计入拆迁补偿费;回迁户支付给房地产开发企业的补差价款,应抵减本项目拆迁补偿费。

房地产开发企业因拆迁从政府部门取得的各种形式的补偿或补贴,应当抵减本项目拆迁补偿费。

(五)前期工程费和基础设施费扣除的地方具体规定

1.海南省的具体规定

《国家税务总局海南省税务局土地增值税清算审核管理办法》第十五条规定,前期工程费和基础设施费的扣除应按以下规定处理:

(1)在项目规划报建时,按政府规定缴纳的相关费用允许扣除。

(2)未形成最终成果的设计费、与项目可行性研究无关的咨询费不允许扣除。

(3)重复建设所发生的基础设施费不允许扣除。

2.贵州省的具体规定

《贵州省土地增值税清算管理办法》第三十九条规定,前期工程费包括规划、设计、项目可行性研究和水文、地质、勘察、测绘、"三通一平"等支出。

房地产开发企业在房地产开发项目开发前期实际缴纳的各种政府规费,能够提供国务院、国务院部委或省人民政府相关收费文件和财政部门统一印制或监制的非税收入类财政票据的,允许计入前期工程费。

（六）建筑安装工程费扣除的地方具体规定

《国家税务总局海南省税务局土地增值税清算审核管理办法》第十六条规定,建筑安装工程费的扣除,应按以下规定处理:

（1）销售已装修的房屋,装修费符合以下情形之一的,允许扣除:

① 在销售合同或补充协议中明确了房价中包含装修费的。

② 销售发票中包含装修费的。

③ 签订销售合同时捆绑签订装修合同的。

随房屋一同出售的以房屋为载体,不可随意移动的附属设备和配套设施,如整体中央空调、户式小型中央空调、固定式衣柜橱柜等,其外购成本允许扣除。

这里还需说明的是,可移动家电家具、装饰品等该如何处理问题。装修是指为使建筑物、构筑物内、外空间达到一定的环境要求,使用建筑装饰材料,对建筑物、构筑物的外表和内部进行修饰处理的工程建筑活动。可移动家电、家具,日用品,可移动装饰品等不属于装修范围,也不属于土地增值税征收范围,因此在清算时其采购成本不允许扣除。本着收入成本配比原则,在清算时按采购原价在收入中同时剔除。

（2）清算项目以外单独建造的样板房、售楼部,其建造费、装修费等不得计入房地产开发成本。在清算项目内装修样板房并转让,且房地产转让合同明确约定装修费包含在房价中的,样板房装修费允许扣除。

（3）因设计变更发生的建筑安装工程费,已依法办理变更手续的,允许扣除。自行改变设计方案、违章建设、重复建设发生的建筑安装工程费不允许扣除。

（4）实际发生的工程监理费允许扣除。

（七）开发间接费用列支范围的界定

根据《土地增值税暂行条例实施细则》第七条的规定,开发间接费用,是指直接组织、管理开发项目发生的费用,包括工资、职工福利费、折旧费、修理费、办公费、水电费、劳动保护费、周转房摊销等。

1. 江苏省的执行口径

开发间接费用应严格按照上述规定界定,关于"直接组织、管理开发项目发生的费用"可按如下标准把握:"直接组织、管理开发项目发生的费用"是指施工现场为组织、管理开发产品而实际发生的费用,对不属于为施工现场服务的部门,如行政管理部门、财务部门、销售部门等发生的费用不得列入开发间接费用。差旅费、会议费等费用也不得列入开发间接费用。

2. 甘肃省的执行口径

根据《甘肃省地方税务局税政一处关于土地增值税清算审核有关问题的通知》(甘地税税政一便函〔2017〕24号)第三条"房地产开发间接费用的认定"的规定,按照企业成本核算相关规定,对有明确成本对象的成本费用属于直接成本费用,对几个成本对象共同发生的成本费用属于间接成本费用。因此,对确实属于项目工程期间清算单位共同发生的,且成本核算原始凭证客观、准确、全面的成本费用,准予扣除;除此之外的其他情况,不应在土地增值税清算中扣除成本、费用。

兰州市的执行口径为:《土地增值税暂行条例实施细则》第七条第(二)项规定,开发间接费用是指直接组织、管理开发项目发生的费用,包括工资、职工福利费、折旧费、修理费、办公费、水电费、劳动保护费、周转房摊销等。在具体执行过程中,存在以下主要问题:一是期间费用(如管理费用、销售费用)和开发间接费用划分不清,有期间费用计入开发间接费用的情况,也有开发间接费用计入期间费用的情况,没有一个统一的处理标准。二是同时有多个清算单位,开发间接费用在不同项目之间分配的方法不统一,有些企业处理较随意。

根据《土地增值税暂行条例实施细则》的规定,开发间接费用是指直接组织、管理开发项目发生的费用。根据会计制度的有关规定,分配计入开发产品成本的开发间接费用是指企业为开发房地产发生的各项间接费用,据此兰州税务认为,计入开发间接费用的支出必须与开发产品有直接的关系,是开发产品必需的支出,如直接负责组织、管理开发项目人员的工资、职工福利费、劳动保护费,开发现场使用的机器设备的折旧、修理费,开发企业承担的开发项目所耗用的水费、电费、临时安置被拆迁户的周转房摊销等,判断的标准就是费用支出是否与开发产品有直接的关系,有直接关系的,计入开发间接费用,否则计入期间费用。在清算过程中,如果账面开发间接费用确认的范围大,则应将不属于开发间接费用的支出项目剔除。对于属于多个项目共同发生的开发间接费用,根据《国家税务总局关于房地产开发企业土地增值税清算管理有关问题的通知》(国税发〔2006〕187号)第四条"土地增值税的扣除项目"第(五)项的规定,属于多个房地产项目共同的成本费用,应按清算项目可售建筑面积占多个项目可售总建筑面积的比例或其他合理的方法,计算确定清算项目的扣除金额。因此,首先应考虑按照清算项目可售建筑面积占多个项目可售总建筑面积的比例分摊,如果按照可售面积分摊明显不合理的,如其他开发项目与清算项目共同期间不大,可售面积无法确定等,可以按照开发成本或者以直接组织、管理开发清算单位的人数所占的比例进行分摊方法进行分摊,同时在清算报告中说明分摊方法和理由。

3. 海南省的具体规定

《国家税务总局海南省税务局土地增值税清算审核管理办法》第十八条规定,开发间接费用,是指直接组织、管理开发项目发生的费用,包括工资、职工福利费、折旧费、修理费、办公费、水电费、劳动保护费、周转房摊销等。

这里的"直接组织、管理开发项目发生的费用"是指施工现场为组织、管理开发产品而实际发生的费用。对不属于为施工现场服务的部门,如行政管理部门、财务部门、销售部门等发生的费用属于房地产开发费用。差旅费、会议费等费用不得列入开发间接费用。

(八) 白蚁防治费、墙改基金返还款的处理

根据《土地增值税清算管理规程》(国税发〔2009〕91 号)第二十一条的规定,审核扣除项目是否符合下列要求:"(二)扣除项目金额中所归集的各项成本和费用,必须是实际发生的。"

因此,江苏明确对于房地产开发企业按规定取得的白蚁防治费、墙改基金返还款,应在扣除项目(已支付的相关款项)中扣减。

(九) 代收费用的处理

1. 代收费用处理的基本规定

根据《财政部 国家税务总局关于土地增值税一些具体问题规定的通知》(财税字〔1995〕48 号)第六条"关于地方政府要求房地产开发企业代收的费用如何计征土地增值税的问题"的规定,对于县级及县级以上人民政府要求房地产开发企业在售房时代收的各项费用,如果代收费用是计入房价中向购买方一并收取的,可作为转让房地产所取得的收入计税;如果代收费用未计入房价中,而是在房价之外单独收取的,可以不作为转让房地产的收入。

对于代收费用作为转让收入计税的,在计算扣除项目金额时,可予以扣除,但不允许作为加计 20% 扣除的基数;对于代收费用未作为转让房地产的收入计税的,在计算增值额时不允许扣除代收费用。

2. 江苏市政公用基础设施配套费和人防工程异地建设费的处理

房地产开发企业代收费用,应当按照《财政部 国家税务总局关于土地增值

税一些具体问题规定的通知》(财税字〔1995〕48号)第六条的规定进行处理。据此,江苏明确市政公用基础设施配套费、人防工程异地建设费不得加计扣除,也不作为房地产开发费用扣除的计算基数。

关于市政公用基础设施配套费和人防工程异地建设费,一些市、县政府及其职能部门下发文件明确其为代收费用,也有一些地区并未下发文件明确。鉴于市政公用基础设施配套费和人防工程异地建设费金额较大且包含在房价之中,这两项费用与房地产项目的建造活动非直接相关,房地产企业缴纳上述两项费用,不会产生其他额外支出或发生额外劳务,因此,苏地税规〔2012〕1号文件明确,市政公用基础设施配套费和人防工程异地建设费在计算土地增值税时允许扣除但不允许加计扣除,也不得作为计算房地产开发费用扣除限额的基数。

3.贵州省的具体规定

《贵州省土地增值税清算管理办法》第三十五条规定,对于县级及县级以上人民政府要求房地产开发企业在售房时代收的各项费用,代收费用已计入房价中向购买方一并收取的,视同销售房地产所取得的收入计税;代收费用未计入房价中,而在房价之外单独收取的,不确认为销售房地产所取得的收入。

房地产开发企业除前款规定之外的因销售房地产向购买方单独收取的水、电、煤气、天然气、有线电视初装费、呼叫系统购置安装费以及其他价外费用,应当确认为土地增值税的计税收入。

(十)甲供材的扣除问题

甲供材就是甲方供应材料。甲供材料建筑工程,是指由基本建设单位提供原材料,施工单位仅提供建筑劳务的工程。这是土地增值税清算时税企争议的频发地带。例如甲开发商采购甲供材600万元,工程承包给乙建筑公司,工程款400万元。在2016年5月1日营改增以前,根据《营业税暂行条例》的规定,乙建筑公司虽然只收到400万元工程款,却需要将600万元甲供材计入营业额缴纳营业税。在实务中,可能会出现两种逃税现象:

第一种,乙建筑公司只就400万元计算缴纳营业税,为甲公司开具400万元的建安发票,甲公司凭600万元材料的增值税发票和400万元的建安营业税发票计入开发成本。该种情况下乙公司少缴了营业税;

第二种,乙公司就1 000万元全额缴纳营业税,为甲公司开具1 000万元建安发票。此时甲公司已经有1 000万元的建安发票,可能会在采购材料时不索要600万元材料的增值税发票,为材料供应商少缴增值税提供了可能。由于以票控税的征管模式在甲供材领域出现了征管盲区,在实务中经常出现基层税务机关要求房地产开发企业对甲供材缴纳营业税后,必须取得建安发票才能在土地增值税清算中扣除。

2016年5月1日起全面营改增后,甲供材的增值税发票通常开给甲方,乙方仅就提供的建筑业劳务缴纳增值税,向甲方开具增值税发票。

(十一) 房地产开发企业支付的境外设计费扣除问题

根据《土地增值税暂行条例实施细则》第七条第二款的规定,前期工程费,包括规划、设计、项目可行性研究和水文、地质、勘察、测绘、"三通一平"等支出。

因此,对房地产开发企业委托境外设计公司发生的境外设计费,真实、合理且能提供合法、有效凭证的,允许作为前期工程费在计算增值额时计入开发成本项目扣除。

(十二) 房地产开发企业诉讼费的扣除问题

房地产开发企业转让房地产过程中发生诉讼活动缴纳的诉讼费,应按《土地增值税暂行条例实施细则》第七条第(三)项规定,作为房地产开发费用中的管理费用计算扣除,而不能计入房地产开发成本项目扣除。

(十三) 燃气、景观、绿化、门窗等建造成本分摊扣除问题

根据《土地增值税清算管理规程》(国税发〔2009〕91号印发)第二十一条第(五)项的规定,纳税人分期开发项目或者同时开发多个项目的,或者同一项目中建造不同类型房地产的,应按照受益对象,采用合理的分配方法,分摊共同的成本费用。

房地产开发企业发生的燃气、景观、绿化、门窗等建造成本,可明确受益对象,例如:燃气的受益对象为住宅,地上景观、绿化、门窗的受益对象为地上建筑物。因此,房地产开发企业发生的燃气、景观、绿化、门窗等建造成本,应在受益对象范围内进行分摊。

(十四) 样板房与售楼部建造装修费用的扣除问题

对样板房、售楼部的建造、装修费用如何扣除问题,国家税务总局没有明确具体统一的规定。安徽、江苏等地出台地方性的具体规定。

1. 安徽省样板房、售楼部的建造、装修费用的处理

根据《安徽省土地增值税清算管理办法》第四十一条的规定,纳税人在房地产开发项目以外单独建造的样板房、售楼部,其建造费用、装修费用不得计入房地产开发成本。

2. 江苏省临时的售楼部、样板房及其装修费用的扣除口径

房地产企业单独修建的售楼部、样板房等营销设施费,江苏的执行口径应分如下不同情况处理:

(1) 在开发小区内、项目主体外修建临时性建筑物作为售楼部、样板房的,其发生的设计、建造、装修等费用,应计入房地产开发费用扣除。

(2) 项目主体内修建的临时售楼部、样板房,其发生的设计、建造、装修等费用,建成后有偿转让的,应计算收入并准予扣除。

(3) 房地产企业利用规划配套设施(如会所、物业管理用房等),发生的售楼部、样板房的设计、建造、装修等费用,按以下原则处理:

① 建成后产权属于全体业主所有的,其成本、费用可以扣除。

② 建成后无偿移交给政府、公用事业单位用于非营利性社会公共事业的,其成本、费用可以扣除。

③ 建成后有偿转让的,应计算收入,并准予扣除成本、费用。

(4) 在开发项目红线外修建或租用的房屋,所发生的建造、装修、租赁等费用,属于营销费用,应计入房地产开发费用扣除。

3. 重庆市的执行口径

重庆市的在清算单位范围内营销设施、样板房装修费用处理方法为:附着于可售房产的,对象化计入相应类型房产建筑安装成本;附着于不可售公配设施的,计入公共配套设施费;附着于临时建筑体的,计入开发间接费(临时建筑体建造费)。

(十五) 营销设施建造费可否计入开发间接费扣除问题

《房地产开发经营业务企业所得税处理办法》(国税发〔2009〕31 号印发)规定,开发间接费包含项目营销设施建造费,在计算土地增值税时开发间接费是否包括项目营销设施建造费?

根据《土地增值税暂行条例实施细则》第七条的规定,开发间接费用,是指直接组织、管理开发项目发生的费用,包括工资、职工福利费、折旧费、修理费、办公费、水电费、劳动保护费、周转房摊销等。因此,江苏明确土地增值税的开发成本中的开发间接费用项目不包括营销设施建造费。这与重庆市的执行口径有所不同。

(十六) 搭建楼盘模型发生的费用支出的扣除问题

某房地产企业销售楼盘,为便于客户更直观地了解小区全景,在售楼处搭建楼盘模型发生的费用支出,在土地增值税清算时是否可以计入开发成本并加计扣除?

根据《土地增值税暂行条例实施细则》第七条第二款的规定,开发土地和新建房及配套设施的成本,是指纳税人房地产开发项目实际发生的成本,包括土地征用及拆迁补偿费、前期工程费、建筑安装工程费、基础设施费、公共配套设施费、开发间接费用。开发间接费用,是指直接组织、管理开发项目发生的费用,包括工资、职工福利费、折旧费、修理费、办公费、水电费、劳动保护费、周转房摊销等。

因此,房地产企业在售楼处搭建楼盘模型发生的费用支出不属于开发成本的列支范围,不可以计入开发成本扣除,也不得作为加计扣除的基数。

(十七) 开发成本是否需要全部支付后才可以扣除问题

1. 江苏省的执行口径

开发成本中发生的支出是否一定要全部支付后才可以扣除?已开票未支付的部分是否可以扣除?如合同约定分期付款的工程款。审核建安成本时有些单位存在工程款已预付而发票未到或者预提部分费用的如何扣除?

针对上述问题,江苏明确:根据《国家税务总局关于房地产开发企业土地增值税清算管理有关问题的通知》(国税发〔2006〕187号)第四条的规定,房地产开发企业办理土地增值税清算时计算与清算项目有关的扣除项目金额,应根据《土地增值税暂行条例》第六条及其实施细则第七条的规定执行。除另有规定外,扣除取得土地使用权所支付的金额、房地产开发成本、费用及与转让房地产有关税金,须提供合法有效凭证;不能提供合法有效凭证的,不予扣除。

根据《土地增值税清算管理规程》(国税发〔2009〕91号印发)第二十一条的规定,审核扣除项目是否符合下列要求:

(1) 在土地增值税清算中,计算扣除项目金额时,其实际发生的支出应当取得但未取得合法凭据的不得扣除。

(2) 扣除项目金额中所归集的各项成本和费用,必须是实际发生的。

因此,江苏明确开发成本中发生的款项要实际支付并取得合法有效凭证才可以扣除。

2. 重庆市的执行口径

对于未支付费用重庆的执行口径是:扣除项目中所归集的相关成本费用须是实际发生和已经支付,预提费用、未实际支付的成本费用不确认为扣除项目。

（十八）开发成本不实的核定

1. 房地产开发成本不实核定的依据

根据《国家税务总局关于房地产开发企业土地增值税清算管理有关问题的通知》（国税发〔2006〕187号）第四条第（二）项的规定，房地产开发企业办理土地增值税清算所附送的前期工程费、建筑安装工程费、基础设施费、开发间接费用的凭证或资料不符合清算要求或不实的，税务机关可参照当地建设工程造价管理部门公布的建安造价定额资料，结合房屋结构、用途、区位等因素，核定上述四项开发成本的单位面积金额标准，并据以计算扣除。具体核定方法由省税务机关确定。

前期工程费、建筑安装工程费、基础设施费、开发间接费，实务中一般简称为"四项成本"。国税发〔2006〕187号文件赋予税务机关对"四项成本"不实以"核定"的权力，并将核定方法下放至各省税务机关确定。但何为"四项成本"不实呢？例如北京地方税务局制定了四项开发成本的造价扣除标准（即《分类房产单位面积四项成本核定表》），并向社会公布。当房地产开发企业土地增值税清算时申报的四项成本扣除额明显高于该分类房产单位面积四项成本扣除金额标准，又无正当理由的，则依据公布的造价标准扣除。除北京外，大连〔《大连市地方税务局关于进一步明确土地增值税若干问题的通知》（大地税函〔2007〕200号）〕、福州〔《福州市国家税务局 福州市地方税务局 福州市物价局关于加强房地产开发企业建筑安装工程费预警值管理的通知》（榕地税〔2013〕19号）〕、青岛〔《青岛市地方税务局关于印发〈青岛市地方税务局房地产开发项目土地增值税税款清算管理暂行办法〉的通知》（青地税发〔2008〕100号）〕、成都〔《成都市地方税务局转发关于房地产开发企业土地增值税清算管理有关问题的通知》（成地税函〔2007〕30号）〕等多地均出台类似的四项成本不实核定征收的规定。

2. 江西省开发成本的核定扣除规定

根据《国家税务总局江西省税务局关于土地增值税若干征管问题的公告》（国家税务总局江西省税务局公告2018年第16号）第四条第（一）项"开发成本的核定标准"的规定，对纳税人申报房地产开发成本的凭证、资料不符合清算要求或不实的，各市、县、区税务局可参照当地建设工程造价管理部门公布的定额资料，结合房屋结构、用途、区位等因素，具体制定包括"前期工程费、建筑安装工程费、基础设施费、开发间接费用"在内的房地产开发成本参考标准，据以计算扣除。

3. 江苏省房地产开发成本核定扣除规定

根据《江苏省地方税务局关于加强土地增值税征管工作的通知》(苏地税发〔2011〕53号)的规定,主管税务机关参照当地建设工程造价管理部门公布的造价定额资料,结合房屋结构、用途、区位等因素,制定《房地产开发成本参考标准》。如果纳税人申报时所附送房地产开发成本凭证或资料不符合清算要求或不实的,可根据《房地产开发成本参考标准》核定开发成本的单位面积金额标准,并据以计算扣除。

根据《江苏省地方税务局关于土地增值税有关业务问题的公告》(苏地税规〔2012〕1号)第五条第(一)项"房地产开发成本核定扣除"的规定,纳税人在办理土地增值税清算申报时所附送房地产开发成本凭证或资料不符合清算要求或不实的,税务机关可参照当地建设工程造价管理部门公布的造价定额资料,结合房屋结构、用途、区位等因素,核定开发成本的单位面积金额标准,并据以计算扣除。

4. 广东省四项成本不实的核定扣除规定

根据《广东省税务局土地增值税清算管理规程(暂行)》第二十二条的规定,纳税人办理土地增值税清算所附送的前期工程费、建筑安装工程费、基础设施费、开发间接费用的凭证资料不符合清算要求或不实的,主管税务机关经报上一级税务机关核准后,按照当地扣除项目金额标准计算扣除。

凭证资料不符合清算要求或不实是指有下列情形之一的:

(1)不能提供符合国家标准的建筑施工合同的,不能在规定期限内完整提供工程竣工、工程结算、工程监理等方面资料的,或未按国家有关规定、程序、手续进行工程结算的。

(2)工程结算项目建安造价高于当地扣除项目金额标准且无正当理由的。

(3)装饰装修、园林绿化工程由具有相应资质且账务健全的企业施工,但不能提供完整的工程施工图、竣工图、工程量清单、材料苗木清单,建安造价高于当地扣除项目金额标准且无正当理由的;装饰装修、园林绿化工程由无资质企业、个体工商户或个人施工,建安造价高于当地扣除项目金额标准且无正当理由的。

(4)房地产开发企业与工程承包企业互为关联企业,建安造价高于当地扣除项目金额标准且无正当理由的。

（5）大额工程款采取现金支付或支付资金流向异常的。

5. 浙江省四项开发成本核定扣除的具体规定

根据《浙江省地方税务局关于房地产开发企业土地增值税清算四项开发成本核定办法的公告》（浙江省地方税务局公告 2016 年第 20 号）的规定，房地产开发企业在计算土地增值税时，前期工程费、建筑安装工程费、基础设施费、开发间接费用等"四项开发成本"（以下简称"四项开发成本"）应按实际发生额据实扣除。

房地产开发企业办理土地增值税清算所附送的"四项开发成本"的凭证或资料不符合清算要求或不实的，主管税务机关可参照当地建设工程造价管理部门定期公布的建安造价定额资料，结合房屋建造年份、结构、用途、区位、材料等因素，核定"四项开发成本"的单位面积金额标准。

三、公共配套设施的处理

（一）公共配套设施的土地增值税处理原则

根据《国家税务总局关于房地产开发企业土地增值税清算管理有关问题的通知》（国税发〔2006〕187 号）第四条第（三）项的规定，房地产开发企业开发建造的与清算项目配套的居委会和派出所用房、会所、停车场（库）、物业管理场所、变电站、热力站、水厂、文体场馆、学校、幼儿园、托儿所、医院、邮电通讯等公共设施，按以下原则处理：

（1）建成后产权属于全体业主所有的，其成本、费用可以扣除。

（2）建成后无偿移交给政府、公用事业单位用于非营利性社会公共事业的，其成本、费用可以扣除。

（3）建成后有偿转让的，应计算收入，并准予扣除成本、费用。

公共设施的处理原则如图 5-7 所示。

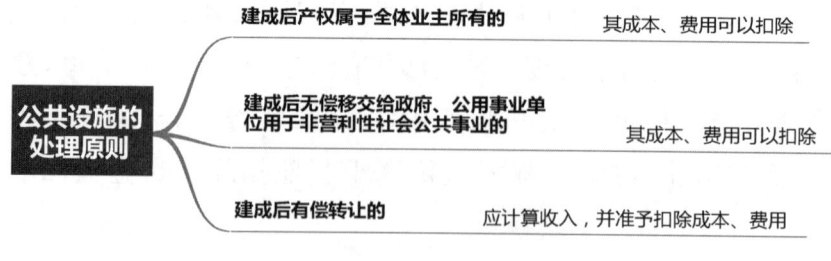

图 5-7 公共设施的处理原则

（二）建成后产权属于全体业主所有的理解与把握

1.江苏省的执行口径

《国家税务总局关于房地产开发企业土地增值税清算管理有关问题的通知》（国税发〔2006〕187号）第四条规定，公共配套设施建成后产权属于全体业主所有的，其成本、费用可以扣除。在执行过程中，对上述"建成后产权属于全体业主所有"如何理解和把握问题，江苏的执行口径为应根据以下顺序进行确认：

（1）法院判决书、裁定书、调解书以及仲裁裁决书、调解书确定属于全体业主共有的；

（2）在不动产登记机构不动产登记簿中明确属于全体业主共有的；

（3）商品房销售合同、协议或合同性质凭证中载明归全体业主共有，且经业主委员会书面证明属于全体业主共有的；

（4）纳税人出具经公证承诺永久属于全体业主共有声明的。

2.安徽省对公共配套设施扣除的具体规定

根据《安徽省土地增值税清算管理办法》第三十九条的规定，纳税人开发建造的与清算项目配套的居委会和派出所用房、会所、停车场（库）、物业管理场所、变电站、热力站、水厂、文体场馆、学校、幼儿园、托儿所、医院、邮电通讯设施等，建成后产权属于全体业主所有的，其成本、费用可以扣除；建成后无偿移交给政府、公用事业单位用于非营利性社会公共事业的，在提供政府、公用事业单位书面证明后，其成本、费用可以扣除；建成后有偿转让的，应计算收入，并准予扣除成本、费用。

符合下列情况之一的，可以确认为建成后产权属于全体业主所有：

（1）商品房销售合同、协议或合同性质凭证中注明有关公共配套设施归业主共有，且房屋登记机构在房屋登记簿中对属业主共有的物业服务用房等配套建筑予以记载的。

（2）商品房销售合同、协议或合同性质凭证中未注明有关公共配套设施归业主共有，但通过其他方式向物业买受人提供书面公示材料注明有关公共配套设施归业主共有，且房屋登记机构在房屋登记簿中对属业主共有的物业服务用房等配套建筑予以记载的。

（3）商品房销售合同、协议或合同性质凭证中注明有关公共配套设施归业主共有，或通过其他方式向物业买受人提供书面公示材料注明有关公共配套设施归业主共有，但因客观原因房屋登记机构未在房屋登记簿中对属业主共有的物业服务用房等配套建筑予以记载，主管税务机关应当调查取证予以确认。

（4）法院判决书、裁定书、调解书以及仲裁裁决书确定属于全体业主共有的。

（三）车库（车位、储藏室等）的处理与成本扣除

1. 人防车位面积是否可售问题

在土地增值税清算时，人防车位成本的扣除问题是税企最富争议的问题之一。实务中对人防车位的争议主要表现在人防车位的面积是作为可售面积还是不可售面积。有的地方，例如北京[《北京市地税局〈关于明确土地增值税征收管理若干问题的通知〉》（京地税地〔2003〕73 号）]、青岛[《青岛市地方税务局关于印发〈房地产开发项目土地增值税清算业务指引〉的通知》（青地税函〔2013〕44 号）]、湖南[《湖南省地方税务局关于进一步规范土地增值税管理的公告》（2014 年第 7 号）]等，要求企业提供证据证明人防车位是否已移交全体业主或者移交人防部门，如果未移交，则作为可售面积，如果移交则作为公共配套设施计入不可售面积。有的地方则允许企业将人防车位直接处理为不可售面积。

2. 江西省地下车库（位）的清算处理规定

《国家税务总局江西省税务局关于土地增值税若干征管问题的公告》（国家税务总局江西省税务局公告 2018 年第 16 号）第五条"地下车库（位）的清算问题"规定，销售地下车库（位）取得的收入，不论开具何种票据，均计入"其他类型房地产"的转让收入。对利用地下人防设施改造成地下车库（位）的，其成本费用归集到公共配套设施费中一次性扣除。对单独建造地下车库（位）的，其建造过程中发生的成本费用参照该公告第三条确定的原则进行归集和分摊。已售地下车库（位）面积为已售出的每个车位面积的总和。

土地增值税清算的归集分摊原则为：

（1）多个清算单位之间，扣除项目金额能按不同清算单位直接归集的，先直接归集；不能直接归集的部分，再按各清算单位的建筑面积分摊。

（2）同一清算单位内部，扣除项目金额能按不同受益对象直接归集的，先直接归集；不能直接归集的部分，再按受益对象的建筑面积分摊。

（3）对同一清算单位内部存在不同类型房地产或已售、未售区分的情形，扣除项目金额能按不同受益对象直接归集的，先直接归集；不能直接归集的部分，第一步在已售与未售之间按建筑面积分摊，第二步在普通住宅、非普通住宅和其

他类型房地产之间按建筑面积分摊。

3. 江苏省车库(车位、储藏室等)的处理规定

《江苏省地方税务局关于土地增值税若干问题的公告》(苏地税规〔2015〕8 号)第四条"关于车库(车位、储藏室等)问题"规定,能够办理权属登记手续的车库(车位、储藏室等)单独转让时,房地产开发企业应按"其他类型房产"确认收入并计算成本费用。不能办理权属登记手续的车库(车位、储藏室等),按照《国家税务总局关于房地产开发企业土地增值税清算管理有关问题的通知》(国税发〔2006〕187 号)第四条第三项的规定执行。

此外,对"能够办理权属登记手续"应如何理解和把握问题。江苏的执行口径为:根据《江苏省不动产登记条例》第三十八条的规定,依法利用建设用地建造房屋等建筑物、构筑物的,可以申请建设用地使用权及房屋等建筑物、构筑物所有权登记。因此,"能够办理权属登记手续"是指依上述规定可以办理权属登记手续;依上述规定难以确定是否能够办理权属登记手续的,应当函询同级不动产登记部门,请其确认是否能够办理权属登记手续。

房地产开发企业根据项目建设规划建造的地下机械车位,具备停车场(库)同样的功能,属于清算项目的配套设施。因此,纳税人经依法批准建设的地下机械车位,属于《国家税务总局关于房地产开发企业增值税清算管理有关问题的通知》(国税发〔2006〕187 号)第四条第三项"停车场(库)"的范围。

根据《江苏省地方税务局关于土地增值税若干问题的公告》(苏地税规〔2015〕8 号)第四条的规定,能够办理权属登记手续的车库(车位、储藏室等)单独转让时,房地产开发企业应按"其他类型房产"确认收入并计算成本费用。不能办理权属登记手续的车库(车位、储藏室等),按照《国家税务总局关于房地产开发企业土地增值税清算管理有关问题的通知》(国税发〔2006〕187 号)第四条第三项的规定执行。

截止到本书定稿时,财政部、税务总局的规范性文件中,没有关于转让非人防地下车位土地增值税处理的具体规定。在江苏等地有地方性具体明确规定。根据《江苏省地方税务局关于土地增值税若干问题的公告》(苏地税规〔2015〕8 号)"能够办理权属登记手续"相关的规定,在暂不具备实际办理地下非人防车位产权权属登记条件的地区,转让经依法批准建设的非人防地下车库(车位)的,应纳入土地增值税征税范围。对房地产开发企业与业主之间签订不动产买卖合同、开具销售发票的,认定为土地增值税征税范围的转让房地产。

根据国税发〔2006〕187号文件第四条第三项的规定,房地产开发企业开发建造的与清算项目配套的居委会和派出所用房、会所、停车场(库)、物业管理场所、变电站、热力站、水厂、文体场馆、学校、幼儿园、托儿所、医院、邮电通讯等公共设施,按以下原则处理:

(1)建成后产权属于全体业主所有的,其成本、费用可以扣除。

(2)建成后无偿移交给政府、公用事业单位用于非营利性社会公共事业的,其成本、费用可以扣除。

(3)建成后有偿转让的,应计算收入,并准予扣除成本、费用。

因此,房地产开发企业单独转让地下车库、车位,能够办理权属登记手续的,属于土地增值税的征税范围,应按"其他类型房产"确认收入并计算成本费用。

4. 甘肃省无产权地下车库的土地增值税处理规定

根据《甘肃省地方税务局税政一处关于土地增值税清算审核有关问题的通知》(甘地税税政一便函〔2017〕24号)第一条的规定,据了解,甘肃省房地产开发项目配建的地下车库均不能办理产权证。根据省人防办提供的情况,部分无产权地下车库是开发商利用地下人防工程投资建设。根据省建设厅提供的情况,开发商取得的商品房预售许可证,预售总建筑面积不包括其配建的地下车库或利用地下人防工程修建的地下车库面积。

根据《土地增值税暂行条例》及其实施细则的有关规定,土地增值税是对出售或者以其他方式有偿转让国有土地使用权、地上的建筑物及其附着物的行为所征收的税。因而,无论是配建的地下车库或利用地下人防工程改建的地下车库,只要未获得销售许可或产权移交,其成本、费用均不予扣除。即使开发商与业主签订了车位销售合同,但因事实上只是转让车库的使用权,并未发生权属转移,应视为租赁行为。不论租赁期长短,均不纳入土地增值税征税范围,开发商取得无产权地下车库的租金收入,应按有关规定缴纳营业税(2016年5月1日起缴纳增值税)、房产税等。

5. 海南省转让车库的具体规定

《国家税务总局海南省税务局土地增值税清算审核管理办法》第十七条第(十)项规定,转让有产权的地下车库,应计入项目可售建筑面积(包括应分摊的车道等地下面积),按规定确认房地产销售收入,其发生的成本费用允许扣除;转让或出租无产权的地下车库使用权的,其收入不计入清算收入,同时不允许扣除其应分摊的成本费用。其他无产权的公共配套设施比照执行。

6.浙江省让渡无产权车库(车位)、储藏室等使用权的处理

《浙江省地方税务局关于土地增值税若干政策问题的公告》(2014 年第 16 号)第五条"让渡无产权的车库(车位)、储藏室等使用权的征收"规定,对房地产开发企业以转让使用权或提供长期使用权的形式,有偿让渡无产权车库(车位)、储藏室(以下简称无产权房产)等使用权的,其取得的让渡收入应按以下规定计算征收土地增值税。

(1) 对清算前取得的让渡收入应并入清算单位收入一并计算征收土地增值税。对不同类型房地产开发产品,应分别计算增值额的,让渡收入应按照建筑面积法在不同类型可售房产之间进行分摊,分别并入不同类型可售房产的收入。

(2) 对清算后取得的让渡收入,根据该清算单位土地增值税清算时确定的税负率计算征收土地增值税,即:计算缴纳的应缴土地增值税=无产权房产让渡收入×该清算单位的清算税负率。

(四) 变相销售地下车位是否确认清算收入问题

无产权车位可分为两种:一种是人防车位,一种是非人防无产权车位。实务中开发商对无产权车位可能采取变相销售的方式,例如有的开发商与业主签订一次性转让车位使用权合同,或者是与业主签订车位租赁合同,租期为 20 年,20 年之后的使用权赠送等方式变相销售车位。对该种变相销售的地下车位取得的收入是否作为土地增值税清算的收入?

由于财政部、国家税务总局的规范性文件中没有明确具体的规定,实务中态度分成截然不同的两种,一种是实质重于形式,将无产权地下车位的变相销售收入确认为土地增值税清算收入,同时允许成本扣除,例如河南[《河南省地方税务局转发关于土地增值税清算有关问题的通知》(豫地税函〔2010〕202 号)]、湖北[《湖北省地方税务局关于印发〈湖北省房地产开发企业土地增值税清算管理办法〉的通知》(鄂地税发〔2008〕207 号)]、青岛[《青岛市地方税务局关于印发〈房地产开发项目土地增值税清算有关业务问题问答〉》(青地税函〔2009〕47 号)]、天津[《天津市地方税务局关于明确土地增值税清算若干问题的通知》(津地税地〔2011〕24 号)]、浙江[《浙江省地方税务局关于土地增值税若干政策问题的解答》]、湖南[《湖南省地方税务局关于进一步规范土地增值税管理的公告》(2014 年第 7 号)];另一种是形式重于实质,将无产权地下车位的变相销售收入不确认为土地增值税清算收入,同时不允许成本扣除,例如辽宁[《辽宁省地方税务局关于明确土地增值税清算有关问题的通知》(辽地税函〔2012〕92 号)]、新疆

[《新疆维吾尔自治区地方税务局关于土地增值税若干政策问题的公告》（2014 年第 1 号）]、北京[《北京市地税局〈关于明确土地增值税征收管理若干问题的通知〉》（京地税地〔2003〕73 号）]、西安[《关于明确土地增值税若干政策问题的通知》（西地税发〔2010〕235 号）]等。

（五）清算项目配套的幼儿园可否扣除问题

房地产开发企业开发建造的与清算项目配套的幼儿园，是否可以在土地增值税清算时扣除其成本费用问题。江苏的执行口径是，房地产开发企业开发建造的与清算项目配套的幼儿园，在土地增值税清算时按照原则处理。

（1）建成后产权属于全体业主所有的，其成本、费用可以扣除。

（2）建成后无偿移交给政府、公用事业单位用于非营利性社会公共事业的，其成本、费用可以扣除。

（3）建成后有偿转让的，应计算收入，并准予扣除成本、费用。

（六）房地产开发企业支付的前期物业管理开办费的处理

江苏南京的甲房地产开发企业根据《关于江苏省物业管理条例涉及的物业管理开办费》的规定，通过招投标的方式选聘物业服务企业并提供了前期物业管理开办费，用于购买物业办公设备等固定资产。所购资产归全体业主所有，由物业服务企业使用。土地增值税清算时，支付给物业公司的物业管理开办费是否可以计入扣除项目扣除呢？

根据《土地增值税暂行条例》第六条的规定，计算增值额的扣除项目：（1）取得土地使用权所支付的金额；（2）开发土地的成本、费用；（3）新建房及配套设施的成本、费用，或者旧房及建筑物的评估价格；（4）与转让房地产有关的税金；（5）财政部规定的其他扣除项目。

据此，江苏明确的执行口径是，房地产开发企业支付给物业公司的物业管理开办费不在规定的扣除项目列举范围内，在计算土地增值税增值额时不能扣除。

（七）没有建设的配套设施和基础设施可否扣除问题

没有建设的配套设施支出在企业所得税处理时，根据《房地产开发经营业务企业所得税处理办法》（国税发〔2009〕31 号印发）第三十二条的规定，公共配套设施尚未建造或尚未完工的，可按预算造价合理预提建造费用，计入企业所得税计税成本在税前扣除，此类公共配套设施必须符合已在售房合同、协议或广告中明确承诺建造且不可撤销，或按照法律法规规定必须配套建造的条件。配套设施和基础设施还没有建设，在土地增值税清算处理时，这部分成本可否按上述企业所得税规定执行呢？

《土地增值税清算管理规程》（国税发〔2009〕91号）第二十一条规定，审核扣除项目是否符合下列要求：

（1）在土地增值税清算中，计算扣除项目金额时，其实际发生的支出应当取得但未取得合法凭据的不得扣除。

（2）扣除项目金额中所归集的各项成本和费用，必须是实际发生的。

因此，未建的配套设施和基础设施不得作为计算土地增值税增值额的扣除项目。

（八）人防工程成本费用的扣除问题

人防工程成本费用是否需要移交才能扣除问题，不同地方规定不同。

1. 江苏省的具体规定

根据《江苏省地方税务局关于土地增值税若干问题的公告》（苏地税规〔2015〕8号）第三条"关于人防工程成本费用扣除问题"的规定，依法配建并经验收合格的人防工程，允许扣除相关成本、费用。

这就是说，自2016年3月1日起，对于房地产开发企业依法配建并经验收合格的人防工程，不论是否已办理移交手续，可以确认为公共配套设施费予以扣除。

2. 甘肃省地下人防工程成本费用扣除规定

城市新建民用建筑，按照国家有关规定修建战时可用于防空的地下室；人民防空工程平时由投资者使用管理，收益归投资者所有。上述规定表明，修建地下人防工程是法律赋予开发商必须履行的强制国防义务，且遵循谁投资谁使用谁受益的原则。

目前，甘肃省人防办对非国家投资建设的地下人防工程履行宏观管理职能，实施备案登记管理，地下人防设施的权属并未发生转移。

因此，《甘肃省地方税务局税政一处关于土地增值税清算审核有关问题的通知》（甘地税税政一便函〔2017〕24号）第一条明确，土地增值税对转让国有土地使用权、地上的建筑物及其附着物并取得收入的单位和个人征收，地下人防工程作为公共配套设施产权未发生转让和移交，因此其成本、费用不应在土地增值税清算中扣除。

3. 海南省的具体规定

《国家税务总局海南省税务局土地增值税清算审核管理办法》第十七条第

(九)项规定,依法配建人防部门规划的人防工程,其建造发生的成本费用允许扣除。按规定向建设部门缴纳的人防工程易地建设费,取得合法有效凭证的,允许扣除。

(九) 公共配套设施成本费用扣除的地方具体规定

1. 江苏省公共配套设施成本费用扣除的具体规定

自 2012 年 10 月 1 日起至 2016 年 2 月 29 日止,根据《江苏省地方税务局关于土地增值税有关业务问题的公告》(苏地税规〔2012〕1 号)第五条"关于房地产开发成本、费用的扣除"第(二)项"公共配套设施成本费用的扣除"的规定,房地产开发企业建造的各项公共配套设施,建成后移交给全体业主或无偿移交给政府、公共事业单位用于非营利性社会公共事业的,准予扣除相关成本、费用;未移交的,不得扣除相关成本、费用。项目规划范围之外的,其开发成本、费用一律不予扣除。人防工程的使用权和收益权未无偿移交给全体业主的,其相关成本、费用不予扣除。人防工程的使用权和收益权无偿移交给全体业主的证明材料,应当包括房地产企业在当地主要媒体上刊登的移交公告。

根据国税发〔2006〕187 号文件的规定,公共配套设施建成后,产权不属于全体业主,也未无偿移交给政府、公用事业单位用于非营利性社会公共事业,也未有偿转让的,建造公共配套设施发生的成本、费用在计算土地增值税时不得扣除。如果纳税人存在不得扣除的公共配套设施费,但未将公共配套设施作为独立的开发产品核算归集成本、费用,那么在计算土地增值税时将无法确定不得扣除的金额。因此,对于不可售的公共配套设施(可售的公共配套设施按非住宅处理),应当作为独立开发产品核算归集成本、费用。

配建的人防设施是否必须办理无偿移交手续才可扣除问题,根据《江苏省地方税务局关于土地增值税若干问题的公告》(苏地税规〔2015〕8 号)第三条的规定,依法配建并经验收合格的人防工程,允许扣除相关成本、费用。因此,自 2016 年 3 月 1 日起,江苏的执行口径为,对于房地产开发企业依法配建并经验收合格的人防工程,不论是否已办理移交手续,可以确认为公共配套设施费予以扣除。

2. 江西省公共配套设施费的处理

《国家税务总局江西省税务局关于土地增值税若干征管问题的公告》(国家税务总局江西省税务局公告 2018 年第 16 号)第四条第(二)项"公共配套设施费的处理"规定,纳税人向建设部门缴纳市政配套设施费并取得相应专用收据的,作为公共配套设施费计算扣除。对纳税人将公共配套设施转为自用或用于出租等商业用途的,不得作为公共配套设施费扣除。对于按照规定应移交而未移交的公共配套设施,属于政府、公用事业单位的原因不能及时接收的,经有关单位出具证明或由纳税人进行权属公告并出具承诺书,经清算领导小组合议确定后,其成本、费用可以扣除;产权属于全体业主所有的公共配套设施,凡清算时能够出具向全体业主移交公告且明确收益权归属全体业主的,其成本、费用可以扣除。

3. 重庆市的具体执行口径

根据《重庆市城市房地产开发经营管理条例》的相关规定,房地产项目公共配套设施是指由开发建设单位按照规划许可和开发建设方案,在项目范围内为满足本项目购房人基本生活所需而配建的给排水、供电、供气、通信、宽带、有线电视、小区道路、垃圾收集和绿化、小区物业管理用房、社区管理用房等基本生活配套设施和为提高项目品质配建的其他配套设施。公共配套设施的用途(去向)包括:全体业主共有使用;无偿移交地方政府、政府公共事业单位;特定条件下可有偿转让的房产,需作如下分类认定:

(1) 产权属于全体业主所有的(如物管房、业主会所等),其成本、费用计入公共配套设施费。此类公配一般初始确权给全体业主,按下列原则之一确认:

① 房产初始登记确权为全体业主共有。

② 经人民法院裁决属于全体业主共有。

③ 政府相关文件、规划资料中明确规定属于全体业主所有。

④ 商品房销售合同、协议或合同性质凭证中注明归业主共有,并且已移交给业主委员会。

(2) 无偿移交给政府、公用事业单位用于非营利性社会公共事业的(如居委会、派出所、文体场馆、公立学校房产等),其成本费用计入公共配套设施费。此类公配一般初始确权给接收单位,或者移交时由房地产企业过户给接收单位,可通过管理权和所有权的移交资料判定,应当提供政府、公用事业单位书面接收文件;相关单位应接收而未接收的,由接收单位或者政府主管部门说明不接收或未及时接收具体原因,出具书面证明材料,交由税务机关进行合理性认定。

(3) 具有特定范围(用途)可售属性的(如车库、经营性会所、非公办学校房产等),此类公配初始确权给房地产企业,用于有偿转让、自用、出租等,应纳入可售类房产(非住宅)计算相应的成本费用。

4. 海南省的具体规定

《国家税务总局海南省税务局土地增值税清算审核管理办法》第十七条规

定,公共配套设施费的扣除应按以下规定处理：

（1）有下列情形之一的,认定公共配套设施建成后产权归全体业主所有的,其成本费用允许扣除：

① 政府相关文件中明确规定属于全体业主所有。

② 经人民法院裁判属于全体业主共有。

③ 商品房销售合同、协议或合同性质凭证中注明有关公共配套设施归业主共有。

（2）商品房销售合同中未明确有关公共配套设施归属,但相关公共配套设施移交给业主委员会,或业主委员会尚未成立,无法办理移交手续,纳税人能提供书面说明及代管情况的,其成本、费用允许扣除。

（3）商品房销售合同中注明有关公共配套设施归出卖人所有,纳税人在向主管税务机关反馈清算初审意见前与不少于已售房产户数三分之二的业主签订确认有关公共配套设施归全体业主共有的补充协议的,其成本、费用允许扣除。

（4）建成后无偿移交给政府、公用事业单位用于非营利性社会公共事业的,其成本、费用允许扣除。

（5）预提的公共配套设施费,违章建设、重复建设发生的公共配套设施费不允许扣除。

（6）分期开发房地产开发项目但公共配套设施滞后建设的,滞后建设的公共配套设施在未清算的项目中分摊扣除。

这就是说,分期开发的房地产项目,有部分项目已清算完成,但公共配套滞后建设,滞后建设的公共配套设施所发生的成本费用应在后续开发的项目中按规定分摊扣除。

（7）未移交的公共配套设施转为纳税人自用或用于出租等商业用途时,其建筑面积作为可售面积,不允许扣除相应的成本、费用。

（8）土地增值税清算时已将公共配套设施费计入房地产开发成本,清算后对外转让公共配套设施的,应按规定征收土地增值税,且其单位建筑面积成本费用额确认为零。

由于在清算时已将公共配套设施费计入房地产开发成本,分摊到可售的房地产,因此清算后再转让的其应扣除的成本确认为零。

（9）依法配建人防部门规划的人防工程,其建造发生的成本费用允许扣除。按规定向建设部门缴纳的人防工程易地建设费,取得合法有效凭证的,允许扣除。

（10）转让有产权的地下车库，应计入项目可售建筑面积（包括应分摊的车道等地下面积），按规定确认房地产销售收入，其发生的成本费用允许扣除；转让或出租无产权的地下车库使用权的，其收入不计入清算收入，同时不允许扣除其应分摊的成本费用。其他无产权的公共配套设施比照执行。

纳税人转让或出租无产权的地下车库使用权，不属于土地增值税的征收范围，因此其收入不计入清算收入。同时由于无产权的地下车库被房地产开发企业处置，不属于全体业主所有，不能认定为公共配套，不允许扣除其应分摊的成本费用。

四、拆迁安置的土地增值税处理

（一）用建造的本项目房地产安置回迁户的处理

根据《国家税务总局关于土地增值税清算有关问题的通知》（国税函〔2010〕220号）第六条"关于拆迁安置土地增值税计算问题"第（一）项的规定，房地产企业用建造的本项目房地产安置回迁户的，安置用房视同销售处理。按《国家税务总局关于房地产开发企业土地增值税清算管理有关问题的通知》（国税发〔2006〕187号）第三条第（一）项规定的如下方法确认收入，同时将此确认为房地产开发项目的拆迁补偿费。房地产开发企业支付给回迁户的补差价款，计入拆迁补偿费；回迁户支付给房地产开发企业的补差价款，应抵减本项目拆迁补偿费。确认收入的方法和顺序为：

（1）按本企业在同一地区、同一年度销售的同类房地产的平均价格确定。

（2）由主管税务机关参照当地当年、同类房地产的市场价格或评估价值确定。

（二）异地实物安置的处理

根据国税函〔2010〕220号文件第六条第（二）项的规定，开发企业采取异地安置，异地安置的房屋属于自行开发建造的，房屋价值按国税发〔2006〕187号第三条第（一）项的规定计算，计入本项目的拆迁补偿费。即按下列方法和顺序确认拆迁房屋价值并计入本项目拆迁补偿费：

（1）按本企业在同一地区、同一年度销售的同类房地产的平均价格确定。

（2）由主管税务机关参照当地当年、同类房地产的市场价格或评估价值确定。

异地安置的房屋属于购入的,以实际支付的购房支出计入拆迁补偿费。

【问 5-7】 房地产企业在拆迁安置过程中,采用产权调换方式,用自己建造或购置的房屋安置回迁户,其建造成本或购房费用是否可以在计算土地增值税的时候进行扣除?

【解析】 根据《国家税务总局关于土地增值税清算有关问题的通知》(国税函〔2010〕220 号)第六条的规定,房地产企业用建造的本项目房地产安置回迁户的,安置用房视同销售处理,按国税发〔2006〕187 号第三条第(一)项规定确认收入,同时将此确认为房地产开发项目的拆迁补偿费。房地产开发企业支付给回迁户的补差价款,计入拆迁补偿费;回迁户支付给房地产开发企业的补差价款,应抵减本项目拆迁补偿费。开发企业采取异地安置,异地安置的房屋属于自行开发建造的,房屋价值按国税发〔2006〕187 号第三条第(一)项的规定计算,计入本项目的拆迁补偿费;异地安置的房屋属于购入的,以实际支付的购房支出计入拆迁补偿费。

因此,房地产企业在拆迁安置过程中,采用产权调换方式,用自己建造或购置的房屋安置回迁户,可以按规定在计算土地增值税时扣除。

(三) 货币安置拆迁的处理

根据国税函〔2010〕220 号文件第六条第(三)项的规定,货币安置拆迁的,房地产开发企业凭合法有效凭据计入拆迁补偿费。

(四) 拆迁评估费、临时安置补偿费的处理

根据《土地增值税暂行条例实施细则》第七条第二项的规定,土地征用及拆迁补偿费,包括土地征用费、耕地占用税、劳动力安置费及有关地上、地下附着物拆迁补偿的净支出、安置动迁用房支出等。

根据《江苏省贯彻实施〈国有土地上房屋征收与补偿条例〉若干问题的规定》(苏政发〔2011〕91 号)第七条的规定,被征收房屋的价值,由具有相应资质的房地产价格评估机构依法评估确定。

根据《国有土地上房屋征收与补偿条例》第十七条的规定,作出房屋征收决定的市、县级人民政府对被征收人给予的补偿包括:

(1) 被征收房屋价值的补偿。

(2) 因征收房屋造成的搬迁、临时安置的补偿。

(3) 因征收房屋造成的停产停业损失的补偿。

因此,江苏明确,房地产开发企业在拆迁过程中实际支付的拆迁评估费、临时安置补偿费属于拆迁补偿的必要支出,凭合法有效凭证,可以作为土地征用及拆迁补偿费扣除。

五、计算增值额时不得扣除的项目

(一)预提费用的扣除问题

1.土地增值税的处理

根据《国家税务总局关于房地产开发企业土地增值税清算管理有关问题的通知》(国税发〔2006〕187号)第四条第(四)项的规定,房地产开发企业的预提费用,除另有规定外,不得扣除。

根据《土地增值税清算管理规程》(国税发〔2009〕91号印发)第二十一条的规定,审核扣除项目是否符合下列要求:"(二)扣除项目金额中所归集的各项成本和费用,必须是实际发生的。"

因此,房地产开发企业的预提费用,除另有规定外,在计算增值额时不得扣除。

不过,兰州市的执行口径为"十一、截止到清算日,企业应发生未发生的费用,比如绿化、基础设施费、配套设施费等,如何确定扣除项目。经主管税务机关审批,房地产企业可以预提相关费用并准予扣除。根据预提的费用,进行成本归集。在实际发生后,余额按预征率征收土地增值税"。

2.企业所得税处理

根据《房地产开发经营业务企业所得税处理办法》(国税发〔2009〕31号印发)第三十二条的规定,除以下几项预提(应付)费用外,计税成本均应为实际发生的成本。

(1)出包工程未最终办理结算而未取得全额发票的,在证明资料充分的前提下,其发票不足金额可以预提,但最高不得超过合同总金额的10%。

(2)公共配套设施尚未建造或尚未完工的,可按预算造价合理预提建造费用。此类公共配套设施必须符合已在售房合同、协议或广告、模型中明确承诺建造且不可撤销,或按照法律法规规定必须配套建造的条件。

(3)应向政府上交但尚未上交的报批报建费用、物业完善费用可以按规定预提。物业完善费用是指按规定应由企业承担的物业管理基金、公建维修基金或其他专项基金。

(二)土地闲置费不得扣除

《国家税务总局关于土地增值税清算有关问题的通知》(国税函〔2010〕

220号）第四条"房地产企业逾期开发缴纳的土地闲置费的扣除问题"规定，房地产开发企业逾期开发缴纳的土地闲置费不得扣除。

然而，根据《房地产开发经营业务企业所得税处理办法》（国税发〔2009〕31号）第二十七条的规定，企业所得税开发产品计税成本支出的内容包括土地征用费及拆迁补偿费。土地征用费及拆迁补偿费，是指为取得土地开发使用权（或开发权）而发生的各项费用，主要包括土地买价或出让金、大市政配套费、契税、耕地占用税、土地使用费、土地闲置费、土地变更用途和超面积补缴的地价及相关税费、拆迁补偿支出、安置及动迁支出、回迁房建造支出、农作物补偿费、危房补偿费等。也就是说土地闲置费在企业所得税处理时，可以计入开发产品计税成本中的土地征用费及拆迁补偿费项目，从而在企业所得税前扣除。

《北京市地方税务局关于土地增值税清算问题的公告》（北京市地方税务局2010年第2号公告）第一条规定，房地产开发企业逾期开发缴纳的具有土地闲置费性质的支出，均不得扣除。

（三）红线外支出的扣除问题

用地红线是各类建筑工程项目用地的使用权属范围的边界线。每个项目都有自己的红线。红线外支出，是指在房地产开发企业项目建设用地边界外，即国家有关部门审批的项目规划外承建设施发生支出。主要分为两种：一种是红线外为政府建设公共设施或其他工程是招拍挂拿地时的附带条件，该种情况下，红线外支出相当于土地成本的一部分；另一种是开发商为了提升红线内楼盘的品质，在红线外自行建造建筑物或基础设施。

实务中各地对"红线外支出"的处理并不统一，例如江苏〔《江苏省地方税务局关于土地增值税有关业务问题的公告》（苏地税规〔2012〕1号）〕曾规定："项目规划范围之外的，其开发成本、费用一律不予扣除。"（作者注：此规定现已废止）；而湖北〔《湖北省地方税务局关于进一步规范土地增值税征管工作的若干意见》（鄂地税发〔2013〕44号）〕则区分红线外支出是否与项目存在直接关联，如果存在计入成本；如果不能提供证据证明存在直接联系，如开发商为了提升环境品质，则不得计入本项目扣除金额。

1.江苏省的执行口径

自2012年10月1日起至2016年2月29日止，根据《江苏省地方税务局关于土地增值税有关业务问题的公告》（苏地税规〔2012〕1号）第五条"关于房地产开发成本、费用的扣除"第（二）项"公共配套设施成本费用的扣除"的规定，房地产开发企业建造的各项公共配套设施,建成后移交给全体业主或无偿移交给政府、公共事业单位用于非营利性社会公共事业的,准予扣除相关成本、费用;未移交的,不得扣除相关成本、费用。项目规划范围之外的,其开发成本、费用一律不予扣除。

该条规定废止后,江苏的执行口径为:作为土地出让条件且在土地出让合同中明确的红线外支出,符合真实发生、票据真实合法条件的,允许扣除。其他红线外支出不予扣除。

2. 湖北省的具体规定

根据《湖北省地方税务局关于进一步规范土地增值税征管工作的若干意见》(鄂地税发〔2013〕44 号)第七条“关于审批项目规划外所建设施发生支出的扣除问题”的规定,房地产开发企业在项目建设用地边界外(国家有关部门审批的项目规划外,即“红线”外)承诺为政府或其他单位建设公共设施或其他工程所发生的支出,能提供与本项目存在关联关系的直接依据的,可以计入本项目扣除项目金额;不能提供或所提供依据不足的(如与建设项目开发无直接关联,仅为开发产品销售提升环境品质的支出),不得计入本项目扣除金额。

3. 广州市的具体规定

根据《广州市地方税务局关于印发 2014 年土地增值税清算工作有关问题的处理指引的通知》(穗地税函〔2014〕175 号)第三条“关于项目建设用地红线外支出的扣除问题”的规定,纳税人为取得土地使用权,在项目建设用地红线外为政府建设公共设施或其他工程发生的支出,根据《国家税务总局关于房地产开发企业土地增值税清算管理有关问题的通知》(国税发〔2006〕187 号)第四条第(一)项确定的相关性原则,纳税人如果能提供国土房管部门的协议、补充协议,或者相关政府主管部门出具的证明文件的,允许作为取得土地使用权所支付的金额予以扣除。

4. 海南省的具体规定

《国家税务总局海南省税务局土地增值税清算审核管理办法》第十三条“取得土地使用权所支付的金额,应按以下规定处理”第(二)项规定,在项目建设用地边界外,为政府建设公共设施或其他工程所发生的支出,凡能提供政府有关部门出具的文件证明该项支出与建造本清算项目有直接关联的(含项目的土地使用权取得相关联的),允许扣除。

一般情况下,房地产开发时在项目建设用地边界外发生的成本费用不能扣除,但符合本项规定的允许扣除。这里的"项目建设用地边界外"是指国家有关部门审批的项目规划外,即"红线"外;"政府有关部门"是指市、县(区)级政府主管部门;"文件"包括通知、批复、会议纪要等。

此外,《海南省地方税务局关于印发土地增值税清算有关业务问答的通知》(琼地税函〔2015〕917号)第八条规定,房地产开发企业在项目建设用地边界外(国家有关部门审批的项目规划外,即"红线"外)为政府建设公共设施或其他工程所发生的支出,凡能提供政府有关部门出具的证明文件确认该项支出与建造本清算项目有直接关联的(含项目的土地使用权取得相关联的)支出,可以计入本项目扣除项目金额。

5. 广西省的具体规定

《广西自治区地方税务局关于明确土地增值税清算若干政策问题的通知》(桂地税发〔2008〕44号)规定,房地产开发商按照当地政府要求建设的道路、桥梁等公共设施所产生的成本费用,凡属于房地产开发项目立项时所确定的各类设施投资,可据实扣除;与开发项目立项无关的,则不予扣除。

《桂林市土地增值税清算工作指南(试行)》第十三条"关于审批项目规划外政府要求房地产企业额外承担的部分市政建设费用(支出)的扣除问题"规定,对于房地产开发企业发生的、满足下列条件之一的项目建设用地边界外(即"红线"外,下同)的市政建设费用(支出),可以凭建安工程发票或财政部门开具的收据计入本项目取得土地使用权所支付的金额予以扣除:

(1)房地产企业在与国土资源管理部门签订的《国有土地使用权出让合同》中约定或国土资源管理部门在《国有土地使用权招拍挂出让公告》中注明有房地产开发企业在项目建设用地边界外应政府要求建设公共设施或其他工程等内容的。

(2)房地产企业在项目建设用地边界外应政府要求建设公共设施或其他工程所发生的支出,能提供与本项目存在关联关系的直接依据(如新建、扩建出入小区的市政道路、桥梁等)和县级以上(包括县级、市辖城区)人民政府的正式文件的。对于不满足上述条件的项目建设用地边界外的市政建设费用(支出)(包括房地产开发企业为提升项目周围环境品质、促进开发产品的销售而自行对项目周边绿化、道路进行整治发生的成本费用),不得计入本项目扣除金额。

5. 济南市的具体规定

根据《济南市土地增值税清算工作指南(试行)(2014)》第十一条"关于审批

项目规划外政府要求房地产企业额外承担的部分市政建设费用(支出)的扣除问题"的规定,对于房地产开发企业发生的项目建设用地边界外(即规划用地"红线"外)的建设项目支出,一律不得在本项目清算时计算扣除。

6. 山西省的具体规定

根据《山西省地方税务局关于发布〈房地产开发企业土地增值税清算管理办法〉的公告》(山西省地方税务局公告 2014 年第 3 号)第十九条第(三)项的规定,土地红线外的绿化、修路、配套等支出,不得扣除。

7. 重庆市的具体规定

根据《重庆市财政局 重庆市地方税务局关于印发〈土地增值税等财产行为税政策执行问题处理意见〉的通知》(渝财税〔2015〕93 号)的规定,房地产项目开发中,因统一规划、整体开发需要,在相邻地域建造公共设施,经土地出让合同约定的,发生的建造支出可作为"取得土地使用权所支付的金额"予以扣除。

房地产项目红线相邻设施建设发生的建造支出,需同时满足以下基本条件:

(1)建造事项应在土地出让合同或者后续补充协议中约定,构成拿地附加条件。

(2)属于公共设施类型。

(3)地理位置与房地产项目相邻。

红线相邻设施建造支出计入房地产项目的土地成本,按规定进行分摊。

8. 广东省的具体规定

根据《关于印发进一步鼓励城市更新促进固定资产投资若干政策的通知》(东府办〔2019〕61 号)的规定,降低更新实施主体税收负担。更新单元(项目)实施主体在出让红线外承担的公共设施建设、易地安置用房建造、道路改造、园林绿化施工或其他工程等责任,应在出让合同约定或单元划定图则、"1＋N"总体实施方案(或改造方案)、实施监管协议等文件中予以明确;对于此前已批但批复未列明有关责任的更新单元(项目),由镇人民政府(街道办事处)与实施主体协商补签实施监管协议并报市自然资源局备案,备案后由镇人民政府(街道办事处)出具确认函件;实施主体因承担上述责任而实际发生并完成支付的相关支出,在取得合法有效凭证的前提下,可视为符合出让合同约定或政府文件要求的项目规划用地外建设的公共设施或其他工程实际发生的支出。税务机关可根据土地出让合同、镇人民政府(街道办事处)确认函等前述资料和相关合同、协议及合法有效凭证,确认实施主体为取得土地使用权所支付的金额。经市人民政府批准的单一主体挂牌招商更新单元(项目),其不动产权益收购归宗属于政府征收(收回)房产、土地并出让的行为,按相关税收政策办理。改革创新实验区建设领导小组综合协调办公室会同市自然资源部门制定更新单元(项目)配建公共设施的操作规范,明确适用条件、范围、移交流程等内容。

(四)不得扣除项目的地方具体规定

《贵州省土地增值税清算管理办法》第四十五条规定,土地增值税清算扣除项目应当符合下列要求:

(1)经济业务应当是真实发生的,且是合法、相关的。

(2)扣除项目金额中所归集的各项成本和费用,必须实际发生并已支付、取得合法有效凭证,应当取得但未取得合法有效凭证的支出不得扣除,另有规定的除外。

(3)房地产开发企业因逾期开发所缴纳的土地闲置费以及支付的各种罚没性质的罚款、罚金、滞纳金等款项不得扣除。

(4)房地产开发企业超过国家规定的上浮幅度支付的利息不得扣除,对于超过贷款期限的利息部分和加罚的利息不得扣除。

(5)房地产开发企业的预提费用,除另有规定外,不得扣除。

(6)对同一类事项,应当采取相同的会计政策或处理方法。会计核算与税务处理规定不一致的,以税务处理规定为准。

六、房地产开发费用

(一)全部使用自有资金开发能否计算扣除利息费用问题

根据《国家税务总局关于土地增值税清算有关问题的通知》(国税函〔2010〕220号)第三条的规定,凡不能按转让房地产项目计算分摊利息支出或不能提供金融机构证明的,房地产开发费用在按"取得土地使用权所支付的金额"与"房地产开发成本"金额之和的10%以内计算扣除。全部使用自有资金,没有利息支出的,按照以上方法扣除。

因此,对于全部使用自有资金,没有利息支出的,可按"取得土地使用权所支付的金额"与"房地产开发成本"金额之和的10%以内计算扣除。

(二)专项贷款闲置资金投资取得的收益是否冲减利息支出问题

根据《国家税务总局关于印发〈土地增值税清算管理规程〉的通知》(国税发〔2009〕91号)第二十七条的规定,审核利息支出时应当重点关注:"(三)利用闲置专项借款对外投资取得收益,其收益是否冲减利息支出。"

因此,对于利用闲置专项贷款对外投资取得收益,其收益应冲减利息支出。

(三) 贷款归还集团公司垫付土地款的利息支出扣除问题

项目公司前期土地款及开发用款由集团公司先行垫付,后取得金融机构贷款偿还集团公司,其贷款利息支出在土地增值税清算审核时能否据实扣除问题。

对此,江苏明确的执行口径为,集团公司先行垫付款项实际用于房地产项目开发,项目公司取得金融机构贷款后,将贷款中的相应金额实质用于偿还集团公司垫付款的,在土地增值税清算时,可按规定据实扣除相应的金融机构贷款利息支出。

(四) 集团公司统借统还利息支出的扣除问题

1. 土地增值税处理

由集团公司统借统还借入款项后资金下拨给子公司使用,利息由子公司承担,并由集团开票向子公司收取该部分利息。子公司负担的这部分利息是否可以作为利息支出在计算土地增值税增值额中扣除?

根据《国家税务总局关于土地增值税清算有关问题的通知》(国税函〔2010〕220号)第三条的规定,财务费用中的利息支出,凡能够按转让房地产项目计算分摊并提供金融机构证明的,允许据实扣除,但最高不能超过按商业银行同类同期贷款利率计算的金额。其他房地产开发费用,在按照"取得土地使用权所支付的金额"与"房地产开发成本"金额之和的5%以内计算扣除。凡不能按转让房地产项目计算分摊利息支出或不能提供金融机构证明的,房地产开发费用在按"取得土地使用权所支付的金额"与"房地产开发成本"金额之和的10%以内计算扣除。

因此,子公司利用统借统还资金支付的利息支出在进行土地增值税清算时不得列入房地产开发费用中的"利息支出"据实扣除。

2. 企业所得税处理

《房地产开发经营业务企业所得税处理办法》第二十一条规定,企业的利息支出按以下规定进行处理:

(1) 企业为建造开发产品借入资金而发生的符合税收规定的借款费用,可按企业会计准则的规定进行归集和分配,其中属于财务费用性质的借款费用,可直接在税前扣除。

(2) 企业集团或其成员企业统一向金融机构借款分摊集团内部其他成员企业使用的,借入方凡能出具从金融机构取得借款的证明文件,可以在使用借款的企业间合理地分摊利息费用,使用借款的企业分摊的合理利息准予在税前扣除。

(五)委托贷款利息的土地增值税处理

1.重庆市的执行口径

《重庆市财政局 重庆市地税局关于印发土地增值税等财产行为税政策执行问题处理意见的通知》(渝财税〔2015〕93号)规定,房地产企业向商业银行支付的委托贷款利息视为金融机构借款利息,按规定予以扣除。

2.江苏省的执行口径

江苏省的执行口径认为,纳税人支付的委托贷款利息支出属于不能提供金融机构证明的利息支出。

因而,江苏不能据实扣除委托贷款利息支出。

七、扣除项目的合法有效凭证

(一)扣除项目应取得合法有效凭证

根据《国家税务总局关于房地产开发企业土地增值税清算管理有关问题的通知》(国税发〔2006〕187号)第四条第(一)项的规定,房地产开发企业办理土地增值税清算时计算与清算项目有关的扣除项目金额,应根据《土地增值税暂行条例》第六条及其实施细则第七条的规定执行。除另有规定外,扣除取得土地使用权所支付的金额、房地产开发成本、费用及与转让房地产有关的税金,须提供合法有效凭证;不能提供合法有效凭证的,不予扣除。

(二)建筑安装工程费支出的发票确认

根据《国家税务总局关于全面推开营业税改征增值税试点有关税收征收管理事项的公告》(国家税务总局公告2016年第23号)第四条"增值税发票开具"第(三)项的规定,提供建筑服务,纳税人自行开具或者税务机关代开增值税发票时,应在发票的备注栏注明建筑服务发生地县(市、区)名称及项目名称。

根据《国家税务总局关于营改增后土地增值税若干征管规定的公告》(国家税务总局公告2016年第70号)第五条"关于营改增后建筑安装工程费支出的发票确认问题"的规定,营改增后,土地增值税纳税人接受建筑安装服务取得的增值税发票,应按照《国家税务总局关于全面推开营业税改征增值税试点有关税收征收管理事项的公告》(国家税务总局公告2016年第23号)的规定,在发票的备注栏注明建筑服务发生地县(市、区)名称及项目名称,否则不得计入土地增值税扣除项目金额。

（三）开发成本支出已结算尚未取得发票能否扣除问题

根据《土地增值税清算管理规程》（国税发〔2009〕91号印发）第二十一条第一款的规定，在土地增值税清算中，计算扣除项目金额时，其实际发生的支出应当取得但未取得合法凭据的不得扣除。

因此，房地产开发企业办理土地增值税清算时，部分开发成本支出已结算，尚未取得发票或其他合法有效凭证的，不能在清算时扣除。

（四）支付给个人拆迁补偿款的扣除凭证问题

根据《土地增值税清算管理规程》（国税发〔2009〕91号印发）第二十二条的规定，审核取得土地使用权支付金额和土地征用及拆迁补偿费时应当重点关注："（三）拆迁补偿费是否实际发生，尤其是支付给个人的拆迁补偿款、拆迁（回迁）合同和签收花名册或签收凭证是否一一对应。"

因此，对于支付给个人的拆迁补偿款，应结合拆迁（回迁）合同和签收花名册或签收凭证确定扣除。

（五）无法取得完整的开发成本凭证或资料的处理

房地产开发企业在进行土地增值税清算时无法完整地提供前期工程费、建筑安装工程费、基础设施费等开发成本的凭证或资料，如何进行土地增值税的清算问题。

《国家税务总局关于房地产开发企业土地增值税清算管理有关问题的通知》（国税发〔2006〕187号）第四条第（二）项规定，房地产开发企业办理土地增值税清算所附送的前期工程费、建筑安装工程费、基础设施费、开发间接费用的凭证或资料不符合清算要求或不实的，税务机关可参照当地建设工程造价管理部门公布的建安造价定额资料，结合房屋结构、用途、区位等因素，核定上述四项开发成本的单位面积金额标准，并据以计算扣除。具体核定方法由省税务机关确定。

根据《江苏省地方税务局转发〈国家税务总局关于房地产开发企业土地增值税清算管理有关问题的通知〉的通知》（苏地税发〔2007〕75号）的规定，对房地产开发企业办理土地增值税清算所附送的前期工程费、建筑安装工程费、基础设施费、开发间接费用的凭证或资料不符合清算要求或不实的，各省辖市税务局可参照当地建设工程造价管理部门最新公布的建安造价定额资料，结合房屋结构、用途、区位等因素，核定上述四项开发成本的单位面积金额标准，并据以计算扣除。

因此，江苏明确：如果房地产开发企业不能完整地提供前期工程费、建筑安装工程费、基础设施费等开发成本的凭证或资料，税务机关可参照当地建设工程造价管理部门公布的建安造价定额资料,结合房屋结构、用途、区位等因素,核定上述四项开发成本的单位面积金额标准,并据以计算扣除。

(六) 提供凭证并据以计算扣除的截止时间

截止到本书定稿出版时,没有查到国务院财政、税务主管部门对提供合法有效凭证并据以计算扣除的截止时间的全国统一规定。江西等地对此问题进行了明确。

根据《国家税务总局江西省税务局关于土地增值税若干征管问题的公告》(国家税务总局江西省税务局公告 2018 年第 16 号)第四条第(四)项的规定,在土地增值税清算中,原则上以满足应进行清算的条件或者接到主管税务机关要求清算通知书之日起 90 天内,为提供合法有效凭证并据以计算扣除项目的截止时间。

(七) 扣除凭证的地方具体规定

1. 海南省的具体规定

《国家税务总局海南省税务局土地增值税清算审核管理办法》第十一条规定,扣除项目金额中所归集的各项成本和费用,必须实际发生且取得合法有效凭证。本办法所称合法有效凭证是指:

(1) 支付给境内单位或者个人的款项,且该单位或者个人发生的涉税行为应当开具发票的,以发票为合法有效凭证。

(2) 通过购买或接受投资方式取得土地使用权的,转让方足额缴纳土地增值税,受让方取得契税完税凭证的,契税完税凭证可视同合法有效凭证。

(3) 支付的行政事业性收费或者政府性基金,以财政票据为合法有效凭证。

(4) 支付给境外单位或者个人的款项,以该单位或者个人的签收单据为合法有效凭证;

(5) 发生在我国境内,不属于发票或行政事业性收据开具范围,以合同(协议)、收据、收款证明等相关材料作为合法有效凭证。

(6) 其他合法有效凭证。

2. 安徽省的具体规定

《安徽省土地增值税清算管理办法》第三十七条规定,扣除项目金额中所归集的各项成本和费用,应取得合法有效凭证。包括但不限于:

(1) 支付给境内单位或者个人的款项,且属于《发票管理办法》第十九条规定的开具发票范围的,以取得的发票或者按照规定视同发票管理的凭证为合法有效凭证。

（2）支付的行政事业性收费或者政府性基金,以取得的财政票据为合法有效凭证。

（3）支付给境外单位或者个人的款项,以该单位或者个人的签收单据及境外公证机构的确认证明为合法有效凭证;属于境内代扣代缴税款的,按国家税务总局有关规定执行。

（4）法院判决书、裁定书、调解书,以及仲裁裁决书、公证债权文书。

（5）财政部、国家税务总局规定的其他合法有效凭证。

3. 陕西省的具体规定

扣除项目所归集的各项成本、费用应取得合法有效凭证,包括但不限于:

（1）支付给境内单位或者个人的款项,且属于《发票管理办法》规定的开具发票范围的,以取得的发票或者按照规定视同发票管理的凭证为合法有效凭证。

（2）支付的行政事业性收费或者政府性基金,以取得的财政票据为合法有效凭证。

（3）依据政府相关部门的规定及文件支付给第三方单位和个人的,以政府相关部门文件为合法有效凭证,若属于发票管理相关文件规定的发票开具范围,还应当取得发票。

（4）发生在我国境内,不属于发票或行政事业性收据开具范围,以合同（协议）、收据、收款证明等相关材料作为合法有效凭证。

（5）支付给境外单位或者个人的款项,以该单位或者个人的签收单据及境外公证机构的确认证明为合法有效凭证,属于境内代扣代缴税款的,按国家税务总局有关规定执行。

（6）已生效的法院判决书、裁定书、调解书,以及仲裁裁决书、公证债权文书。

（7）财政部、国家税务总局规定的其他合法有效凭证。

八、购买在建项目进行继续建设后再转让的扣除问题

（一）浙江省的扣除规定

《浙江省地方税务局关于土地增值税若干政策问题的公告》（浙江省地方税务局公告 2014 年第 16 号）第四条"购买在建项目进行继续建设再转让的扣除"规定,房地产开发企业购买在建房地产开发项目后,继续投入资金进行后续建

设,达到销售条件进行商品房销售的,其购买在建项目所支付的价款及税金允许扣除,但不得作为土地成本和房地产开发成本加计20％扣除以及房地产开发费用按比例计算扣除的基数。后续建设支出的扣除项目处理按照《土地增值税暂行条例》第六条及其实施细则第七条相关规定执行。

（二）江苏省的扣除规定

关于在建工程转让如何征收土地增值税,如转让在建工程,受让方再开发建造的,土地增值税应如何处理? 转让方是否需要分房地产类型(普通住宅、非普通住宅和其他类型房地产)清算? 转让方转让在建工程和受让方开发后再转让的,能否加计扣除;若能扣除,加计扣除的基数如何确定?

对此江苏的执行口径为：转让方计算土地增值税的,不区分房产类型。

对取得土地使用权后进行房地产开发的,无论是转让方还是受让方,均可据实予以扣除。转让方和受让方是关联企业且有转让收益的除外。

转让方与受让方是关联企业的,受让方取得土地使用权支付的金额,根据转让方土地使用权支付的金额与转让方实际发生的开发成本之和、购入在建工程价款孰低原则确定。转让收益部分不得计入取得土地使用权支付的金额,也不得加计扣除。

第五节　共同成本费用的分摊

一、共同成本、费用分摊扣除的基本规定

根据《国家税务总局关于房地产开发企业土地增值税清算管理有关问题的通知》(国税发〔2006〕187号)第四条第(五)项的规定,属于多个房地产项目共同的成本费用,应按清算项目可售建筑面积占多个项目可售总建筑面积的比例或其他合理的方法,计算确定清算项目的扣除金额。

根据《土地增值税清算管理规程》(国税发〔2009〕91号印发)第二十一条第五款的规定,纳税人分期开发项目或者同时开发多个项目的,或者同一项目中建造不同类型房地产的,应按照受益对象,采用合理的分配方法,分摊共同的成本费用。

上述规定对土地增值税清算时共同成本费用的分摊方法给予了选择的空间,经税务机关认可只要是合理的方法企业都可以采用。共同成本费用分摊方

法有占地面积法、建筑面积法、层高系数法、售价系数法、预算成本法等。但在实务中,税务机关为了防止企业通过自由选择分摊方法操纵避税空间,常对企业成本费用分摊方法的选择给予限制。对成本费用分摊方法给予限制的地方有天津〔《天津市地方税务局关于明确土地增值税清算若干问题的通知》(津地税地〔2011〕24号)〕、宁波〔《宁波市地方税务局关于进一步加强房地产开发项目土地增值税清算工作的通知》(甬地税二〔2009〕104号)〕、青岛〔《青岛市地方税务局关于印发〈青岛市地方税务局房地产开发项目土地增值税税款清算管理暂行办法〉的通知》(青地税发〔2008〕100号)〕、江苏〔《江苏省地方税务局关于土地增值税若干问题的公告》(苏地税规〔2015〕8号)〕、海南〔《海南省地方税务局关于明确土地增值税若干政策问题的通知》(琼地税函〔2007〕356号)〕、浙江(《浙江省地方税务局关于土地增值税若干政策问题的解答》)、大连〔《辽宁省大连市地方税务局关于进一步加强土地增值税清算工作的通知》(大地税函〔2008〕188号)〕等。有的地方规定同一清算单位内不同类型房地产的成本费用分摊只能采用建筑面积法,例如大连、浙江、海南,有的地方允许建安成本采用层高系数法分摊,例如福州〔《福州市地方税务局关于房地产开发企业土地增值税若干政策问题的通知》(榕地税发〔2008〕108号)〕、湖南〔《湖南省地方税务局关于进一步规范土地增值税管理的公告》(2014年第7号)〕等。

二、分期分批开发转让房地产扣除项目的确定与计算分摊

根据《土地增值税暂行条例实施细则》第九条的规定,纳税人成片受让土地使用权后,分期分批开发、转让房地产的,其扣除项目金额的确定,可按转让土地使用权的面积占总面积的比例计算分摊,或按建筑面积计算分摊,也可按税务机关确认的其他方式计算分摊。

这里的“总面积”,根据《国家税务总局关于广西土地增值税计算问题请示的批复》(国税函〔1999〕112号)的规定,是指可转让土地使用权的土地总面积。在土地开发中,因道路、绿化等公共设施用地是不能转让的,这些不能有偿转让的公共配套设施的费用是计算增值额的扣除项目。因此,在计算转让土地的增值额时,按实际转让土地的面积占可转让土地总面积来计算分摊,即:可转让土地面积为开发土地总面积减去不能转让的公共设施用地面积后的剩余面积。

【问5-8】 南京甲房地产开发企业一次成片受让取土地使用权,分期分批开发,在计算土地增值税时,如何确定扣除项目中取得土地使用权所支付的

金额？

【解析】 根据《土地增值税暂行条例实施细则》第九条的规定,纳税人成片受让土地使用权后,分期分批开发,转让房地产的,其扣除项目金额的确定可按转让土地使用权的面积占总面积的比例计算分摊,或按建筑面积计算分摊,也可按税务机关确认的其他方式计算分摊。

根据《江苏省国家税务局 江苏省地方税务局转发〈国家税务总局关于印发《土地增值税纳税申报表》的通知〉的通知》(苏地税发〔1995〕132号)的规定,纳税人成片受让土地使用权后,分期分批开发分块转让,对允许扣除项目的金额,原则上按转让土地使用权的面积占总面积的比例计算分摊,若按此办法难以计算或明显不合理的,也可按建筑面积计算分摊允许扣除项目的金额。

三、共同成本费用分摊的合理方法

在不同清算单位或同一清算单位不同类型房地产之间分摊共同的成本、费用时,根据项目的具体情况,分摊方法主要有:占地面积法、建筑面积法、售价系数法、基准地价系数法等。

(一)占地面积法

占地面积法,是按照某部分房地产占地面积占总占地面积的比例计算分摊土地成本的一种方法,采用该种分配方法的,要求各部分相对独立,并可以明确区分。

(二)建筑面积法

建筑面积法,是按照某类型房地产建筑面积占总建筑面积的比例计算分摊土地成本的一种方法。

不同类型房地产分摊土地成本时应当分两步进行:

第一步,先将占地相对独立(一般是指有道路、围墙等分隔)的不同类型房地产,按该类型房地产实际占地面积占该项目房地产总占地面积的比例计算分摊土地成本。

第二步,对于剩余混建的不同类型房地产,应当首先确定混建房屋占地的总土地成本,然后根据混建房屋中某一类型房地产建筑面积占该项目混建总建筑面积的比例分摊土地成本。

(三)收入权重法

收入权重法,是在清算项目相关成本费用按建筑面积法分摊后,某类型房地产的成本费用高于其转让收入时,按照各类型房地产转让收入占该清算项目房地产总收入的权重,分摊土地成本的一种方法。该方法要求各类型房地产的销售比例均达到或超过85%。具体计算公式如下:

　　某类型房地产转让收入＝某类型房地产已转让收入÷该类型房地产销售比例
　　该项目房地产总收入＝各类型房地产转让收入之和
　　某类型房地产收入权重＝某类型房地产转让收入÷该项目房地产总收入
　　某类型房地产分摊土地成本＝该项目土地成本×某类型房地产收入权重

设置"各类型房地产销售比例均达到或超过85%"条件的原因为:

一是,85%的销售比例是参照国税发〔2006〕187号土地增值税可清算条件"已转让的房地产建筑面积占整个项目可售建筑面积的比例在85%以上"的规定确定的。

二是,"收入权重法"中的权重,是指各类型房地产转让收入占该项目房地产总收入的比例。在项目未全部完成销售的情况下,各类型房地产转让收入需要按销售比例换算,销售比例越高,换算的收入越接近实际收入,计算的权重与实际权重越接近,据此权重分摊的土地成本越合理。

按建筑面积法分摊相关成本费用后,某类型房地产的成本费用高于其转让收入的,是否能够按照"收入权重法"分摊土地成本问题,某省税务局的执行口径为:根据《国家税务总局土地增值税清算管理规程》(国税发〔2009〕91号)第二十一条第(五)项规定,纳税人分期开发项目或者同时开发多个项目的,或者同一项目中建造不同类型房地产的,应按照受益对象,采用合理的分配方法,分摊共同的成本费用。房地产开发企业按建筑面积法分摊相关成本费用后,某类型房地产分摊后的成本费用高于其转让收入的,按"收入权重法"重新分摊土地成本,是否符合上述文件要求问题,经请示总局答复:"收入权重法"属于国税发〔2009〕91号文件规定的合理分配方法。

因此,根据合理性和相关性原则,当清算项目同时满足下列条件时,纳税人采取"收入权重法"分摊土地成本的,税务机关予以认可。

(1)某类型房地产分摊后的成本费用高于其转让收入的。

(2)各类型房地产销售比例均达到或超过85%。

【问5-9】　采用"收入权重法"分摊土地增值税土地成本时,销售比例如何计算?对不符合"收入权重法"适用条件,纳税人采取"权证面积法"分摊土地成本的,土地增值税清算审核时能否认可?

【解析】 采取"收入权重法"需要同时满足某类型房地产分摊的成本费用高于其转让收入和各类型房地产销售比例均达到85%两个条件。其中：销售比例＝已售面积÷可售面积。在计算销售比例时，对企业自用或出租且已计入"固定资产"或"投资性房地产"的房产，不计入已售、可售面积。

纳税人不符合"收入权重法"适用条件，按规定采取"权证面积法"等合理方法分摊土地成本的，符合规定的主管税务机关可予以认可。

（四）基准地价系数法

基准地价系数法，是按照土地管理部门不同用途土地的基准地价的比例计算分摊土地成本的一种方法。

（五）其他合理方法

即采用主管税务机关认可的其他合理方法分摊成本费用。

四、扣除项目归集与分摊的具体规定

在不同清算单位或同一清算单位不同类型房产之间分摊共同的成本、费用时，可直接归集的，应直接计入该清算单位或该类型房地产的成本、费用；不能直接归集的，应当按照受益对象，采用合理的分配方法，分摊共同的成本、费用。常用分摊方法有建筑面积法、占地面积法、基准地价系数法以及主管税务机关认可的其他合理方法。

（一）江西省扣除项目归集与分摊方法的具体规定

《国家税务总局江西省税务局关于土地增值税若干征管问题的公告》（国家税务总局江西省税务局公告2018年第16号）第三条"土地增值税清算的归集分摊原则"规定：

（1）多个清算单位之间，扣除项目金额能按不同清算单位直接归集的，先直接归集；不能直接归集的部分，再按各清算单位的建筑面积分摊。

（2）同一清算单位内部，扣除项目金额能按不同受益对象直接归集的，先直接归集；不能直接归集的部分，再按受益对象的建筑面积分摊。

（3）对同一清算单位内部存在不同类型房地产或已售、未售区分的情形，扣除项目金额能按不同受益对象直接归集的，先直接归集；不能直接归集的部分，第一步在已售与未售之间按建筑面积分摊，第二步在普通住宅、非普通住宅和其他类型房地产之间按建筑面积分摊。

可见，江西采用建筑面积方法分摊共同的成本、费用，限制纳税人选择分摊方法。

（二）江苏省共同成本费用分摊方法的具体规定

1.土地成本的分摊

自 2016 年 3 月 1 日起,《江苏省地方税务局关于土地增值税若干问题的公告》(苏地税规〔2015〕8 号)第二条"关于土地成本分摊问题"规定,土地成本是指取得土地使用权所支付的金额。土地成本仅在能够办理权属登记手续的建筑物及其附着物之间进行分摊。在不同清算单位或同一清算单位不同类型房产之间分摊土地成本时,可直接归集的,应直接计入该清算单位或该类型房产的土地成本;不能直接归集的,可按建筑面积法计算分摊,也可按税务机关认可的其他合理方法计算分摊。

在此之前,根据《江苏省地方税务局关于土地增值税有关业务问题的公告》(苏地税规〔2012〕1 号)第四条"同一开发项目不同类型房地产成本费用分摊"第(一)项的规定,同一开发项目中建设不同类型房地产的,按该类型房地产建筑面积占该项目总建筑面积的比例分摊取得土地使用权所支付的金额和土地征用及拆迁补偿费(以下简称"土地成本")。但对占地相对独立的不同类型房地产,应按该类型房地产占地面积占该项目房地产总占地面积的比例计算分摊土地成本。

因为,在计算土地增值税时,应当区分不同类型房地产分别计算增值额、增值率,缴纳土地增值税,所以就产生了成本、费用(扣除项目)在不同类型房地产之间的分摊问题。根据苏地税规〔2012〕1 号的规定,在分摊土地成本时应当分两步进行:

第一步,先将占地相对独立(一般是指有道路、围墙等分隔)的不同类型房地产,按该类型房地产实际占地面积占该项目房地产总占地面积的比例计算分摊土地成本。

第二步,对于剩余混建的不同类型房地产,应当首先确定混建房屋占地的总土地成本,然后根据混建房屋中某一类型房地产建筑面积占该项目混建总建筑面积的比例分摊土地成本。

不过,自 2016 年 3 月 1 日起,苏地税规〔2015〕8 号文件取消了对分摊方法的限制。

2.开发成本的分摊

根据《江苏省地方税务局关于土地增值税有关业务问题的公告》(苏地税规

〔2012〕1号)第四条"同一开发项目不同类型房地产成本费用分摊"第(二)项的规定,同一开发项目中建设的不同类型房地产发生的建筑安装工程费、前期工程费、基础设施费、公共配套设施费、开发间接费用,按规定的核算对象分别归集。如不能按不同类型房地产分别归集的,应按照不同类型房地产的建筑面积占该项目总建筑面积比例分摊。

　　纳税人发生的开发成本应当归集至不同类型房地产。如果纳税人只存在一种类型房地产,或者在会计核算时,能够根据不同类型房地产确定成本对象,并准确归集开发成本,那么不同类型房地产的开发成本就可直接确定。如果纳税人存在两种以上类型的房地产,并且未能根据不同类型房地产直接归集开发成本的,则应当按照不同类型房地产的建筑面积占该项目总建筑面积比例计算分摊开发成本。如果某一类型房地产存在区别于其他类型房地产的特定成本(例如某一类型房地产发生了装修成本)的,此类特定成本应单独归集并准确核算,并将此类特定成本直接归集至该类型房地产。

3. 利息支出和开发费用的分摊

　　根据《江苏省地方税务局关于土地增值税有关业务问题的公告》(苏地税规〔2012〕1号)第四条"同一开发项目不同类型房地产成本费用分摊"第(三)项的规定,同一开发项目中建设的不同类型房地产应分摊的利息支出,凡能够按不同类型房地产计算分摊并提供金融机构证明的,允许据实计算扣除,但最高不能超过按商业银行同类同期贷款利率计算的金额。利息支出以外的其他房地产开发费用,按该条第(一)、(二)项规定计算分摊的金额之和的5%计算扣除。

　　凡不能按转让房地产项目不同类型房地产计算分摊利息支出或不能提供金融机构证明的,房地产开发费用按该条第(一)、(二)项规定计算分摊的金额之和的10%计算扣除。

　　在计算土地增值税时,据实扣除利息支出需要同时符合以下四个条件:

　　(1)如果纳税人存在非房地产经营项目,应当能够将利息在房地产项目和非房地产项目之间准确划分。

　　(2)利息支出能够在不同清算单位之间准确归集。

　　(3)利息支出能够按不同类型房地产计算分摊。

　　(4)能够提供金融机构证明。

　　允许据实计算扣除的利息最高不能超过按商业银行同类同期贷款利率计算

的金额。利息支出不能同时符合上述四个条件的,房地产开发费用一律按照取得土地使用权支付的金额与房地产开发成本之和的 10％计算扣除,不必考虑纳税人的实际发生额。

(三) 福建省同一清算单位不同类型房地产扣除项目的分摊方法

根据《国家税务总局福建省税务局关于土地增值税若干政策问题的公告》(国家税务总局福建省税务局公告 2018 年第 21 号)第五条"关于同一清算单位不同类型间扣除项目金额的分摊问题"的规定,同一清算单位中包含普通住房、非普通住房和非住房不同类型房地产的,其扣除项目金额在不同类型房地产间,原则上按可售面积计算分摊,也可按税务机关确认的其他合理方式计算分摊。其他合理方式由各设区市、平潭实验区税务机关明确。

(四) 海南省共同成本费用的分摊方法

根据《国家税务总局海南省税务局土地增值税清算审核管理办法》第十条的规定,纳税人同时开发多个项目,或者同一项目中建造不同类型房地产的,应按照以下方法分摊共同的成本费用:

(1) 能够明确受益对象的成本费用,直接计入该清算项目或该类型房地产。

(2) 同一个清算项目,取得土地使用权所支付的金额应分摊至本项目所有开发产品中。属于多个清算项目共同发生的取得土地使用权所支付的金额、土地征用及拆迁补偿费,按清算项目占地面积占总占地面积的比例分摊;对于无法取得项目占地面积的,按规划设计指标测算的计容面积分摊。

(3) 属于多个清算项目共同发生的其他成本费用,其成本费用按清算项目可售建筑面积占总可售建筑面积的比例分摊。对于无法取得可售面积的,按规划设计指标测算的计容面积分摊。

(4) 同一清算项目含有不同类型房地产的,其成本费用按各类型房地产可售建筑面积占总可售建筑面积的比例分摊。

(5) 同一个清算项目中已售房地产成本费用的分摊,按已售建筑面积占总可售建筑面积的比例分摊;

(6) 分期开发房地产开发项目的,各期扣除项目金额的分摊方法应当保持一致。

(五) 西藏自治区扣除项目计算分摊方法

《西藏自治区土地增值税清算管理规程(试行)》第二十五条规定,扣除项目金额的计算分摊:对按照税收规定属于可直接计入的扣除项目,应直接计入清

算单位或开发产品类型的扣除项目;对属于多个清算单位或开发产品类型共同发生的扣除项目,应按以下原则计算分摊:

(1)对属于多个清算单位共同发生的扣除项目,其中:取得土地使用权所支付的金额按照占地面积法(即其转让土地使用权的面积占可转让土地使用权总面积的比例)在多个清算单位之间进行分摊;其他共同发生的扣除项目,按照建筑面积法(即其可售建筑面积占多个项目可售总建筑面积的比例)在多个清算单位之间进行分摊。

(2)对一个清算单位中的不同类型房地产开发产品应分别计算增值额的,对其共同发生的扣除项目,按照建筑面积法进行分摊。

(六)浙江省共同成本、费用扣除项目的计算分摊方法

1. 扣除项目的计算分摊

《浙江省地方税务局关于土地增值税若干政策问题的公告》(浙江省地方税务局公告2014年第16号)第二条规定,房地产开发企业应按照清算单位或开发产品类型,采用受益和配比的分配原则,计算分摊扣除项目。对按照税收规定属于可直接计入的扣除项目,应直接计入清算单位或开发产品类型的扣除项目;对属于多个清算单位或开发产品类型共同发生的扣除项目,应按以下原则计算分摊:

(1)对属于多个清算单位共同发生的扣除项目,其中:取得土地使用权所支付的金额按照占地面积法(即其转让土地使用权的面积占可转让土地使用权总面积的比例,下同)在多个清算单位之间进行分摊;其他共同发生的扣除项目,按照建筑面积法(即其可售建筑面积占多个项目可售总建筑面积的比例,下同)在多个清算单位之间进行分摊。

(2)对一个清算单位中的不同类型房地产开发产品应分别计算增值额的,对其共同发生的扣除项目,按照建筑面积法进行分摊。若不同类型房地产开发产品中有排屋、别墅类型的,对清算单位取得土地使用权所支付的金额,可按照占地面积法进行分摊。

2. 超标准层高可售房产的建筑安装工程费扣除

根据《浙江省地方税务局关于土地增值税若干政策问题的公告》(浙江省地方税务局公告2014年第16号)第三条的规定,对多个清算单位或不同类型开发产品共同发生的建筑安装工程费,在按建筑面积法计算分摊时,对超标准层高可售房产应按以下方法计算:对层高高于4.5米(含4.5米)低于6米的,其可售建筑面积按 1.5 倍计算；对层高高于 6 米(含 6 米)的，其可售建筑面积按 2 倍计算。

(七) 北京市不同类型房地产共同成本、费用分摊方法

《北京市地方税务局关于土地增值税若干征收管理问题的通知》(京地税二〔1996〕240 号)第五条"关于成片开发、分期分批转让房地产如何计算扣除项目问题"规定，纳税人成片受让土地使用权后，分期分批开发转让房地产的，其扣除项目金额的确定，原则上按建筑面积计算分摊，如采取其他方式计算分摊的，须报经主管税务机关确认同意后执行。

《北京市地方税务局关于土地增值税清算管理若干问题的通知》(京地税地〔2007〕325 号)第三条、第四条规定，一个房地产开发项目中包括不同商品房类型的，应将整体项目作为清算对象。如需在普通住宅与其他商品房、清税面积与未清税面积之间分摊成本的，原则上应按建筑面积计算分摊。

对于一个房地产开发项目，在开发过程中分期建设、分期取得施工许可证和销售许可证的，主管税务机关可以根据实际情况要求纳税人分期进行清算。

(八) 贵州省共同成本、费用的分摊方法

《贵州省土地增值税清算管理办法》第五十四条规定，房地产开发企业同时开发多个项目或者同一项目中建造不同类型房地产的，其扣除项目金额按下列方法进行分摊。

(1) 属于多个房地产开发项目共同的土地成本，按清算单位的占地面积占多个房地产开发项目总占地面积的比例计算分摊；属于多个房地产开发项目共同的其他成本费用，按清算单位的可售建筑面积占多个房地产开发项目总可售建筑面积的比例计算分摊。

(2) 属于同一清算单位的共同成本费用，原则上按不同类型房地产可售建筑面积占总可售建筑面积的比例计算分摊，但下列情形的成本费用除外：

① 房地产开发企业能够按不同类型房地产分别核算房地产开发的成本费用并经主管税务机关审核确认的，扣除项目金额按受益对象直接归集。

② 不同类型房地产分别占用不同土地的，其土地成本按占地面积的比例计算分摊。

③ 与转让房地产有关的税(费)金按不同类型房地产的收入比例计算分摊。

④ 主管税务机关确认的其他合理分摊方法。

（九）银城房地产土地增值税清算案件

贵州省安顺市中级人民法院行政判决书

〔（2017）黔 04 行终 24 号〕

1. 基本案情

2016 年 1 月 5 日，贵州安顺银城房地产开发有限公司（以下简称银城公司）向安顺市平坝区地方税务局（以下简称平坝地税局）申报"紫金名门"房地产开发项目土地增值税清算，平坝地税局于 2016 年 2 月 2 日受理。银城公司向平坝地税局提交其委托贵州金桥税务师事务有限公司对"紫金名门"房地产项目土地增值税清算所作的《土地增值税汇算清缴鉴证报告》（以下简称《鉴证报告》），该报告中对土地增值税清算扣除项目土地出让金及拆迁补偿费按项目所在地政府公布的土地级别和基准地价为权重进行分摊计算，鉴证结论为银城公司应缴纳土地增值税 4 534 217.67 元。2016 年 3 月 18 日平坝地税局经审核后作出平地税通（2016）01 号《税务事项通知书》，对《鉴证报告》中"土地出让金及拆迁补偿费按土地级别和基准地价为权重进行成本分摊计算"不予采纳，并根据《中华人民共和国土地增值税暂行条例实施细则》第九条的规定，决定在本次土地增值税清算审核中，对土地成本按建筑面积法进行分摊计算。同时，作出平地税清税（结）（2016）01 号《土地增值税清算结论通知书》审核结论为银城公司"紫金名门"房地产开发项目应缴纳土地增值税 6 165 280.46 元。银城公司不服，向安顺市地方税务局提起行政复议，安顺市地方税务局于 2016 年 8 月 12 日作出行政复议决定，维持原行政行为。

2. 争议的焦点问题

原判认为，本案的争议焦点为：一、被告平坝地税局对原告银城公司"紫金名门"房地产开发项目进行土地增值税清算审核中，对于土地增值税清算扣除项目金额计算分摊方式的确认，适用《中华人民共和国土地增值税暂行条例实施细则》第九条的规定，对土地成本按建筑面积法进行分摊计算，是否正确；二、被告安顺市地方税务局的行政复议决定是否合法。

关于第一个争议焦点，根据《中华人民共和国税收征收管理法》第三条的规定，税收的开征、停征以及减税、免税、退税、补税，依照法律的规定执行；法律授权国务院规定的，依照国务院制定的行政法规的规定执行。任何机关、单位和个人不得违反法律、行政法规的规定，擅自作出税收开征、停征以及减税、免税、退税、补税和其他同税收法律、行政法规相抵触的决定。这一规定反映了税收法定原则的要求,税收征管中的全部涉税事项,应当以税收法律规范为依据。据此,本案土地增值税清算应依照税收法律、法规及土地增值税有关政策规定,计算房地产开发项目应缴纳的土地增值税税额。根据《中华人民共和国土地增值税暂行条例》的规定,土地增值税的征税对象是纳税人转让房地产所取得的增值额,增值额为转让房地产取得的收入减除扣除项目后的余额,应纳税款的具体计算方式为增值额乘以相应税率。据此,影响纳税人税额的因素包括纳税人取得的收入额、扣除金额及税率等。因此,上述影响最终应纳税额的各个因素的计算方法,属于税收要素,应以法律规定为客观标准。《中华人民共和国土地增值税暂行条例实施细则》第九条对土地增值税扣除项目的确定及计算方法作出了规定:"纳税人成片受让土地使用权后,分期分批开发、转让房地产的,其扣除项目金额的确定,可按转让土地使用权的面积占总面积的比例计算分摊,或按建筑面积计算分摊,也可按税务机关确认的其他方式计算分摊。"税务机关有权依据上述规定确定计算分摊的方法,并据此计算应纳税额。本案中,被告平坝地税局作为原告银城公司"紫金名门"房地产开发项目的征税机关,依法审核原告申报土地增值税清算资料后,适用《中华人民共和国土地增值税暂行条例实施细则》第九条规定的按建筑面积计算分摊的方法,审定原告银城公司应缴纳土地增值税税额,符合税收法定原则和《中华人民共和国土地增值税暂行条例》规定"合理调节土地增值收益,维护国家利益"的要求及本案实际情况,适用法律正确。关于原告提出"紫金名门"房地产开发项目系整体开发并销售,不是分期分批开发、转让房地产,不应适用《中华人民共和国土地增值税暂行条例实施细则》第九条的规定,按建筑面积法计算分摊的方式确定原告的应纳税额,应依据《土地增值税清算管理规程》第二十一条第(五)项的规定,区分受益对象,合理分摊扣除项目金额的起诉理由,因《土地增值税清算管理规程》是依据《中华人民共和国土地增值税暂行条例》和《中华人民共和国土地增值税暂行条例实施细则》制定,《土地增值税清算管理规程》第二十一条规定税务机关在土地增值税清算工作中对扣除项目的审核要求,而非计算方法。其中第(五)项虽然规定"应按照受益对象,采用合理的分配方法,分摊共同的成本费用",但并未明确合理的方法,故对于原告"紫金名门"房地产开发项目一次性整体开发的情形也应适用《中华人民共和国土地增值税暂行条例实施细则》第九条的规定。

关于第二个争议焦点,被告安顺市地方税务局在收到银城公司的行政复议申请后,依照法定程序进行审查,根据查明的事实,决定维持平坝地税局作出的行政行为。该行政复议决定认定事实清楚,适用法律正确,程序合法。

综上,被告平坝地税局作出的平地税通(2016)01 号《税务事项通知书》和平地税清税(结)(2016)01 号《土地增值税清算结论通知书》及被告安顺市地方税务局作出的安地税行复决字(2016)1 号行政复议决定认定事实清楚,证据确凿,符合法定程序,适用法律正确。原告银城公司的起诉理由不予支持,其诉讼请求依法应予驳回。依照《中华人民共和国行政诉讼法》第六十九条之规定,判决:驳回原告银城公司的诉讼请求。案件受理费 50 元,由原告银城公司负担。

3. 银城公司上诉理由

判决书送达后,上诉人银城公司不服,上诉称:一、本案由安顺市西秀区人民法院进行审判属于管辖错误。作为共同被告之一的安顺市地方税务局的所在地为西秀区,故本案由安顺市西秀区人民法院审理违背了跨行政区域集中管辖行政案件制度所确定的地域管辖回避原则,属于管辖错误。二、本案一审存在重大程序违法。一是本案准许专家出庭对专门问题作出说明,不符合相关法律规定;二是本案原审被告申请专家出庭的时间不符合法律所规定的时限;三是出庭专家身份的公允性值得质疑。三、本案判决在适用税收法律上错误。一是本案严重违反行政诉讼举证规则;二是一审法院以税收法定原则作为判断行政行为合法性的依据,违反了司法裁判法律适用的基本规则;三是由于案件处理的过程复杂,使本案的裁判依据与案件的基本事实不符,实际上助长了原审被告滥用税收执法权的行为。基于上述事实及理由,请求二审法院依法撤销原判,支持上诉人的诉求。

4. 税务局的辩称

被上诉人平坝地税局辩称:一、关于管辖权问题,被上诉人认为本案原审被告分别属于两个不同县区,平坝地税局是作出行政行为的原审被告,所在地为平坝区,本案由安顺市西秀区人民法院管辖,符合法律规定;二、关于专家出庭问题,被上诉人认为专家出庭有利于案件的审理,被上诉人依法申请专家出庭程序合法,于法有据;三、关于一审法院判决适用税收法律法规的问题,被上诉人认为银城公司的上诉理由没有事实和法律依据;四、关于税收法定原则适用问题,被上诉人认为一审判决不仅适用了"税收法定"原则对本案进行评判,同时也适用了相关法律进行分析,有理有据,上诉人的上诉理由不能成立;五、关于本案土地增值税是否核定征收问题,被上诉人认为对上诉人开发项目土地增值税实行预缴清算管理,多退少补,并非核定征收,不存在违法多预征大量税款的情形。请求二审法院依法驳回上诉。

被上诉人安顺市地方税务局辩称：一、上诉人银城公司一审起诉时选择安顺市西秀区人民法院管辖，符合法律规定；二、专家作为诉讼辅助人员出庭，对专门问题进行说明，程序合法，于法有据；三、上诉人上诉无理，一审法院审判程序合法，适用法律正确；四、上诉人未对一审法院针对的第二个争议焦点提出上诉，表示其已经服判。请求二审法院依法驳回上诉。

5. 中院观点

本院认为：依据《中华人民共和国土地增值税暂行条例实施细则》第九条的规定，纳税人成片受让土地使用权后，分期分批开发、转让房地产的，其扣除项目金额的确定，可按转让土地使用权的面积占总面积的比例计算分摊，或按建筑面积计算分摊，也可按税务机关确认的其他方式计算分摊。税务机关有权依据上述规定确定计算分摊的方法，并据此计算应纳税额。本案中，被上诉人平坝地税局作为法定征税机关，在依法审核上诉人申报土地增值税清算资料后，适用《中华人民共和国土地增值税暂行条例实施细则》第九条规定的按建筑面积计算分摊的方法，审定上诉人银城公司应缴纳土地增值税税额，符合法律规定。被上诉人安顺市地方税务局在收到上诉人的复议申请后，依法进行复议，并作出维持决定，适用法律正确，程序合法。

依据《中华人民共和国行政诉讼法》第十八条第一款、第二十一条的规定，经复议的案件，可以选择最初作出行政行为的行政机关所在地人民法院管辖，也可以选择复议机关所在地人民法院管辖。本案中，被诉行政行为是经复议的行为，原告选择安顺市西秀区人民法院管辖符合法律规定，故安顺市西秀区人民法院对本案具有管辖权。

依据《最高人民法院关于行政诉讼证据若干问题的规定》第四十八条第一款的规定，对被诉行政行为涉及的专门性问题，当事人可以向法庭申请由专业人员出庭进行说明，法庭也可以通知专业人员出庭说明。本案中，一审法院准许专家出庭对土地增值税征收问题进行专门说明，程序合法。

综上所述，原判认定事实清楚，适用法律正确，程序合法，处理并无不当，应予维持。上诉人的上诉理由不能成立，不予支持。据此，依照《中华人民共和国行政诉讼法》第八十九条第一款第（一）项的规定，判决如下：

驳回上诉，维持原判。

二审案件受理费 50 元，由上诉人贵州安顺银城房地产开发有限公司负担。

6. 案例评析

安顺银城房地产开发有限公司依据《土地增值税清算管理规程》(国税发〔2009〕91号)第二十一条第(五)项有关"纳税人分期开发项目或者同时开发多个项目的,或者同一项目中建造不同类型房地产的,应按照受益对象,采用合理的分配方法,分摊共同的成本费用"的规定,对土地增值税清算扣除项目土地出让金及拆迁补偿费按项目所在地政府公布的土地等级和基准地价为权重进行分摊计算。税务机关认为因《土地增值税清算管理规程》是依据《中华人民共和国土地增值税暂行条例》和《中华人民共和国土地增值税暂行条例实施细则》制定,《土地增值税清算管理规程》第二十一条规定税务机关在土地增值税清算工作中对扣除项目的审核要求,而非计算方法。其中第(五)项虽然规定"应按照受益对象,采用合理的分配方法,分摊共同的成本费用",但并未明确什么是合理的方法,故对于原告"紫金名门"房地产开发项目一次性整体开发的情形也应适用《中华人民共和国土地增值税暂行条例实施细则》第九条的规定。税务机关强调两点,一是《土地增值税清算管理规程》第二十一条是对扣除项目的审核要求,而非计算方法;二是《土地增值税清算管理规程》第二十一条并未明确具体的合理方法。

根据《中华人民共和国土地增值税暂行条例实施细则》第九条的规定,"纳税人成片受让土地使用权后,分期分批开发、转让房地产的,其扣除项目金额的确定,可按转让土地使用权的面积占总面积的比例计算分摊,或按建筑面积计算分摊,也可按税务机关确认的其他方式计算分摊"。这里的"也可按税务机关确认的其他方式计算分摊"中关键词"税务机关""其他方式"是什么意思呢?"税务机关"包括基层税务机关吗?例如本案中的"安顺市平坝区地方税务局"或者"安顺市地方税务局";"其他方式"除了包括占地面积法、建筑面积法外,还包括本案中企业采用的"按项目所在地政府公布的土地级别和基准地价为权重进行分摊计算"吗?如果安顺市平坝区地方税务局认同了本案中企业采用的计算方法,有没有执法风险呢?依据《中华人民共和国土地增值税暂行条例实施细则》第二十二条"本细则由财政部解释,或者由国家税务总局解释"的规定,基层税务机关没有解释的权力。因此,案例中的基层税务机关不同意占地面积法或者建筑面积法以外的计算方法。也就是说,有些基层税务机关只在"土地面积法或者建筑面积法"择其一而行之。

第六章　应纳税额的计算

税收是国家的主要支柱。

——西塞罗

应纳土地增值税税额等于转让房地产取得的增值额乘以适用税率,并分为转让开发产品应纳税额的计算、转让土地使用权应纳税额的计算、转让旧房应纳税额的计算以及土地增值税的核定征收。本章主要内容如图6-1所示。

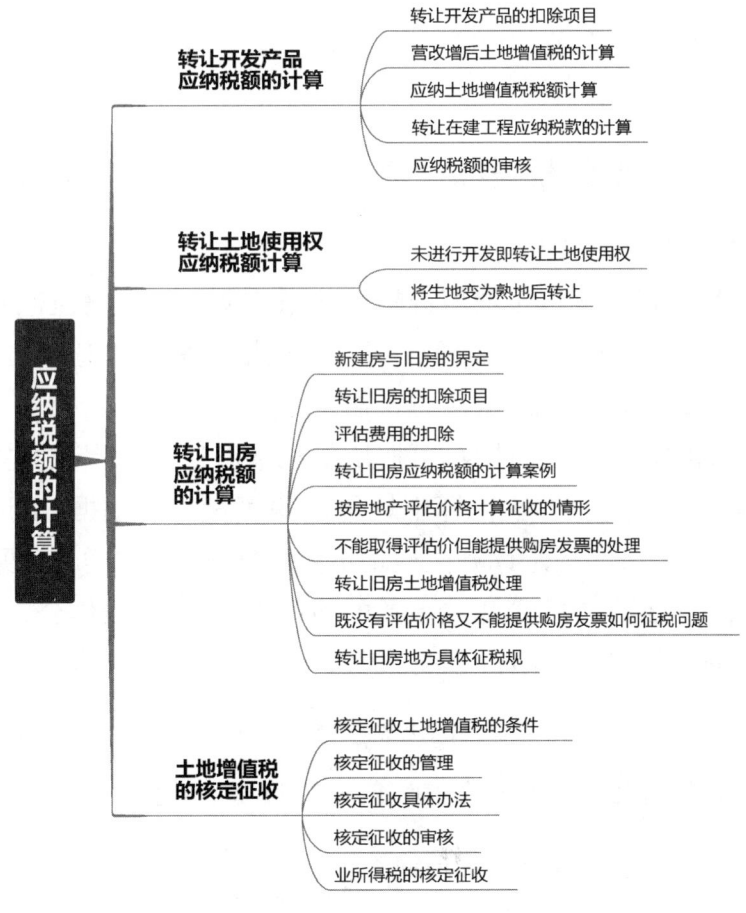

图6-1　应纳税额的计算

第一节 转让开发产品应纳税额的计算

一、转让开发产品的扣除项目

对取得土地使用权后进行房地产开发建造的,在计算销售开发产品的增值额时,允许扣除取得土地使用权时支付的地价款和有关费用、开发土地和新建房及配套设施的成本和规定的费用、转让房地产有关的税金,并允许加计 20% 扣除。这可以使从事房地产开发的纳税人有一个基本的投资回报,以调动其从事正常房地产开发的积极性。即转让开发产品的扣除项目包括如下五项:

(1)取得土地使用权时支付的地价款和有关费用。

(2)房地产开发成本。

(3)房地产开发费用。

(4)与转让房地产有关的税金。

(5)加计 20% 扣除。

二、应纳土地增值税税额计算

(一)土地增值税计算方法

应纳土地增值税税额等于增值额乘以适用税率。如果增值额超过扣除项目金额 50% 以上,在计算税额时,需要分别用各级增值额乘以适用税率,得出各级税额,然后再将各级税额相加,得出总税额。

在实际征纳中,为了方便计算,可按增值额乘以适用税率减去扣除项目金额乘以速算扣除系数的简便方法计算土地增值税税额。即根据《土地增值税暂行条例实施细则》第十条的规定计算土地增值税税额的,可按增值额乘以适用的税率减去扣除项目金额乘以速算扣除系数的简便方法计算,具体公式如下:

(1)增值额未超过扣除项目金额 50%。

$$土地增值税税额=增值额×30\%$$

(2)增值额超过扣除项目金额 50%,未超过 100% 的。

$$土地增值税税额=增值额×40\%-扣除项目金额×5\%$$

(3)增值额超过扣除项目金额 100%,未超过 200% 的。

$$土地增值税税额＝增值额×50\%－扣除项目金额×15\%$$

（4）增值额超过扣除项目金额200％。

$$土地增值税税额＝增值额×60\%－扣除项目金额×35\%$$

公式中的5％,15％,35％为速算扣除系数。

（二）营改增后土地增值税的计算

根据《国家税务总局关于营改增后土地增值税若干征管规定的公告》（国家税务总局公告2016年第70号）第四条"关于营改增前后土地增值税清算的计算问题"的规定,房地产开发企业在营改增后进行房地产开发项目土地增值税清算时,按以下方法确定相关金额:

1.土地增值税应税收入的确认

土地增值税应税收入＝营改增前转让房地产取得的收入＋营改增后转让房地产取得的不含增值税收入

2.与转让房地产有关的税金的确定

与转让房地产有关的税金＝营改增前实际缴纳的营业税、城市维护建设税、教育费附加＋营改增后允许扣除的城市维护建设税、教育费附加

（三）营改增前转让房地产土地增值税计算案例分析

【例6-1】　甲市A房地产开发公司2016年1月转让位于市区的一幢写字楼取得收入1000万元。已知该公司为取得土地使用权所支付的金额为50万元（含承受土地缴纳的契税2万元）,房地产开发成本为200万元,除借款利息外的房地产开发费用为40万元,该公司没有按房地产项目计算分摊银行借款利息,该项目所在省政府规定计征土地增值税时房地产开发费用扣除比例按10％计算。

A房地产公司所在省规定,印花税作为房地产开发费用扣除。

要求:

（1）计算转让写字楼应缴纳的相关税金及附加;

（2）计算与转让房地产有关的税金;

（3）计算土地增值税增值额时允许扣除的税金及附加;

（4）计算该公司应缴纳的土地增值税。

【解析】

（1）转让房地产的收入:1000万元。

（2）转让房地产应缴纳的营业税金及附加:

营业税：$1\,000 \times 5\% = 50$（万元）；

城市维护建设税：$50 \times 7\% = 3.5$（万元）；

教育费附加：$50 \times 3\% = 1.5$（万元）；

地方教育附加：$50 \times 2\% = 1$（万元）；

印花税：$1\,000 \times 0.05\% = 0.5$（万元）；

转让房地产应缴纳的税金及附加为：$50 + 3.5 + 1.5 + 1 + 0.5 = 56.5$（万元）。

（3）扣除项目金额：

① 取得土地使用权所支付的金额：50 万元。

② 房地产开发成本：200 万元。

③ 房地产开发费用：$(200 + 50) \times 10\% = 25$（万元）。

④ 与转让房地产有关的税金为：$50 + 3.5 + 1.5 + 1 = 56$（万元）。

⑤ 加计扣除 20%：$(50 + 200) \times 20\% = 50$（万元）。

扣除项目金额 $= 50 + 200 + 25 + 56 + 50 = 381$（万元）。

（4）增值额的计算：

增值额 $= 1\,000 - 381 = 619$（万元）。

（5）增值率的计算：

增值率 $= 619 \div 381 \times 100\% = 162.47\%$，适用税率为 50%，速算扣除系数为 15%。

（6）应纳土地增值税额：

应纳税额 $= 619 \times 50\% - 381 \times 15\% = 309.5 - 57.15 = 252.35$（万元）。

或且，应纳税额 $= 381 \times 50\% \times 30\% + 381 \times 50\% \times 40\% + (619 - 381) \times 50\% = 57.15 + 76.2 + 119 = 252.35$（万元）。

（四）营改增后转让房地产土地增值税计算案例分析

【例 6-2】 B 房地产开发公司 2022 年 8 月转让位于市区的一幢写字楼取得价款 1 050 万元（合同注明增值税额 50 万元）。已知该公司为取得土地使用权所支付的金额为 50 万元（含承受土地缴纳的契税 2 万元），房地产开发成本为 200 万元，除借款利息外的房地产开发费用为 40 万元，该公司没有按房地产项目计算分摊银行借款利息，该项目所在省政府规定计征土地增值税时房地产开发费用扣除比例按 10% 计算。

已知施工合同约定的开工日期为 2016 年 4 月，该公司选择适用简易计税方法计算缴纳增值税。该省规定印花税作为房地产开发费用扣除。

要求：

（1）计算转让写字楼应缴纳的相关税金及附加；

（2）计算与转让房地产有关的税金；

（3）计算土地增值税增值额时允许扣除的税金及附加；

（4）计算该公司应缴纳的土地增值税。

【解析】

（1）转让房地产的收入（销售额）：

$1050 \div (1+5\%) = 1000$（万元）。

（2）转让房地产应缴纳的增值税及附加：

增值税：$1000 \times 5\% = 50$（万元）；

城市维护建设税：$50 \times 7\% = 3.5$（万元）；

教育费附加：$50 \times 3\% = 1.5$（万元）；

地方教育附加：$50 \times 2\% = 1$（万元）；

印花税：$1000 \times 0.05\% = 0.5$（万元）；

转让房地产应缴纳的税金及附加为：$3.5+1.5+1+0.5 = 6.5$（万元）。

（3）扣除项目金额：

① 取得土地使用权所支付的金额：50万元。

② 房地产开发成本：200万元。

③ 房地产开发费用：$(200+50) \times 10\% = 25$（万元）。

④ 与转让房地产有关的税金为：$3.5+1.5+1 = 6$（万元）。

⑤ 加计扣除20%：$(50+200) \times 20\% = 50$（万元）。

扣除项目金额 $=50+200+25+6+50 = 331$（万元）。

（4）增值额的计算：

增值额 $=1000-331 = 669$（万元）。

（5）增值率的计算：

增值率 $=669 \div 331 \times 100\% = 202.11\%$，适用税率为60%，速算扣除系数为35%。

（6）应纳土地增值税额：

应纳税额 $=669 \times 60\% - 331 \times 35\% = 401.4 - 115.85 = 285.55$（万元）。

（五）土地增值税计算案例分析

【例6-3】 2022年9月，位于江苏C市市区的甲房地产开发公司对其开发建设竣工的写字楼项目进行土地增值税清算。有关情况如下：

（1）2015 年 2 月，取得该项目土地使用权时支付土地出让价款 5 000 万元，甲公司按规定缴纳了受让土地使用权的契税。根据当地政府的招商引资政策规定，2015 年 8 月，收到财政部门按土地出让金的 20% 拨付的财政奖励款 1 000 万元。后因逾期开发缴纳土地闲置费 500 万元。

（2）该项目的房地产开发成本 10 000 万元，其中：支付装修费用 1 000 万元；支付建筑安装工程费 5 100 万元，取得的增值税专用发票上注明的增值税额为 100 万元。

（3）该项目共发生房地产开发费用 450 万元，其中支付非金融企业利息 200 万元。

（4）该项目可售建筑面积 20 000 平方米，截止到 2022 年 8 月底已售 18 000 平方米，取得含增值税收入 31 500 万元（合同注明销售额 30 000 万元，增值税额为 1 500 万元），剩余的 2 000 平方米企业自用。已按规定预征土地增值税 612 万元。

（5）其他相关资料：假设根据相关税收规定，该公司选择简易计税办法计算转让写字楼增值税；当地承受土地使用权适用的契税税率为 4%；当地政府规定计算土地增值税时房地产开发费用计算扣除比例为国家规定的最高比例。按建筑面积分摊相关成本费用。该省规定印花税作为房地产开发费用扣除。

要求：根据上述资料计算写字楼项目清算应补缴的土地增值税等相关税收。

【解析】

（1）转让房地产收入：

31 500÷(1+5%)＝30 000（万元）。

（2）转让房地产相关税收金额：

应缴增值税：30 000×5%＝1 500（万元）；

应缴城市维护建设税：1 500×7%＝105（万元）；

应缴教育费附加：1 500×3%＝45（万元）；

应缴地方教育附加：1 500×2%＝30（万元）；

应缴印花税：30 000×0.05%＝15（万元）。

（3）扣除项目：

按建筑面积法分摊相关成本费用。

取得土地使用权支付的金额：$[(5\,000-1\,000)+5\,000\times4\%]\times18\,000\div$ $20\,000=4\,200\times18\,000\div20\,000=3\,780$（万元）；

房地产开发成本：$10\,000\times18\,000\div20\,000=9\,000$（万元）；

房地产开发费用：$(3\,780+9\,000)\times10\%=1\,278$（万元）；

与转让房地产相关的税金：$105+45+30=180$（万元）；

加计扣除：$(3\,780+9\,000)\times20\%=2\,556$（万元）；

扣除项目小计：$3\,780+9\,000+1\,278+180+2\,556=16\,794$（万元）。

（4）增值额：

$30\,000-16\,794=13\,206$（万元）。

（5）增值率：

$13\,206\div16\,794\times100\%=78.64\%$，适用税率为 40%，速算扣除系数为 5%。

（6）应纳增值税：

$13\,206\times40\%-16\,794\times5\%=5\,282.4-839.7=4\,442.7$（万元）。

清算应补缴土地增值税：$4\,442.7-612=3\,830.7$（万元）。

（六）转让开发项目应纳税额计算案例分析

【例 6-4】 2022 年 6 月，江苏 A 市税务局拟对辖区内甲房地产开发公司开发的房地产项目进行土地增值税清算。该房地产开发公司提供该房地产开发项目的资料如下：

（1）2016 年 1 月，以 8 000 万元拍得用于该房地产开发项目的一宗土地，并缴纳契税；因闲置 1 年，支付土地闲置费 400 万元。

（2）2016 年 4 月，开始动工建设，发生开发成本 5 000 万元；银行贷款凭证显示利息支出 1 000 万元。

（3）2022 年 3 月，项目已销售可售建筑面积的 80%，共计取得不含增值税收入 20 000 万元；可售建筑面积的 20% 按市场价不含税价 5 000 万元投资入股某酒店，约定共担风险、共享收益。

（4）公司应按 3% 的预征率预缴土地增值税。该公司销售该房地产项目选择适用简易计税方法计算缴纳增值税。并聘请税务中介机构对该项目土地增值税进行审核鉴证。税务中介机构提供了鉴证报告。

（其他相关资料：当地受让土地使用权适用的契税税率为 5%，所在省级政府规定其他开发费用的扣除比例为 5%，印花税作为房地产开发费用扣除）

要求：根据上述资料回答问题。

（1）简要说明税务机关要求该公司进行土地增值税清算的理由；

（2）计算该公司销售未完工开发产品时应预缴的增值税金额；

（3）计算该公司应预缴的土地增值税；

（4）计算该公司土地增值税清算时允许扣除的支付的土地使用权金额；

（5）计算该公司土地增值税清算时允许扣除的税金及附加；

（6）计算该公司土地增值税清算时应补（退）的土地增值税金额；

（7）税务机关能否对清算补缴的土地增值税加收滞纳金，简要说明理由；

（8）简要说明税务机关对税务中介机构出具的鉴证报告，在什么条件下可以采用。

【解析】

（1）甲房地产开发公司直接销售可售建筑面积已达到80%，剩余20%部分对外投资，视同销售房地产。已完成全部销售，应进行土地增值税清算。

（2）公司销售未完工开发产品时应预缴的增值税：

$20\,000 \times 3\% = 600$（万元）。

（3）公司应预缴的土地增值税：

$[20\,000 + 5\,000) \times (1 + 5\%) - 600] \times 3\% = 769.5$（万元）。

（4）公司土地增值税清算时允许扣除的支付的土地使用权金额：

$8\,000 \times (1 + 5\%) = 8\,400$（万元）。

（5）土地增值税清算时允许扣除的税金及附加：

销售不动产应缴的增值税为：$(20\,000 + 5\,000) \times 5\% = 1\,250$（万元）。

应缴城市维护建设税：$1\,250 \times 7\% = 87.5$（万元）；

应缴教育费附加：$1\,250 \times 3\% = 37.5$（万元）；

应缴地方教育附加：$1\,250 \times 2\% = 25$（万元）；

应缴印花税：$25\,000 \times 0.05\% = 12.5$（万元）。

土地增值税清算时允许扣除的税金及附加：$87.5 + 37.5 + 25 = 150$（万元）。

（6）计算该公司土地增值税清算时应补（退）的金额：

销售房地产收入：$20\,000 + 5\,000 = 25\,000$（万元）；

扣除项目金额：$8\,400 + 5\,000 + 1\,000 + (8\,400 + 5\,000) \times 5\% + 150 + (8\,400 + 5\,000) \times 20\% = 8\,400 + 5\,000 + 1\,000 + 670 + 150 + 2\,680 = 17\,900$（万元）；

增值额：$25\,000 - 17\,900 = 7\,100$（万元）；

增值率：$7\,100 \div 17\,900 = 39.66\%$，适用税率为30%，速算扣除系数为0；

应纳土地增值税：7 100×30％＝2 130(万元)；

应补土地增值税：2 130－769.5＝1 360.5(万元)。

(7) 税务机关能否对清算补缴的土地增值税加收滞纳金问题。

纳税人按规定预缴土地增值税后,清算补缴的土地增值税,在主管税务机关规定的期限内补缴的,不加收滞纳金。

(8) 税务中介机构按照税务机关规定的格式和要求对审核鉴证情况出具的鉴证报告,税务机关可以采信。

三、购买在建项目进行继续建设再转让的扣除与应纳税额计算

(一) 浙江省的扣除规定

《浙江省地方税务局关于土地增值税若干政策问题的公告》(浙江省地方税务局公告 2014 年第 16 号)第四条规定,房地产开发企业购买在建房地产开发项目后,继续投入资金进行后续建设,达到销售条件进行商品房销售的,其购买在建项目所支付的价款及税金允许扣除,但不得作为土地成本和房地产开发成本加计20％扣除以及房地产开发费用按比例计算扣除的基数。后续建设支出的扣除项目处理按照《土地增值税暂行条例》第六条及其实施细则第七条相关规定执行。

(二) 江苏省的执行口径

转让在建工程,受让方再开发建造的,土地增值税应如何处理? 转让方是否需要分房地产类型清算? 转让方转让在建工程和受让方开发后再转让的,能否加计扣除;若能扣除,加计扣除的基数如何确定?

针对上述问题,江苏省地方税务局土地增值税的执行口径是：

转让方计算土地增值税的,不区分房产类型。

对取得土地使用权后进行房地产开发的,无论是转让方还是受让方,均可据实予以扣除。转让方和受让方是关联企业且有转让收益的除外。

转让方与受让方是关联企业的,受让方取得土地使用权支付的金额,根据转让方土地使用权支付的金额与转让方实际发生的开发成本之和、购入在建工程价款孰低原则确定。转让收益部分不得计入取得土地使用权支付的金额,也不得加计扣除。

(三) 转让在建工程应纳税额计算案例

【例 6-5】 2012 年 10 月,A 房地产开发企业在江苏甲市取得国有土地使用权 100 亩,土地出让价款 50 万元/亩,共计支付土地出让金 5 000 万元,另缴纳契

税 100 万元,缴纳印花税 2.5 万元。

进行土地前期开发和建造开发项目过程中,A 公司投入资金 15 000 万元后,因公司财务困难,无力再筹资金继续进行房地产开发。

2020 年 5 月,A 公司将该在建项目以 52 500 万元(合同没有分别注明价款与增值税税额)转让给 B 公司。

土地价款及相关税费等支出都已取得合法有效凭据,A 房地产开发企业选择适用简易计税方法计算缴纳转让在建项目的增值税。

2012 年以来,A 公司共计支付该项目银行贷款利息 6 000 万元。

要求:计算 A 房地产开发公司转让在建项目需要缴纳的土地增值税等税费。

【解析】

(1)转让在建项目取得的收入:

52 500÷(1+5%)＝50 000(万元)。

(2)转让在建项目应缴纳的相关税费:

增值税销售额为:52 500÷(1+5%)＝50 000(万元);

销售不动产应缴纳的增值税:50 000×5%＝2 500(万元);

应缴城市维护建设税:2 500×7%＝175(万元);

应缴教育费附加:2 500×3%＝75(万元);

应缴地方教育附加:2 500×2%＝50(万元);

应缴产权转移书据印花税:52 500×0.05%＝26.25(万元)。

(3)扣除项目金额:

取得土地使用权所支付的金额:5 000＋100＝5 100(万元);

房地产开发成本:15 000 万元;

房地产开发费用:6 000＋(5 100＋15 000)×5%＝7 005(万元);

可扣除的与转让房地产相关的税金及附加:175＋75＋50＝300(万元);

加计 20%扣除:(5 100＋15 000)×20%＝4 020(万元)。

扣除项目金额合计:5 100＋15 000＋7 005＋300＋4 020＝31 425(万元)。

(4)增值额:

50 000－31 425＝18 575(万元)。

(5)增值率:

18 575÷31 425＝59.1%,适用税率为 40%,速算扣除系数为 5%。

（6）应纳土地增值税：

$18\ 575\times40\%-31\ 425\times5\%=7\ 430-1\ 571.25=5\ 858.75$（万元）。

四、应纳税额的审核

（一）应纳税额的审核

审核人员应按照《土地增值税暂行条例》及其实施细则的规定审核清算项目的收入总额、扣除项目的金额，并确认其增值额及适用税率，正确计算应缴税款。审核程序通常包括：

（1）审核清算项目的收入总额是否符合税收规定，计算是否正确。

（2）审核清算项目的扣除项目金额及其增值额是否符合税收规定，计算是否正确。

① 如果企业有多个开发项目，审核收入与扣除项目金额是否属于同一项目。

② 如果同一个项目既有普通住宅，又有非普通住宅或其他类型房地产的，审核其收入额与扣除项目金额是否分开核算。

③ 对于同一清算项目，一段时间免税、一段时间征税的，应当特别关注收入的实现时间及其扣除项目的配比。

（3）审核增值额与扣除项目之比的计算是否正确，并确认土地增值税的适用税率。

（4）审核并确认清算项目当期土地增值税应纳税额及应补或应退税额。

（二）关联方交易行为的审核

在审核收入和扣除项目时，应重点关注关联企业交易是否按照公允价值和营业常规进行业务往来。

应当关注企业大额应付款余额，审核交易行为是否真实。

（三）鉴证报告的审核与未采信的处理

纳税人委托中介机构审核鉴证的清算项目，主管税务机关应当采取适当方法对有关鉴证报告的合法性、真实性进行审核。

对纳税人委托中介机构审核鉴证的清算项目，主管税务机关未采信或部分未采信鉴证报告的，应当告知其理由。

（四）审核结果通知纳税人

土地增值税清算审核结束，主管税务机关应当将审核结果书面通知纳税人，并确定办理补、退税期限。

第二节 转让土地使用权应纳税额的计算

一、未进行开发即转让土地使用权

（一）未进行开发即转让土地使用权的扣除项目

对取得土地使用权后，未进行开发即转让土地使用权的，计算其增值额时，只允许扣除取得土地使用权时支付的地价款、交纳的有关费用，以及在转让环节缴纳的税金。这样规定，其目的主要是抑制"炒"买"炒"卖地皮的行为。即取得土地使用权后，未进行开发即转让土地使用权的可以扣除的项目为：

（1）取得土地使用权时支付的地价款、交纳的有关费用。

（2）在转让环节缴纳的税金及附加。

（二）应纳税额的计算案例分析

【例6-6】 江苏甲房地产开发公司2015年10月在某地级市取得国有土地使用权100亩，土地出让价款50万元/亩，共计支付土地出让金5 000万元，另缴纳契税100万元，缴纳印花税2.5万元。后因资金紧张等原因没有及时开发建设。

2022年6月，甲房地产开发公司将该宗地块以575万元/亩的含税价格转让给乙房地产公司，取得价款57 500万元（合同没有分别注明价款与增值税）。土地价款及相关税费都已取得合法有效凭据，甲房地产开发公司选择适用简易计税方法计算缴纳转让土地使用权的增值税。

2015年以来，甲公司共计支付贷款利息3 000万元。

要求：计算甲房地产开发公司转让上述土地使用权需要缴纳的土地增值税等相关税费。

【解析】

（1）转让土地使用权应缴纳的相关税费：

根据《财政部 国家税务总局关于进一步明确全面推开营改增试点有关劳务派遣服务、收费公路通行费抵扣等政策的通知》（财税〔2016〕47号）第三条第（二）项的规定，纳税人转让2016年4月30日前取得的土地使用权，可以选择适用简易计税方法，以取得的全部价款和价外费用减去取得该土地使用权的原价后的余额为销售额，按照5%的征收率计算缴纳增值税。

因而,计算增值税的销售额为:(57 500-5 000)÷(1+5%)=50 000(万元);

转让土地使用权应缴纳的增值税:50 000×5%=2 500(万元);

应缴城市维护建设税:2 500×7%=175(万元);

应缴教育费附加:2 500×3%=75(万元);

应缴地方教育附加:2 500×2%=50(万元);

应缴产权转移书据印花税:57 500×0.05%=28.75(万元)。

(2)转让土地使用权取得的土地增值税收入:

57 500-2 500=55 000(万元)。

(3)扣除项目金额:

取得土地使用权所支付的金额:5 000+100=5 100(万元)。

可扣除的与转让房地产相关的税金及附加:175+75+50=300(万元);

扣除项目合计:5 100+300=5 400(万元)。

(4)增值额:

55 000-5 400=49 600(万元)。

(5)增值率:

49 600÷5 400=918%,适用税率为60%,速算扣除系数为35%。

(6)应纳土地增值税:

49 600×60%-5 400×35%=29 760-1 890=27 870(元)。

二、将生地变为熟地后转让

(一)将生地变为熟地转让的扣除项目

对取得土地使用权后投入资金,将生地变为熟地转让的,计算其增值额时,允许扣除取得土地使用权时支付的地价款、交纳的有关费用,和开发土地所需成本再加计开发成本的20%以及在转让环节缴纳的税金。这样规定,是鼓励投资者将更多的资金投向房地产开发。

因而,取得土地使用权后投入资金将生地变为熟地转让的,可以扣除的项目包括如下四项:

(1)取得土地使用权时支付的地价款、交纳的有关费用。

(2)开发土地所需成本。

(3)在转让环节缴纳的税金。

（4）加计开发成本的20%。

（二）转让熟地应纳税额的计算案例分析

【例6-7】 乙房地产开发公司2015年10月在江苏某地级市取得国有土地使用权100亩,土地出让价款50万元/亩,共计支付土地出让金5 000万元,另缴纳契税100万元,缴纳印花税2.5万元。后投入资金10 000万元,进行"三通一平"等土地前期开发,将"生地"变为"熟地"。受金融危机和国家房地产市场调控的影响,甲公司无力再筹资金进行房地产开发。

2022年6月,乙房地产开发公司将该宗地块以575万元/亩的价格转让给A房地产公司,取得价款57 500万元。土地价款及相关税费都已取得合法有效凭据,甲房地产开发公司选择适用简易计税方法计算缴纳转让土地使用权的增值税。

2015年以来,乙公司共计支付贷款利息6 000万元。该省规定印花税作为房地产开发费用处理与扣除。

要求:计算乙房地产开发公司转让上述土地使用权需要缴纳的土地增值税等相关税费。

【解析】

（1）转让土地使用权应缴纳的相关税费:

转让土地使用权增值税的销售额为:（57 500－5 000）÷（1＋5%）＝50 000（万元）;

应缴纳的增值税:50 000×5%＝2 500（万元）;

应缴城市维护建设税:2 500×7%＝175（万元）;

应缴教育费附加:2 500×3%＝75（万元）;

应缴地方教育附加:2 500×2%＝50（万元）;

应缴产权转移书据印花税:57 500×0.05%＝28.75（万元）。

（2）转让土地使用权取得的收入:

57 500－2 500＝55 000（万元）。

（3）扣除项目金额:

取得土地使用权所支付的金额:5 000＋100＝5 100（万元）。

房地产开发成本:10 000万元;

可扣除的与转让房地产相关的税金及附加:175＋75＋50＝300（万元）;

（4）加计扣除开发成本的20%:10 000×20%＝2 000（万元）;

扣除项目金额合计：5 100＋10 000＋300＋2 000＝17 400（万元）。

（5）增值额：

55 000－17 400＝37 600（万元）。

（6）增值率：

37 600÷17 400＝216%，适用税率为 60%，速算扣除系数为 35%。

（7）应纳土地增值税：

37 600×60%－17 400×35%＝22 560－6 090＝16 470（万元）。

第三节　转让旧房应纳税额的计算

一、新建房与旧房的界定

（一）新建房与旧房的界定原则

根据《财政部　国家税务总局关于土地增值税一些具体问题规定的通知》（财税字〔1995〕48 号）第七条"关于新建房与旧房的界定问题"的规定，新建房是指建成后未使用的房产。凡是已使用一定时间或达到一定磨损程度的房产均属旧房。使用时间和磨损程度标准可由各省、自治区、直辖市财政厅（局）和税务局具体规定。

（二）新建房与旧房的具体界定标准

1. 江苏省的新建房认定标准

根据《江苏省地方税务局关于土地增值税若干问题的公告》（苏地税规〔2015〕8 号）第六条"关于新建房问题"的规定，房地产开发企业建造的商品房（不含已列入固定资产或作为投资性房地产的房屋），应按照转让新建房的政策规定缴纳土地增值税。非房地产开发企业自建房屋，自房屋竣工之日起 3 年内（含）转让的，可按照转让新建房的政策规定缴纳土地增值税。具体如图 6-2 所示。

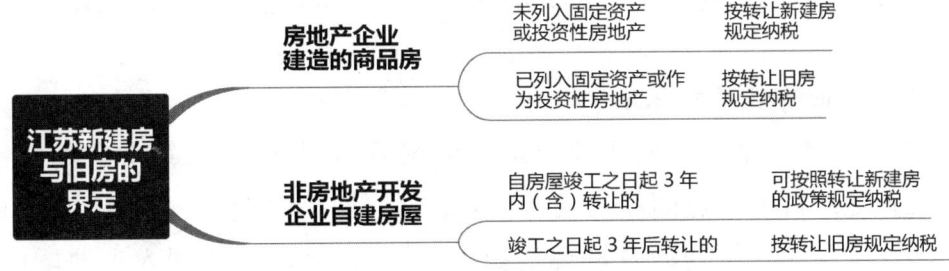

图 6-2　江苏新建房与旧房的界定

在此之前,根据《转发〈财政部 国家税务总局关于土地增值税一些具体问题规定的通知〉的通知》(苏财税〔1995〕24号苏地税发〔1995〕143号)第一条的规定,"旧房",是指建成后已交付使用了一定时间的房产,其使用时间可掌握在一年以上。

【问6-8】 江苏南京甲房地产开发企业将部分的商品房办理到自己名下或进行抵押融资,并未实际使用。请问:再转让时是按新建房还是旧房征收土地增值税?

【解析】 根据《江苏省地方税务局关于土地增值税若干问题的公告》(苏地税规〔2015〕8号)第六条的规定,房地产开发企业建造的商品房(不含已列入固定资产或作为投资性房地产的房屋),应按照转让新建房的政策规定缴纳土地增值税。

因此,对于房地产开发企业因根据相关规定对部分的商品房办理到自己名下或用于抵押融资,并未实际使用,应按照新建房缴纳土地增值税。但对房地产开发企业将自建商品房转入固定资产或作为投资性房地产核算的,一般认为房屋已交付使用,应按照旧房相关规定缴纳土地增值税。

【问6-9】 江苏某市开发区内的A公司,转让工业园区厂房。请问是按照转让旧房还是转让新房的相关规定计算缴纳土地增值税?

【解析】 根据《江苏省地方税务局关于土地增值税若干问题的公告》(苏地税规〔2015〕8号)第六条的规定,非房地产开发企业自建房屋,自房屋竣工之日起3年内(含)转让的,可按照转让新建房的政策规定缴纳土地增值税。

因此,对于非房地产开发企业自行建造工业厂房,对其建造的房屋3年内转让的,可按照转让新建房的政策规定缴纳土地增值税;超过3年转让的,考虑到会产生一定的磨损,应按旧房政策计算缴纳土地增值税。

2. 安徽省旧房的界定标准

根据《安徽省土地增值税清算管理办法》第四十九条的规定,对房地产开发项目中的房地产,纳税人出租、自用或借予他人使用超过1年的,转让时应按销售旧房处理。

3. 辽宁省旧房的界定标准

根据《辽宁省房地产开发企业土地增值税清算管理办法》第七条的规定,房地产开发企业纳税人建造商品房,已自用或出租使用年限在一年以上再出售的,应按照转让旧房及建筑物的政策规定缴纳土地增值税,不再列入土地增值税清算的范围。

4. 重庆市旧房的界定标准

根据《重庆市地方税务局关于土地增值税若干政策执行问题的公告》(重庆市地方税务局公告 2014 年第 9 号)第二条的规定,以下情形房产,再转让属于转让旧房:

(1) 单位和个人对外取得(购置、接收投资、抵债、受赠、交换等)的房产。

(2) 房地产企业以外的其他单位和个人建造的房产。

(3) 房地产企业建造房产已转为固定资产或投资性房地产。

根据《重庆市财政局 重庆市地税局关于印发土地增值税等财产行为税政策执行问题处理意见的通知》(渝财税〔2015〕93 号)第一条的规定,这里的"房地产企业建造房产已转为固定资产或投资性房地产"的执行口径为:房地产项目清算前,开发产品转为固定资产或者投资性房地产再转让的,仍视为开发产品转让,按规定预征和清算土地增值税。房地产项目清算后再转让房产,凡已转为固定资产或投资性房地产 5 年以上的,应认定为旧房转让。

5. 贵州省旧房的界定标准

根据《贵州省财政厅 贵州省地方税务局转发〈财政部 国家税务总局关于土地增值税一些具体问题规定的通知〉的通知》[黔财预字(95)第 65 号]第一条的规定,鉴于房屋的使用时间和磨损程度在征管工作操作上难以掌握的实际情况,规定在贵州省境内凡建成后一经使用的房屋均按旧房及建筑物的有关规定计算征收土地增值税。

6. 浙江省旧房的界定标准

《浙江省国家税务局 浙江省地方税务局关于土地增值税若干问题的补充通知》([95]浙国税外 127 号[95]浙地税三 38 号)第五条规定,新旧房按如下标准界定:凡新建完工可投入使用的房产为新建房,新建房连续使用一年以上或未使用三年以上的房产视作旧房。

7. 北京市旧房的界定标准

《北京市地方税务局关于明确土地增值税有关问题的通知》(京地税地〔2005〕557 号)第六条"关于对房地产开发企业已使用房产再出售征收土地增值税的说明"的规定,对房地产开发企业建造商品房,已使用(包括自用、出租等)年限在一年以上再出售的,应按照转让旧房及建筑物的政策规定征收土地增值税,不再列入该项目土地增值税的可销售总建筑面积范围,在清税计算销售比例时予以扣除。

旧房的界定标准如表 6-1 所示。

表 6-1 旧房的界定标准

地区	标准	依据
江苏	房地产开发企业建造的商品房（不含已列入固定资产或作为投资性房地产的房屋），应按照转让新建房的政策规定缴纳土地增值税	《江苏省地方税务局关于土地增值税若干问题的公告》（苏地税规〔2015〕8 号）
	非房地产开发企业自建房屋，自房屋竣工之日起 3 年内（含）转让的，可按照转让新建房的政策规定缴纳土地增值税	
贵州	凡建成后一经使用的房屋均按旧房及建筑物的有关规定计算征收	
重庆	以下情形房产，再转让属于转让旧房	《重庆市地方税务局关于土地增值税若干政策执行问题的公告》（重庆市地方税务局公告 2014 年第 9 号）
	（1）单位和个人对外取得（购置、接收投资、抵债、受赠、交换等）的房产	
	（2）房地产企业以外的其他单位和个人建造的房产	
	（3）房地产企业建造房产已转为固定资产或投资性房地产	
	房地产项目清算前，开发产品转为固定资产或者投资性房地产再转让的，仍视为开发品转让，按规定预征和清算土地增值税。房地产项目清算后再转让房产，凡已转为固定资产或投资性房地产 5 年以上的，应认定为旧房转让	《土地增值税等财产行为税政策执行问题处理意见》（渝财税〔2015〕93 号）
安徽	对房地产开发项目中的房地产，纳税人出租、自用或借予他人使用超过 1 年的，转让时应按销售旧房处理	《安徽省土地增值税清算管理办法》
辽宁	房地产开发企业纳税人建造商品房，已自用或出租使用年限在一年以上再出售的，应按照转让旧房及建筑物的政策规定缴纳土地增值税，不再列入土地增值税清算的范围	《辽宁省房地产开发企业土地增值税清算管理办法》
浙江	凡新建完工可投入使用的房产为新建房，新建房连续使用一年以上或未使用三年以上的房产视作旧房	《浙江省国家税务局 浙江省地方税务局关于土地增值税若干问题的补充通知》（〔95〕浙国税外 127 号〔95〕浙地税三 38 号）
北京	对房地产开发企业建造商品房，已使用（包括自用、出租等）年限在一年以上再出售的，应按照转让旧房及建筑物的政策规定征收土地增值税	《北京市地方税务局关于明确土地增值税有关问题的通知》（京地税地〔2005〕557 号）

二、转让旧房的扣除项目与案例

（一）转让旧房的扣除项目

根据《财政部 国家税务总局关于土地增值税一些具体问题规定的通知》（财税字〔1995〕48 号）第十条"关于转让旧房如何确定扣除项目金额的问题"的规定，转让旧房的，应按房屋及建筑物的评估价格、取得土地使用权所支付的地价款和按国家统一规定交纳的有关费用以及在转让环节缴纳的税金及附加作为扣除项目金额计征土地增值税。对取得土地使用权时未支付地价款或不能提供已支付的地价款凭据的,不允许扣除取得土地使用权所支付的金额。

因而,转让旧房可以扣除的项目包括如下三项:

(1) 取得土地使用权所支付的地价款和按国家统一规定交纳的有关费用。

(2) 房屋及建筑物的评估价格。

(3) 转让环节缴纳的税金及附加。

(二) 转让旧房案例分析

【例 6-10】 基本情况:

2×17 年 3 月 27 日,某市税务局纳税服务局受理 JBN 房地产开发有限责任公司转让给 SJ 科技发展有限公司财富广场商业卖场 1~5 层。

督察人员检查了如下第一层材料及第二到第五层部分材料:增值税普通发票,房产交易税源局核实反馈情况表,房产交易申报单,房产交易涉税审核表,执行裁定书,房产证,土地使用证,营业执照,拍卖价格说明,房地产评估报告(市场价值、重置价值),金税三期税收管理系统调取的该笔交易完税信息。

上述材料证实:卖场 1~5 层拍卖价格 401 366 800 元,其中第一层拍卖价格 135 263 900 元。

卖场 1~5 层评估的重置成本价值 190 122 600 元(包含所占土地价值),其中第一层评估的重置成本价值 30 472 910.75 元(包含所占土地价值);卖场 1~5 层重置成本价值未明确区分房产、土地评估价格,但区分每层所含土地面积(其中第一层 297.20 平方米)。

本次交易转让方缴税明细(以下为第一层完税信息)如下:增值税 6 441 138.10 元,城市维护建设税、教育费附加、地方教育附加合计 772 936.58 元,印花税 67 632 元,土地增值税 47 545 851.78 元。

以第一层交易为例,房产交易基础税源局核实反馈情况表显示:纳税服务局核实需要缴纳"土地增值税:47 545 851.79 元";基础税源局核实反馈:"房产交易环节涉及以上税款要求买卖双方及时足额缴纳入库;经与 JY 土地房地产评估咨询有限公司签字评估师王某联系核实,重置价值中已包含土地价值,重置价值已考虑成新度,核实后疑点消除,未发现其他问题。"

由于评估报告未明确区分房产和土地的重置评估价值,督察人员联系评估机构 JY 土地房地产咨询有限公司,取得土地评估信息如下:"土地单价:15 368 元/平方米,土地面积 1 854 平方米,土地总价 28 492 300 元。"由此得出土地增值税扣除项目累计多计 28 492 272 元,具体涉税金额由主管税务机关进一步核实。

(三) 转让旧房按评估价格计税已缴契税可否扣除问题

根据《财政部 国家税务总局关于土地增值税一些具体问题规定的通知》(财税字〔1995〕48 号)第十一条的规定,对于个人购入房地产再转让的,其在购房时已缴纳的契税,在旧房及建筑物的评估价中已包括了此项因素,在计征土地增值税时,不另作为"与转让房地产有关的税金"予以扣除。

因此,转让旧房按评估价格扣除的,已缴纳的契税不可以在计税时再扣除。

三、评估费用的扣除

根据《国家税务总局关于印发〈土地增值税宣传提纲〉的通知》(国税函发〔1995〕110 号)的规定,纳税人交纳的评估费用,允许作为扣除项目金额予以扣除。

《财政部 国家税务总局关于土地增值税一些具体问题规定的通知》(财税字〔1995〕48 号)第十二条"关于评估费用可否在计算增值额时扣除的问题"进一步规定,纳税人转让旧房及建筑物时因计算纳税的需要而对房地产进行评估,其支付的评估费用允许在计算增值额时予以扣除。对《土地增值税暂行条例》第九条规定的纳税人隐瞒、虚报房地产成交价格的;提供扣除项目金额不实的;转让房地产的成交价格低于房地产评估价格,又无正当理由的等情形而按房地产评估价格计算征收土地增值税所发生的评估费用,不允许在计算土地增值税时扣除。

四、转让旧房应纳税额的计算案例

(一) 契税申报时不要求提供销售不动产发票的情形

《国家税务总局关于实施房地产税收一体化管理若干具体问题的通知》(国税发〔2005〕156 号)规定,纳税人在办理契税纳税申报时,须提交销售不动产发票,否则税务机关不予受理。上述规定在执行中遇到一些契税纳税人确实无法取得销售不动产发票的情形,对于这些情形下,税务机关应否以及如何受理契税纳税人申报等问题,《国家税务总局关于契税纳税申报有关问题的公告》(2015 年第 67 号)作出规定,自 2015 年 9 月 25 日起执行。

(1) 根据人民法院、仲裁委员会的生效法律文书发生土地、房屋权属转移,纳税人不能取得销售不动产发票的,可持人民法院执行裁定书原件及相关材料办理契税纳税申报,税务机关应予受理。

(2) 购买新建商品房的纳税人在办理契税纳税申报时,由于销售新建商品房的房地产开发企业已办理注销税务登记或者被税务机关列为非正常户等原因,致使纳税人不能取得销售不动产发票的,税务机关在核实有关情况后应予受理。

(二) 转让旧房土地增值税计算案例一

【例6-11】 2×22年2月6日,何某受让孔某位于某市翟山综合楼101、202、301、302(税票号码0405＊＊＊6)房产,该房以第三次拍卖流价4 055 232元抵偿孔某、陆某的债务,在办理过户手续时,根据《国家税务总局关于契税纳税申报有关问题的公告》(2015年第67号)的规定,未征收转让方销售不动产增值税、城市维护建设税、教育费附加等税费232 405.20元。

2×22年3月3日,周某受让路路通达工程机械有限公司位于经济开发区大黄山镇可恋庄东房产(契税号码0407＊＊＊5),价格为法院流拍价21 787 200元,根据《国家税务总局关于契税纳税申报有关问题的公告》(2015年第67号)的规定该笔业务仅征收承受方契税、印花税,未征收转让方销售不动产增值税、城市维护建设税、教育费附加等税费约7 630 000元。

要求:分析说明存在的涉税问题。

【解析】

《国家税务总局关于契税纳税申报有关问题的公告》(国家税务总局公告2015年第67号)明确了不再要求契税纳税人在申报时必须提供销售不动产发票的两类情形,并就不同情形下纳税人申报时应提供的材料及税务机关的受理条件提出了要求。具体如下:

第一类情形是,根据人民法院、仲裁委员会的生效法律文书发生的土地、房屋权属转移,契税纳税人不能取得销售不动产发票的情形,比如原产权人已失踪、死亡或者拒不执行等。对此类情形,纳税人可持人民法院执行裁定书原件及相关材料办理契税纳税申报,税务机关应予受理。

第二类情形是,购买新建商品房的纳税人在办理契税纳税申报时,由于销售新建商品房的房地产开发企业已办理注销税务登记或者被税务机关列为非正常户等原因,致使纳税人不能取得销售不动产发票的情形。对此类情形,税务机关在核实有关情况后应予受理。

税务机关在根据上述规定办理相关业务后,建议将销售方应缴纳的增值税、城市维护建设税、土地增值税等相关税费纳入正常管理,防止税收流失。

(三) 转让旧房土地增值税计算案例二

【例6-12】 江苏某市甲工业企业是增值税一般纳税人,2022年5月10日转让其位于县城的一栋办公楼,取得含增值税收入 12 600 万元(合同注明按简易计税方法计算应纳的增值税为 600 万元)。2015 年建造该办公楼时,为取得土地使用权支付金额 3 000 万元,发生建造成本 4 000 万元。转让时经政府批准的房地产评估机构评估后,确定该办公楼的重置成本价为 8 000 万元,成新度折扣率为 60%。

甲企业选择适用简易计税方法计算缴纳销售该办公楼的增值税。

要求:根据上述资料,回答下列问题。

(1) 请解释重置成本价的含义;

(2) 计算土地增值税时允许扣除的该办公楼的评估价格;

(3) 计算土地增值税时允许扣除的税金及附加;

(4) 计算土地增值税时允许扣除的印花税;

(5) 计算土地增值税时允许扣除项目金额的合计数;

(6) 计算转让办公楼应缴纳的土地增值税。

【解析】

(1) 重置成本价的含义是:对旧房及建筑物,按转让时的建材价格及人工费用计算,建筑同样面积、同样层次、同样结构、同样建设标准的新房及建筑物所需花费的成本费用。

(2) 计算土地增值税时允许扣除的该办公楼的评估价格为:

8 000×60%=4 800(万元)。

(3) 计算土地增值税时允许扣除的税金及附加:

应纳的销售不动产增值税:

12 600÷(1+5%)×5%=600(万元);

应纳的城市维护建设税:600×5%=30(万元);

应纳的教育费附加和地方教育附加:600×(3%+2%)=30(万元)。

(4) 计算土地增值税时允许扣除的印花税:

根据《财政部 国家税务总局关于印花税若干政策的通知》(财税〔2006〕162 号)的规定,对土地使用权出让合同、土地使用权转让合同按产权转移书据征收印花税。对商品房销售合同按照产权转移书据征收印花税。

因而,计算土地增值税时允许扣除的印花税:12 000×0.05%=6(万元);

计算土地增值税时允许扣除的税金及附加:30+30+6=66(万元)。

(5) 计算土地增值税时允许扣除项目金额:

3 000+4 800+60+6=7 866(万元)。

（6）计算转让办公楼应缴纳的土地增值税：

转让房地产收入：12 600÷（1＋5%）＝12 000（万元）；

转让房地产的增值额：12 000－7 866＝4 134（万元）；

增值率：4 134÷7 866＝52.56%，适用税率为40%，速算扣除系数为5%；

应纳的土地增值税为：4 134×40%－7 866×5%＝1 653.6－393.3＝1 260.3（万元）。

（四）转让旧房土地增值税计算案例三

【例 6-13】 江苏某市市区的乙公司（增值税一般纳税人）2022 年土地房产相关业务如下：已知城镇土地使用税每平方米年税额 4 元，当地政府规定的计征房产税时房产原值扣除比例为 30%，转让不动产符合并选择适用简易计税方法计算缴纳增值税。

（1）2022 年，该乙公司占地情况如下：厂房占地 58 000 平方米，办公楼占地 6 000 平方米，厂办子弟学校占地 3 000 平方米，厂办职工食堂及对外营业餐厅占地 2 000 平方米，厂办医院和幼儿园占地各 3 000 平方米，厂区内绿化用地占地 3 000 平方米，养殖专业用地占地 8 000 平方米，6 月份新占用非耕地 5 000 平方米用于厂房扩建，支付价款 350 万元，并且取得了土地使用证。

（2）2021 年年末乙公司房产原值 6 000 万元，与甲企业签订合同以其中价值 1 000 万元的房产使用权自 2022 年 3 月 1 日起出租给甲企业使用，期限两年，每月收取 21 万元（含增值税）的租金。

2020 年取得 10 000 平方米的国有土地使用权，支付土地出让金及相关税费 600 万元，计入"无形资产"科目核算。公司在该地块上自建两栋厂房，于 2021 年 12 月投入使用，不含土地成本的厂房建造价为 3 000 万元，当年计提固定资产折旧 200 万元，建筑面积合计 4 000 平方米。

（3）2022 年 12 月 20 日，企业将 2016 年购入的办公楼一栋出售（购房发票开具日期为 2016 年 2 月 10 日，金额 1 000 万元，缴纳契税 40 万元），按照销售合同约定取得价款 2 100 万元（含增值税，但合同没有分别注明销售额与增值税额），该办公楼累计计提折旧 200 万元，未能提供评估价格。

（4）2022 年 5 月 8 日，将位于江苏某县城的一栋老办公楼向某房地产开发公司投资以开发城市综合体，根据中介机构的评估价双方签订的投资合同约定作价 12 600 万元。已知 2015 年建造该办公楼时，为取得土地使用权支付金额 3 000 万元，发生建造成本 4 000 万元。投资时经政府批准的房地产评估机构评估后,确定该办公楼的重置成本价为 8 000 万元,所占用的土地评估价为 8 500 万元。投资时该办公楼成新度折扣率为 60%。

根据上述资料和税法有关规定,回答下列问题:

(1) 根据资料(1)计算 2022 年应缴纳的城镇土地使用税;

(2) 根据资料(2)计算 2022 年应缴纳的房产税;

(3) 根据资料(3)计算应缴纳的土地增值税等相关税费;

(4) 根据资料(4)计算投资涉及的相关税费。

【解析】

(1) 2022 年应缴纳的城镇土地使用税:

厂办的子弟学校、医院、幼儿园均属于城镇土地使用税免税范围;用于养殖专业用地免征城镇土地使用税。

全年应缴纳的城镇土地使用税=(58 000+6 000+2 000+3000)×4+5 000×4×6÷12=286 000(元)。

(2) 2022 年应缴房产税的计算:

① 出租房产的月租金收入:

21÷(1+5%)=20(万元);

出租房产应从租计征房产税,应纳房产税=20×10×12%=24(万元)。

② 2021 年 12 月新建厂房应纳房产税:

容积率:4 000÷10 000=0.4<0.5;

应并入房产原值的土地价值:4 000×2÷10 000×600=480(万元);

应纳房产税:(3 000+480)×(1−30%)×1.2%=29.232(万元)。

③ 其他从价计征房产税:

(6 000−1 000)×(1−30%)×1.2%+1 000×(1−30%)×1.2%×2÷12=42+1.4=43.4(万元);

合计应纳房产税:24+29.232+43.4=96.632(万元)。

(3) 出售办公楼应纳税款的计算:

① 销售房地产取得的收入:

2 100÷(1+5%)=2 000(万元);

② 转让不动产应缴纳的相关税费:

应纳增值税:(2 100−1 000)÷(1+5%)×5%=52.38(万元);

应纳城市维护建设税:52.38×7%=3.666 7(万元);

应缴教育费附加与地方教育附加：$52.38 \times (3\% + 2\%) = 2.619$（万元）；

应缴印花税：$2\,100 \times 0.05\% = 1.05$（万元）。

③ 扣除项目：

自 2016 年 2 月 10 日起至 2022 年 12 月 20 日止，已满 6 年 10 个月，应按 7 年加计。

每年加扣 5% 的金额为：$1\,000 \times (1 + 5\% \times 7) = 1\,350$（万元）；

与转让房地产相关的税金及附加：$3.666\,7 + 2.619 + 1.05 + 40 = 47.335\,7$（万元）；

扣除项目合计：$1\,350 + 47.335\,7 = 1\,397.335\,7$（万元）。

④ 增值额：

$2\,000 - 1\,350 - 47.335\,7 = 602.664\,3$（万元）。

⑤ 增值率：

$602.664\,3 \div 1\,397.335\,7 \times 100\% = 43.13\%$，适用税率为 30%，速算扣除系数为 0；

⑥ 应纳土地增值税：

$602.664\,3 \times 30\% = 180.799\,3$（万元）。

(4) 投资业务相关税费的计算：

以不动产对外投资，应按销售不动产计算缴纳增值税及附加。

① 转让房地产收入：

$12\,600 \div (1 + 5\%) = 12\,000$（万元）。

② 转让办公楼应缴纳的增值税及其附加等相关税费：

应缴增值税：$12\,000 \times 5\% = 600$（万元）；

应缴城市维护建设税：$600 \times 5\% = 30$（万元）；

应缴教育费附加和地方教育附加：$600 \times (3\% + 2\%) = 30$（万元）；

应缴印花税：$12\,600 \times 0.005\% = 6.3$（万元）。

③ 转让房地产应纳土地增值税的扣除项目：

取得土地使用权支付的金额：3 000 万元；

计算土地增值税时甲企业办公楼的评估价格为：$8\,000 \times 60\% = 4\,800$（万元）。

④ 允许扣除与转让房地产相关的税金：

$30 + 30 + 6.3 = 66.3$（万元）；

扣除项目合计：$3\,000 + 4\,800 + 66.3 = 7\,866.3$（万元）。

⑤ 计算转让办公楼应缴纳的土地增值税为：

⑥ 增值额：

12 000－3 000－4 800－66.3＝4 133.7（万元）；

⑦ 增值率：

4 133.7÷7 866.3×100％＝52.55％，适用税率40％，速算扣除系数5％；

⑧ 应纳土地增值税为：

4 133.7×40％－7 866.3×5％＝1 653.48－393.315＝1 260.165（万元）。

五、按房地产评估价格计算征收的情形

（一）房地产评估价格及其采用

根据《土地增值税暂行条例实施细则》第十三条的规定，房地产评估价格，是指由政府批准设立的房地产评估机构根据相同地段、同类房地产进行综合评定的价格。评估价格须经当地税务机关确认。

根据《财政部　国家税务总局　国家国有资产管理局关于转让国有房地产征收土地增值税中有关房地产价格评估问题的通知》（财税字〔1995〕61 号）的规定，房地产所在地主管税务机关应根据《土地增值税暂行条例》及其实施细则的有关规定，对应纳税房地产的评估结果进行严格审核及确认，对不符合实际情况的评估结果不予采用。

房地产评估价格，是指由政府批准设立的房地产评估机构根据相同地段、同类房地产进行综合评定的价格，税务机关根据评估价格，确定其转让房地产的收入、扣除项目金额等，计算房地产转让时所要缴纳的土地增值税。对评估价与市场交易价差距较大的转让项目，税务机关有权不予确认，要求其重新评估。

（二）按房地产评估价格计算征税的情形

根据《土地增值税暂行条例》第九条的规定，纳税人有下列情形之一的，按照房地产评估价格计算征收：

1. 隐瞒、虚报房地产成交价格的

根据《土地增值税暂行条例实施细则》第十四条的规定，隐瞒、虚报房地产成交价格，是指纳税人不报或有意低报转让土地使用权、地上建筑物及其附着物价款的行为。

隐瞒、虚报房地产成交价格，应由评估机构参照同类房地产的市场交易价格进行评估。税务机关根据评估价格确定转让房地产的收入。

2.提供扣除项目金额不实的

根据《土地增值税暂行条例实施细则》第十四条的规定,提供扣除项目金额不实的,是指纳税人在纳税申报时不据实提供扣除项目金额的行为。

提供扣除项目金额不实的,应由评估机构按照房屋重置成本价乘以成新度折扣率计算的房屋成本价和取得土地使用权时的基准地价进行评估。税务机关根据评估价格确定扣除项目金额。

3.成交价格低于房地产评估价格又无正当理由的

根据《土地增值税暂行条例实施细则》第十四条的规定,转让房地产的成交价格低于房地产评估价格,又无正当理由,是指纳税人申报的转让房地产的实际成交价低于房地产评估机构评定的交易价,纳税人又不能提供凭据或无正当理由的行为。

转让房地产的成交价格低于房地产评估价格,又无正当理由的,由税务机关参照房地产评估价格确定转让房地产的收入。

(三)房地产评估的计税事项

在土地增值税征管中,对发生下列情况的,需要进行房地产评估:

(1)出售旧房及建筑物的。

(2)隐瞒、虚报房地产成交价格的。

(3)提供扣除项目金额不实的。

(4)转让房地产的成交价格低于房地产评估价格,又无正当理由的。

六、不能取得评估价但能提供购房发票的处理

(一)不能取得评估价格但能提供购房发票的扣除项目

根据《财政部　国家税务总局关于土地增值税若干问题的通知》(财税〔2006〕21号)第二条"关于转让旧房准予扣除项目的计算问题"第一款的规定,纳税人转让旧房及建筑物,凡不能取得评估价格,但能提供购房发票的,经当地税务部门确认,《土地增值税暂行条例》第六条第(一)(取得土地使用权所支付的金额)、(三)(旧房及建筑物的评估价)项规定的扣除项目的金额,可按发票所载金额并从购买年度起至转让年度止每年加计5%计算。对纳税人购房时缴纳的契税,凡能提供契税完税凭证的,准予作为"与转让房地产有关的税金"予以扣除,但不作为加计5%的基数。

因此,转让旧房不能提供评估价格但能够提供发票的,在计算土地增值税时的扣除项目包括房屋购置金额、发票加计金额、购房时缴纳的契税和转让房地产

相关的税金。

此外,《北京市地方税务局关于土地增值税清算问题的公告》(北京市地方税务局 2010 年第 2 号)第二条还规定,纳税人转让旧房按照发票所载金额计算扣除项目时分次取得购房发票的,可按取得首张发票所载时间作为购买年度。

(二) 转让旧房准予扣除项目的加计问题

《国家税务总局关于土地增值税清算有关问题的通知》(国税函〔2010〕220 号)第七条"关于转让旧房准予扣除项目的加计问题"规定,《财政部 国家税务总局关于土地增值税若干问题的通知》(财税〔2006〕21 号)第二条第一款规定"纳税人转让旧房及建筑物,凡不能取得评估价格,但能提供购房发票的,经当地税务部门确认,《土地增值税暂行条例》第六条第(一)、(三)项规定的扣除项目的金额,可按发票所载金额并从购买年度起至转让年度止每年加计 5% 计算"。计算扣除项目时"每年"按购房发票所载日期起至售房发票开具之日止,每满 12 个月计一年;超过一年,未满 12 个月但超过 6 个月的,可以视同为一年。

【例 6-14】 2022 年 7 月,A 省税务局在对某市税务局税收执法督察时发现:2021 年 11 月 15 日,付某受让赵某位于人民家园 1#-109(契税号码 0407＊＊4)商用房,该房屋为赵某 2021 年 4 月 19 日取得(不动产发票开具日期),购买原价 800 000.00 元,在计算土地增值税时按 1 年加计 5% 扣除。

要求:分析说明案例中存在的相关税收问题。

【解析】 根据《财政部 国家税务总局关于土地增值税若干问题的通知》(财税〔2006〕21 号)第二条第一款的规定:"纳税人转让旧房及建筑物,凡不能取得评估价格,但能提供购房发票的,经当地税务部门确认,《土地增值税暂行条例》第六条第(一)、(三)项规定的扣除项目的金额,可按发票所载金额并从购买年度起至转让年度止每年加计 5% 计算。"根据《国家税务总局关于土地增值税清算有关问题的通知》(国税函〔2010〕220 号)第七条的规定,计算扣除项目时"每年"按购房发票所载日期起至售房发票开具之日止,每满 12 个月计一年;超过一年,未满 12 个月但超过 6 个月的,可以视同为一年。

2021 年 11 月 15 日,付某受让赵某位于人民家园 1#-109 房屋,该房屋为赵某 2021 年 4 月 19 日取得(不动产发票开具日期,购买原价 800 000.00 元,),持有时间为 7 个月,不足一年,在计算土地增值税时不得按 1 年加计 5% 扣除。

(三) 营改增后转让旧房及建筑物的处理

根据《国家税务总局关于营改增后土地增值税若干征管规定的公告》(2016 年第 70 号)第六条"关于旧房转让时的扣除计算问题"的规定,营改增后,纳税人转让旧房及建筑物,凡不能取得评估价格,但能提供购房发票的,《土地增值税暂行条例》第六条第(一)、(三)项规定的扣除项目的金额按照下列方法计算:

(1) 提供的购房凭据为营改增前取得的营业税发票的,按照发票所载金额(不扣减营业税)并从购买年度起至转让年度止每年加计5%计算。

(2) 提供的购房凭据为营改增后取得的增值税普通发票的,按照发票所载价税合计金额从购买年度起至转让年度止每年加计5%计算。

(3) 提供的购房发票为营改增后取得的增值税专用发票的,按照发票所载不含增值税金额加上不允许抵扣的增值税进项税额之和,并从购买年度起至转让年度止每年加计5%计算。

(四) 买受方无法取得发票但持有契税完税凭证的扣除

【问 6-15】 司法拍卖取得的房地产,买受方无法取得发票但是持有契税完税凭证,再转让时,税务机关是否可将契税完税凭证上的计税依据视同发票所载金额,从购买年度起至转让年度止加计5%计算土地增值税?

【解析】 根据《财政部　国家税务总局关于土地增值税若干问题的通知》(财税〔2006〕21号)第二条的规定,纳税人转让旧房及建筑物,凡不能取得评估价格,但能提供购房发票的,可按发票所载金额并从购买年度起至转让年度止每年加计5%计算。

司法拍卖取得的房地产往往是依据法院的法律文书办理相关登记手续,无法取得发票。

经某省税务局请示总局,总局答复:司法拍卖取得的交易价格具有公允性,买受方无法取得发票但是持有契税完税凭证的,可参照财税〔2006〕21号文件规定,按契税完税证上的计税依据每年加计5%计算土地增值税。

因此,司法拍卖取得的房地产,买受方无法取得发票但是持有契税完税凭证,再转让时,税务机关可将契税完税凭证上的计税依据视同发票所载金额,从购买年度起至转让年度止每年加计5%计算土地增值税。

七、转让旧房土地增值税的处理

(一) 个人转让住宅类旧房

对个人转让住宅类的旧房,按《财政部　国家税务总局关于调整房地产交易环节税收政策的通知》(财税〔2008〕137号)第三条规定,自2008年11月1日起,暂免征土地增值税。

财税〔2008〕137 号文件第二条还规定,对个人销售或购买住房暂免征收印花税。

(二) 个人转让非住宅类旧房

个人转让非住宅类旧房及建筑物,凡不能取得评估价格,但能提供购房发票的,经当地税务部门确认,《土地增值税暂行条例》第六条第(一)、(三)项规定的扣除项目的金额,可按发票所载金额并从购买年度起至转让年度止每年加计 5% 计算。对纳税人购房时缴纳的契税,凡能提供契税完税凭证的,准予作为"与转让房地产有关的税金"予以扣除,但不作为加计 5% 的基数。

对于个人转让非住宅类旧房及建筑物,既没有评估价格,又不能提供购房发票的,税务机关可以根据《税收征收管理法》第三十五条的规定,实行核定征收。

(三) 单位转让旧房及建筑物

对单位转让旧房及建筑物,按《财政部 国家税务总局关于土地增值税若干问题的通知》(财税〔2006〕21 号)第二条规定执行。即纳税人转让旧房及建筑物,凡不能取得评估价格,但能提供购房发票的,经当地税务部门确认,《土地增值税暂行条例》第六条第(一)、(三)项规定的扣除项目的金额,可按发票所载金额并从购买年度起至转让年度止每年加计 5% 计算。对纳税人购房时缴纳的契税,凡能提供契税完税凭证的,准予作为"与转让房地产有关的税金"予以扣除,但不作为加计 5% 的基数。

对于单位转让旧房及建筑物,既没有评估价格,又不能提供购房发票的,税务机关可以根据《税收征收管理法》第三十五条的规定,实行核定征收。

(四) 转让旧房的核定征收

对旧房转让实行核定征收的,按照《国家税务总局关于加强土地增值税征管工作的通知》(国税发〔2010〕53 号)文件第四条的规定,核定征收率原则上不得低于 5%。

(五) 转让旧房案例分析

【例 6-16】 2022 年 7 月,甲省税务局在对 A 市税务局执法督察时发现:2015 年 6 月 20 日,海天商贸有限公司以 27 528 300 元的价格受让力倍投资发展集团有限公司位于经济技术开发区桃山路 1 号商业办公楼房屋(金汇大厦),该房产购置原价为 6 420 000 元。2022 年 2 月 23 日,纳税人办理过户手续时,申报缴纳了销售不动产增值税:(27 528 300−6 420 000)×0.05÷1.05=1 005 157.14 (元),城市维护建设税 70 361 元,教育费附加 30 154.71 元,地方教育费附加

20 103.14 元,土地增值税 6 869 471.43 元,未缴印花税,没有加收滞纳金。

要求:计算上述业务应纳土地增值税等相关税费。

【解析】 根据《财政部 国家税务总局关于全面推开营业税改征增值税试点的通知》(财税〔2016〕36 号)的规定,自 2016 年 5 月 1 日起,在全国范围内全面推开营业税改征增值税(以下称营改增)试点,建筑业、房地产业、金融业、生活服务业等全部营业税纳税人,纳入试点范围,由缴纳营业税改为缴纳增值税。

根据《中华人民共和国营业税暂行条例》第十二条和财税〔2016〕36 号文件的规定,上述业务应缴纳、未缴纳营业税,错误地缴纳了增值税。

应缴纳营业税:(27 528 300－6 420 000)×5％＝1 055 415(元),未缴纳。于 2017 年 2 月 23 日错缴纳了增值税。同日,纳税人还缴纳了土地增值税 6 869 471.43 元,上述税款未按规定加收滞纳金约 2 332 546.97 元(自 2015 年 7 月 16 日起)。

该笔业务也未缴纳转让方印花税 13 764.20 元。相关税款的计算见表 6-2 所示。

表 6-2   税款计算表   (单位:元)

成交价格	27 528 300.00	
购买价格	6 420 000.00	
应缴营业税金及附加		错缴增值税及附加
营业额或收入	21 108 300.00	20 103 142.86
营业税/增值税	1 055 415.00	1 005 157.14
城市维护建设税	73 879.05	70 361.00
教育费附加	31 662.45	30 154.71
地方教育费附加	21 108.30	20 103.14
印花税	13 764.15	未征
土地增值税		
收入	27 528 300.00	26 523 142.86
契税	204 000.00	204 000.00
购买价格	6 420 000.00	6 420 000.00
加计扣除	3 210 000.00	3 210 000.00
税金	1 195 828.95	未扣除
扣除合计	11 029 828.95	9 834 000.00
增值额	16 498 471.05	16 689 142.86
增值率	149.58％	169.71％
应纳土地增值税	6 594 761.18	6 869 471.43

根据《国家税务总局关于明确营改增试点若干征管问题的公告》(2016 年第 26 号)第二条的规定,个人转让住房,在 2016 年 4 月 30 日前已签订转让合同,2016 年 5 月 1 日以后办理产权变更事项的,应缴纳增值税,不缴纳营业税。

这里的个人包括个体工商户和其他个人。这里讲的是转让住房,对于个人转让非住房,在 2016 年 4 月 30 日前已签订转让合同,2016 年 5 月 1 日以后办理产权变更事项的,应根据营业税和增值税纳税义务发生时间来判断是缴纳增值税还是营业税。

八、既没有评估价格又不能提供购房发票的核定征收

根据《财政部 国家税务总局关于土地增值税若干问题的通知》(财税〔2006〕21 号)的规定,对于转让旧房及建筑物,既没有评估价格,又不能提供购房发票的,税务机关可以根据《税收征收管理法》第三十五条的规定,实行核定征收。对旧房转让实行核定征收的,按照《国家税务总局关于加强土地增值税征管工作的通知》(国税发〔2010〕53 号)文件第四条的规定,核定征收率原则上不得低于 5%。

根据《江苏省关于明确旧房转让土地增值税政策的通知》(苏财税〔2011〕36 号)的规定,对于转让旧房及建筑物,既没有评估价格,又不能提供购房发票的,税务机关可以根据《税收征收管理法》第三十五条的规定,实行核定征收。对旧房转让实行核定征收的,按《国家税务总局关于加强土地增值税征管工作的通知》(国税发〔2010〕53 号)文件第四条的规定,核定征收率原则上不得低于 5%,并应按《江苏省地方税务局关于加强土地增值税征管工作的通知》(苏地税发〔2011〕53 号)文件第三条的规定,在测算增值率的基础上,确定核定征收率,计征土地增值税。

根据《江苏省地方税务局关于明确个人转让非住宅类旧房及建筑物土地增值税核定征收率的公告》(苏地税规〔2016〕4 号)的规定,自 2016 年 8 月 11 日起,个人转让非住宅类的旧房及建筑物,既没有计算增值额的扣除项目的评估价格,又不能提供购房发票的,税务机关可以实行核定征收,核定征收率为 5%。

因此,对于单位转让旧房及建筑物,既没有评估价格,又不能提供购房发票的,在测算增值率的基础上,按不低于 5%确定核定征收率。对于个人(包括自然人和个体工商户)转让非住宅类的旧房及建筑物,既没有计算增值额的扣除项目的评估价格,又不能提供购房发票的,税务机关可以实行核定征收,江苏的核定征收率为 5%。

九、转让旧房地方具体征税规定

(一)重庆市转让旧房的征税规定

1. 扣除项目计算

根据《重庆市地方税务局关于土地增值税若干政策执行问题的公告》(2014 年第 9 号)第二条的规定,纳税人转让旧房计算房产扣除额可选择以下两种方式:

(1) 由评估机构以"成本法"评估建筑物重置成本,乘以"成新度折扣率",计算建筑物评估价格,同时提供取得土地支付价款的凭据,合并计入房产扣除额。

(2) 提供购置房产相关凭据(发票;支付凭据及其合同协议或司法文书),确定购置成本和购置年度,按购置成本额并每年加计 5% 计入房产扣除额。

"每年"指从购置月份起至办理权属转让手续月份止每满 12 个月计一年;超过一年,未满 12 个月但超过 6 个月的,可以视同为一年。购置月份按购置发票、契税证明以及房地产权证载明时间孰先原则确定。

纳税人转让旧房,以下费用项目可在计算土地增值税时扣除:

(1) 转让房产时缴纳的营业税及其附加、印花税。

(2) 因计算纳税的需要支付的房产评估费。

(3) 取得房产环节契税(评估价格中已含契税的除外)。

2. 核定征收

根据《重庆市地方税务局关于土地增值税若干政策执行问题的公告》(重庆市地方税务局公告 2014 年第 9 号)第二条的规定,纳税人转让旧房未能提供上述"评估价格""取得成本",或者提供不实,不能计算房产扣除额的,应按规定核定征收土地增值税。

3. 计税单位

根据《重庆市地方税务局关于土地增值税若干政策执行问题的公告》(重庆市地方税务局公告 2014 年第 9 号)第二条的规定,纳税人转让旧房应按照权属登记规定的基本登记单元为计税单位,计算土地增值税。

根据上述规定,旧房转让土地增值税计征适用三种方式:中介机构评估成本价格扣除;依凭据金额加计扣除;定率征收,前两种方式(查实征收)系并列关系,纳税人在申报环节可以选择适用。

中介机构评估成本价格扣除,需采用重置成本法评估旧房重置价格,对于无法提供取得土地价款凭据的,允许以"基准地价修正法"评估上一环节取得土地使用权时"地价"。

凡纳税人申报提供的评估价格不实或者评估价格明显偏高的,税务机关不予以认可,可要求纳税人重新提供评估价格或者提供取得房产凭据。

重置成本评估、基准地价修正法评估的报告中应特别注明:评估结果专项用于计算土地增值税扣除项目。

凡纳税人未能提供评估价格以及取得凭据,可要求纳税人书面说明情况和原因,由税务机关依职权核定应纳税额(定率征收)。

旧房转让土地增值税缴税期限统一为办理房地产权属转让(转移登记)手续之前。

房地产项目清算后再转让的房产,判定其转为固定资产或投资性房地产是否达到五年以上,其起始时间以企业会计核算时点为依据。

(二)贵州省转让旧房的征税规定

根据《贵州省财政厅 贵州省地方税务局转发〈财政部 国家税务总局关于土地增值税一些具体问题规定的通知〉的通知》[黔财预字(95)第65号]第二条的规定,转让旧房时,如纳税人能完整地提供取得所转让房屋时所支付的价款和按国家统一规定缴纳的税金、费用的有关资料和凭据的,可按其提供的价款、税费金额作为计征土地增值税的扣除金额。

根据《国家税务总局贵州省税务局关于转让旧房及建筑物土地增值税有关问题的公告》(国家税务总局贵州省税务局公告2020年第14号)的规定,自2020年8月1日起,除个人销售住房外,纳税人转让旧房及建筑物,既不提供房屋及建筑物价格评估报告,又不能提供购房发票证明的,税务机关可按转让收入(不含增值税)的5%核定征收土地增值税。

(三)北京市转让新建房屋计算扣除项目金额规定

《北京市地方税务局关于土地增值税若干征收管理问题的通知》(京地税二〔1996〕240号)第六条"关于转让新建房屋如何计算扣除项目金额问题"规定,纳税人取得新建房在一年以内转让的,以取得房地产时所支付的价格为扣除项目金额,如有其他资金投入的,按评估价格计算扣除。

第四节 土地增值税的核定征收

一、核定征收土地增值税应符合的条件

(一)核定应纳税额应符合的条件

根据《税收征收管理法》第三十五条的规定,纳税人有下列情形之一的,税务

机关有权核定其应纳税额：

（1）依照法律、行政法规的规定可以不设置账簿的。

（2）依照法律、行政法规的规定应当设置但未设置账簿的。

（3）擅自销毁账簿或者拒不提供纳税资料的。

（4）虽设置账簿，但账目混乱或者成本资料、收入凭证、费用凭证残缺不全，难以查账的。

（5）发生纳税义务，未按照规定的期限办理纳税申报，经税务机关责令限期申报，逾期仍不申报的。

（6）纳税人申报的计税依据明显偏低，又无正当理由的。

税务机关核定应纳税额的具体程序和方法由国务院税务主管部门规定。

（二）核定征收转让开发产品土地增值税应符合的条件

在土地增值税清算过程中，发现纳税人符合核定征收条件的，应按核定征收方式对房地产项目进行清算。

根据《国家税务总局关于房地产开发企业土地增值税清算管理有关问题的通知》（国税发〔2006〕187号）第七条的规定，房地产开发企业有下列情形之一的，税务机关可以参照与其开发规模和收入水平相近的当地企业的土地增值税税负情况，按不低于预征率的征收率核定征收土地增值税：

（1）依照法律、行政法规的规定应当设置但未设置账簿的。

（2）擅自销毁账簿或者拒不提供纳税资料的。

（3）虽设置账簿，但账目混乱或者成本资料、收入凭证、费用凭证残缺不全，难以确定转让收入或扣除项目金额的。

（4）符合土地增值税清算条件，未按照规定的期限办理清算手续，经税务机关责令限期清算，逾期仍不清算的。

（5）申报的计税依据明显偏低，又无正当理由的。

根据《土地增值税清算管理规程》（国税发〔2009〕91号印发）第三十四条的规定，在土地增值税清算中符合以下条件之一的，可实行核定征收：

（1）依照法律、行政法规的规定应当设置但未设置账簿的。

（2）擅自销毁账簿或者拒不提供纳税资料的。

（3）虽设置账簿，但账目混乱或者成本资料、收入凭证、费用凭证残缺不全，难以确定转让收入或扣除项目金额的。

（4）符合土地增值税清算条件，企业未按照规定的期限办理清算手续，经税务机关责令限期清算,逾期仍不清算的。

(5)申报的计税依据明显偏低,又无正当理由的。

(三)转让旧房及建筑物核定征收应符合的条件

根据《财政部　国家税务总局关于土地增值税若干问题的通知》(财税〔2006〕21号)第二条"关于转让旧房准予扣除项目的计算问题"第二款的规定,对于转让旧房及建筑物,既没有评估价格,又不能提供购房发票的,税务机关可以根据《税收征收管理法》第三十五条的规定,实行核定征收。

二、核定征收的管理

(一)依照规定的条件进行核定征收

根据《国家税务总局关于加强土地增值税征管工作的通知》(国税发〔2010〕53号)第四条的规定,核定征收必须严格依照税收法律法规规定的条件进行,任何单位和个人不得擅自扩大核定征收范围,严禁在清算中出现"以核定为主、一核了之""求快图省"的做法。凡擅自将核定征收作为本地区土地增值税清算主要方式的,必须立即纠正。对确需核定征收的,要严格按照税收法律法规的要求,从严、从高确定核定征收率。为了规范核定工作,核定征收率原则上不得低于5%,各省级税务机关可结合本地实际,区分不同房地产类型制定核定征收率。

《国家税务总局关于进一步做好土地增值税征管工作的通知》(税总发〔2013〕67号)规定,要严格执行核定征收规定,不得擅自扩大核定征收的范围,对不符合核定征收条件的,坚决不得核定征收,对符合条件、确需核定的,要根据实际情况从严确定核定征收率,不搞一刀切。

(二)严控核定征收,防范税收流失

《国家税务总局关于深入开展土地增值税清算工作的通知》(税总函〔2013〕658号)第三条"严控核定征收,防范税收流失的规定"规定,要严格控制核定征收的范围,严格执行核定征收的规定。对符合核定征收规定的,通过向国土部门查询项目土地价格、参照当地建安造价标准等数据对项目情况进行具体的评估后,核定税额,不能搞一刀切。

此外,根据《广东省税务局土地增值税清算管理规程(暂行)》第三十七条的规定,主管税务机关应加强核定征收项目的调查核实,严格控制核定征收的范围。纳税人直接转让国有土地使用权的,原则上不得核定征收。

（三）核定征收核查

符合核定征收条件的,由主管税务机关发出核定征收的税务事项告知书后,税务人员对房地产项目开展土地增值税核定征收核查,经主管税务机关审核合议,通知纳税人申报缴纳应补缴税款或办理退税。

（四）各期清算方式应保持一致

根据《土地增值税清算管理规程》第三十六条的规定,对于分期开发的房地产项目,各期清算的方式应保持一致。

三、核定征收具体办法

（一）江苏省核定征收的具体规定

1. 江苏省加强土地增值税核定征收管理规定

《江苏省地方税务局关于加强土地增值税征管工作的通知》(苏地税发〔2011〕53号)第二条"加强土地增值税核定征收管理"规定,对符合《土地增值税清算管理规程》(国税发〔2009〕91号)第三十四条规定应按核定征收方式对房地产项目进行清算的,主管税务机关要事先进行核查,并出具报告,报省辖市税务局备案后执行。

实行核定征收方式进行清算的房地产项目,主管税务机关应根据其房地产单位售价、单位土地成本、当地建设工程造价管理部门公布的单位平均造价等指标测算其增值率,确定核定征收率,报省辖市税务局备案。同一期清算项目中包含的普通住宅、非普通住宅或其他类型房地产,应当分别测算增值率,并分别确定核定征收率。同一幢楼内的普通住宅、非普通住宅和商业用房,可合并测算增值率,确定核定征收率。

根据《江苏省地方税务局关于加强土地增值税征管工作的通知》(苏地税发〔2011〕53号)第三条的规定,在测算增值率的基础上,确定核定征收率,计征土地增值税。

2. 江苏省个人转让非住宅类旧房及建筑物核定征收率

自2016年8月11日起,《江苏省地方税务局关于明确个人转让非住宅类旧房及建筑物土地增值税核定征收率的公告》(苏地税规〔2016〕4号)规定,个人转让非住宅类的旧房及建筑物,既没有计算增值额的扣除项目的评估价格,又不能提供购房发票的,税务机关可以实行核定征收,核定征收率为5%。

应纳税额＝转让房地产取得的收入(不含增值税)×核定征收率(5％)。

3. 征管和稽查中发现不符合核定征收条件的处理

根据《江苏省地方税务局关于进一步明确土地增值税征管有关问题的通知》(苏地税函〔2011〕190号)的规定,税务机关在日常征管和稽查中,发现已清算项目存在不符合核定征收条件或纳税人申报不实等情形的,应重新进行清算并依法补征税款。构成偷税的,按《税收征管法》的有关规定处理。

(二)安徽省核定征收的具体规定

根据《安徽省土地增值税清算管理办法》第四十六条的规定,按照收入金额的一定比例实行核定征收的,核定征收率不得低于5％。

(三)北京市核定征收的具体规定

《北京市地方税务局关于明确土地增值税有关问题的公告》(北京市地方税务局公告2013年第8号)第三条规定,个人转让存量房征收土地增值税时,对既不能提供房屋及建筑物价格评估报告,又不能提供购房发票证明的,税务机关可采取核定征收办法,按转让存量房交易价格全额5％的征收率计征土地增值税。

《北京市地方税务局关于土地增值税清算管理若干问题的通知》(京地税地〔2007〕325号)第八条规定,根据《财政部国家税务总局关于土地增值税若干问题的通知》(财税〔2006〕21号)文件精神,纳税人转让旧房及建筑物时,既不能够提供购房发票证明,又不能提供取得土地使用权支付的金额凭证和房屋及建筑物价格评估报告的,对于《条例》第六条第(一)、(三)项规定的扣除项目的金额,税务机关可参照《北京市地方税务局关于修订〈无原值房产计税价值核定办法〉的通知》(京地税地〔2006〕109号)核定,据以计征土地增值税。具体核定公式为:核定扣除项目金额＝房产重置成本×成新率×区位调整系数×建筑面积。

(四)福建省核定征收的具体规定

《国家税务总局福建省税务局关于土地增值税若干政策问题的公告》(福建省税务局公告2018年第21号)第八条"关于土地增值税核定征收问题"规定,在土地增值税清算过程中,对房地产开发企业符合核定征收条件的,可以实行核定征收。其中:普通住房核定征收率不得低于5％,非普通住宅核定征收率不得低于5.5％,非住房核定征收率不得低于6％。

对转让旧房及建筑物,既未提供评估价格,也未提供购房发票的,税务机关可以根据《税收征收管理法》及其实施细则的有关规定实行核定征收,确定的核定征收率不得低于 5%。

（五）辽宁省核定征收的具体规定

根据《辽宁省土地增值税预征管理规定》[辽地税发〔2006〕86 号,根据《国家税务总局辽宁省税务局关于发布修改部分税收规范性文件的公告》(国家税务总局辽宁省税务局公告 2018 年第 3 号)修改]第六条的规定,对已竣工验收的房地产项目,凡转让的房地产的建筑面积占整个项目可售面积的比例在 85% 以上的,对有可能造成税款流失的,经县(区)以上主管税务机关批准后,征收机关可以要求纳税人按照已转让房地产的建筑面积占整个项目可售面积的比例,确定清算部分相对应的扣除项目金额,对已转让的房地产进行土地增值税清算,多退少补。剩余部分按已清算的土地增值税应纳税额占已转让的房地产收入的比例核定征收率计算征收。

（六）湖北省核定征收的具体规定

自 2018 年 6 月 15 日起,根据《国家税务总局湖北省税务局关于我省土地增值税预征率和核定征收率有关事项的公告》(国家税务总局湖北省税务局公告 2018 年第 6 号)的规定,湖北省土地增值税核定征收率,按普通住房、非普通住房及其他类型房地产三种划分,分别为 5%、7%、9%。各市、州税务机关可在此基础上,根据当地房地产市场实际情况,对所辖县(市、区)非普通住宅、其他类型房地产两类核定征收率上下浮动 1% 予以确定。

对个人转让非住宅存量房,能够提供合法、完整、准确的凭证,并能正确计算应纳税额的,应采取查账征收;对个人未能提供相关凭证,不能正确计算应纳税额的,统一按计税价格的 7% 核定计征土地增值税。

（七）甘肃省核定征收的具体规定

根据《国家税务总局甘肃省税务局关于调整土地增值税预征率、核定征收率的公告》(国家税务总局甘肃省税务局公告 2018 年第 10 号,自 2018 年 7 月 1 日起执行,有效期为 5 年)第三条的规定,在土地增值税清算中,依照法律、行政法规的规定应当设置账簿但未设置的;擅自销毁账簿或者拒不提供纳税资料的;虽设置账簿,但账目混乱或者成本资料、收入凭证残缺不全,难以确定转让收入或扣除项目金额的;符合土地增值税清算条件,企业未按照规定的期限办理清算手续,经税务机关责令限期清算,逾期仍不清算的;申报的计税依据明显偏低,又无正当理由的,按以下核定征收率征收土地增值税:

（1）兰州市城关区、七里河区、西固区,兰州经济技术开发区,天水市秦州区、麦积区,嘉峪关市及其他地级市政府(不包括临夏州、甘南州)所在区的核定征收率调整为:

① 普通住宅5％。

② 非普通住宅为7％。

③ 其他类型房地产为9％。

（2）临夏州、甘南州、兰州新区及不属于上述第1项的其他县(市、区)核定征收率调整为:

① 普通住宅为5％。

② 非普通住宅为6％。

③ 其他类型房地产为7％。

(八) 青海省核定征收的具体规定

根据《国家税务总局青海省税务局关于明确土地增值税预征率、核定征收率的公告》(国家税务总局青海省税务局公告2020年第8号)第二条"土地增值税的核定征收率"的规定,青海省房地产开发项目土地增值税的核定征收率如表6-3所示。

表6-3 房地产开发项目土地增值税的核定征收率表

房地产项目类型	核定征收率
普通住宅	6％
非普通住宅	7％
其他商品房	10％

纳税人转让存量房地产,对既不能提供重置成本评估报告,又不能提供购房发票或契税完税证明的,主管税务机关可以依法核定征收土地增值税,计算方式为计税价格乘以核定征收率。具体核定征收率如表6-4所示。

表6-4 存量房地产转让土地增值税的核定征收率表

纳税人类型	房地产项目类型	核定征收率
非个人纳税人	普通住宅	5％
	非普通住宅	6％
	其他商品房	8％
个人纳税人	其他商品房	6％

（九）海南省核定征收的具体规定

1. 核定征收情形

《国家税务总局海南省税务局土地增值税清算工作规程》第二十四条规定，纳税人有下列情形之一的，按核定征收方式对房地产开发项目进行清算：

（1）依照法律、行政法规的规定应当设置但未设置账簿的。

（2）擅自销毁账簿或者拒不提供纳税资料的。

（3）虽设置账簿，但账目混乱或者成本资料、收入凭证、费用凭证残缺不全，难以确定转让收入或扣除项目金额的。

（4）符合土地增值税清算条件，未按照规定的期限办理清算手续或经税务机关责令限期清算，逾期仍不清算的。

（5）申报的计税依据明显偏低，又无正当理由的。

2. 销售收入和扣除项目金额的核定方法

《国家税务总局海南省税务局土地增值税清算工作规程》第二十五条规定，对符合核定征收的房地产开发项目，主管税务机关逐项核定销售收入和扣除项目金额，确定应缴纳的土地增值税。

（1）销售收入。根据纳税人日常申报的收入资料、数据和从政府主管部门取得该房地产开发项目全部转让合同金额，确定转让房地产取得的销售收入。对房地产销售价格明显偏低且无正当理由的，按规定进行调整。

（2）扣除项目金额。

① 土地价款。根据纳税人报送的资料，政府土地管理部门提供的土地价款或同期同类基准地价，确定土地价款。

② 房地产开发成本按照当地工程造价参考指标核定。

③ 房地产开发费用。开发费用＝（土地价款＋已核定开发成本）×10%。

④ 与转让房地产有关的税金和财政部规定的其他扣除项目的金额按照规定计算确认。

（3）根据上述方法确认销售收入和扣除项目金额后，区分普通住宅、非普通住宅和其他类型房地产，分别计算增值额和增值率，确定应缴纳的土地增值税。

核定征收的各类型房地产应缴纳的土地增值税，税负率原则上不得低于5%。

《国家税务总局海南省税务局土地增值税清算工作规程》第十二条的规定，有下列情形之一的，主管税务机关应按照当地工程造价参考指标核定扣除项目金额：

（1）纳税人不能在规定期限内完整提供工程竣工、工程结算、工程监理等方面资料的，或未按国家有关规定、程序、手续进行工程结算的，或提供虚假的合同、结算等资料的。

（2）申报的工程造价高于当地工程造价参考指标，又无正当理由的。

（3）装饰装修、园林绿化工程由具有相应资质且账务健全的企业施工，但不能提供完整的工程施工图、竣工图、工程量清单、材料苗木清单；装饰装修、园林绿化工程由无资质企业、个人施工，造价高于当地工程造价参考指标的。

（4）大额工程款用现金支付或支付资金流向异常的。

3. 核定税款结论

对符合核定征收条件的纳税人，主管税务机关应当通知其予以核定。清算审核完成后，主管税务机关向纳税人送达核定税款结论。

（十）西藏自治区核定征收的具体规定

《西藏自治区土地增值税清算管理规程（试行）》第三十八条规定，在土地增值税清算过程中，发现纳税人有下列情形之一的，可按核定方式对房地产项目进行清算：

（1）依照法律、行政法规的规定应当设置但未设置账簿的。

（2）擅自销毁账簿或者拒不提供纳税资料的。

（3）虽设置账簿，但账目混乱或者成本资料、收入凭证、费用凭证残缺不全，难以确定转让收入或扣除项目金额的。

（4）符合土地增值税清算条件，未按照规定的期限办理清算手续，经税务机关责令限期清算，逾期仍不清算的。

（5）申报的计税依据明显偏低，又无正当理由的。

主管税务机关应加强核定征收项目的调查核实，严格控制核定征收的范围。

该规程第三十九条规定，符合上述核定征收条件的，由主管税务机关发出核定征收的税务事项告知书后，税务人员对房地产项目开展土地增值税核定征收核查，经主管税务机关审核合议，通知纳税人申报缴纳应补缴税款或办理退税。

土地增值税核定征收应当集体研究决定，采用主管税务机关局长办公会议形式，对核定征收进行审核认定。对于分期开发的房地产项目，各期清算的方式应保持一致。

（十一）浙江省核定征收的具体规定

《浙江省地方税务局关于房地产开发企业土地增值税清算管理有关问题的公告》（浙江省地方税务局公告 2015 年第 8 号）第四条"土地增值税清算核定征收"规定，对按核定征收方式进行清算的项目，主管税务机关应采取通过国土部门查询项目土地价格、参照当地扣除项目金额标准、同期同类型房地产销售价格等因素，按不同类型房产分别进行评估，并经主管税务机关审核合议，区分不同类型房产核定应征税额。清算项目核定征收率原则上不得低于 5％。

对按核定征收方式进行清算的项目，主管税务机关清算审核结束后，应及时下达《税务事项通知书》，将清算审核结果书面通知纳税人，由纳税人调整并确认土地增值税清算申报相关内容，并在主管税务机关规定的时限内办理补、退税。

（十二）厦门市核定征收的具体规定

根据《国家税务总局厦门市税务局关于土地增值税预征和核定征收有关事项的公告》（国家税务总局厦门市税务局公告 2018 年第 10 号）第二条"关于土地增值税核定征收问题"的规定，纳税人应当按照现行土地增值税规定，据实办理土地增值税清算，符合《税收征收管理法》第三十五条规定的，实行核定征收。

从事房地产开发的纳税人，其开发的房地产项目在清算时确实符合核定征收条件的，经主管税务机关确认后，实行核定征收，其中普通住宅核定征收率不得低于 5％、非普通住宅核定征收率不得低于 5.5％、非住宅核定征收率不得低于 6％。

对纳税人转让存量房的行为：

（1）个人转让非住房等存量房的，按转让收入全额的 5％核定征收土地增值税。

（2）单位被主管税务机关认定为非正常户后，其存量房被委托拍卖，若买受人愿意代缴相关税费并向主管税务机关申请代开发票的，由买受人提交相关书面材料，主管税务机关在确认后，按拍卖收入全额的 5％核定征收土地增值税。

（3）异地单位以委托拍卖或其他形式转让其坐落在厦门市的存量房，应提供转让相关书面材料，按拍卖收入全额或经主管税务机关确认后的计税收入额的 5％核定征收土地增值税。

（4）异地单位和个人转让存量房需要按查账征收方式进行土地增值税清算的，应当提供相关书面材料，经主管税务机关确认，予以按实进行土地增值税清算。

(十三) 深圳市核定征收的具体规定

根据《深圳市地方税务局关于土地增值税核定征收有关问题的通知》（深地税发〔2009〕460号）的规定，核定征收率如下：

对普通标准住宅销售收入核定征收率为6%，对非普通标准住宅销售收入核定征收率为8%，对写字楼、商铺销售收入核定征收率为10%，对其他类型房地产销售收入核定征收率为5%。核定征收税款包含已预征税款。

四、核定征收的审核

(一) 核定征收土地增值税的审核

纳税人能够准确核算清算项目收入总额或收入总额能够查实，但其成本费用支出不能准确核算的，应当按照规定审核收入总额。

纳税人能够准确核算成本费用支出或成本费用支出能够查实，但其收入总额不能准确核算的，应当先按照规定审核扣除项目的金额。

(二) 核定开发成本的审核

1. 制定房地产开发成本参考标准

根据《江苏省地方税务局关于加强土地增值税征管工作的通知》（苏地税发〔2011〕53号）第三条"加强房地产开发成本审核管理"第（一）项的规定，各市县及苏州工业园区税务局应参照当地建设工程造价管理部门公布的建筑安装工程造价指数、定额标准和建筑材料市场指导价格，制定《房地产开发成本参考标准》，并根据市场变化情况适时进行调整。

2. 开发成本的核定

根据《江苏省地方税务局关于加强土地增值税征管工作的通知》（苏地税发〔2011〕53号）第三条"加强房地产开发成本审核管理"第（二）项的规定，对纳税人申报的房地产开发成本明显偏高的，税务机关可要求纳税人报送该项目工程决算审计报告或工程结算审核报告；对房地产开发成本明显偏高且无正当理由的，主管税务机关应依据《房地产开发成本参考标准》核定扣除，情节严重的，按规定移交税务稽查部门处理。

对扣除凭证及资料不完整、不规范、不真实的，比照上述办法处理。

五、企业所得税的核定征收

根据《房地产开发经营业务企业所得税处理办法》第四条的规定，企业出现

《税收征收管理法》第三十五条规定的情形,税务机关可对其以往应缴的企业所得税按核定征收方式进行征收管理,并逐步规范,同时按《税收征收管理法》等税收法律、行政法规的规定进行处理,但不得事先确定企业的所得税按核定征收方式进行征收、管理。

六、德发房产建设有限公司税案

本案争议的焦点:德发公司将涉案房产拍卖形成的拍卖成交价格作为计税依据纳税后,广州税务稽查局第一稽查局在税务检查过程中能否以计税依据价格明显偏低且无正当理由为由重新核定应纳税额补征税款并加收滞纳金。

最高人民法院对税务稽查局的执法资格、执法权限、核定价格追征税款和加收滞纳金是否合法等问题分别作出评述。

税务稽查局是否具有独立的执法主体资格问题:相关法律和行政法规已经明确了省以下税务局所属稽查局的法律地位,省级以下税务局的稽查局具有行政主体资格。因此,省以下各级税务局稽查局具有独立的执法主体资格。

税务稽查局是否有权核定计税依据及应纳税款问题:稽查局在查处涉嫌税务违法行为时,依据《税收征收管理法》第三十五条的规定核定应纳税额是其职权的内在要求和必要延伸,符合税务稽查的业务特点和执法规律,各地税务机关根据《国家税务总局关于稽查局职责问题的通知》(国税函〔2003〕140号)确立的职权划分原则,以及在执法实践中形成的符合税务执法规律的惯例,人民法院应予尊重。

税务机关对价格偏低且无正当理由的计税依据核定权问题:税务机关基于国家税收利益的考虑,也可以不以拍卖价格作为计税依据,另行核定应纳税额。同时,"计税依据明显偏低,又无正当理由"的判断,具有较强的裁量性,人民法院一般应尊重税务机关基于法定调查程序作出的专业认定,除非这种认定明显不合理或者滥用职权。

税务机关核定应纳税款后追征税款和加征滞纳金的问题:税务机关应当在统筹兼顾保障国家税收、纳税人的信赖利益和税收征管法律关系的稳定等因素的基础上,在合理期限内核定和追征,依法启动的调查程序期间应当在计算追征期中予以扣除。税务机关基于国家税收利益的考虑,也可以不以拍卖价格作为计税依据,另行核定应纳税额。新确定的应纳税额,纳税义务应当自核定之日发生,其对纳税人征收该税款确定之前的滞纳金,没有法律依据。

广州德发房产建设有限公司与广东省广州市地方税务局
第一稽查局再审行政判决书

中华人民共和国最高人民法院行政判决书(2015)行提字第13号

再审申请人(一审原告、二审上诉人)广州德发房产建设有限公司,住所地广东省广州市荔湾区人民中路555号美国银行中心1808室。

法定代表人郭超,该公司董事长。

委托代理人袁凤翔,北京市华贸硅谷律师事务所上海分所律师。

委托代理人张瑞茵,该公司工作人员。

被申请人(一审被告、二审被上诉人)广东省广州市地方税务局第一稽查局,住所地广东省广州市天河区珠江新城华利路59号西塔。

法定代表人侯国光,该局局长。

委托代理人王家本,北京天驰洪范律师事务所律师。

委托代理人张学干,该局工作人员。

再审申请人广州德发房产建设有限公司(以下简称德发公司)因诉广东省广州市地方税务局第一稽查局(以下简称广州税稽一局)税务处理决定一案,不服广州市中级人民法院(2010)穗中法行终字第564号行政判决,向本院申请再审。本院依照修订前的《中华人民共和国行政诉讼法》第六十三条第二款和《最高人民法院关于执行〈中华人民共和国行政诉讼法〉若干问题的解释》(以下简称若干解释)第六十三条第一款第十三项、第七十四条、第七十七条之规定,提审本案,并依法组成由审判员李广宇、耿宝建、李涛参加的合议庭,于2015年6月29日公开开庭审理了本案,再审申请人德发公司委托代理人袁凤翔、张瑞茵,被申请人广州税稽一局负责人陈小湛副局长,委托代理人王家本、张学干到庭参加诉讼。现已审理终结。

(一) 基本情况

二审法院查明:2004年11月30日,德发公司与广州穗和拍卖行有限公司(以下简称穗和拍卖行)签订委托拍卖合同,委托穗和拍卖行拍卖其自有的位于广州市人民中路555号"美国银行中心"的房产。委托拍卖的房产包括地下负一层至负四层的车库(199个),面积13 022.467 8平方米;首层至第三层的商铺,面积7 936.747 8平方米;四至九层、十一至十三层、十六至十七层、二十至二十八层部分单位的写字楼,面积共计42 285.578 8平方米。德发公司在拍卖合同中对上述总面积为63 244.794 4平方米的房产估值金额为530 769 427.08港元。2004年

12月2日,穗和拍卖行在信息时报C16版刊登拍卖公告,公布将于2004年12月9日举行拍卖会。穗和拍卖行根据委托合同的约定,在拍卖公告中明确竞投者须在拍卖前将拍卖保证金港币68 000 000元转到德发公司指定的银行账户内。2004年12月19日,盛丰实业有限公司(香港公司)通过拍卖,以底价130 000 000港元(按当时的银行汇率,兑换人民币为138 255 000元)竞买了上述部分房产,面积为59 907.092 1平方米。上述房产拍卖后,德发公司按138 255 000元的拍卖成交价格,先后向税务部门缴付了营业税6 912 750元及堤围防护费124 429.5元,并取得了相应的完税凭证。2006年间,广州税稽一局在检查德发公司2004—2005年地方税费的缴纳情况时,发现德发公司存在上述情况,展开调查。经向广州市国土资源和房屋管理局调取德发公司委托拍卖房产所在的周边房产的交易价格情况进行分析,广州税稽一局得出当时德发公司委托拍卖房产的周边房产的交易价格,其中写字楼为5 500—20 001元/平方米,商铺为10 984—40 205元/平方米,地下停车位为89 000—242 159元/个。因此,广州税稽一局认为德发公司以138 255 000元出售上述房产,拍卖成交单价格仅为2 300元/平方米,不及市场价的一半,价格严重偏低。遂于2009年8月11日根据《中华人民共和国税收征收管理法》(以下简称税收征管法)第三十五条及《中华人民共和国税收征收管理法实施细则》(以下简称税收征管法实施细则)第四十七条的规定,作出税务检查情况核对意见书,以停车位85 000元/个、商场10 500元/平方米、写字楼5 000元/平方米的价格计算,核定德发公司委托拍卖的房产的交易价格为311 678 775元(85 000×199+10 500×7 936.75+5 000×42 285.58),并以311 678 775元为标准核定应缴纳营业税及堤围防护费。德发公司应缴纳营业税15 583 938.75元(311 678 775元×5%的税率),扣除已缴纳的6 912 750元,应补缴8 671 188.75元(15 583 938.75—6 912 750);应缴纳堤围防护费280 510.90元,扣除已缴纳的124 429.50元,应补缴156 081.40元。该意见书同时载明了广州税稽一局将按规定加收滞纳金及罚款的情况。德发公司于2009年8月12日收到上述税务检查情况核对意见书后,于同月17日向广州税稽一局提交了复函,认为广州税稽一局对其委托拍卖的房产价值核准为311 678 775元缺乏依据。广州税稽一局没有采纳德发公司的陈述意见。2009年9月14日,广州税稽一局作出穗地税稽一处〔2009〕66号税务处理决定,认为德发公司存在违法违章行为并决定:一、根据税收征管法第三十五条、税收征管法实施细则第四十七条、《中华人民共和国营业税暂行条例》(以下简称《营业税条例》)第一条、第二条、第四条的规定,核定德发公司于 2004 年 12 月取得的拍卖收入应申报缴纳营业税 15 583 938.75 元,已申报缴纳 6 912 750 元,少申报缴纳 8 671 188.75 元;决定追缴德发公司未缴纳的营业税 8 671 188.75 元,并根据税收征管法第三十二条的规定,对德发公司应补缴的营业税加收滞纳金 2 805 129.56 元。二、根据广州市人民政府《广州市市区防洪工程维护费征收、使用和管理试行办法》(穗府〔1990〕88 号)第二条、第三条、第七条及广州市财政局、广州市地方税务局、广州市水利局《关于征收广州市市区堤围防护费有关问题的补充通知》(财农〔1998〕413 号)第一条规定,核定德发公司 2004 年 12 月取得的计费收入应缴纳堤围防护费 280 510.90 元,已申报缴纳 124 429.50 元,少申报缴纳 156 081.40 元,决定追缴少申报的 156 081.40 元,并加收滞纳金 48 619.36 元。德发公司不服广州税稽一局的处理决定,向广州市地方税务局申请行政复议。广州市地方税务局经复议后于 2010 年 2 月 8 日作出穗地税行复字〔2009〕8 号行政复议决定,维持了广州税稽一局的处理决定。

广州市天河区人民法院一审认为:税收征管法第五条第一款规定:"国务院税务主管部门主管全国税收征收管理工作。各地国家税务局和地方税务局应当按照国务院规定的税收征收管理范围分别进行征收管理。"因此,依法核定、征收税款是广州税稽一局应履行的法定职责。《营业税条例》第一条规定:"在中华人民共和国境内提供本条例规定的劳务、转让无形资产或者销售不动产的单位和个人,为营业税的纳税人,应当依照本条例缴纳营业税。"第四条规定:"纳税人提供应税劳务、转让无形资产或者销售不动产,按照营业额和规定的税率计算应纳税额。"税收征管法第三十五条第一款第六项规定,纳税人申报的计税依据明显偏低,又无正当理由的,税务机关有权核定其应纳税额。税收征管法实施细则第四十七条第一款第四项规定,纳税人有税收征管法第三十五条或者第三十七条所列情形之一的,税务机关有权按照其他合理方法核定其应纳税额。税收征管法第三十二条规定:"纳税人未按照规定期限缴纳税款的,扣缴义务人未按照规定期限解缴税款的,税务机关除责令限期缴纳外,从滞纳税款之日起,按日加收滞纳税款万分之五的滞纳金。"本案中,广州税稽一局检查发现德发公司委托拍卖的房产,在拍卖活动中只有一个竞买人参与拍卖,且房产是以底价成交的,认为交易价值明显低于市场价值,于是进行调查。在调查取证过程中,广州税稽一局向房屋管理部门查询了 2003 年—2005 年间的使用性质相同的房产交易档案材料,收集当时的市场交易价值数据,并与德发公司委托拍卖的房产的交易价格进行比较、分析,认定德发公司委托拍卖的房产的交易价格明显低于市场交易价格,在向德发公司送达税务检查情况核对意见书,将检查过程中发现的问题及核定查补其营业税和堤围防护费的具体数额、相关政策以及整个核定查补税费的计算方法、德发公司享有陈述的权利等告知德发公司后,根据上述法律法规的规定,作出被诉穗地税稽一处〔2009〕66 号税务处理决定,认定事实清楚,证据充分,处理恰当,符合税收征管法的规定,予以支持。由于德发公司在委托拍卖时,约定的拍卖保证金高达 68 000 000 港元,导致只有一个竞买人,并最终只能以底价 130 000 000 港元成交,是造成交易价值比市场价值偏低的主要原因。德发公司依法应按房产的实际价值缴纳营业税及堤围防护费。德发公司申报的计税依据明显偏低,广州税稽一局作为税务管理机关,依法依职权核定其应纳税额,并作出相应的处理并无不当,也未侵犯德发公司的合法权益。因此,德发公司以广州税稽一局的行政行为侵犯其合法权益,请求撤销广州税稽一局的税务处理决定,并退回已缴税款、滞纳金以及堤围防护费、滞纳金,并判决广州税稽一局赔偿德发公司因缴纳税款、滞纳金以及堤围防护费、滞纳金所产生的利息损失、案件诉讼费的诉讼请求缺乏事实依据和法律依据,应予驳回。综上,广州市天河区人民法院依照若干解释第五十六条第四项之规定,作出(2010)天法行初字第 26 号行政判决,驳回德发公司的诉讼请求。

(二) 纳税人观点

德发公司不服,向广州市中级人民法院提起上诉。

广州市中级人民法院二审认为:税收征管法第三十五条第一款规定:"纳税人有下列情形之一的,税务机关有权核定其应纳税额:……(六)纳税人申报的计税依据明显偏低,又无正当理由的。"税收征管法实施细则第四十七条第一款规定:"纳税人有税收征管法第三十五条或者第三十七条所列情形之一的,税务机关有权采用下列任何一种方法核定其应纳税额:(一)参照当地同类行业或者类似行业中经营规模和收入水平相近的纳税人的税负水平核定;(二)按照营业收入或者成本加合理的费用和利润的方法核定;(三)按照耗用的原材料、燃料、动力等推算或者测算核定;(四)按照其他合理方法核定。"本案中广州税稽一局经对德发公司纳税情况检查,发现其拍卖涉案房产时交易价值明显低于市场价值,广州税稽一局对此展开调查。经向广州市国土资源和房屋管理局调取 2003—2005 年间的广州市部分房产交易价值的数据,广州税稽一局参考上述数据,并考虑了涉案房产整体拍卖的因素,确定德发公司拍卖的涉案房产市场交易价格应为停车位85 000元/个、商场10 500元/m²、写字楼5 000元/m²,从而核定德发公司委托拍卖的房产的交易价格应为311 678 775元,而德发公司在拍卖涉案房产时交易价格仅以138 255 000元的低价成交,广州税稽一局据此认定德发公司存在申报的计税依据明显偏低且无正当理由,事实依据充分。一审判决认定广州税稽一局作出的涉案处罚认定事实清楚,证据充分正确,予以确认。德发公司拍卖涉案房产时仅有一个竞买人参与拍卖且以底价成交,其主张其拍卖价格不存在偏低,应当以拍卖价格计税的主张理由不充分,不予采纳。

税收征管法第三十二条规定:"纳税人未按照规定期限缴纳税款的,扣缴义务人未按照规定期限解缴税款的,税务机关除责令限期缴纳外,从滞纳税款之日起,按日加收滞纳税款万分之五的滞纳金。"参照《广州市市区防洪工程维护费征收、使用和管理试行办法》第三条第一款规定:"维护费的征收标准:……中外合资、合作、外商独资经营企业可按年营业销售总额的千分之零点九计征。"第七条规定:"纳费人必须依照规定按期交纳维护费,逾期不交者,从逾期之日起,每天加收万分之五的滞纳金。逾期十天仍不缴交的,按国家和地方政府水利工程水费管理办法的有关规定处罚。"广州税稽一局经核定德发公司拍卖涉案房产的实际交易价格,并以此为标准计算德发公司应当缴纳的营业税额及堤围防护费额,扣除德发公司已缴纳的部分后确定其应当补缴营业税8 671 188.75元、堤围防护费156 081.4元,并加收相应的滞纳金。广州税稽一局就上述税务检查的情况向德发公司发出核对意见书,德发公司亦复函广州税稽一局陈述了己方的意见。广州税稽一局据此作出涉案税务处理决定书,依据上述规定,决定对德发公司追缴其少申报的营业税和堤围防护费并加收滞纳金适用法律正确,行政程序适当,其加收的滞纳金数额亦在法定的额度之内。一审判决认定广州税稽一局作出的涉案处理决定恰当,未影响德发公司的合法权益正确,予以维持。德发公司主张广州税稽一局作出涉案处罚理解、适用法律存在严重错误的主张缺乏证据支持,不予支持。

综上,广州税稽一局作出的税务处理决定,认定事实清楚,证据充分,适用法律正确,德发公司诉讼请求撤销该处理决定理据不足,其要求退回已缴税款、滞纳金以及堤围防护费、滞纳金,并赔偿因缴纳税款、滞纳金以及堤围防护费、滞纳金所产生的利息损失的诉讼请求亦缺乏事实和法律依据,一审法院驳回其诉讼请求正确。广州市中级人民法院依照修订前的《中华人民共和国行政诉讼法》第六十一条第一项的规定,作出(2010)穗中法行终字第564号行政判决,驳回上诉,维持原判。

德发公司不服,向广东省高级人民法院申请再审,广东省高级人民法院作出(2012)粤高法行申字第264号驳回再审申请通知,驳回德发公司再审申请。

德发公司向本院申请再审称:1.被申请人广州税稽一局不是适格行政主体。1999年10月21日最高人民法院对福建省高级人民法院《关于福建省地方税务局稽查分局是否具有行政主体资格的请示报告》的答复意见(行他〔1999〕25号)认为:"地方税务局稽查分局以自己的名义对外作出行政处理决定缺乏法律依据。"根据上述意见,广州税稽一局并非独立行政主体,自然不能作为本案的诉讼主体。2.被申请人超越职权,无权核定纳税人的应纳税额。税收征管法实施细则第九条第一款规定:"稽查局专司偷税、逃避追缴欠税、骗税、抗税案件的查处。"本案不属于"偷税、逃避追缴欠税、骗税、抗税"的情形,不属于稽查局的职权范围,被申请人无权对再审申请人拍卖收入核定应纳税额。被诉税务处理决定超出被申请人的职权范围,应属无效决定。3.被诉税务处理决定认定德发公司申报纳税存在"申报的计税依据明显偏低"和"无正当理由"的证据明显不足。本案中从委托拍卖合同签订,到刊登拍卖公告,再到竞买人现场竞得并签署成交确认单,整个过程均依法进行,成交价格130 000 000港元亦未低于拍卖保留价。拍卖价格是市场需求与拍卖物本身价值互相作用的结果。拍卖前,申请人银行债务130 000 000港元已全部到期,银行已多次发出律师函追收,本案拍卖是再审申请人为挽救公司而不得已采取的措施。但拍卖遵循的是市场规律,成交价的高低完全不是再审申请人所能控制,本案拍卖成交价虽然不尽如人意,但不影响拍卖效力,再审申请人只能也只应以拍卖成交价作为应纳税额申报缴纳税款。4.再审申请人已经按照拍卖成交价足额申报纳税并取得主管税务机关出具的完税凭证,没有任何税法违法违章行为,被申请人无权重新核定应纳税额。本案物业拍卖成交后,2005年3月至7月,申请人按照全部130 000 000港元拍卖收入,申报和缴纳营业税款6 912 750元,以及堤围防护费124 429.5元,并取得荔湾区地方税务局出具的完税凭证。期间,主管税务机关从未提出核定应纳税额,申请人不可能知晓税务机关会对拍卖价进行何种调整,只能也只应按照全部拍卖成交价纳税。在缴纳上述税款后,申请人的纳税义务已全部完成,不存在被诉税务处理决定和原审判决认定的"未按税法规定足额申报缴纳营业税"和"未足额申报缴纳堤围防护费"等所谓"违法违章行为"。5.即使再审申请人存在"申报的计税依据明显偏低"和"无正当理由"的情况,被申请人也应当依照税收征管法第五十二条行使职权,其在再审申请人申报纳税4年多后进行追征税款和滞纳金,超过了税收征管法第五十二条关于税款和滞纳金追征期限的规定。税务机关追征税款和滞纳金,除法定的其他前提条件外,需受到三年追征期限的限制。本案被申请人的被诉税务处理决定对申请人纳税行为没有认定为偷税、抗税、骗税的情形,没有认定是编造虚假计税依据的情形,也没有认定是存在因纳税人计算错误等法定特殊情形,如果追征税款必须在3年以内即2008年1月15日以前提出处理意见,并不得加收滞纳金,而不能没有任何理由将追征期限无限制延长,或者延长至5年。本案即使存在少缴税款的情形,也是因被申请人和主管税务机关违法不作为及适用法律不当造成的。综上,请求本院:1.依法撤销广州市天河区人民法院(2010)天法行初字第26号行政判决和广州市中级人民法院(2010)穗中法行终字第564号行政判决;2.依法撤销被申请人于2009年9月16日作出的穗地税稽一处〔2009〕66号《税务处理决定书》;3.判令被申请人退回违法征收的申请人营业税8 671 188.75元及滞纳金人民币2 805 129.56元,退回违法征收的申请人堤围防护费156 081.40元及滞纳金人民币48 619.36元,以及上述款项从缴纳之日起至实际返还之日止按同期银行贷款利率计算的利息。

(三) 税务机关观点

广州税稽一局答辩称:1.关于答辩人独立执法资格及职权范围的问题。(1)执法资格。根据税收征管法第十四条以及税收征管法实施细则第九条的规定,答辩人具有独立执法资格。(2)职权范围。根据税收征管法实施细则第九条第二款,《国家税务总局关于稽查局职责问题的通知》(国税函〔2003〕140号)、《转发广东省机构编制委员会办公室、广东省地方税务局关于重新印发广州等市区地方税务局职能配置、内设机构和人员编制规定的通知》(穗地税发〔2004〕89号)等文件规定,稽查局的现行主要职责是指:稽查业务管理、税务检查和税收违法案件查处;凡需要对纳税人、扣缴义务人进行账证检查或者调查取证,并对其税收违法行为进行税务行政处理(处罚)的执法活动,仍由各级稽查局负责。答辩人不存在越权执法的问题。(3)核定权限。根据税收征管法第三十五条规定,税款核定的主体是税务机关,而税收征管法所称的"税务机关"包括省以下税务局的稽查局。2.关于答辩人对拍卖成交价格不予认可的问题。(1)答辩人质疑拍卖成交价的法律依据。税收征管法第三十五条第一款第六项所称的"纳税人申报的计税依据明显偏低,又无正当理由的"情形,并没有将拍卖成交价格明显偏低的情形排除在外。(2)答辩人认为计税依据明显偏低的主要理由:一是拍卖价格与历史成交价相比悬殊。根据再审申请人提供的广州市东方会计师事务所有限公司 2005 年 6 月 23 日出具的《专项审计报告》显示,再审申请人全部物业的收入为 717 000 000 元,再审申请人约八成的收入是由约三成的物业销售产生,其余约二成的收入 138 000 000 元,是由再审申请人本次拍卖约七成的物业产生。二是本次拍卖成交价格明显偏低,明显偏离同期、同类、同档次物业的市场成交价格。该物业是位于广州市城市中心的高档写字楼,拍卖成交均价仅为 2 300 余元/平方米。答辩人根据至少 8 个相近楼盘大量数据(2003—2005 年期间的交易成交价格)进行分析比对,最终认定本次拍卖的成交价明显低于市场价格(写字楼仅为四成,商铺不到三成,停车场甚至不到一成)。三是拍卖成交价格远低于再审申请人自行提供的评估价和成本价。再审申请人委托拍卖的估价,均价约为 8 400 元/平方米;再审申请人委托会计师事务所审计确认的成本均价约为 7 100 元/平方米。(3)关于计税依据明显偏低,无正当理由的依据。一是只有唯一竞买人。根据现行拍卖行规及《中华人民共和国拍卖法》的规定,拍卖应当公开竞价。只有两个或两个以上的竞买人才能进行竞价,没有竞买人竞争的不能称为拍卖,在仅有一位竞买人的情况下,应当中止拍卖。二是拍卖保证金门槛设置过高。本次拍卖保证金占拍卖保留价的比例高达 50%,但再审申请人一直未对其拍卖前设立高额保证金门槛的具体理由,作出令人信服的解释,过高的保证金比例限制了其他潜在的竞买人参与拍卖竞买。三是拍卖保留价设置过低。依据《最高人民法院关于人民法院民事执行中拍卖、变卖财产的规定》第八条、《最高人民法院关于人民法院委托评估、拍卖工作的若干规定》第十三条的规定,拍卖保留价应参照财产评估价确定,本案申请人第一次拍卖就将拍卖保留价,设置约为其自行确定房产评估价的 20%,明显不符合财产拍卖的惯常做法。四是拍卖的房产已办抵押,拍卖未征询全部抵押权人银行的同意。再审申请人在拍卖前并未按照《中华人民共和国担保法》等法律规定将本次拍卖的时间、地点等拍卖信息书面通知银行债权人,甚至个别债权人对此一无所知。五是竞买人拍卖前知道拍卖底价,交易双方有诚信问题。委托拍卖前,唯一竞买人曾私下接触拍卖行,拍卖行向其透露底价,违反公平交易原则。答辩人调查取证时,交易双方均否认拍卖前相识。事实上,交易双方法定代表人曾经是夫妻关系。3.关于核定程序是否合法、核定价格是否合理等问题。答辩人有权进行核定。一、二审法院根据答辩人提供的相关举证材料,对核定程序是否合法,核定价格是否合理进行审核和审查,并有结论。4.关于追征税款、滞纳金问题。(1)税务机关查补税款是法定的职责,再审申请人的房产于 2004 年 12 月 9 日拍卖成交,答辩人于 2006 年 9 月 18 日依法对再审申请人送达《税务检查通知书》,历经三年税务检查,并于 2009 年 9 月 16 日依法作出税务处理决定,系依法履行职责,本案也不属于税收征管法第五十二条第一款的情形,根据税收征管法实施细则第八十条规定,税务机关的责任是指税务机关适用法律、行政法规不当或者执法行为违法,本案不存在此类情形。(2)加收税收滞纳金的法律依据。一是税收滞纳金加收的起始日期的依据。根据税收征管法第二十二条的规定,申请人少缴税款,是从滞纳税款之日起算。二是营业税纳税义务时间。按照《营业税条例》第九条、第十三条的规定,应当在收款之日起的次月 15 日(2005 年 1 月 15 日)内向税务机关申报缴纳其应缴税款。三是申请人申报纳税的义务。根据税收征管法第二十五条第一款规定,再审申请人必须依照法律、行政法规规定或者税务机关依照法律、行政法规的规定确定的申报期限、申报内容如实办理纳税申报。再审申请人以其自认为合理的价格进行纳税申报,应对其未能如实、依法纳税申报的行为承担法律责任。综上,一、二审法院判决认定事实清楚,证据充分,适用法律正确,程序合法,请求维持原判。

(四) 法院认为

本院再审查明事实与原审查明事实基本一致。

本院认为:本案争议的焦点问题是德发公司将涉案房产拍卖形成的拍卖成交价格作为计税依据纳税后,广州税稽一局在税务检查过程中能否以计税依据价格明显偏低且无正当理由为由重新核定应纳税额补征税款并加收滞纳金。结合双方当事人再审期间的诉辩意见,本院对当事人广州税稽一局的执法资格、执法权限、将涉案房产拍卖价格作为计税依据申报纳税是否明显偏低且无正当理由、广州税稽一局追征税款和加收滞纳金是否合法等问题分别评述如下:

1. 关于广州税稽一局是否具有独立的执法主体资格的问题

2001 年修订前的税收征管法未明确规定各级税务局所属稽查局的法律地位,2001 年修订后的税收征管法第十四条规定:"本法所称税务机关是指各级税务局、税务分局、税务所和按照国务院规定设立的并向社会公告的税务机构。" 2002 年施行的税收征管法实施细则第九条进一步明确规定:"税收征管法第十四条所称按照国务院规定设立的并向社会公告的税务机构,是指省以下税务局的稽查局。"据此,相关法律和行政法规已经明确了省以下税务局所属稽查局的法律地位,省级以下税务局的稽查局具有行政主体资格。因此,广州税稽一局作为广州市地方税务局所属的稽查局,具有独立的执法主体资格。虽然最高人民法院 1999 年 10 月 21 日作出的《对福建省高级人民法院〈关于福建省地方税务局稽查分局是否具有行政主体资格的请示报告〉的答复意见》(行他〔1999〕25 号)明确"地方税务局稽查分局以自己的名义对外作出行政处理决定缺乏法律依据",但该答复是对 2001 年修订前的税收征管法的理解和适用,2001 年税收征管法修订后,该答复因解释的对象发生变化,因而对审判实践不再具有指导性。德发公司以该答复意见主张广州税稽一局不具有独立执法资格,无权作出被诉税务处理决定的理由不能成立。

2. 关于广州税稽一局行使税收征管法第三十五条规定的应纳税额核定权是否超越职权的问题

此问题涉及税收征管法实施细则第九条关于税务局和所属稽查局的职权范围划分原则的理解和适用。税收征管法实施细则第九条除明确税务局所属稽查局的法律地位外,还对税务稽查局的职权范围作出了原则规定,即专司偷税、逃避追缴欠税、骗税、抗税案件的查处,同时授权国家税务总局明确划分税务局和稽查局的职责,避免职责交叉。国家税务总局据此于 2003 年 2 月 28 日作出的《国家税务总局关于稽查局职责问题的通知》(国税函〔2003〕140 号)进一步规定:"《中华人民共和国税收征管法实施细则》第九条第二款规定'国家税务总局应当明确划分税务局和稽查局的职责,避免职责交叉。'为了切实贯彻这一规定,保证税收征管改革的深化与推进,科学合理地确定稽查局和其他税务机构的职责,国家税务总局正在调查论证具体方案。在国家税务总局统一明确之前,各级稽查局现行职责不变。稽查局的现行职责是指:稽查业务管理、税务检查和税收违法案件查处;凡需要对纳税人、扣缴义务人进行账证检查或者调查取证,并对其税收违法行为进行税务行政处理(处罚)的执法活动,仍由各级稽查局负责。"从上述规定可知,税务稽查局的职权范围不仅包括偷税、逃避追缴欠税、骗税、抗税案件的查处,还包括与查处税务违法行为密切关联的稽查管理、税务检查、调查和处理等延伸性职权。虽然国家税务总局没有明确各级稽查局是否具有税收征管法第三十五条规定的核定应纳税额的具体职权,但稽查局查处涉嫌违法行为不可避免地需要对纳税行为进行检查和调查。特别是出现税收征管法第三十五条规定的计税依据明显偏低的情形时,如果稽查局不能行使应纳税款核定权,必然会影响稽查工作的效率和效果,甚至对税收征管形成障碍。因此,稽查局在查处涉嫌税务违法行为时,依据税收征管法第三十五条的规定核定应纳税额是其职权的内在要求和必要延伸,符合税务稽查的业务特点和执法规律,符合《国家税务总局关于稽查局职责问题的通知》关于税务局和稽查局的职权范围划分的精神。在国家税务总局对税务局和稽查局职权范围未另行作出划分前,各地税务机关根据通知确立的职权划分原则,以及在执法实践中形成的符合税务执法规律的惯例,人民法院应予尊重。本案中,广州税稽一局根据税收征管法第三十五条规定核定应纳税款的行为是在广州税稽一局对德发公司销售涉案房产涉嫌偷税进行税务检查的过程中作出的,不违反税收征管法实施细则第九条的规定。德发公司以税收征管法实施细则第九条规定"稽查局专司偷税、逃避追缴欠税、骗税、抗税案件的查处",本案不属于"偷税、逃避追缴欠税、骗税、抗税"的情形为由,认为广州税稽一局无权依据税收征管法第三十五条的规定对德发公司拍卖涉案不动产的收入重新核定应纳税额,被诉税务处理决定超出广州税稽一局的职权范围,应属无效决定的理由不能成立。

3. 关于德发公司以涉案房产的拍卖成交价格作为计税依据申报纳税是否存在"计税依据明显偏低,又无正当理由"情形的问题

根据税收征管法第三十五条第一款第六项规定,税务机关不认可纳税义务人自行申报的纳税额,重新核定应纳税额的条件有两个:一是计税依据价格明显偏低,二是无正当理由。德发公司委托拍卖的涉案房产包括写字楼、商铺和车位面积共计 63 244.794 4 平方米,成交面积为 59 907.092 1 平方米,拍卖实际成交价格 130 000 000 港元,明显低于德发公司委托拍卖时的 530 000 000 港元估值;涉案房产 2 300 元/平方米的平均成交单价,也明显低于广州税稽一局对涉案房产周边的写字楼、商铺和车库等与涉案房产相同或类似房产抽样后确定的最低交易价格标准,即写字楼 5 000 元/平方米、商铺 10 500 元/平方米、停车场车位 85 000 元/个;更低于德发公司委托的广州东方会计师事务所有限公司对涉案房产项目审计后确认的 7 123.95 元/平方米的成本价。因此,广州税稽一局认定涉案房产的拍卖价格明显偏低并无不当。

《营业税条例》第四条和《广州市市区防洪工程维护费征收、使用和管理试行办法》第三条第一款规定销售不动产的营业额是营业税的计税依据。拍卖是销售不动产的方式之一,不动产的公开拍卖价格就是销售不动产的营业额,应当作为营业税等税费的计税依据。就本案而言,广东省和广州市的地方税务局有更为明确的规范性文件可以参考,《广东省地方税务局关于拍卖行拍卖房地产征税问题的批复》(粤地税函〔1996〕215 号)和《广州市地方税务局关于明确拍卖房地

产税收征收问题的通知》(穗地税发〔2003〕34 号)明确规定拍卖房地产的拍卖成交额可以作为征收营业税的计税价格;《广东省财政厅、广东省地方税务局关于规范我省二手房屋交易最低计税价格管理的指导性意见》(粤财法〔2008〕93 号)规定,通过法定程序公开拍卖的房屋,以拍卖价格为最低计税价格标准。

拍卖价格的形成机制较为复杂,因受到诸多不确定因素的影响,相同商品的拍卖价格可能会出现较大差异。影响房地产价格的因素更多,拍卖价格差异可能会更大。依照法定程序进行的拍卖活动,由于经过公开、公平的竞价,不论拍卖成交价格的高低,都是充分竞争的结果,较之一般的销售方式更能客观地反映商品价格,可以视为市场的公允价格。如果没有法定机构依法认定拍卖行为无效或者违反拍卖法的禁止性规定,原则上税务机关应当尊重作为计税依据的拍卖成交价格,不能以拍卖价格明显偏低为由行使核定征收权。广州市地方税务局 2013 年修订后的《存量房交易计税价格异议处理办法》就明确规定,通过具有合法资质的拍卖机构依法公开拍卖的房屋权属转移,以拍卖对价为计税价格的,可以作为税务机关认定的正当理由。该规范性文件虽然在本案税收征管行为发生后施行,但文件中对拍卖价格本身即构成正当理由的精神,本案可以参考。因此,对于一个明显偏低的计税依据,并不必然需要税务机关重新核定;尤其是该计税依据是通过拍卖方式形成时,税务机关一般应予认可和尊重,不宜轻易启动核定程序,以行政认定取代市场竞争形成的计税依据。

但应当明确,拍卖行为的效力与应纳税款核定权,分别受民事法律规范和行政法律规范调整,拍卖行为有效并不意味税务机关不能行使应纳税额核定权,另行核定应纳税额也并非否定拍卖行为的有效性。保障国家税收的足额征收是税务机关的基本职责,税务机关对作为计税依据的交易价格采取严格的判断标准符合税收征管法的目的。如果不考虑案件实际,一律要求税务机关必须以拍卖成交价格作为计税依据,则既可能造成以当事人意思自治为名排除税务机关的核定权,还可能因市场竞价不充分导致拍卖价格明显偏低而造成国家税收流失。因此,有效的拍卖行为并不能绝对地排除税务机关的应纳税额核定权,但税务机关行使核定权时仍应有严格限定。

具体到本案,广州税稽一局在被诉税务处理决定中认定拍卖价格明显偏低且无正当理由的主要依据是,涉案房产以底价拍卖给唯一参加竞买的盛丰实业有限公司,而一人竞买不符合拍卖法关于公开竞价的规定,扭曲拍卖的正常价格形成机制,导致实际成交价格明显偏低。此问题的关键在于,在没有法定机构认定涉案拍卖行为无效,也没有充分证据证明涉案拍卖行为违反拍卖法的禁止性规定,涉案拍卖行为仍然有效的情况下,税务机关能否以涉案拍卖行为只有一个竞买人参加竞买即一人竞拍为由,不认可拍卖形成的价格作为计税依据,直接核定应纳税额。一人竞拍的法律问题较为特殊和复杂,《拍卖法》虽然强调拍卖的公开竞价原则,但并未明确禁止一人竞拍行为,在法律或委托拍卖合同对竞买人数量没有作出限制性规定的情况下,否定一人竞买的效力尚无明确法律依据。但对于拍卖活动中未实现充分竞价的一人竞拍,在拍卖成交价格明显偏低的情况下,即使拍卖当事人对拍卖效力不持异议,因涉及国家税收利益,该拍卖成交价格作为计税依据并非绝对不能质疑。本案中,虽然履行拍卖公告的一人竞拍行为满足了基本的竞价条件,但一人竞拍因仅有一人参与拍卖竞价,可能会出现竞价程度不充分的情况,特别是本案以预留底价成交,而拍卖底价又明显低于涉案房产估值的情形,即便德发公司对拍卖成交价格无异议,税务机关基于国家税收利益的考虑,也可以不以拍卖价格作为计税依据,另行核定应纳税额。同时,"计税依据明显偏低,又无正当理由"的判断,具有较强的裁量性,人民法院一般应尊重税务机关基于法定调查程序作出的专业认定,除非这种认定明显不合理或者滥用职权。广州税稽一局在被诉税务处理决定中认定涉案拍卖行为存在一人竞拍、保留底价偏低的情形,广州市地方税务局经复议补充认为,涉案拍卖行为保证金设置过高、一人竞拍导致拍卖活动缺乏竞争,以较低的保留底价成交,综合判定该次拍卖成交价格不能反映正常的市场价格,且德发公司未能合理说明上述情形并未对拍卖活动的竞价产生影响的情况下,广州税稽一局行使核定权,依法核定德发公司的应纳税款,并未违反法律规定。

4. 关于广州税稽一局核定应纳税款后追征税款和加征滞纳金是否合法的问题

税收征管法对税务机关在纳税人已经缴纳税款后重新核定应纳税款并追征税款的期限虽然没有明确规定,但并不意味税务机关的核定权和追征权没有期限限制。税务机关应当在统筹兼顾保障国家税收、纳税人的信赖利益和税收征管法律关系的稳定等因素的基础上,在合理期限内核定和追征。在纳税义务人不存在违反税法和税收征管过错的情况下,税务机关可以参照税收征管法第五十二条第一款规定确定的税款追征期限,原则上在三年内追征税款。本案核定应纳税款之前的纳税义务发生在2005年1月,广州税稽一局自2006年对涉案纳税行为进行检查,虽经三年多调查后,未查出德发公司存在偷税、骗税、抗税等违法行为,但依法启动的调查程序期间应当予以扣除,因而广州税稽一局2009年9月重新核定应纳税款并作出被诉税务处理决定,并不违反上述有关追征期限的规定。德发公司关于追征税款决定必须在2008年1月15日以前作出的主张不能成立。

根据依法行政的基本要求,没有法律、法规和规章的规定,行政机关不得作出影响行政相对人合法权益或者增加行政相对人义务的决定;在法律规定存在多种解释时,应当首先考虑选择适用有利于行政相对人的解释。有权核定并追缴税款,与加收滞纳金属于两个不同问题。根据税收征管法第三十二条、第五十二条第二款、第三款规定,加收税收滞纳金应当符合以下条件之一:纳税人未按规定期限缴纳税款;自身存在计算错误等失误;或者故意偷税、抗税、骗税的。本案中德发公司在拍卖成交后依法缴纳了税款,不存在计算错误等失误,税务机关经过长期调查也未发现德发公司存在偷税、抗税、骗税情形,因此德发公司不存在缴纳滞纳金的法定情形。被诉税务处理决定认定的拍卖底价成交和一人竞买拍卖行为虽然能证明税务机关对成交价格未形成充分竞价的合理怀疑具有正当理由,但拍卖活动和拍卖价格并非德发公司所能控制和决定,广州税稽一局在依法进行的调查程序中也未能证明德发公司在拍卖活动中存在恶意串通等违法行为。同时本案还应考虑德发公司基于对拍卖行为以及地方税务局完税凭证的信赖而形成的信赖利益保护问题。在税务机关无法证明纳税人存在责任的情况下,可以参考税收征管法第五十二条第一款关于"因税务机关的责任,致使纳税人、扣缴义务人未缴或者少缴税款的,税务机关在三年内可以要求纳税人、扣缴义务人补缴税款,但是不得加收滞纳金"的规定,作出对行政相对人有利的处理方式。因此,广州税稽一局重新核定德发公司拍卖涉案房产的计税价格后新确定的应纳税额,纳税义务应当自核定之日发生,其对德发公司征收该税款确定之前的滞纳金,没有法律依据。此外,被诉税务处理决定没有明确具体的滞纳金起算时间和截止时间,也属认定事实不清。

综上,广州税稽一局核定德发公司应纳税额,追缴8 671 188.75元税款,符合税收征管法第三十五条、税收征管法实施细则第四十七条的规定;追缴156 081.40元堤围防护费,符合《广州市市区防洪工程维护费征收、使用和管理试行办法》的规定;广州税稽一局认定德发公司存在违法违章行为没有事实和法律依据;责令德发公司补缴上述税费产生的滞纳金属于认定事实不清且无法律依据。据此,依照《中华人民共和国行政诉讼法》第七十条第一项、第二项,第八十九条第一款第二项的规定,《中华人民共和国国家赔偿法》第三十六条第一项、第七项的规定,参照《最高人民法院关于审理民事、行政诉讼中司法赔偿案件适用法律若干问题的解释》第十五条第一款的规定,判决如下:

一、撤销广州市中级人民法院(2010)穗中法行终字第 564 号行政判决和广州市天河区人民法院(2010)天法行初字第 26 号行政判决;

二、撤销广州市地方税务局第一稽查局穗地税稽一处〔2009〕66 号税务处理决定中对广州德发房产建设有限公司征收营业税滞纳金2 805 129.56元和堤围防护费滞纳金48 619.36元的决定;

三、责令广州市地方税务局第一稽查局在本判决生效之日起三十日内返还已经征收的营业税滞纳金2 805 129.56元和堤围防护费滞纳金48 619.36元,并按照同期中国人民银行公布的一年期人民币整存整取定期存款基准利率支付相应利息;

四、驳回广州德发房产建设有限公司其他诉讼请求。

一、二审案件受理费100 元,由广州德发房产建设有限公司和广州市地方税务局第一稽查局各负担 50 元。

本判决为终审判决。

审判长　李广宇

审判员　耿宝建

审判员　李　涛

二〇一七年四月七日

书记员　梁　卓

第七章　土地增值税清算管理

　　取于民有度，用之有止，国虽小必安；取于民无度，用
之不止，国虽大必危。

——管仲

　　土地增值税清算，是指纳税人在符合土地增值税清算条件后，依照税收法律、法规及土地增值税有关政策规定，计算房地产开发项目应缴纳的土地增值税税额，并填写纳税申报表，向主管税务机关提供有关资料，办理土地增值税清算手续，结清该房地产项目应缴纳土地增值税税款的行为。为了加强房地产开发企业的土地增值税征收管理，规范土地增值税清算工作，国家税务总局制定印发了《土地增值税清算管理规程》（国税发〔2009〕91号印发），自2009年6月1日起，适用于房地产开发项目土地增值税清算工作。本章阐述土地增值税的清算管理，主要内容如图7-1所示。

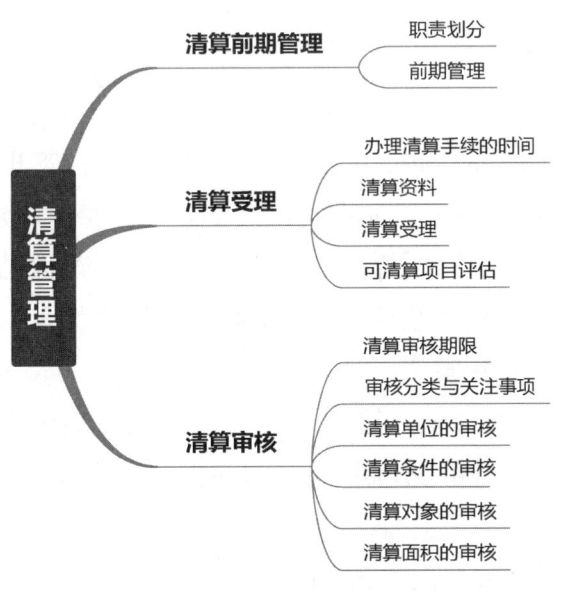

图7-1　清算管理

第一节　清算前期管理

一、职责划分

（一）纳税人的如实申报义务

纳税人应当如实申报应缴纳的土地增值税税额，保证清算申报的真实性、准确性和完整性。

（二）主管税务机关的审核责任

税务机关应当为纳税人提供优质纳税服务，加强土地增值税政策宣传辅导。主管税务机关应及时对纳税人清算申报的收入、扣除项目金额、增值额、增值率以及税款计算等情况进行审核，依法征收土地增值税。

各级税务机关会全面开展土地增值税清算审核工作。根据《国家税务总局关于加强土地增值税征管工作的通知》（国税发〔2010〕53号）第三条的规定，对未按照税收法律法规要求及时进行清算的纳税人，要依法进行处罚；对审核中发现重大疑点的，要及时移交税务稽查部门进行稽查；对涉及偷逃土地增值税税款的重大稽查案件要及时向社会公布案件处理情况。

二、前期管理

（一）实施项目管理

1. 基本规定

主管税务机关应加强房地产开发项目的日常税收管理，实施项目管理。主管税务机关应从纳税人取得土地使用权开始，按项目分别建立档案、设置台账，对纳税人项目立项、规划设计、施工、预售、竣工验收、工程结算、项目清盘等房地产开发全过程情况实行跟踪监控，做到税务管理与纳税人项目开发同步。

2. 安徽省的地方具体规定

根据《安徽省土地增值税清算管理办法》的规定，纳税人应自取得下列批复、备案、证照或签订相关合同之日起30日内向主管税务机关报送复印件或税务机关认可的其他形式资料：

（1）发展改革等有关部门下发的项目立项（备案）文件。

（2）取得土地使用权所签订的合同、协议。

（3）国有土地使用权证。

（4）建设用地规划许可证。

（5）建设工程规划许可证。

（6）建筑工程施工许可证。

（7）建设施工合同。

（8）预（销）售许可证。

（9）竣工验收备案表。

（10）税务机关要求报送的其他资料。

纳税人应在取得土地使用权并获得建筑工程施工许可证后,根据税务机关确定的时间和要求办理土地增值税项目申报,向主管税务机关报送《土地增值税项目报告表(从事房地产开发的纳税人适用)》[财产和行为税合并纳税申报后为"土地增值税税源明细表""土地增值税项目登记表(从事房地产开发的纳税人适用)"部分],并在每月转让(预售)房地产时,依次填报表中规定栏目的内容。

3. 海南省的地方具体规定

根据《国家税务总局海南省税务局土地增值税清算工作规程》第二章"项目管理"的规定,土地增值税以《建设工程规划许可证》确认的房地产开发项目为单位进行清算。纳税人办理土地增值税项目报告手续时,应填报《土地增值税项目信息报告表》,报告项目应与清算单位保持一致。

纳税人应按照报告的项目申报缴纳土地增值税。纳税人同时开发多个项目的,应按项目合理归集有关收入、成本、费用。

同一房地产开发项目中同时包含普通住宅、非普通住宅和其他类型房地产的,在预征时应分别适用预征率,计算缴纳土地增值税;在清算及尾盘销售时应分别计算增值额、增值率,缴纳土地增值税。

清算项目的容积率按以下顺序确定:

（1）按建设工程规划许可证上标明的容积率确认。

（2）按建设用地规划许可证上标明的容积率确认。

（3）按土地出让合同上标明的容积率确认。

（4）按其他合理的方式确认。

(二) 会计核算管理

1. 基本规定

主管税务机关对纳税人项目开发期间的会计核算工作应当积极关注,对纳税人分期开发项目或者同时开发多个项目的,应督促纳税人根据清算要求按不同期间和不同项目合理归集有关收入、成本、费用。

2. 安徽省的地方具体规定

《安徽省土地增值税清算管理办法》进一步规定,纳税人应按照财务会计制度的规定进行财务会计核算,准确核算房地产开发项目的收入、成本、费用。纳税人同时开发多个项目的,应按项目合理归集有关收入、成本、费用;分期开发项目的,应按照分期开发项目合理归集有关收入、成本、费用。

第二节　清算受理

一、办理清算手续的时间

(一) 一般规定

对于符合应清算条件的规定,应进行土地增值税清算的项目,纳税人应当在满足条件之日起 90 日内到主管税务机关办理清算手续。对于符合可清算条件规定税务机关可要求纳税人进行土地增值税清算的项目,由主管税务机关确定是否进行清算;对于确定需要进行清算的项目,由主管税务机关下达清算通知,纳税人应当在收到清算通知之日起 90 日内办理清算手续。

应进行土地增值税清算的纳税人或经主管税务机关确定需要进行清算的纳税人,在上述规定的期限内拒不清算或不提供清算资料的,主管税务机关可依据《税收征收管理法》有关规定处理。

(二) 具体规定

1. 江苏省办理清算手续的具体时间规定

根据江苏省地方税务局《土地增值税清算管理规程》(苏地税函〔2009〕72 号印发)第十一条的规定,对于符合应清算条件的规定,应进行土地增值税清算的项目,纳税人应当在满足条件之日起 90 日内到主管税务机关报送清算资料。对于符合可清算条件规定税务机关可要求纳税人进行土地增值税清算的项目,由主管税务机关确定是否进行清算;对于确定需要进行清算的项目,由主管税务机关下达清算通知,纳税人应当在收到清算通知之日起 90 日内报送清算资料。

2. 海南省办理清算手续的具体时间

根据《海南省地方税务局关于土地增值税清算申报管理有关问题的公告》

(海南省地方税务局公告 2018 年第 2 号)的规定,纳税人开发的房地产项目符合《国家税务总局关于印发〈土地增值税清算管理规程〉的通知》(国税发〔2009〕91 号)第九条规定的应清算条件之一的,应当在满足清算条件之日起 90 日内到主管税务机关办理清算申报。纳税人开发的房地产项目符合《国家税务总局关于印发〈土地增值税清算管理规程〉的通知》(国税发〔2009〕91 号)第十条规定的可清算条件且主管税务机关下发通知要求清算的,应当在收到通知之日起 90 日内,到主管税务机关办理清算申报。

纳税人在规定期限届满未办理清算申报的,主管税务机关发出《责令限期改正通知书》,责令纳税人在收到通知书之日起 15 日内办理清算申报。

逾期仍未申报的,主管税务机关经核查认为纳税人涉嫌偷税的,按照程序移交稽查部门进行检查;不涉嫌偷税的,按规定核定应纳税额,责令限期缴纳。

根据《国家税务总局海南省税务局土地增值税清算工作规程》第四章的规定,符合应清算条件规定的房地产开发项目,纳税人应当在满足条件之日起 90 日内到主管税务机关办理清算手续。符合可清算条件规定的房地产开发项目,主管税务机关要求纳税人进行清算的,应当通知纳税人,纳税人应当在收到清算通知之日起 90 日内办理清算手续。

纳税人办理清算时,应以清算申报当日为确认清算收入和归集扣除项目金额的截止时间。

纳税人在办理土地增值税清算申报手续时,应依法计算房地产开发项目应缴纳的土地增值税,填写"土地增值税清算申报表"(土地增值税税源明细表),向主管税务机关提供有关资料,办理土地增值税清算手续。

主管税务机关收到纳税人清算申报资料后,应在 10 日内进行审查。对符合清算条件且报送的清算资料完备的,予以受理;对符合清算条件但报送的清算资料不全的,应当要求纳税人在 15 日内补齐,纳税人在规定的期限内补齐清算资料后,予以受理;对不符合清算条件的项目,不予受理。主管税务机关已受理的清算申请,纳税人无正当理由不得撤回。主管税务机关在作出予以受理、补正资料告知、不予受理决定时,应当对纳税人予以书面告知。

3. 安徽省办理清算手续的具体时间

根据《安徽省土地增值税清算管理办法》的规定,符合规定的应清算条件的房地产开发项目,纳税人应当在清算条件满足之日起 90 日内向主管税务机关办理清算申报。符合可清算条件的房地产开发项目,且主管税务机关已下发《税务事项通知书》通知清算的,应当在收到通知书之日起90日内,向主管税务机关办理清算申报。

对于符合规定的可清算条件的房地产开发项目,主管税务机关应集体审议,根据项目实际情况确定是否需要进行清算,集体审议的结果应当形成记录存档。对于确定需要进行清算的房地产开发项目,主管税务机关应及时下达《税务事项通知书》,通知纳税人清算。纳税人对主管税务机关清算通知有异议的,可请求主管税务机关复核。

纳税人办理清算申报,少缴税款的,应当补缴税款;多缴税款的,按照规定办理退抵税款手续。

纳税人在规定期限内办理清算申报确有困难,需要延期的,应当在申报期限届满前提出书面延期申请,经主管税务机关核准,在核准的期限内办理清算申报。

纳税人未按规定期限办理清算申报的,由主管税务机关责令限期改正;逾期仍未申报的,按照《税收征收管理法》及其实施细则有关规定处理。

纳税人办理清算时,应以清算申报当日为确认清算收入和归集扣除项目金额的截止时间。

4. 辽宁省办理清算手续的具体时间

根据《辽宁省房地产开发企业土地增值税清算管理办法》第八条的规定,凡符合应办理土地增值税清算条件的纳税人,应在满足清算条件后90个工作日内向主管税务机关办理清算税款手续,并据实填写"土地增值税清算申请表"(土地增值税税源明细表)。

该办法第九条规定,凡主管税务机关要求纳税人办理土地增值税清算手续的房地产开发项目,主管税务机关应向纳税人出具《土地增值税清算通知书》。纳税人应在接到《土地增值税清算通知书》之日起90个工作日内,到主管税务机关办理清算税款手续。

二、清算资料

纳税人清算土地增值税时应提供的清算资料主要包括:

(1)土地增值税纳税(预缴)申报表及完税凭证,土地增值税清算申报表及其附表。

(2)房地产开发项目清算说明,主要内容应包括房地产开发项目立项、用地、开发、销售、关联方交易、融资、税款缴纳等基本情况及主管税务机关需要了解的其他情况。

（3）取得土地使用权所支付的地价款凭证、国有土地使用权出让或转让合同。

（4）银行贷款合同及贷款利息结算通知单。

（5）项目工程建设合同及其价款结算单。

（6）项目竣工决算报表、商品房购销合同统计表、销售明细表、预售许可证等与转让房地产的收入、成本和费用有关的证明资料。

主管税务机关需要相应项目记账凭证的，纳税人还应提供记账凭证复印件。

（7）无偿移交给政府、公共事业单位用于非营利性社会公共事业的凭证。

（8）转让房地产项目成本费用、分期开发分摊依据。

（9）转让房地产有关税金的合法有效凭证。

（10）纳税人委托税务中介机构审核鉴证的清算项目，还应报送中介机构出具的《土地增值税清算税款鉴证报告》。

（11）与土地增值税清算有关的其他证明资料。

三、清算受理

（一）一般规定

主管税务机关收到纳税人清算资料后，对符合清算条件的项目，且报送的清算资料完备的，予以受理；对纳税人符合清算条件、但报送的清算资料不全的，应要求纳税人在规定限期内补报，纳税人在规定的期限内补齐清算资料后，予以受理；对不符合清算条件的项目，不予受理。上述具体期限由各省、自治区、直辖市、计划单列市税务机关确定。主管税务机关已受理的清算申请，纳税人无正当理由不得撤销。

（二）具体规定

1. 江苏省清算受理的具体规定

根据江苏省地方税务局《土地增值税清算管理规程》（苏地税函〔2009〕72 号印发）第十三条的规定，主管税务机关收到纳税人清算资料后，对符合清算条件的项目，且报送的清算资料完备的，予以受理；对纳税人符合清算条件、但报送的清算资料不全的，应通知纳税人在 30 日内按规定补证；对不符合清算条件的项目，不予受理。主管税务机关已受理的清算申请，纳税人无正当理由不得撤销。

2. 安徽省清算受理的具体规定

根据《安徽省土地增值税清算管理办法》第二十八条的规定，主管税务机关应认真核对纳税人报送的清算资料，对纳税人提交的清算资料齐全的，主管税务机关予以受理；不齐全的，应一次性告知纳税人在规定期限内补正资料。

纳税人补正资料的，予以受理；未能补正的，经纳税人提供确因不可抗力等客观原因造成资料难以补正的书面说明及相关证明材料，可以受理。

四、可清算项目评估

（一）一般规定

主管税务机关按照规定进行项目管理时，对符合税务机关可要求纳税人进行清算情形的，应当作出评估，并经分管领导批准，确定何时要求纳税人进行清算的时间。对确定暂不通知清算的，应继续做好项目管理，每年作出评估，及时确定清算时间并通知纳税人办理清算。

（二）具体规定

根据江苏省地方税务局《土地增值税清算管理规程》（苏地税函〔2009〕72号）第十四条的规定，主管税务机关按照规定进行项目管理时，对符合税务机关可要求纳税人进行清算情形的，应在对清算项目评估的基础上经分管领导批准，确定清算的方式和清算的时间。对确定暂不通知清算的，应继续做好项目管理，每年作出评估，及时确定清算时间并通知纳税人办理清算。

第三节　清算审核

一、清算审核期限

（一）一般规定

主管税务机关受理纳税人清算资料后，应在一定期限内及时组织清算审核。具体期限由各省、自治区、直辖市、计划单列市税务机关确定。

（二）具体规定

1. 江苏省清算审核期限的具体规定

根据江苏省地方税务局《土地增值税清算管理规程》（苏地税函〔2009〕72号印发）第十三条的规定，主管税务机关应在受理纳税人清算资料之日起60日内完成清算审核。

2. 安徽省清算审核期限的具体规定

根据《安徽省土地增值税清算管理办法》第二十九条的规定,税务机关应当自纳税人办理清算申报之次日起 90 日内完成清算审核;确需延长审核时间的,应当经主管税务机关主要负责人批准。

3. 辽宁省清算审核期限的具体规定

根据《辽宁省房地产开发企业土地增值税清算管理办法》第十二条的规定,主管税务机关应自受理纳税人清算申请之日起 90 个工作日内完成清算审核工作,不含纳税人应税务机关要求补充资料的时间。

4. 广东省清算审核期限的具体规定

根据《广东省税务局土地增值税清算管理规程(暂行)》第十七条的规定,主管税务机关应在项目清算受理之日起 180 日内完成清算审核,作出清算结论;如确有困难的,经县级税务局批准,可延期 90 日完成;如有特殊情况的,经地级以上市税务局批准,可再延期 90 日完成,并书面告知纳税人。

5. 上海市清算审核期限的具体规定

根据《上海市地方税务局关于土地增值税清算管理有关问题的通知》(沪地税财行〔2010〕1 号)第三条"税务机关清算审核期限问题"的规定,主管税务机关受理纳税人清算资料后,应在 30 个工作日内完成清算审核工作。情况复杂的,经主管税务机关分管局领导批准,可以适当延长办理期限,但延长期限不超过 15 个工作日。

6. 海南省清算审核期限的具体规定

《国家税务总局海南省税务局土地增值税清算工作规程》第五章清算管理规定,主管税务机关应在项目清算受理之日起 90 日内(不包括纳税人反馈意见时间)完成清算审核,并将审核结果书面通知纳税人。如清算审核在 90 日内完成确有困难的,经主管税务机关的负责人批准,可以适当延期,但延期不得超过 60 日。

主管税务机关在完成初审工作后,向纳税人反馈初审意见,并要求纳税人在 15 日内提出意见及补充资料。主管税务机关应在收到纳税人反馈意见后 30 日内出具清算审核结论,通知纳税人申报缴纳应补缴税款或办理退税。

清算审核应补缴的土地增值税,主管税务机关确定的补缴税款期限不得超过 90 日。纳税人多缴的土地增值税税款,税务机关应当自清算审核结论送达之日起 90 日内办理退还手续。

二、审核分类与关注事项

清算审核包括案头审核、实地审核。

（一）案头审核

案头审核是指对纳税人报送的清算资料进行数据、逻辑审核,重点审核项目归集的一致性、数据计算准确性等。

（二）实地审核

实地审核是指在案头审核的基础上,通过对房地产开发项目实地查验等方式,对纳税人申报情况的客观性、真实性、合理性进行审核。

实地审核时,可结合项目修建详细规划(图),重点实地查核项目的楼栋、道路、挡土墙、绿化、学校、幼儿园、会所、体育场馆、酒店、车位等的工程量,确定学校、幼儿园、会所、体育场馆、酒店、车位等的产权归属。

（三）审核应关注事项

开展土地增值税清算审核时,应当对下列事项充分关注:

（1）明确清算项目及其范围。

（2）正确划分清算项目与非清算项目的收入和支出。

（3）正确划分清算项目中普通住宅、非普通住宅及其他类型房产的收入和支出。

（4）正确划分不同时期的开发项目,对于分期开发的项目,以分期项目为单位清算。

（5）正确划分征税项目与免税项目,防止混淆两者的界限。

（6）明确清算项目的起止日期。

三、清算单位的审核

（一）风险表现与审阅资料

清算单位确定风险主要表现有:

（1）清算单位确定错误或分期不符合相关政策规定。

（2）将两个或两个以上的清算单位擅自合并进行清算。

清算单位审核需要审阅的主要资料有:

（1）国家有关部门审批、备案的项目批文,此处所称"国家有关部门"一般是指发改委(发改局、经发局,如江苏省等)。

(2) 该项目建设用地规划许可证、建设工程规划许可证、预售证、项目总平图、土地出让(转让合同)。

(二) 一般规定

清算审核时,应审核房地产开发项目是否以国家有关部门审批、备案的项目为单位进行清算;对于分期开发的项目,是否以分期项目为单位清算;对不同类型房地产是否分别计算增值额、增值率,缴纳土地增值税。

(三) 具体方法

审核清算单位的具体方法是:

(1) 结合发改委(发改局、经发局等)项目批文,审核确定清算项目的内容和范围是否与批文一致。

(2) 如项目批文未明确分期,一般是以整体项目为单位进行土地增值税清算。如果发改委(发改局、经发局)项目批文中明确了分期,则应当以分期项目为单位进行土地增值税清算。

(3) 对国家有关部门批准的开发项目或分期项目开发周期较长(江苏一般是指从项目立项起满5年),纳税人自行分期开发的,其收入、成本、费用按规定分别归集的,可结合该项目建设工程规划许可证将自行分期项目确定为清算单位。

此外,清算审核时,应审核房地产开发项目是否以国家有关部门审批、备案的项目为单位进行清算;对于由发改委或规划部门批准的分期开发的项目,是否以分期项目为单位清算;普通住宅是否与其他类型的房屋分别计算增值额、增值率,缴纳土地增值税。

四、清算条件的审核

(一) 风险表现与审阅资料

清算条件风险主要表现有:

(1) 纳税人房地产开发项目全部竣工、完成销售的,逾期未按规定办理土地增值税清算。

(2) 纳税人整体转让未竣工决算房地产开发项目,逾期未按规定办理土地增值税清算。

(3) 纳税人直接转让土地使用权,逾期未按规定办理土地增值税清算。

(4) 房地产开发企业有未清算项目,申请注销的,未按规定办理土地增值税清算。

（5）纳税人达到可清算条件，通知清算申报而未按规定期限申报的。

（6）纳税人未达到清算条件但办理土地增值税清算申报。

对于房地产开发项目全部竣工、完成销售，整体转让未竣工决算房地产开发项目，直接转让土地使用权，或有未清算项目申请注销但未办理清算申报的，需要审阅下列资料：

（1）房地产项目竣工验收备案表。

（2）房地产测绘报告、预销售许可证。

（3）整体转让的合同或协议。

（4）土地转让合同或协议。

（5）申请注销的资料。

（6）公共配套设施验收、移交资料。

（7）房源表。

（8）销售发票、销售合同（含房管部门网上备案登记资料）。

（9）房产销售分户明细表、销控表。

（二）审核方法

清算条件具体审核方法有：

（1）对于房地产开发项目全部竣工、完成销售，查看房地产项目竣工验收备案表，审核项目是否已竣工验收；结合测绘报告、预销售许可证、公共配套验收或移交资料，审核确定是否有未测绘的建筑面积，可售面积是否计算准确；结合房源表、销售合同（含房管部门网上备案登记资料）、房产销售分户明细表、销控表，审核确定已售面积是否准确；是否确实属于100％销售完毕。对于全部竣工、完成销售，整体转让未竣工决算房地产开发项目，直接转让土地使用权的，有未清算项目申请注销，审核是否在达到应清算条件90天内或注销前办理清算申报，未申报的应责令限期改正，逾期拒不改正的，可按核定征收的相关规定核定征收土地增值税。

（2）对于销售比例超过85％或虽未超过85％，但剩余的可售建筑面积已经出租或自用的，查看房地产项目竣工验收备案表，审核项目是否竣工验收；查看测绘报告、预销售许可证、公共配套验收或移交资料，审核确定是否有未测绘的建筑面积，可售面积是否计算准确；结合房源表、销售合同（含房管部门网上备案登记资料）、房产销售分户明细表、销控表，审核确定已售面积是否超过可售面积的 85%,如未超过 85%,查看租赁合同、"固定资产"账户、房源表、销控表等资料,结合实地查看未售房源,确定未售部分是否已出租或已自用,审核确定已售面积、出租面积、自用面积之和是否超过 85%;对于达到可清算条件的,审核确定是否已送达清算通知书通知清算申报,是否在 90 天内办理清算申报手续,对于通知申报而未申报的应责令限期改正,逾期拒不改正的,可按核定征收的相关规定核定征收土地增值税。

（3）对于取得预售证满三年而达到可清算条件的项目,查看项目的最后一张预销售许可证,审核确定是否确实为该项目的最后一张预售证;对于取得预售证满三年而达到可清算条件,审核确定是否已送达清算通知书通知清算申报,是否在 90 天内办理清算申报手续,对于通知申报而未申报的应责令限期改正,逾期拒不改正的,可按核定征收的相关规定核定征收土地增值税。

五、清算对象的审核

（一）风险表现与审阅资料

清算对象风险主要表现有:

（1）同一开发项目中包含多种类型房地产的,未按规定类别作为核算对象,分别计算收入、扣除项目金额、增值额、增值率,缴纳土地增值税。

（2）混淆房产类型,或分类不准确。

清算对象审核需要审阅的主要资料有:

（1）立项批准文件。

（2）销售分户明细表、销控表。

（3）销售合同。

（二）审核方法

清算对象审核的具体方法是:

（1）结合建筑工程规划许可证、项目容积率、不动产证房屋用途以及房屋等因素,审核确认享受优惠的清算对象是否符合"普通住宅"条件,是否单独核算;审核确定是否按普通住宅、非普通住宅、其他类型房地产分别计算收入、扣除项目金额、增值额、增值率,缴纳土地增值税。

（2）结合销售合同、销售分户明细表、销控表,审核确定房屋类型分类是否符合相关规定,收入归集是否正确,成本分摊的建筑面积是否准确。

六、清算面积的审核

(一) 风险表现与审阅资料

清算面积风险表现有：

(1) 少计总建筑面积，多分摊单位面积成本。

(2) 少计可售面积，多计单位面积成本。

(3) 多计公共配套设施面积，多分摊房地产开发成本。

清算面积审核需审阅的主要资料有：

(1) 不动产权证(土地)。

(2) 建设用地规划许可证、建设工程规划许可证、项目总平面图、经规划部门审核同意的规划图。

(3) 建设工程施工许可证、建筑工程竣工验收表。

(4) 商品房预(销)售证。

(5) 测绘报告、房屋分户(室)面积对照表。

(6) 人防验收面积。

(7) 大产权证(产权清册)。

(8) 公建配套验收表。

(二) 审核方法

税务机关要对纳税人报送的资料进行核实，主要核实项目开发用地面积、房屋开发面积、公配验收面积、可销售房屋面积、实际已销售面积、自用出租面积，各种面积确认可为销售收入的确认和开发成本的分配奠定基础。

1. 项目用地面积

了解《建设用地规划许可证》《土地使用权证》中土地面积(主要以土地使用权证中登记土地面积确认)，对分期开发的项目还应了解土地的分期占用情况，便于确认本期的土地成本。

2. 房屋开发面积

将建设工程规划许可证面积与建设工程施工许可证、建筑工程竣工验收备案表中的建筑面积进行比对，了解房地产公司该项目实际开发的面积。将测绘报告中的测绘面积与建设工程施工面积进行比较，测绘报告中的项目名称应与建设工程许可证登记的工程名称相符，以核对相符的测绘建筑面积确认房屋开发面积；对未测绘的建筑物，可以建设工程竣工验收备案表中的建筑面积作为成本核算的面积。同时,应注意公司在项目开发后,将其中部分面积用于经营或转作固定资产的部分(如高层住宅的底部裙楼等),审核过程中应掌握其具体面积情况。

3. 公共配套设施开发面积

重点审核开发商向规划部门提交的《规划报告》中有关公共配套的配置面积,以及后续公共配套验收时的公共配套性质(非营利性公共配套和公益性公共配套)及其实际面积;对于分期开发的,可要求开发商提供全部公共配套设施的配置总体情况。

4. 可销售房屋面积(含地下室)

核对商品房销(预)售许可证、建设工程规划许可证、测绘报告中可售建筑面积,注意备案表中的地下人防面积(A)与销售许可证中地下车库面积(B)以及建设工程规划许可证中地下建筑面积(C)之间的关系,应该是:A+B=C。若销售许可证中只有车库数而没有面积,车库的销售面积要参照房屋分户(室)面积对照表上登记的面积。

5. 实际已销售面积

房屋分户(室)面积对照表、公司相关项目销售情况表、销售合同及合同登记簿、销售发票存根,结合财务上的账务处理,确认实际已销售面积。

6. 未销售面积

房屋分户(室)面积对照表、公司相关项目销售情况表,确认未销售面积。

第八章　后续管理与风险管理

　　土地增值税清算后销售尾房的处理等后续管理与风险管理,是土地增值税管理的重要内容。本章阐述土地增值税的后续管理与风险识别及应对,主要内容如图 8-1 所示。

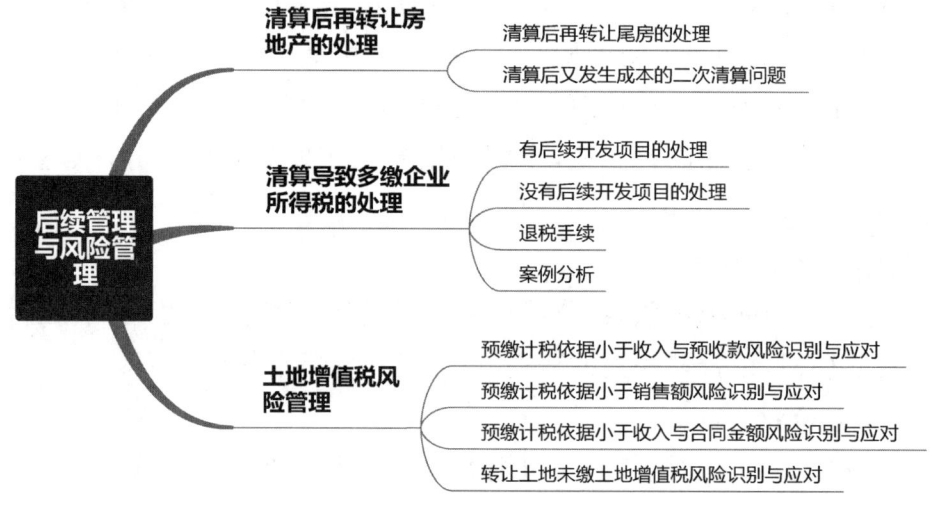

图 8-1　后续管理与风险管理

第一节　清算后再转让房地产的处理

一、清算后再转让房地产的处理

(一) 清算后再转让房地产的基本处理规定

　　根据《国家税务总局关于房地产开发企业土地增值税清算管理有关问题的通知》(国税发〔2006〕187 号)第八条的规定,在土地增值税清算时未转让的房地产,清算后销售或有偿转让的,纳税人应按规定进行土地增值税的纳税申报,扣除项目金额按清算时的单位建筑面积成本费用乘以销售或转让面积计算。

单位建筑面积成本费用＝清算时的扣除项目总金额÷清算的总建筑面积

（二）清算后再转让房地产的具体处理规定

1. 江苏省的具体规定

根据《土地增值税清算管理办法》第四十八条的规定,土地增值税清算时未转让的房地产,清算后销售或有偿转让的(以下简称清算后转让的),纳税人应按月汇总进行土地增值税纳税申报。申报时,扣除项目金额按清算时的单位建筑面积成本费用(不含与转让房地产有关的税金)乘以清算后转让的面积再加上清算后转让时缴纳的与转让房地产有关的税金计算。

$$\text{单位建筑面积成本费用}\left(\text{不含与转让房地产有关的税金}\right)=\text{房地产开发项目总扣除项目金额}\left(\text{不含与转让房地产有关的税金}\right)\div\text{房地产开发项目的总建筑面积}$$

$$\text{当期销售收入}-\left[\left(\text{清算时的扣除项目总金额}-\text{清算时扣除的税费}\right)\div\text{清算时总建筑面积}\times\text{当期销售建筑面积}-\text{当期销售允许扣除的税费}\right]=\text{当期增值额}$$

2. 重庆市的具体规定

根据《重庆市地方税务局关于土地增值税若干政策执行问题的公告》(重庆市地方税务局公告 2014 年第 9 号)的规定,查账征收方式清算后转让房产(简称清算后转让房产),应分房产类型确定单位建筑面积成本费用额,以此计算清算后转让扣除额,公式如下:

$$\text{单位建筑面积成本费用额}=\text{清算总成本费用额}\left(\text{不含转让房产有关的税金及附加}\right)\div\text{清算可售建筑面积}$$

$$\text{清算后转让扣除额}=\text{单位建筑面积成本费用额}\times\text{本期转让面积}+\text{本期转让房产有关的税金及附加}$$

清算后转让房产土地增值税应按月计算,于次月征收期内申报缴纳。

需要说明的是,清算后转让即土地增值税清算申报后销售尾盘(开发品),销售房产属于旧房的,适用旧房转让相关规定。清算后转让开发品,土地增值税征收方式(查账或核定)应与清算方式一致。

清算申报当月至清算结论下达当月(收入所属时间)销售房产应纳入预征管理,普通住宅销售不预征土地增值税;普通住宅以外开发产品销售,不办理房产分证的不预征土地增值税。

清算申报当月至清算结论下达当月(收入所属时间)销售房产作为一个计税单位(分三类房产),依据清算审核确定的单位成本费用额,在清算结论下达的次月结算应纳土地增值税;实行定率征收方式清算的,按规定核定率结算税额。

3. 贵州省的具体规定

《贵州省土地增值税清算管理办法》第五十九条规定,土地增值税清算时未转让的房地产,清算后再转让的,房地产开发企业应当按月区分"普通住宅"和"其他类型房地产"按下列方法分别计算并申报缴纳土地增值税:

$$扣除项目金额=单位建筑面积成本费用 \times 再转让房地产面积$$

$$单位建筑面积成本费用=\left(清算时的扣除项目总金额-清算时已扣除的与转让房地产有关的税金及附加\right) \div 清算的总建筑面积$$

$$增值额=再转让房地产收入-扣除项目金额-与再转让房地产有关的税金及附加$$

$$增值率=增值额 \div 扣除项目金额$$

再根据增值率确定新适用税率和新速算扣除系数:

$$再转让房地产应纳土地增值税税额=增值额 \times 新适用税率-扣除项目金额 \times 新速算扣除系数$$

上述"单位建筑面积成本费用"是指清算时已售建筑面积和允许扣除的不可售建筑面积之和的单位成本费用;"清算的总建筑面积"是指清算时已售建筑面积和允许扣除成本费用的不可售建筑面积之和。

4. 兰州市的具体规定

根据《兰州市房地产开发企业土地增值税清算管理暂行办法》第六条的规定,房地产开发企业建造的商品房,在项目清算后如果将自用或出租部分再行出售的,应按照转让旧房及建筑物的政策规定缴纳土地增值税,不再列入土地增值税清算的范围。

5. 海南省的具体规定

《国家税务总局海南省税务局土地增值税清算工作规程》第二十七条规定,土地增值税清算申报后转让的房地产,纳税人应按规定进行土地增值税的纳税申报。销售收入按不含增值税收入总额确认,扣除项目金额按清算时的单位建筑面积成本费用额乘以清算后转让面积,加上转让环节缴纳的与转让房地产有关的税金计算。其中单位建筑面积成本费用的计算公式如下:

$$单位建筑面积成本费用额=清算时的扣除项目总金额 \div 清算的总可售建筑面积$$

清算时的扣除项目总金额不包括与转让房地产有关的税金。

第二十八条规定,纳税人在清算期间转让房地产的,纳税期限为主管税务机关送达清算审核结论的次月 15 日内。在主管税务机关送达清算审核结论后转让房地产的,纳税人应按月汇总,并在次月 15 日内申报缴纳土地增值税。

6. 西藏自治区的具体规定

《西藏自治区土地增值税清算管理规程(试行)》第七章清算后尾盘管理规定,在土地增值税清算时未转让的房地产,清算后再转让的,应按月汇总,并在次月 15 日内征收土地增值税。

土地增值税清算审核期间转让房地产的,按规定预征土地增值税,待税务机关出具清算结论后,按照清算后再转让的规定汇总申报缴纳土地增值税,多退少补。

(三) 清算后再转让房地产应纳土地增值税计算

已清算房地产项目,未售商品房继续销售的,应纳土地增值税计算方法为:

(1) 收入为:上月清算时未售商品房累计取得的收入。

(2) 扣除项目为:按上月清算时未售商品房累计销售面积计算的扣除项目金额,具体是:

$$\text{单位建筑面积成本费用} = \left(\text{清算时的扣除项目总金额} - \text{清算时的营业税、城建税、教育费附加等} \right) \div \text{清算时的建筑面积}$$

$$\text{扣除项目总金额} = \text{单位建筑面积成本费用} \times \text{上月清算时未售商品房累计销售面积} + \text{累计缴纳的营业税、城建税、教育费附加}$$

(3) 增值额＝上月清算时未售商品房取得的收入－扣除项目总金额。

(4) 增值率＝增值额÷上月的扣除项目总金额。

(5) 根据增值率,每月重新确定适用税率。

(6) 应纳税额＝增值额×适用税率－扣除项目金额×速算扣除系数。

二、清算后又发生成本的二次清算问题

(一) 二次清算的争议

企业达到清算条件并进行土地增值税清算后,继续支付并取得合法、有效凭证的支出,此时是否允许企业申请对曾经清算过的项目进行重新清算呢? 北京[《北京市地方税务局关于土地增值税清算管理若干问题的通知》(京地税地〔2007〕325 号)]、湖北[《湖北省地方税务局关于进一步规范土地增值税征管工作的若干意见》(鄂地税发〔2013〕44 号)]、广西[《广西壮族自治区地方税务局关于明确土地增值税清算若干政策问题的通知》(桂地税发〔2008〕44 号)]、大连[《大连市地方税务局关于进一步明确土地增值税若干问题的通知》(大地税函〔2007〕

200 号）〕、青岛〔《青岛市地方税务局关于印发〈房地产开发项目土地增值税清算业务指引〉的通知》（青地税函〔2013〕44 号）〕允许二次清算；而浙江（《浙江省地方税务局关于土地增值税若干政策问题的解答》）则规定将清算后发生的成本计入清算后再转让的房地产中扣除。类似的问题还有清算后取得已清算项目的合法扣除凭证，以及清算后实际支付的公共配套设施费等是否允许二次清算等。

（二）二次清算的具体规定

1. 安徽省的具体规定

《安徽省土地增值税清算管理办法》第五十一条规定，因下列原因，纳税人自结算缴纳土地增值税清算税款之日起三年内发现多缴税款的，可以向主管税务机关要求退还多缴的税款，主管税务机关应当自接到纳税人书面退还申请之日起 30 日内核查，对查实的事项应予以追溯调整，涉及从国库中退库的，依照法律、行政法规有关国库管理的规定退还。

（1）清算时应取得但未取得合法有效凭证，清算后取得的。

（2）清算时应实际支付但未实际支付的款项，清算后实际支付的。

（3）清算时应分摊但实际未能分摊的共同的成本费用，清算后能够按照受益对象、采用合理的分配方法分摊的。

（4）其他合法合理原因。

2. 浙江省的具体规定

《浙江省地方税务局关于土地增值税若干政策问题的解答》问题六："项目清算完成后再转让房地产应如何计算征收土地增值税？"

答：根据《国家税务总局关于房地产开发企业土地增值税清算管理有关问题的通知》（国税发〔2006〕187 号）第八条的规定：在土地增值税清算时未转让的房地产，清算后销售或有偿转让的，纳税人应按规定进行土地增值税的纳税申报，扣除项目金额按清算时的单位建筑面积成本费用乘以销售或转让面积计算。现明确如下：根据销售收入和上述扣除项目金额计算清算后再转让房地产的增值额，按已清算部分适用的税率计算缴纳土地增值税。

如纳税人在清算时因未取得合法、有效凭证而应计未计的成本和费用，在项目完成清算后取得合法、有效凭证的，在清算后再转让房地产时暂按以下办法计算单位建筑面积扣除额：将新取得合法、有效凭证的成本费用总额除以总建筑面积得出单位建筑面积扣除项目增加额，加上已清算部分单位建筑面积扣除额作为清算后再转让房地产的单位建筑面积扣除额。以此计算清算后再转让房地产的增值额。

具体公式：清算后再转让房地产的单位建筑面积扣除额＝新取得合法、有效凭证的成本费用总额÷总建筑面积＋已清算部分单位建筑面积扣除额。

第二节　清算导致多缴企业所得税的处理

一、有后续开发项目的处理

根据《国家税务总局关于房地产开发企业土地增值税清算涉及企业所得税退税有关问题的公告》（国家税务总局公告2016年第81号）第一条的规定，企业按规定对开发项目进行土地增值税清算后，当年企业所得税汇算清缴出现亏损且有其他后续开发项目的，该亏损应按照税法规定向以后年度结转，用以后年度所得弥补。后续开发项目，是指正在开发以及中标的项目。

二、没有后续开发项目的处理

根据《国家税务总局关于房地产开发企业土地增值税清算涉及企业所得税退税有关问题的公告》（国家税务总局公告2016年第81号）第二条的规定，企业按规定对开发项目进行土地增值税清算后，当年企业所得税汇算清缴出现亏损，且没有后续开发项目的，可以按照以下方法，计算出该项目由于土地增值税原因导致的项目开发各年度多缴企业所得税税款，并申请退税。

（1）该项目缴纳的土地增值税总额，应按照该项目开发各年度实现的项目销售收入占整个项目销售收入总额的比例，在项目开发各年度进行分摊，具体按以下公式计算：

$$\text{各年度应分摊的土地增值税} = \text{土地增值税总额} \times \left(\text{项目年度销售收入} \div \text{整个项目销售收入总额} \right)$$

这里所称销售收入包括视同销售房地产的收入，但不包括企业销售的增值额未超过扣除项目金额20%的普通住宅的销售收入。

（2）该项目开发各年度应分摊的土地增值税减去该年度已经在企业所得税税前扣除的土地增值税后，余额属于当年应补充扣除的土地增值税；企业应调整当年度的应纳税所得额，并按规定计算当年度应退的企业所得税税款；当年度已缴纳的企业所得税税款不足退税的,应作为亏损向以后年度结转,并调整以后年度的应纳税所得额。

（3）按照上述方法进行土地增值税分摊调整后,导致相应年度应纳税所得额出现正数的,应按规定计算缴纳企业所得税。

（4）企业按上述方法计算的累计退税额,不得超过其在该项目开发各年度累计实际缴纳的企业所得税;超过部分作为项目清算年度产生的亏损,向以后年度结转。

三、退税手续

根据《国家税务总局关于房地产开发企业土地增值税清算涉及企业所得税退税有关问题的公告》（国家税务总局公告 2016 年第 81 号）第三条的规定,企业在申请退税时,应向主管税务机关提供书面材料说明应退企业所得税款的计算过程,包括该项目缴纳的土地增值税总额、项目销售收入总额、项目年度销售收入额、各年度应分摊的土地增值税和已经税前扣除的土地增值税、各年度的适用税率,以及是否存在后续开发项目等情况。

四、政策衔接

根据《国家税务总局关于房地产开发企业土地增值税清算涉及企业所得税退税有关问题的公告》（国家税务总局公告 2016 年第 81 号）第四条的规定,该公告自 2016 年 12 月 9 日发布之日起施行。该公告发布之日前,企业凡已经对土地增值税进行清算且没有后续开发项目的,在该公告发布后仍存在尚未弥补的因土地增值税清算导致的亏损,按照该公告第二条规定的方法计算多缴企业所得税税款,并申请退税。

自 2010 年 1 月 1 日起至 2016 年 12 月 8 日止,《国家税务总局关于房地产开发企业注销前有关企业所得税处理问题的公告》（国家税务总局公告 2010 年第 29 号）规定:

（1）房地产开发企业（以下简称企业）按规定对开发项目进行土地增值税清算后,在向税务机关申请办理注销税务登记时,如注销当年汇算清缴出现亏损,应按照以下方法计算出其在注销前项目开发各年度多缴的企业所得税税款,并申请退税。

① 企业整个项目缴纳的土地增值税总额,应按照项目开发各年度实现的项

目销售收入占整个项目销售收入总额的比例,在项目开发各年度进行分摊,具体按以下公式计算:

$$各年度应分摊的土地增值税 = 土地增值税总额 \times \left(项目年度销售收入 \div 整个项目销售收入总额\right)$$

这里所称销售收入包括视同销售房地产的收入,但不包括企业销售的增值额未超过扣除项目金额 20% 的普通住宅的销售收入。

② 项目开发各年度应分摊的土地增值税减去该年度已经税前扣除的土地增值税后,余额属于当年应补充扣除的土地增值税;企业应调整当年度的应纳税所得额,并按规定计算当年度应退的企业所得税税款;当年度已缴纳的企业所得税税款不足退税的,应作为亏损向以后年度结转,并调整以后年度的应纳税所得额。

③ 企业对项目进行土地增值税清算的当年,由于按照上述方法进行土地增值税分摊调整后,导致当年度应纳税所得额出现正数的,应按规定计算缴纳企业所得税。

④ 企业按上述方法计算的累计退税额,不得超过其在项目开发各年度累计实际缴纳的企业所得税。

(2)企业在申请退税时,应向主管税务机关提供书面材料证明应退企业所得税款的计算过程,包括企业整个项目缴纳的土地增值税总额、整个项目销售收入总额、项目年度销售收入、各年度应分摊的土地增值税和已经税前扣除的土地增值税、各年度的适用税率等。

(3)企业按规定对开发项目进行土地增值税清算后,在向税务机关申请办理注销税务登记时,如注销当年汇算清缴出现亏损,但土地增值税清算当年未出现亏损,或尽管土地增值税清算当年出现亏损,但在注销之前年度已按税法规定弥补完毕的,不执行该公告。

主管税务机关应结合企业土地增值税清算年度至注销年度之间的汇算清缴情况,判断其是否应该执行国家税务总局公告 2016 年第 81 号,并对应退企业所得税款进行核实。

五、案例分析

【例】 甲房地产开发企业 2020 年 1 月开始开发某房地产项目,2022 年 10 月项目全部竣工并销售完毕,12 月进行清算后补缴土地增值税 500 万元。

2022 年度汇算清缴扣除补缴的土地增值税后出现亏损 400 万元。企业没有后续开发项目，拟申请退税。相关数据如表 8-1 所示。

表 8-1 　　　　　　　　　　　　项目各年销售及缴税情况

单位：万元

	2020 年	2021 年	2022 年	合计
税前扣除的预缴土地增值税	240	300	60	600
项目销售收入	12 000	15 000	3 000	30 000
应纳税所得额	180	1 240	−400	1 020
已缴企业所得税	45	310	0	355

要求：分析说明甲公司可否申请退还该项目多缴的企业所得税。

【解析】

该项目共计缴纳土地增值税：500＋600＝1 100（万元），需根据项目各年的销售收入占比分摊各年企业所得税税前应扣除的土地增值税。

1. 2020 年应退企业所得税的计算

当年应在企业所得税税前分摊扣除的土地增值税金额为：1 100 ×（12 000÷30 000）＝440（万元）；

当年已扣除预缴的土地增值税 240 万元，当年企业所得税税前应补扣土地增值税：440−240＝200（万元）；

当年原应纳税所得额仅有 180 万元，只能补充扣除土地增值税 180 万元，未扣除的 20 万元，作为当年亏损结转以后年度扣除。

当年应退企业所得税限额为：200×25％＝50（万元），当年已缴企业所得税 45 万元。因而，只能退企业所得税 45 万元。

2. 2021 年应退企业所得税的计算

当年应在企业所得税税前分摊扣除的土地增值税金额为：1 100 ×（15 000÷30 000）＝550（万元）；

当年已扣除预缴的土地增值税 300 万元，当年企业所得税税前应补扣土地增值税：550−300＝250（万元）；

当年原应纳税所得额为 1 240 万元，能够扣除当年应补扣的土地增值税 250 万元以及上年结转的亏损 20 万元，扣除后的应纳税所得额为：1 240−250−20＝970（万元）。

当年应退企业所得税限额为：（250＋20）×25％＝67.5（万元），当年已缴企业所得税310万元，大于应退企业所得税金额。因而，当年可以退企业所得税67.5万元。

3. 2022年应退企业所得税的计算

当年应在企业所得税税前分摊扣除的土地增值税金额为：1 100×（3 000÷30 000）＝110（万元）；

当年已扣除预缴的土地增值税：60＋500＝560（万元），当年企业所得税税前多扣除土地增值税：560－110＝450（万元）；

当年原应纳税所得额为－400万元，调整扣除后的应纳税所得额为：450－400＝50（万元）。

当年应补企业所得税限额为：50×25％＝12.5（万元）。

整个项目应退企业所得税为：45＋67.5－12.5＝100（万元）。

甲公司应退企业所得税的计算如表8-2所示。

表8-2　　　　　　　　　　　　　应退企业所得税的计算

单位：万元

项目	2020年	2021年	2022年	合计
项目销售收入	12 000	15 000	3 000	30 000
原应纳税所得额	180	1 240	－400	1 020
已缴纳企业所得税	45	310	0	355
缴纳土地增值税	240	300	560（60＋500）	1 100
应分摊土地增值税	440［1 100×（12 000÷30 000）］	550［1 100×（15 000÷30 000）］	110［1 100×（3 000÷30 000）］	1 100
应补扣的土地增值税	200	250（550－300）	－450	
调整后应纳税所得额	－20	970（1 240－250－20）	50	
应退企业所得税	50（200×25％）	67.5［（250＋20）×25％］	－	
实退企业所得税	45	67.5	－	
应补企业所得税	—	—	50×25％＝12.5	
累计退税额	—	—	100（45＋67.5－12.5）	

第三节　土地增值税风险识别与应对

一、预缴计税依据小于收入与预收款风险识别与应对

（一）风险识别

疑点预征依据＝［本期预收账款期末数－本期预收账款（或合同负债，下同）期初数＋本期销售收入］－土地增值税计税收入。

房地产企业年度财务会计报告（每年12月财务报表）利润表中主营收入和资产负债表中的预收账款（或合同负债，下同）增加额与同期土地增值税预缴计税依据相比较。

疑点预征的依据大于预警参考值（如10万元）。

（二）风险提示

1. 税务机关提示

【纳税人名称】（纳税人识别号），该单位在【年度】年预收账款期末数为【预收账款期末数】元、预收账款期初数为【预收账款期初数】元、本期营业收入【本期营业收入】元，本年度土地增值税预缴的计征依据【本年度土地增值税预缴的计税依据】元，差额为【疑点预征依据】元，可能存在少缴纳土地增值税（预缴）风险，请核实其是否足额申报。

2. 纳税人提示

【纳税人名称】（纳税人识别号），您单位在【年度】年预收账款期末数为【预收账款期末数】元、预收账款期初数为【预收账款期初数】元、本期营业收入【本期营业收入】元，本年度土地增值税预缴的计税依据【本年度土地增值税预缴的计税依据】元，差额为【疑点预征依据】元，可能存在少缴纳土地增值税（预缴）风险，请核查。

（三）风险应对

1. 案头审核

通过金税三期征管信息系统查询财务报表申报获取目标年度财务报表数据，确定同期主营业务收入和预收账款增加额。查询纳税人已经缴纳的土地增值税（预缴）当期入库数。

根据纳税人应缴纳与已缴纳的土地增值税是否有差额，确定需要纳税人提供的相关资料并转入询问约谈环节。

2. 报送资料

（1）获取项目规划、立项、报建批复等资料。

（2）获取主营业务收入及预收账款的明细。

3. 核查内容

（1）核查企业基础登记信息和认定信息的准确性。

（2）纳税人各个项目是否存在属暂不实行预征范围的。

（3）核查企业每笔主营业务收入及预收账款是否属于当期应预缴土地增值税范围。

（4）区别预收房款所属期，检查预征率适用是否正确。

（5）存在少缴纳税款情形的，通知纳税人补缴并按规定加收滞纳金。

二、预缴计征依据小于销售额风险识别与应对

（一）风险识别

疑点计税依据＝"增值税及附加税费预缴表"销售不动产销售额－"土地增值税纳税申报表（一）"（或"财产和行为税税源明细表"）土地增值税预缴计税依据。

同一期的"财产和行为税税源明细表"土地增值税预缴计税依据与增值税预缴税款表销售不动产销售额相比较。

（二）风险提示

1. 税务提示信息

【纳税人名称】（纳税人识别号），该单位在【年度】年增值税预缴税款表销售不动产销售额为【销售不动产销售额】元，本年度土地增值税预缴的计税依据【本年度土地增值税预缴的计税依据】元，差额为【疑点计税依据】元，可能存在少缴纳土地增值税（预缴）风险，核实其是否足额申报。

2. 纳税人提示信息

【纳税人名称】（纳税人识别号），您单位在【年度】年增值税预缴税款表销售不动产销售额为【销售不动产销售额】元，本年度土地增值税预缴的计税依据【本年度土地增值税预缴的计税依据】元，差额为【疑点计税依据】元，可能存在少缴纳土地增值税（预缴）风险，请核查。

（三）风险应对

1. 案头审核

（1）金税三期一户式查询纳税人已经缴纳的土地增值税（预缴）当期入库数。

根据纳税人应缴纳与已缴纳的土地增值税是否有差额,确定需要纳税人提供的相关资料并转入询问约谈环节。

2. 询问约谈资料要求(报送资料)

(1)增值税及附加税费预缴表。

(2)获取主营业务收入及预收账款的明细。

(3)获取项目规划、立项、报建批复等资料。

3. 核查内容

(1)核查企业基础登记信息和认定信息的准确性。

(2)纳税人各个项目是否存在属暂不实行预征范围。

(3)核查企业增值税预缴税款是否属于应预缴土地增值税范围。

(4)区别预收房款所属期,检查预征率适用是否正确。

(5)核查企业每笔主营业务收入及预收账款是否及时申报缴纳土地增值税(预缴)。

(6)存在少缴纳税款情形的,通知纳税人补缴并按规定加收滞纳金。

三、预缴计征依据小于收入与合同金额风险识别与应对

(一)风险识别

同一期的"财产和行为税税源明细表"土地增值税预缴计征依据与住建部门房产交易备案合同金额相比较。

疑点计征依据=住建部门房产交易备案合同金额-"财产和行为税税源明细表"中土地增值税预缴计征依据。

疑点计征依据大于预警参考值(如 10 万元)。

(二)风险提示

1. 税务提示信息

【纳税人名称】(纳税人识别号),该单位在【年度】年在住建部门房产交易备案合同金额为【备案合同金额】元,本年度土地增值税预缴的计税依据【本年度土地增值税预缴的计征依据】元,差额为【疑点计征依据】元,可能存在少缴纳土地增值税(预缴)风险,请核实其是否足额申报。

2. 纳税人提示信息

【纳税人名称】(纳税人识别号),您单位在【年度】年在住建部门房产交易备案合同金额为【备案合同金额】元,本年度土地增值税预缴的计征依据【本年度土

地增值税预缴的计征依据】元,差额为【疑点计征依据】元,可能存在少缴纳土地增值税(预缴)风险,请核查。

(三) 风险应对

1. 案头审核

金税三期一户式查询纳税人已经缴纳的土地增值税(预缴)当期入库数。

根据纳税人应缴纳与已缴纳的土地增值税是否有差额,确定需要纳税人提供的相关资料并转入询问约谈环节。

2. 送资料

(1) 获取项目规划、立项、报建批复等资料。

(2) 获取主营业务收入及预收账款的明细。

(3) 纳税人签订的售房合同统计表。

3. 核查内容

(1) 核查企业基础登记信息和认定信息的准确性。

(2) 纳税人各个项目是否存在属暂不实行预征范围。

(3) 纳税人签订售房合同后是否及时计入主营业务收入或者取得预付款后是否及时计入预收账款。

(4) 核查企业每笔主营业务收入及预收账款是否属于当期应预缴土地增值税范围。

(5) 区别预收房款所属期,检查预征率适用是否正确。

(6) 存在少缴纳税款情形的,通知纳税人补缴并按规定加收滞纳金。

四、转让土地未缴土地增值税风险识别与应对

(一) 风险识别

第三方土地使用权转让信息中有土地使用权转让记录而当期在金税三期系统中"财产和行为税税源明细表"没有申报记录的纳税人为存在疑点的纳税人。

选取同一期在互联网等第三方土地使用权转让信息中的企业名称与金税三期中"财产和行为税税源明细表"的申报记录相比较,没有申报记录的则存在土地使用权转让未缴土地增值税风险。

(二) 风险提示

1. 税务人员提示信息

【纳税人名称】(纳税人识别号),该单位在【年度】年在互联网等第三方土地

使用权转让信息中有土地使用权转让记录,本年度在金税三期系统中"财产和行为税税源明细表"没有申报记录,可能存在少缴纳土地增值税风险,核实其是否足额申报。

2. 纳税人提示信息

【纳税人名称】(纳税人识别号),您单位在【年度】年在互联网土地使用权转让信息中有土地使用权转让记录,本年度在金税三期系统中《土地增值税纳税申报表(三)(非从事房地产开发的纳税人适用)》没有申报记录,可能存在少缴纳土地增值税风险,请核查。

(三)风险应对

1. 案头审核

通过金税三期系统获取目标年度利润表,核实当期是否存在营业外收入、资产处置收益等。

金税三期一户式查询是否缴纳过土地增值税。

审核第三方的土地使用权转让信息。

根据以上资料,确定需要纳税人提供的相关资料并转入询问约谈环节。

2. 询问约谈资料要求(报送资料)

(1)土地使用权转让合同。

(2)当期营业外收入、其他业务收入明细账、资产处置收益。

(3)企业所得税汇缴表中"收入支出明细表"(A101010"一般企业收入明细表"和 A102010"一般企业成本支出明细表")。

3. 风险应对

(1)核查企业基础登记信息和认定信息的准确性。

(2)纳税人是否有转让国有土地使用权行为。

(3)纳税人取得的转让国有土地使用权收入是否已及时入账。

(4)核查企业转让国有土地使用权的收入及取得时的成本,确定企业转让国有土地使用权应缴纳的土地增值税。

(5)核查企业所得税年度申报表附表 A101010"一般企业收入明细表"中非流动资产处置利得、非货币性资产交换利得栏,以及 A102010"一般企业成本支出明细表"非流动资产处置损失、非货币性资产交换损失栏。核实土地使用权转让所得是否在申报表中反映,核实是否缴纳土地增值税,企业所得税是否做纳税调整。

(6)存在少缴纳税款情形的,通知纳税人补缴并按规定加收滞纳金。

第九章　改制重组土地增值税处理

为促进企业改制重组,对整体改制、企业分立、企业合并以及对外投资等房地产转移涉及的土地增值税给予了一定税收支持。本章阐述企业改制重组中的土地增值税政策及相关案例,主要内容如图9-1所示。

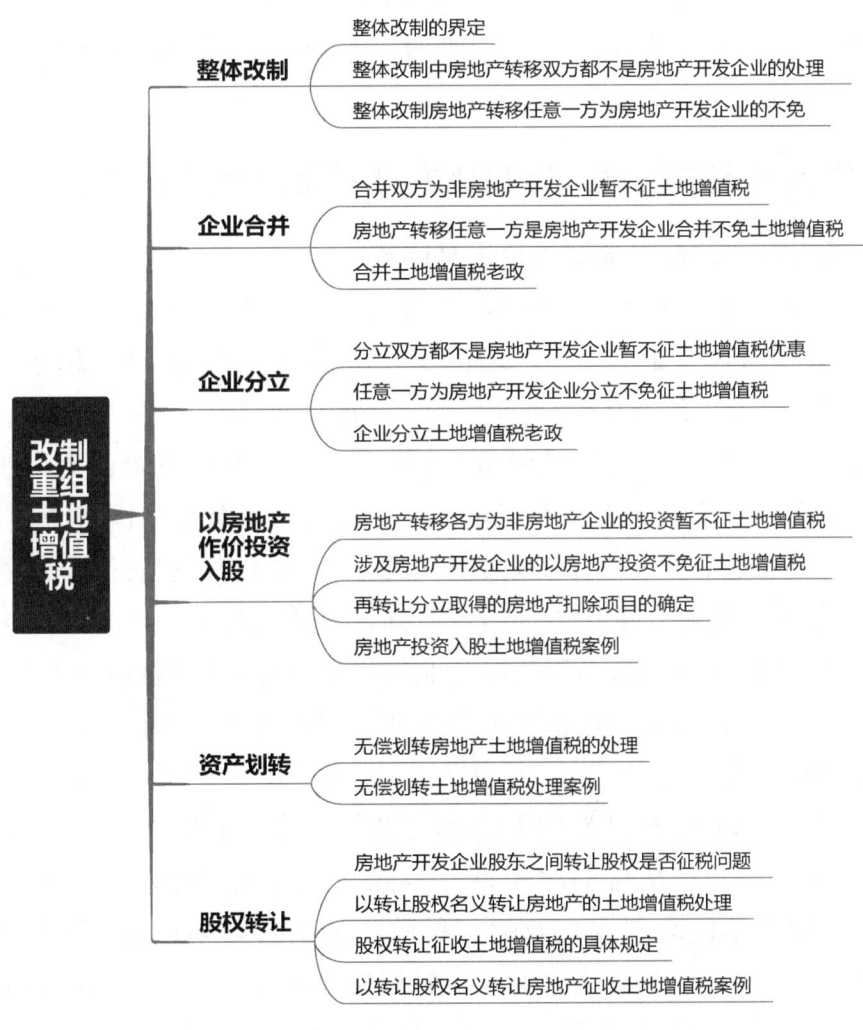

图 9-1　改制重组土地增值税

第一节　整体改制

一、整体改制的界定

在我国公司法等法律中，并没有关于"整体改制"或者"改制"的规范定义。在土地增值税与契税改制重组政策中，使用了"整体改制"与"改制"。

土地增值税中的整体改制，是指不改变原企业的投资主体，并承继原企业权利、义务的行为。包括非公司制企业改制为有限责任公司或股份有限公司，有限责任公司变更为股份有限公司，股份有限公司变更为有限责任公司。

不改变原企业投资主体，是指企业整体改制重组前后出资人不发生变动，出资人的出资比例可以发生变动。

二、整体改制中房地产转移双方都不是房地产开发企业的处理

（一）现行整体改制土地增值税优惠政策

自2021年1月1日起至2023年12月31日止，根据《财政部　税务总局关于继续实施企业改制重组有关土地增值税政策的公告》（财政部　税务总局公告2021年第21号）第一条的规定，企业按照《公司法》有关规定整体改制，包括非公司制企业改制为有限责任公司或股份有限公司，有限责任公司变更为股份有限公司，股份有限公司变更为有限责任公司，对改制前的企业将国有土地使用权、地上的建筑物及其附着物（以下称房地产）转移、变更到改制后的企业，暂不征土地增值税。房地产转移任意一方为房地产开发企业的除外。

这里所称整体改制是指不改变原企业的投资主体，并承继原企业权利、义务的行为。企业改制重组土地增值税政策中所称不改变原企业投资主体，是指企业整体改制重组前后出资人不发生变动，出资人的出资比例可以发生变动。也就是说整体改制后不得增加新的投资者，原投资者也不能减少。

这与整体改制契税优惠的适用条件不同。根据《财政部　税务总局关于继续执行企业、事业单位改制重组有关契税政策的公告》（财政部　税务总局公告2021年第17号）第一条的规定，"原企业投资主体存续并在改制（变更）后的公司中所持股权（股份）比例超过75%，且改制（变更）后公司承继原企业权利、义务的，对改制（变更）后公司承受原企业土地、房屋权属，免征契税"。对比可以发

现,改制重组契税优惠政策对企业整体改制原投资主体持股比例的要求更加宽松——企业在整体改制过程中,可以增加新的投资人,但需注意新投资人所持股权(股份)总比例要小于25%。对此,相关企业须熟悉这些不同的细节要求,千万别"张冠李戴"。

在国有企业公司制改制中,全民所有制企业改制为国有独资公司或国有及国有控股企业全资子公司,改制后的公司承受原企业土地房屋权属,一般可以适用整体改制土地增值税优惠。而全民所有制企业改制为股权多元化企业,在公司制改制过程中引入其他投资者,不再符合整体改制土地增值税优惠条件。民营企业改制上市过程中,引入新的战略投资者后,如不符合"不改变原企业投资主体"的条件要求,不能适用土地增值税暂不征收政策。

(二)原整体改制土地增值税优惠老政

自2018年1月1日起至2020年12月31日止,根据《财政部 税务总局关于继续实施企业改制重组有关土地增值税政策的通知》(财税〔2018〕57号)第一条的规定,按照《公司法》的规定,非公司制企业整体改制为有限责任公司或者股份有限公司,有限责任公司(股份有限公司)整体改制为股份有限公司(有限责任公司),对改制前的企业将国有土地使用权、地上的建筑物及其附着物(以下称房地产)转移、变更到改制后的企业,暂不征土地增值税。这里所称整体改制是指不改变原企业的投资主体,并承继原企业权利、义务的行为。不改变原企业投资主体,是指企业改制重组前后出资人不发生变动,出资人的出资比例可以发生变动。

可见,新老企业整体改制土地增值税政策没有实质性变化。

(三)享受整体改制优惠的手续

根据《财政部 税务总局关于继续实施企业改制重组有关土地增值税政策的公告》(财政部 税务总局公告2021年第21号)第七条的规定,纳税人享受整体改制暂不征收土地增值税优惠税收政策的,应按税务机关规定办理。

自2018年1月1日起至2020年12月31日止,根据财税〔2018〕57号第七条的规定,企业在申请享受改制重组土地增值税优惠政策时,应向主管税务机关提交房地产转移双方营业执照、改制重组协议或等效文件,相关房地产权属和价值证明、转让方改制重组前取得土地使用权所支付地价款的凭据(复印件)等书面材料。

自2019年7月24日起,《国家税务总局关于公布取消一批税务证明事项以及废止和修改部分规章规范性文件的决定》（国家税务总局令第 48 号）取消"企业因改制、资产整合，办理免征土地增值税核准时，需提供投资、联营双方的资质证明"。不再提交，改为纳税人自行留存备查。

根据《国家税务总局关于进一步深化税务领域"放管服"改革　培育和激发市场主体活力若干措施的通知》（税总征科发〔2021〕69 号）第一条第（二）规项"简化税费优惠享受程序"的规定。简化土地增值税免税事项办理，由事前备案改为纳税人自行判别、自主申报享受、相关资料留存备查。

（四）整体改制后再转让房地产扣除项目的确定

自 2021 年 1 月 1 日起至 2023 年 12 月 31 日止，根据《财政部　税务总局关于继续实施企业改制重组有关土地增值税政策的公告》（财政部　税务总局公告 2021 年第 21 号）第六条的规定，整体改制享受暂不征土地增值税优惠后再转让房地产并申报缴纳土地增值税时，对"取得土地使用权所支付的金额"，按照整体改制重组前取得该宗国有土地使用权所支付的地价款和按国家统一规定缴纳的有关费用确定；经批准以国有土地使用权作价出资入股的，为作价入股时县级及以上自然资源部门批准的评估价格。按购房发票确定扣除项目金额的，按照整体改制重组前购房发票所载金额并从购买年度起至本次转让年度止每年加计 5% 计算扣除项目金额，购买年度是指购房发票所载日期的当年。

自 2018 年 1 月 1 日起至 2020 年 12 月 31 日止，根据财税〔2018〕57 号文件第六条的规定，改制重组时享受暂不征收土地增值税优惠的，企业改制重组后再转让国有土地使用权并申报缴纳土地增值税时，应以改制前取得该宗国有土地使用权所支付的地价款和按国家统一规定缴纳的有关费用，作为该企业"取得土地使用权所支付的金额"扣除。企业在改制重组过程中经省级以上（含省级）国土管理部门批准，国家以国有土地使用权作价出资入股的，再转让该宗国有土地使用权并申报缴纳土地增值税时，应以该宗土地作价入股时省级以上（含省级）国土管理部门批准的评估价格，作为该企业"取得土地使用权所支付的金额"扣除。办理纳税申报时，企业应提供该宗土地作价入股时省级以上（含省级）国土管理部门的批准文件和批准的评估价格，不能提供批准文件和批准的评估价格的，不得扣除。

（五）整体改制中的土地增值税优惠政策适用案例

【例 9-1】 2021 年 3 月，龙高股份在招股意向书中披露了其前身进行股份制改制的同时引入战略投资者的情况。

福建省龙岩市人民政府分别于 2017 年 5 月 12 日下发《龙岩高岭土有限公司股份制改造专题会议纪要》(〔2017〕49 号),于 2017 年 8 月 9 日下发《福建省龙岩市人民政府常务会议纪要》(2017 年第 6 次),同意龙高有限进行股份制改造并同意龙高有限引入战略投资者。

2017 年 9 月 11 日,龙岩工贸发展集团有限公司分别与汇金集团、兴杭国投签署了相应的《龙岩高岭土有限公司股权转让协议》,将其所持有的龙高有限 15% 的股权转让予汇金集团,将其所持有的龙高有限 4.95% 的股权转让予兴杭国投。

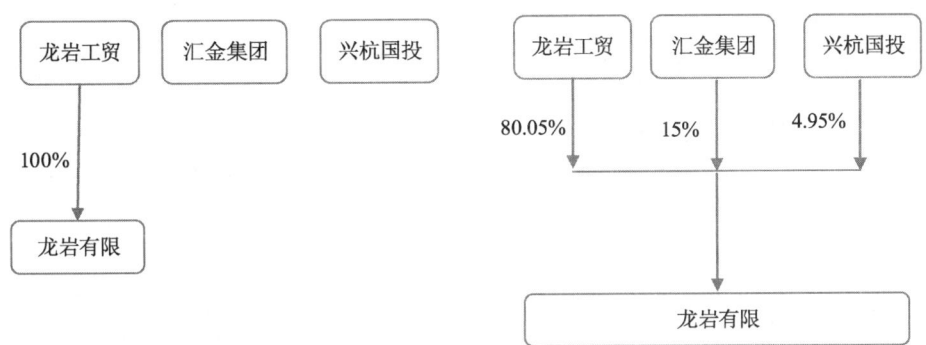

2017 年 9 月 13 日,龙高有限的新老股东龙岩工贸发展集团有限公司、汇金集团、兴杭国投召开股东会会议,审议通过由全体股东签署的《龙岩高岭土有限公司章程》。2017 年 9 月 26 日,龙高有限在福建省龙岩市工商行政管理局办理了变更登记。

2017 年 11 月 17 日,龙高有限召开董事会会议,审议通过了《关于将龙岩高岭土有限公司依法整体变更为龙岩高岭土股份有限公司的议案》。2017 年 12 月 7 日,龙高有限召开股东会会议,审议通过了《关于将龙岩高岭土有限公司依法整体变更为龙岩高岭土股份有限公司的议案》,龙高有限股东会同意以全体股东作为发起人,将龙高有限依法整体改制变更为龙岩高岭土股份有限公司;同意以龙高有限截至 2017 年 9 月 30 日经致同会计师事务所致同审字〔2017〕第 350ZA0332 号《审计报告》审计确认并剔除依照规定不能折股的各类专项储备后的净资产 287 734 626.13 元为基准,折为股份有限公司总股本 9 000 万股(每股面值 1 元),余额 197 734 626.13 元计入股份有限公司的资本公积金,各股东所持有的股权比例不变。同日,龙高有限召开职工代表大会,审议通过《关于公司整体改制设立为龙岩高岭土股份有限公司的方案》和《关于公司整体改制涉及的职工安置方案》。

2017年12月18日,龙岩市国资委出具《关于龙岩高岭土有限公司股份制改制折股方案等有关事项的批复》(龙国资〔2017〕328号),同意龙高有限进行股份制改制,将有限责任公司整体改制为股份有限公司,并批准龙高有限的改制折股方案。

2017年12月21日,公司全体发起人共同签署了《关于发起设立龙岩高岭土股份有限公司的发起人协议书》。

2017年12月25日,发行人召开创立大会暨第一次股东大会,作出了关于同意设立龙岩高岭土股份有限公司的决议。

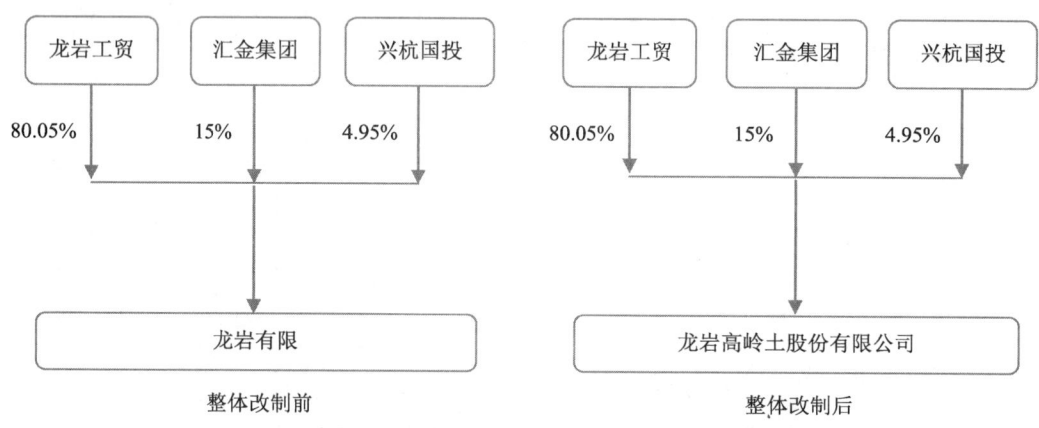

整体改制前　　　　　　　　　　整体改制后

要求:分析说明上述整体改制中的土地增值税处理。

【解析】 上述案例中,是原股东先以股权转让的形式引入战略投资者,公司再进行整体改制,这是大多数企业在股份制改制的过程中引入战略投资者的操作方式。那么能否适用整体改制暂不征土地增值税政策呢?

《财政部 税务总局关于继续实施企业改制重组有关土地增值税政策的公告》(财政部 税务总局公告2021年第21号)关于整体改制的原文是"企业按照《中华人民共和国公司法》有关规定整体改制,包括非公司制企业改制为有限责任公司或股份有限公司,有限责任公司变更为股份有限公司,股份有限公司变更为有限责任公司,对改制前的企业将国有土地使用权、地上的建筑物及其附着物(以下称房地产)转移、变更到改制后的企业,暂不征土地增值税。本公告所称整体改制是指不改变原企业的投资主体,并承继原企业权利、义务的行为""本公告所称不改变原企业投资主体、投资主体相同,是指企业改制重组前后出资人不发生变动,出资人的出资比例可以发生变动"。

而改制重组契税政策《财政部 税务总局关于继续执行企业、事业单位改制重组有关契税政策的公告》(财政部 税务总局公告2021年第17号)关于整体改制则表述为"原企业投资主体存续并在改制（变更）后的公司中所持股权（股份）比例超过75％，且改制（变更）后公司承继原企业权利、义务的，对改制（变更）后公司承受原企业土地、房屋权属，免征契税""本公告所称投资主体存续，是指原改制重组企业、事业单位的出资人必须存在于改制重组后的企业，出资人的出资比例可以发生变动"。

实践中，也有个别企业在整体改制的同时引入战略投资者，笔者认为，这种情况是不符合享受整体改制重组的暂不征土地增值税优惠政策规定的，但可以享受契税的免征政策。

三、整体改制中房地产转移任意一方为房地产开发企业的不免征土地增值税

根据《财政部　税务总局关于继续实施企业改制重组有关土地增值税政策的公告》（财政部　税务总局公告2021年第21号）第五条的规定，整体改制重组有关暂不征土地增值税优惠政策不适用于房地产转移任意一方为房地产开发企业的情形。

在2018年1月1日至2020年12月31日止，根据财税〔2018〕57号文件第五条的规定，上述改制重组有关土地增值税政策不适用于房地产转移任意一方为房地产开发企业的情形。也就是说不论是国有房地产企业，还是非国有房地产企业整体改制，都不适用上述改制重组的土地增值税优惠政策。

改制重组有关暂不征土地增值税政策不适用于房地产转移任意一方为房地产开发企业的情形。那么什么是房地产开发企业？具有房地产开发经营资质，还是实际有房地产开发业务？还是企业名称中包含"房地产开发"？原来是房地产开发企业，在重组前变更企业名称去掉"房地产开发"可以吗？重组时不是房地产开发企业，重组后变更为房地产开发企业可以吗？等等，都有待财税主管部门进一步明确。

【例9-2】　甲市A宾馆，投资方为甲市市委办公室，账面房产与土地价值为139.8万元。2016年改制评估净资产5.31亿元，按相关规定行政部门不能继续持有经营性产业，甲市市委办公室先将该产业移交给国资办，国资办将评估后的A宾馆改建为甲宾馆有限责任公司，将股权全部授权给下属国有企业甲市文商旅集团有限责任公司。

工商部门办理变更过程中一步到位，直接由投资方为市委办的甲市A宾馆

变更为投资方为甲市文商旅集团有限责任公司的 A 宾馆有限责任公司。

要求：分析说明该重组是否可以享受土地增值税优惠。

【案例】

由于工商部门办理变更过程中一步到位，直接由投资方为市委办的甲市 A 宾馆变更为投资方为甲市文商旅集团有限责任公司的 A 宾馆有限责任公司，不符合不改变原企业的投资主体并承继原企业权利、义务的整体改制条件。而该企业主要资产为房产和土地，经测算需缴纳土地增值税近亿元。

第二节　企业合并

企业合并中被合并企业的房地产转移到合并企业，会涉及土地增值税的税务处理问题，纳税人为被合并企业。

一、合并双方为非房地产开发企业暂不征土地增值税

（一）合并土地增值税优惠政策

根据《财政部　税务总局关于继续实施企业改制重组有关土地增值税政策的公告》（财政部　税务总局公告 2021 年第 21 号）第二条的规定，按照法律规定或者合同约定，两个或两个以上企业合并为一个企业，且原企业投资主体存续的，对原企业将房地产转移、变更到合并后的企业，暂不征土地增值税。

投资主体存续，是指原企业出资人必须存在于合并后的企业，出资人的出资比例可以发生变动。

企业合并中的土地增值税处理，需要注意如下问题：

一是，适用主体问题。企业合并暂不征收土地增值税的适用主体并无限制，只要是土地增值税的企业纳税人都可以适用，这与合并的契税处理规定略有不同。

二是，优惠适用范围问题。合并中暂不征收土地增值税政策，不适用于房地产转移任意一方为房地产开发企业的情形，也就是不论是合并企业还是被合并企业，只要有一方从事房地产开发的，合并中的被合并企业对合并中的房地产转移就要按规定缴纳土地增值税。

三是，实质为递延纳税。合并后合并企业再转让国有土地使用权并申报缴纳土地增值税时，应以改制前取得该宗国有土地使用权所支付的地价款和按国

家统一规定缴纳的有关费用,作为该企业"取得土地使用权所支付的金额"扣除。按购房发票确定扣除项目金额的,按照改制重组前购房发票所载金额并从购买年度起至本次转让年度止每年加计5%计算扣除项目金额,购买年度是指购房发票所载日期的当年。这就是说在下一次转让房地产计算土地增值税时,相当于把合并时未征收的土地增值税征回来,只是纳税义务人发生改变和纳税义务发生时间推迟了。

四是,不符合优惠规定的处理问题。对不符合暂不征收土地增值税规定情形的,被合并企业应按规定缴纳土地增值税。此时,房地产转让收入的确定是个难点,如被合并资产有资产评估价值,可按照评估价格作为房地产转让收入;如同一控制下的企业合并等没有评估价格,可按照《国家税务总局关于房地产开发企业土地增值税清算管理有关问题的通知》(国税发〔2006〕187号)第三条的规定处理,即房地产开发企业将开发产品用于职工福利、奖励、对外投资、分配给股东或投资人、抵偿债务、换取其他单位和个人的非货币性资产等,发生所有权转移时应视同销售房地产,其收入按下列方法和顺序确认:

(1)按本企业在同一地区、同一年度销售的同类房地产的平均价格确定。

(2)由主管税务机关参照当地当年、同类房地产的市场价格或评估价值确定。

(二) 投资主体存续的界定

根据《财政部　税务总局关于继续实施企业改制重组有关土地增值税政策的公告》(财政部　税务总局公告2021年第21号)、财税〔2018〕57号文件和财税〔2015〕5号文件的规定,在企业合并重组中,投资主体存续,是指原企业出资人必须存在于改制重组后的企业,出资人的出资比例可以发生变动。可理解为:哪怕仅仅只有1股亦是如此,并不要求原投资主体之间的股权比例保持不变。如,甲公司(公允价值2 000万元)和乙公司(公允价值1 200万元)都从事饮料制造和销售业务,A公司和B公司各自持有甲公司80%和20%的股权,C公司和D公司各自持有乙公司60%和40%的股权。为了整合业务运营以及提升市场竞争力,A和B公司决定拟由甲公司吸收合并乙公司。如果在合并中,乙公司的股东D公司希望获得一部分现金80万元,对应的股权比例A和B按照股权比例持有。则合并后甲公司的股权结构是:

A和B合计持有的股权比例=(2 000+80)÷3 200=65%,其中,A公司持有股权比例:(2 000×80%+80×80%)÷3 200=52%,D公司持有股权比例为

13％,同时 A 公司和 B 公司分别支付 64 万元和 16 万元的现金。

C 和 D 合计持有的股权比例＝（1 200－80）÷3 200＝35％,其中,C 公司持有股权比例＝22.5％,D 公司持有股权比例＝12.5％,同时 D 公司还获得 80 万元的现金。

此时,我们会发现,原被合并企业乙公司的投资主体 C 公司和 D 公司继续在合并后企业甲公司存续,但其股权比例发生了改变,因为 D 公司获取了部分现金对价,因此,其持有的甲公司股权相应地减少。

而企业改制契税优惠政策为:原企业投资主体存续并在改制（变更）后的公司中所持股权（股份）比例超过 75％,且改制（变更）后公司承继原企业权利、义务的,对改制（变更）后公司承受原企业土地、房屋权属,免征契税。事业单位改制,原投资主体存续并在改制后企业中出资（股权、股份）比例超过 50％的,对改制后企业承受原事业单位土地、房屋权属,免征契税。

【例 9-3】 2019 年 5 月,甲市栢林金属制品有限公司（以下简称栢林金属）与乙市鑫源不锈钢制品有限公司（以下简称鑫源不锈钢）签订合并协议,栢林金属吸收合并甲市鑫源不锈钢,合并后,栢林金属依法存续,鑫源不锈钢予以注销,鑫源不锈钢制品有限公司所有资产和负债并入栢林金属。栢林金属注册资本为 800 万元,其中张某出资 160 万元,占比 20％,葛某出资 640 万元,占比 80％。鑫源不锈钢注册资本 100 万元,其中张某出资 20 万元,占比 20％,葛某出资 80 万元,占比 80％。合并后甲市栢林金属制品有限公司注册资本变更为 900 万元,张某占比 20％,葛某占比 80％。

2019 年 6 月,栢林金属申请将原鑫源不锈钢制品名下 8 786 平方米国有土地及地上建筑物变更到合并后存续公司名下。鑫源不锈钢土地及房产评估价格 6 849 400 元,2005 年取得土地时支付土地价款 273 676.4 元,缴纳土地契税 10 947.06 元,按房产重置成本价与成新度折扣率计算旧房评估价为 4 505 040 元,合并重组过程中缴纳了印花税 3 424.7 元。

要求:分析说明上述企业合并过程中的涉税处理。

【解析】

按照法律规定或者合同约定,两个或两个以上企业合并为一个企业,且原企业投资主体存续的,对原企业将国有土地、房屋权属转移、变更到合并后的企业,房地产转移双方都不是房地产开发企业的,暂不征土地增值税。

二、房地产转移任意一方是房地产开发企业合并不免征土地增值税

根据《财政部　税务总局关于继续实施企业改制重组有关土地增值税政策的公告》(财政部　税务总局公告 2021 年第 21 号)第五条的规定,企业合并改制重组有关暂不征土地增值税优惠政策不适用于房地产转移任意一方为房地产开发企业的情形。

因而,房地产企业合并其他企业的,或房地产开发企业被吸收合并的,被合并企业将房地产转移到合并企业的,需要按照规定征收土地增值税。

三、合并土地增值税老政

(一)企业合并的土地增值税老政

根据《财政部　税务总局关于继续实施企业改制重组有关土地增值税政策的通知》(财税〔2018〕57 号,执行期限为 2018 年 1 月 1 日至 2020 年 12 月 31 日止)第二条的规定,按照法律规定或者合同约定,两个或两个以上企业合并为一个企业,且原企业投资主体存续的,对原企业将房地产转移、变更到合并后的企业,暂不征土地增值税。投资主体存续,是指原企业出资人必须存在于改制重组后的企业,出资人的出资比例可以发生变动。

根据财税〔2018〕57 号文件第五条的规定,上述改制重组有关土地增值税政策不适用于房地产转移任意一方为房地产开发企业的情形。

(二)企业兼并暂不征收土地增值税老政

在 2015 年以前,根据《财政部　国家税务总局关于土地增值税一些具体问题规定的通知》(财税字〔1995〕48 号)第三条"关于企业兼并转让房地产的征免税问题"(自 2015 年 1 月 1 日起被财税〔2015〕5 号文废止)的规定,在企业兼并中,对被兼并企业将房地产转让到兼并企业中的,暂免征收土地增值税。

财税字〔1995〕48 号文件规定对兼并中的房地产权属转移给予了暂免征收土地增值税的税收优惠待遇。但何为"兼并"呢?根据《公司法》的规定,公司合并分为吸收合并和新设合并。兼并的概念是单指吸收合并还是包含了吸收合并和新设合并两种类型呢?由于财政部、国家税务总局文件缺乏明确表述,这也成为实务中争议的问题之一。

（三）合并后再转让房地产扣除项目的确定

根据财税〔2018〕57号文件第六条的规定，企业改制重组后再转让国有土地使用权并申报缴纳土地增值税时，应以改制前取得该宗国有土地使用权所支付的地价款和按国家统一规定缴纳的有关费用，作为该企业"取得土地使用权所支付的金额"扣除。企业在改制重组过程中经省级以上（含省级）国土管理部门批准，国家以国有土地使用权作价出资入股的，再转让该宗国有土地使用权并申报缴纳土地增值税时，应以该宗土地作价入股时省级以上（含省级）国土管理部门批准的评估价格，作为该企业"取得土地使用权所支付的金额"扣除。办理纳税申报时，企业应提供该宗土地作价入股时省级以上（含省级）国土管理部门的批准文件和批准的评估价格，不能提供批准文件和批准的评估价格的，不得扣除。

第三节　企业分立

一、分立双方都不是房地产开发企业暂不征土地增值税优惠

（一）分立不征土地增值税优惠政策

根据《财政部　税务总局关于继续实施企业改制重组有关土地增值税政策的公告》（财政部　税务总局公告2021年第21号）第三条的规定，按照法律规定或者合同约定，企业分设为两个或两个以上与原企业投资主体相同的企业，对原企业将房地产转移、变更到分立后的企业，暂不征土地增值税。

这里所称投资主体相同，是指企业分立改制重组前后出资人不发生变动，出资人的出资比例可以发生变动。

分立中涉及的房地产转让暂不征收土地增值税政策应注意的问题有：

（1）适用的主体并无特殊限制。只要是土地增值税纳税人即可，而分立的契税优惠政策只适用于公司制企业。

（2）"与原企业投资主体相同"的分立才可以适用暂不征收土地增值税优惠。"与原企业投资主体相同"是指企业分立前后出资人不发生变动，出资人的出资比例可以发生变动。即被分立企业的出资人，必须在分立后的分立企业持有股份，出资人数不能变化，但出资人的出资比例可以发生变化。

（3）分立土地增值税优惠不适于房地产开发企业。分立企业和被分立企业只要其中有一方从事房地产开发的，就不适用。

（二）分立是否征收土地增值税的争议

《土地增值税暂行条例》第二条规定："转让国有土地使用权、地上的建筑物及其附着物（以下简称转让房地产）并取得收入的单位和个人，为土地增值税的纳税义务人（以下简称纳税人），应依照本条例缴纳土地增值税。"根据上述规定，征收土地增值税的前提条件是"转让房地产"并"取得收入"。企业分立导致的房地产权属转移是否属于"转让房地产"且"取得收入"呢？分立是《公司法》上的组织变更行为，不同于一般的房地产交易。分立行为除涉及转移营业部门财产的物权与债权行为外，还可能涉及组织设立行为。此外分立的实行，还会发生财产承受与股东地位取得的效果，带有浓厚的组织法色彩。因而，各地对分立是否属于土地增值税的征税范围执行口径出现较大的差异。例如青岛地税局在《青岛市地方税务局关于印发〈房地产开发项目土地增值税清算有关业务问题问答〉的通知》（青地税函〔2009〕47号）中规定："房地产开发企业依照法律规定、合同约定分设为两个或两个以上的企业，对派生方、新设方承受原企业房地产的，不征收土地增值税。"海南地税局在《海南省地方税务局关于海南华润石梅湾旅游开发有限公司存续分立财产土地分割过户是否征收营业税和土地增值税问题的批复》（琼地税函〔2010〕265号）中规定："根据《中华人民共和国土地增值税暂行条例实施细则》第二条规定，海南华润石梅湾旅游开发有限公司存续分立分割土地的行为，不属于'有偿转让房地产'范围，因此，不征收土地增值税。"以上两个地方明确分立不征土地增值税。而《新疆维吾尔自治区地方税务局关于土地增值税若干政策问题的公告》（新疆地税局公告2014年第1号）则规定："在公司分立中，公司依照法律规定、合同约定分立为两个或两个以上与原公司投资主体相同的公司，对派生方和新设方承受原公司房地产的，不征收土地增值税。投资主体相同是指分立后各公司投资人名称和出资比例均不发生改变。凡改变上述两项内容的，均属于投资主体发生改变。……对于分立或合并后的公司为房地产开发企业（或从事房地产开发）的不适用上述规定。"根据上述文件，新疆地税将分立不征土地增值税限定为投资主体相同且分立后的企业为非房地产开发企业。

二、任意一方为房地产开发企业分立不免征土地增值税

根据《财政部　税务总局关于继续实施企业改制重组有关土地增值税政策的公告》（财政部　税务总局公告2021年第21号）第五条的规定，企业分立改制

重组有关暂不征土地增值税优惠政策不适用于房地产转移任意一方为房地产开发企业的情形。

三、企业分立土地增值税老政

（一）企业分立的土地增值税处理

自 2018 年 1 月 1 日至 2020 年 12 月 31 日止，根据《财政部　税务总局关于继续实施企业改制重组有关土地增值税政策的通知》（财税〔2018〕57 号）第三条的规定，按照法律规定或者合同约定，企业分设为两个或两个以上与原企业投资主体相同的企业，对原企业将房地产转移、变更到分立后的企业，暂不征土地增值税。投资主体相同，是指企业改制重组前后出资人不发生变动，出资人的出资比例可以发生变动。

上述改制重组有关土地增值税政策不适用于房地产转移任意一方为房地产开发企业的情形。

（二）再转让分立取得土地使用权的处理

自 2018 年 1 月 1 日至 2020 年 12 月 31 日止，根据财税〔2018〕57 号文件第六条的规定，企业改制重组后再转让国有土地使用权并申报缴纳土地增值税时，应以改制前取得该宗国有土地使用权所支付的地价款和按国家统一规定交纳的有关费用，作为该企业"取得土地使用权所支付的金额"扣除。企业在改制重组过程中经省级以上（含省级）国土管理部门批准，国家以国有土地使用权作价出资入股的，再转让该宗国有土地使用权并申报缴纳土地增值税时，应以该宗土地作价入股时省级以上（含省级）国土管理部门批准的评估价格，作为该企业"取得土地使用权所支付的金额"扣除。办理纳税申报时，企业应提供该宗土地作价入股时省级以上（含省级）国土管理部门的批准文件和批准的评估价格，不能提供批准文件和批准的评估价格的，不得扣除。

第四节　以房地产作价投资入股

一、房地产转移各方为非房地产企业的投资暂不征土地增值税

根据《财政部　税务总局关于继续实施企业改制重组有关土地增值税政策的公告》（财政部　税务总局公告 2021 年第 21 号）第四条的规定，单位、个人在

改制重组时以房地产作价入股进行投资,对其将房地产转移、变更到被投资的企业,暂不征土地增值税。

二、涉及房地产开发企业的以房地产投资不免征土地增值税

根据《财政部　税务总局关于继续实施企业改制重组有关土地增值税政策的公告》(财政部　税务总局公告 2021 年第 21 号)第五条的规定,单位、个人在改制重组时以房地产作价入股进行投资,对其将房地产转移、变更到被投资的企业,暂不征土地增值税优惠政策不适用于房地产转移任意一方为房地产开发企业的情形。

三、再转让分立取得的房地产扣除项目的确定

企业分立后分立企业再转让分立中取得的房地产并申报缴纳土地增值税时,对"取得土地使用权所支付的金额",按照分立前被分立企业取得该宗国有土地使用权所支付的地价款和按国家统一规定缴纳的有关费用确定;经批准以国有土地使用权作价出资入股的,为作价入股时县级及以上自然资源部门批准的评估价格。按购房发票确定扣除项目金额的,按照分立前购房发票所载金额并从购买年度起至本次转让年度止每年加计 5% 计算扣除项目金额,购买年度是指购房发票所载日期的当年。

四、房地产投资入股土地增值税案例

【例 9-4】 2019 年 12 月,太化股份关于上海证券交易所《关于对太原化工股份有限公司重大资产重组暨关联交易报告书(草案)信息披露的问询函》的回复公告披露了其投资入股的土地增值税政策适用问题。

受太原市西山地区综合整治的影响,上市公司于 2011 年 7 月至 2013 年 12 月陆续关停合成氨、氯碱等业务。为优化资产结构,促进转型发展,上市公司拟分两步处置关停业务相关资产:一是上市公司以合成氨、氯碱等关停业务相关资产对关联方企业焦化投资进行增资并取得焦化投资少数股权,即本次交易;二是本次交易完成后,上市公司将择机出售焦化投资少数股权给太化集团。

本次交易安排主要系为交易完成后配合焦化投资承接关停业务相关资产后处置工作的开展以及相关人员的安置工作设置,通过本次交易,相关资产及人员将由焦化投资承接,太化股份将配合做好关停资产处置以及人员安置工作,有利

于顺利完成关停资产的处置工作。同时,本次交易也有利于降低上市公司相关交易税费。根据《财政部 税务总局关于继续实施企业改制重组有关土地增值税政策的通知》(财税〔2018〕57号)第四条和《财政部 税务总局关于继续实施企业改制重组有关土地增值税政策的公告》(财政部 税务总局公告2021年第21号)第四条的规定,单位、个人在改制重组时以房地产作价入股进行投资,对其将房地产转移、变更到被投资的企业,暂不征土地增值税,本次交易可适用上述政策规定,从而有利于减少上市公司相关交易税费。

基于上述交易背景及《增资协议》《增资协议之补充协议》的相关条款,焦化投资作为本次交易的债权债务承接平台和员工安置平台,未来主要负责处理与关停业务资产相关的全部债权、债务及妥善安置与关停业务资产相关的人员。

重组土地增值税最受争议的莫过于《财政部 税务总局关于继续实施企业改制重组有关土地增值税政策的公告》(财政部 税务总局公告2021年第21号)第四条,"单位、个人在改制重组时以房地产作价入股进行投资,对其将房地产转移、变更到被投资的企业,暂不征土地增值税"。有些人理解,投资入股适用暂不征土地增值税政策时,需要置于改制重组的大背景下;也有人认为,从历史政策延续看,单纯的房地产投资入股也应当适用暂不征土地增值税政策。

各地政策执行口径也不一致。如某省规定,"总局未作出进一步明确解读前,经研究,对该条的政策适用,仅限于整体改制、合并、分立的原企业出资人以房地产作价入股进行投资,且须满足原企业在整体改制、合并、分立的特定状态时才符合暂不征条件"。

第五节 资 产 划 转

一、无偿划转房地产土地增值税的处理

现行土地增值税的改制重组政策规定是《财政部 税务总局关于继续实施企业改制重组有关土地增值税政策的公告》(财政部 税务总局公告2021年第21号),但其中并不包含"划转"这一类型。因此,对划转行为需要依据其他法规来确定是否需要缴纳土地增值税。

历次的重组文件对符合条件的企业整体改制、合并、分设、投资入股等行为可以暂不征收土地增值税,但并未包含划转形式。因此,除另有规定外,无偿划

转的资产中如果包含土地使用权、地上建筑物及其附着物的,虽然不是有偿转让,但仍需要计算缴纳土地增值税。无偿划转的资产在计算缴纳土地增值税时,应按公允价值计算确定视同销售收入。对于《国家税务总局关于资产(股权)划转企业所得税征管问题的公告》(国家税务总局公告2015年第40号)中的第一种划转方式,即"母公司向全资子公司进行划转,获得子公司100%的股权支付",这种划转方式实际是母公司对子公司的非货币性资产投资行为。根据《财政部税务总局关于继续实施企业改制重组有关土地增值税政策的公告》(财政部 税务总局公告2021年第21号)第四条,"单位、个人在改制重组时以房地产作价入股进行投资,对其将房地产转移、变更到被投资的企业,暂不征土地增值税",如满足此种情形,该种形式的划转可以适用暂不征土地增值税政策。

(一)重庆市的执行口径

根据《重庆市地方税务局关于土地增值税若干政策执行问题的公告》(重庆市地方税务局公告2014年第9号)第七条"关于无偿划转房地产有关规定"的规定,纳税人转让房地产并取得收入,构成纳税义务。鉴于同一投资主体内部所属企业之间无偿划转(调拨)房地产,以及经县级以上人民政府或国有资产管理部门批准,按照国有产权无偿划转管理的相关规定,国有企业、事业单位、国家机关等之间无偿划转房地产,转让方未取得收入,因此不征收土地增值税。同一投资主体内部企业之间的有偿转让、投资(增资)等不属于无偿划转范畴。

(二)广州市的执行口径

根据《广州市地方税务局关于明确土地增值税征管工作有关问题的通知》(穗地税函〔2015〕146号)第三条"关于企业改制重组有关土地增值税政策问题"第五项的规定,经县级以上人民政府或国有资产管理部门批准,国家机关、事业单位、国有企业、国有独资公司之间的国有土地、房屋权属划转,不属于土地增值税暂行条例及其实施细则规定的征税范围,不征收土地增值税。

(三)江苏省的执行口径

纳税人资产划转过程中,涉及房产、土地权属转移的,土地增值税应如何处理?江苏明确"关于划转如何征收土地增值税"执行口径为:

(1)国家行政机关之间无偿划转房地产不征收土地增值税。

(2)县级以上人民政府或国有资产管理部门在政府部门(或事业单位)与国有企业之间、国有企业之间,按账面净值划转,视为正当理由,不以评估价作为转让收入。

（3）同一集团公司内部所属企业（100％控股）之间、集团公司与所属企业（100％控股）之间，按账面净值划转，视为正当理由，不以评估价作为转让收入。

（4）其他情形，按规定征税。

但对于"两类架构、四种方式"中的第一种方式，即母公司向全资子公司进行划转，获得子公司100％的股权支付，这种划转方式实际是母公司对子公司的非货币性资产投资行为。根据《财政部　税务总局关于继续实施企业改制重组有关土地增值税政策的公告》（财政部　税务总局公告2021年第21号）第四条的规定，"单位、个人在改制重组时以房地产作价入股进行投资，对其将房地产转移、变更到被投资的企业，暂不征土地增值税"，如满足此种规定条件，该种形式的划转可以适用暂不征土地增值税政策。房地产转移任意一方为房地产开发企业的除外。

此外，大连市地方税务局曾在其官方网站的问答中指出，自然人向其开办的一人有限公司（房地产公司）无偿划拨土地使用权属于非免税的"赠与"行为，应视同销售，征收土地增值税。

二、无偿划转房地产土地增值税处理案例

【案例】　2020年8月，海昌新材在相关资料中披露，发行人全资子公司美特粉末在注销前将土地和厂房无偿划转给发行人，其认为，鉴于本次国有土地使用权转让系按照土地账面价值确定，无增值额，且美特粉末没有取得收入，按照相关税收法律、法规规定，本次转让无须缴纳土地增值税。

2020年11月，致远新能在招股说明书中也披露过：发行人通过无偿方式取得长春汇锋的土地及地上建筑物，相关土地及房屋主管部门均已出具合规证明；本次长春汇锋向发行人无偿划转土地及地上建筑物不涉及土地出让金，经税务主管部门确认，本次交易免征契税、增值税及土地增值税。因此，长春汇锋向发行人无偿划转国有土地使用权和地上建筑物符合土地、房产管理方面的法律法规的规定，发行人就本次无偿划转土地及地上建筑物事项不存在税务风险。

第六节　股　权　转　让

一般情况下，股权转让（收购）不是土地增值税的征税范围。但对一些以转让股权形式，实质转让房地产的，可能被要求缴纳土地增值税。

一、房地产开发企业股东之间转让股权是否征税问题

房地产企业股东之间转让股权,股权转让涉及房地产(包括土地使用权),同时房地产所有权属于房地产企业。该项股权变更是否需要缴纳土地增值税?

根据《土地增值税暂行条例》第二条的规定,转让国有土地使用权、地上的建筑物及其附着物并取得收入的单位和个人,为土地增值税的纳税义务人,应当依照该条例缴纳土地增值税。

因此,房地产企业股东之间涉及房地产的股权转让,不属于上述《土地增值税暂行条例》规定的征税情形,不需要缴纳土地增值税。

二、以转让股权名义转让房地产的土地增值税处理

由于企业转让房地产需要缴纳土地增值税、印花税、增值税及附加,受让方需要缴纳契税、印花税,而股东转让持有的公司股权只需要缴纳所得税和印花税。因此,有些企业将转让资产行为改变交易模式,变成企业股东转让持有公司的100%股权。如果企业以转让股权方式转让房地产,是否要对该股权转让行为征收土地增值税呢? 国家税务总局曾在《国家税务总局关于以转让股权名义转让房地产行为征收土地增值税问题的批复》(国税函〔2000〕687号)中对深圳市能源集团有限公司和深圳能源投资股份有限公司一次性共同转让深圳能源(钦州)实业有限公司100%的股权一案给广西省地税局批复:"鉴于深圳市能源集团有限公司和深圳能源投资股份有限公司一次性共同转让深圳能源(钦州)实业有限公司100%的股权,且这些以股权形式表现的资产主要是土地使用权、地上建筑物及附着物,经研究,对此应按土地增值税的规定征税。"

根据《国家税务总局关于天津泰达恒生转让土地使用权土地增值税征缴问题的批复》(国税函〔2011〕415号)的规定,经研究,同意天津市地方税务局关于"北京国泰恒生投资有限公司利用股权转让方式让渡土地使用权,实质是房地产交易行为"的认定,应依照《土地增值税暂行条例》的规定,征收土地增值税。

《国家税务总局关于土地增值税相关政策问题的批复》(国税函〔2009〕387号)明确,鉴于广西玉柴营销有限公司在2007年10月30日将房地产作价入股后,于2007年12月6日、18日办理了房地产过户手续,同月25日即将股权进行了转让,且股权转让金额等同于房地产的评估值。因此,税务总局认为这一行

为实质上是房地产交易行为,应按规定征收土地增值税。

但这些批复文件仅是针对个案且仅批复至相关税务局。基层税务局是否有反避税的权力对股权转让行为刺破公司面纱征收土地增值税?启动反避税要满足什么样的条件,反避税应遵循何种程序,企业有何救济渠道?实务中也有对此情形征税的案例,但由于缺乏明确的规定,导致实务中税企常常因这些问题发生争议。

三、股权转让征收土地增值税的具体规定

《安徽省地方税务局关于对股权转让如何征收土地增值税问题的批复》(皖地税政三字〔1996〕367号)明确:对投资联营一方由于经营状况等原因而中止联营关系,正常撤资的,其股权转让行为,暂不征收土地增值税;对以转让房地产为盈利目的的股权转让,应按规定征收土地增值税。

四、以转让股权名义转让房地产征收土地增值税案例

苏州翡翠国际社区置业有限公司与国家税务总局苏州工业园区税务局、苏州工业园区管理委员会再审行政裁定书

江苏省高级人民法院行政裁定书(2018)苏行申626号

再审申请人(一审原告、二审上诉人)苏州翡翠国际社区置业有限公司,住所地苏州工业园区娄葑分区民营工业园。

法定代表人吴嘉毓,该公司董事长。

委托代理人孙佳劼、唐德生,上海市锦天城律师事务所律师。

被申请人(一审被告、二审被上诉人)国家税务总局苏州工业园区税务局,住所地苏州工业园区万盛街8号圆融大厦。

法定代表人马伟,该局局长。

委托代理人刘天宇,该局工作人员。

委托代理人朱浩,江苏智择律师事务所律师。

被申请人(一审被告、二审被上诉人)苏州工业园区管理委员会,住所地苏州工业园区现代大道999号现代大厦。

法定代表人丁立新,该委员会主任。

委托代理人陆启,该委员会工作人员。

委托代理人刘宏伟,江苏良翰律师事务所律师。

苏州翡翠国际社区置业有限公司(以下简称翡翠公司)因诉原江苏省苏州工业园区地方税务局(以下简称原园区地税局)、苏州工业园区管理委员会(以下简称园区管委会)税务行政处理及行政复议一案,不服江苏省苏州市中级人民法院(2016)苏05行终124号行政判决,向本院申请再审。翡翠公司申请再审后,因机构改革,国家税务总局苏州工业园区税务局承继原园区地税局的权利义务,国家税务总局苏州工业园区税务局系本案适格的被申请人。本院依法组成合议庭对本案进行了审查,现已审查终结。

一审法院认定:2004年12月7日,原苏州工业园区国土房产局(以下简称原园区国土房产局)对苏园土挂(2004)07号国有土地使用权实行公开挂牌出让,含编号为73043、73044、73046三块宗地,面积分别为140 793.42平方米、64 954.83平方米、314 501.16平方米。当日,受上海怡禾创展实业发展有限公司、上海工业投资公司、上海英达莱置业有限公司与苏州工业园区建屋发展集团有限公司四方委托,上海静安置业(集团)有限公司与上海工业投资(集团)有限公司通过公开拍卖,竞得上述地块。2004年12月27日,两竞拍人与原园区国土房产局签订了苏工园让(2004)107号《苏州工业园区国有土地使用权出让合同》,合同约定,土地款在两年内分四期付清。2005年5月25日,上海怡禾创展实业发展有限公司(投资比例51%)、上海工业投资公司(投资比例30%)、上海英达莱置业有限公司(投资比例14%)与苏州工业园区建屋发展集团有限公司(投资比例5%)共同投资成立项目公司翡翠公司。2005年6月6日,翡翠公司四家股东共同出具"承诺函",四方均同意将苏园土挂(2004)07号地块的土地使用权,从原竞拍人上海静安置业(集团)有限公司、上海工业投资(集团)有限公司的名下变更至翡翠公司名下。同年6月8日,翡翠公司向原园区国土房产局申请,以其名义对苏园土挂(2004)07号地块进行土地登记。翡翠公司正常开发编号为73043、73044两宗土地(缴纳土地出让金并办理了国有土地使用证)。涉案纠纷仅仅涉及73046号地块。

2007年3月23日,翡翠公司以资金困难、无力支付73046号地块土地出让金为由,向原园区国土房产局申请,以与新加坡星狮集团成立合资公司的方式共同开发73046号地块。翡翠公司承诺,合资公司成立后,将在2007年5月31日前付清该地块土地出让金12.256 1亿元,同时请求减免因逾期支付土地出让金而产生的利息。

2007年5月15日,翡翠公司与同为星狮集团成员的五公司Ace Goal Limited、

Extra Strength Limited、Forth Carries Limited、Forward Plan Limited、Summit Park Limited 签订《合作协议书》，分别对合作条件、合作步骤及各方权利义务进行了约定。其中，协议 2.4 款约定：六方合作开发项目即 73046 号地块项目（即翡翠国际社区三期项目）；3.1 款约定：六方在苏州工业园区办理注册中外合资房地产开发公司［系合资公司，即后来成立的星隆置业（苏州）有限公司，以下简称星隆公司］，并以该合资公司作为翡翠国际社区三期（73046 号地块）的开发主体；3.2 款约定：为设立合资公司需要，通过五公司的关联公司先锦公司向翡翠公司委托贷款的方式完成翡翠公司缴付注册资金 2.5 亿元的义务；3.3.2 款约定：合资公司支付翡翠国际社区三期土地款项后，依法取得政府部门核发的国有土地使用证，使得合资公司成为翡翠国际社区三期地块的唯一权属人，依法独立开发翡翠国际社区三期房地产项目；3.4 款约定：于合资公司注册成立后，翡翠公司将其在合资公司名下的 20% 股权全部质押给五公司之一及先锦公司；3.5 款约定：于合资公司取得翡翠国际社区三期完整国有土地使用证后，翡翠公司将其在该公司名下 20% 股权全部转让至五公司或五公司指定的公司；4.2.1 款约定：于协议书签署之日起十一个工作日内，翡翠公司与先锦公司共同配合完成签署《委托银行贷款合同》的手续，由先锦公司委托银行向翡翠公司提供相当于翡翠公司注册资金人民币 2.5 亿元的贷款，利息为 10 元，贷款期限为 6 个月；4.2.2 款约定：若于《委托银行贷款合同》贷款期限届满前，合资公司股权转让已经完成的，则翡翠公司与先锦公司可提前解除《委托银行贷款合同》，并免除翡翠公司返还委托贷款本息的责任。若至《委托银行贷款合同》贷款期限届满时，合资公司股权转让未完成或出现协议书 7.3.1 条情况的，翡翠公司应向先锦公司返还到期贷款本息；4.5.3 款约定：基于合资公司股权转让，五公司或五公司指定的公司应付翡翠公司股权溢价款为人民币 133 033 923 元［股权溢价款的组成公式为 314 501 平方米（土地面积）×1.8（容积率）×235 元（人民币）］，合资公司股权转让完成后，翡翠公司不再持有合资公司的任何股权；6.5 款约定：五公司应于合资公司股权转让完成之日起 15 个工作日内，向翡翠公司指定账户支付股权溢价款，并由翡翠公司向苏州外汇管理部门申请办理支付股权溢价款的外汇结汇支付手续。

2007 年 5 月 17 日，翡翠公司与五公司之一 Ace Goal Limited 签订《星隆公司股权转让合同》，双方协商决定翡翠公司以《合作协议书》约定的 133 033 923 元出让其在星隆公司的 20% 股权及相应权益，Ace Goal Limited 承诺以上述价格受让该 20% 股权及相应权益，其余四公司均明确表示放弃各自的优先认股权。

经此次股权转让后，翡翠公司不再是星隆公司股东，Ace Goal Limited 系拥有星隆公司 36％股权的股东。

2007 年 5 月 21 日，星隆公司（即六方共同设立的合资公司）经原苏州工业园区工商行政管理局批准设立，注册资本人民币 12.5 亿元，六股东出资情况为翡翠公司 2.5 亿元，占注册资本的 20％；其余五公司各出资 2 亿元，各占 15％。翡翠公司 2.5 亿元的出资全部以先锦公司委托银行提供贷款的方式完成，贷款利息 10 元，贷款期限 6 个月。在星隆公司章程中，翡翠公司同意放弃在该公司经营与管理中的决策权以及《合作协议书》之外的收益权。

2007 年 5 月 28 日，星隆公司支付 73046 号地块土地出让金人民币 1 225 610 397元（江苏省土地规费专用收据 3272738 号），后分别于同年 7 月 24 日、10 月 9 日支付该地块土地出让金利息 17 759 700元及 6 000万元（江苏省行政事业单位结算凭证 07184358 号及 07184398 号）。

2007 年 8 月 2 日，苏州市人民政府为星隆公司颁发了苏工园国用（2007）第 01133 号国有土地使用证，载明地号 73046，地类"住宅用地"，使用权类型"出让"，使用权面积 314 501.16平方米。

2007 年 8 月 14 日，星隆公司通过董事会决议，翡翠公司将其持有的 20％股份转让给 Ace Goal Limited，转让价格为 305 274 223元。同年 9 月 29 日，园区管委会书面批复，同意该股权转让行为。

2007 年 12 月 10 日，原苏州工业园区工商行政管理局出具（05940052）外商投资公司变更登记〔2007〕第 11300004 号通知书，对星隆公司的股权变更登记申请予以核准。2008 年 2 月 4 日，流水号为 3229888363060000037 的银行结售汇水单（甲种）显示，Ace Goal Limited 向翡翠公司缴付股权转让款时发生汇兑损失，实际结汇折合人民币 298 641 539.7元，造成翡翠公司指定的账户资金不足以偿还委托贷款（人民币 2.5 亿元）及 Ace Goal Limited 应向其支付的"股权转让溢价款"（人民币 55 274 223元），缺少金额等于汇兑损失人民币 6 632 683.3元。同年 2 月 22 日，先锦公司在出具给翡翠公司的书面征询意见中承诺，上述汇兑损失人民币 6 632 683.3元将从此前支付给翡翠公司的定金（人民币 1 000 万元）中予以扣除。翡翠公司编号为 0033 的记账凭证显示，同年 2 月 25 日，翡翠公司将 2.5 亿元委托贷款及 55 274 223元"股权转让溢价款"分别进行了"长期投资"与"投资收益"处理，合计金额人民币 305 274 223元（与星隆公司董事会决议中约定的股权转让价格一致）。

2010 年 3 月 30 日,翡翠公司股东会通过公司股权转让决议,上海怡禾创展实业发展有限公司、上海工业投资公司、上海英达莱置业有限公司转让其所持翡翠公司 95% 股权于上海绿地(集团)有限公司,新的股权结构为绿地集团占翡翠公司 95% 股权,苏州建屋集团占 5% 股权。

2012 年 11 月 14 日,原园区地税局作出苏园地税稽检通一〔2012〕91 号税务检查通知书,决定对翡翠公司 2009 年 1 月 1 日至 2011 年 12 月 31 日期间涉税情况进行检查,并于当日决定立案稽查。后分别于 2012 年 11 月 20 日、2013 年 3 月 8 日对翡翠公司相关负责人员进行了调查询问,并对星隆公司进行了调查。星隆公司向原园区地税局出具"情况说明"确认,翡翠公司所得的股权溢价款实为 133 033 923 元,因星隆公司在向原园区国土部门缴纳 73046 号地块土地款 1 225 610 397 元之外,还缴纳了该地块利息 77 759 700 元,根据《合作协议书》的约定,上述利息应由翡翠公司承担,故最终由 Ace Goal Limited 向翡翠公司支付股权溢价款时将上述利息扣除,后将余额 55 274 223 元(133 033 927 - 77 759 700)支付给翡翠公司。因案情复杂,经负责人批准,原园区地税局延长税务检查时限至 2014 年 12 月 31 日。在调查核实基础上,该局于 2014 年 7 月 15 日向翡翠公司进行了税务处罚前告知,并应翡翠公司申请于同年 7 月 30 日组织召开了听证会,翡翠公司相关负责人及代理律师参加听证并陈述了意见。

2014 年 8 月 22 日,原园区地税局作出苏园地税处〔2014〕4 号《税务处理决定书》(以下简称 4 号《税务处理决定》)及苏园地税罚〔2014〕4 号税务处罚决定(另案处理),并于当日送达翡翠公司。翡翠公司对上述税务处理和处罚决定均不服,于 2014 年 10 月 20 日向园区管委会申请行政复议,园区管委会同日立案受理,并通知原园区地税局提交作出税务处理和税务处罚的相应证据。同年 12 月 4 日,园区管委会组织翡翠公司及原园区地税局召开听证会,在听证调查基础上,经申请复议期限延长及内部通案讨论,于 2015 年 1 月 14 日作出〔2014〕苏园行复第 4 号《行政复议决定书》(以下简称 4 号《行政复议决定》),维持 4 号《税务处理决定》。

一审法院认为:关于 4 号《税务处理决定》是否正确、合法问题。

第一,翡翠公司是否构成以股权转让为名实际转让 73046 号地块。经查,73046 号地块属于苏园土挂(2004)07 号挂牌出让的三宗地之一,最初由原园区国土房产局出让给上海静安置业(集团)有限公司和上海工业投资(集团)有限公司,后翡翠公司四名股东一致同意将包括 73046 号地块在内的三宗地均变更至翡翠公司名下,由翡翠公司进行土地登记。原园区国土部门亦确认,翡翠公司为苏园土挂(2004)07号地块的真实受让人,对包括73046号地块在内的三宗地实际享有苏工园让(2004)107号国有土地使用权出让合同项下的所有权利与义务。此后,翡翠公司与星狮集团五公司签订《合作协议书》,约定共同设立星隆公司并由该公司取得73046号地块使用权,且保证该公司为此地块的唯一权属人。在星隆公司取得73046号地块使用证后,翡翠公司将其持有的星隆公司20％股权转让,获得"股权溢价款"133 033 923元,计算方式为314 501平方米(73046号地块面积)×1.8(容积率)×235元/平方米。以上过程表明,翡翠公司虽未办理73046号土地使用证,但因其实际占有并处分了该土地,且获得了相应经济利益,应属土地转让行为,即翡翠公司以投资设立星隆公司并转让该公司股权的名义,实际将73046号地块转让于该公司的事实成立。翡翠公司认为其未取得73046号地块使用证、不可能转让该宗土地的观点,法院不予采纳。

第二,翡翠公司转让73046号地块是否存在偷税情形。根据2013年《中华人民共和国税收征收管理法》(以下简称2013年《税收征收管理法》)第六十三条第一款的规定,纳税人伪造、变造、隐匿、擅自销毁帐簿、记帐凭证,或者在帐簿上多列支出或者不列、少列收入,或者经税务机关通知申报而拒不申报或者进行虚假的纳税申报,不缴或者少缴应纳税款的,是偷税。本案中,翡翠公司以"股权转让"之名隐瞒土地转让之实,未将其土地转让收入在帐簿上列出,规避了土地转让过程中应缴纳的各项税款,属于上述法律条文规定的在帐簿上"不列收入"情形,构成偷税,税务机关有权依法追缴。

第三,对翡翠公司转让73046号地块应追缴税款的计算。关于计税依据,本案中,应以翡翠公司实际获得的土地转让收入为准,虽其账目显示"股权转让"的溢价款为55 274 223元,但因股权受让方Ace Goal Limited在支付过程中扣除了本应由翡翠公司承担的(实际由星隆公司垫付)73046号地块土地出让金利息77 759 700元,故翡翠公司以股权转让名义实际获得的土地转让收益应为上述两项之和133 033 923元(55 274 223+77 759 700)。关于税款数额,营业税及附加方面:原《中华人民共和国营业税暂行条例》(以下简称原《营业税暂行条例》)第一条规定,在中华人民共和国境内提供本条例规定的劳务、转让无形资产或者销售不动产的单位和个人,为营业税的纳税人,应当依照本条例缴纳营业税。根据该条例税目税率表,转让无形资产适用的税率为5％,故翡翠公司本次土地转让应缴的营业税为6 651 696.15元(133 033 923×5％)。《中华人民共和国城市维护建设税暂行条例》第二条、第三条、第四条规定,凡缴纳产品税、增值税、营业税的单位和个人,都是城市维护建设税的纳税义务人,以纳税人实际缴纳的产品税、增值税、营业税税额为计税依据;纳税人所在地在县城、镇的,税率为5%。另据苏政办发〔2003〕130号、苏政发〔2011〕3号文件的规定,江苏省境内所有缴纳增值税、营业税、消费税(以下简称"三税")的单位和个人均应缴纳教育费附加(外商投资企业和外国企业除外)和地方教育附加,教育费附加的征收标准为单位和个人实际缴纳"三税"总额的3%;自2011年2月1日起,地方教育附加征收标准由实际缴纳"三税"税额的1%提高到2%。以翡翠公司应缴的营业税6 651 696.15元为计税依据,其需缴纳的城市维护建设税为332 584.81元(6 651 696.15×5%),教育费附加199 550.88元(6 651 696.15×3%),地方教育附加133 033.92元(6 651 696.15×2%)。土地增值税方面:根据《中华人民共和国土地增值税暂行条例》(以下简称《土增税暂行条例》)第二条、第三条的规定,转让国有土地使用权并取得收入的单位和个人,为土地增值税的纳税义务人,按照转让房地产所取得的增值额和相应税率缴纳土地增值税;第三条及第七条规定,纳税人转让房地产所取得的收入减除本条例第六条规定扣除项目金额后的余额,为增值额,增值额未超过扣除项目金额50%的部分,税率为30%。《中华人民共和国土地增值税暂行条例实施细则》(以下简称《土增税暂行条例实施细则》)第七条第五项规定,与转让房地产有关的税金,是指在转让房地产时缴纳的营业税、城市维护建设税、印花税。因转让房地产缴纳的教育附加费用,也可视同税金予以扣除。本案中,翡翠公司转让73046号地块所获收益133 033 923元,可扣除项目为营业税、城市维护建设税、教育费附加和地方教育附加,合计7 316 865.76元(6 651 696.15+332 584.81+199 550.88+133 033.92),增值额125 717 057.24元,按照30%的税率,应缴纳的土地增值税为37 715 117.17元(125 717 057.24×30%)。原园区地税局税务处理决定中追缴的该部分税款为37 735 072.26元,计算有误,一审法院依法予以变更。

第四,翡翠公司转让73046号地块未缴税款所产生的滞纳金。2013年《税收征收管理法》第三十二条规定,纳税人未按照规定期限缴纳税款的,扣缴义务人未按照规定期限解缴税款的,税务机关除责令限期缴纳外,从滞纳税款之日起,按日加收滞纳税款万分之五的滞纳金。另据原《营业税暂行条例》第十六条、《土增税暂行条例》第十三条的规定,营业税及土增税的征收管理依照2013年《税收征收管理法》的规定执行,故对翡翠公司未缴纳的此两项税款依法应当加收滞纳金。营业税方面：根据原《营业税暂行条例》第十二条第一款的规定，营业税纳税义务发生时间为纳税人提供应税劳务、转让无形资产或者销售不动产并收讫营业收入款项或者取得索取营业收入款项凭据的当天。原《中华人民共和国营业税暂行条例实施细则》（以下简称原《营业税条例实施细则》）第二十四条第二款规定，"取得索取营业收入款项凭据的当天"，为书面合同确定的付款日期的当天。本案中，《合作协议》约定，五公司应于合资公司股权转让完成之日起 15 个工作日内，向翡翠公司指定账户支付股权溢价款，以星隆公司股权变更核准登记日（2007 年 12 月 10 日）计算，翡翠公司取得索取转让土地营业收入（"股权溢价款"形式）凭据的最后日期为 2007 年 12 月 31 日，故其营业税纳税期限截止日为次年 1 月 15 日，至税务稽查立案当天，已逾期 1 765 天，产生滞纳金5 870 121.85 元（6 651 696.15×0.000 5×1 765）。土地增值税方面：《土增税暂行条例》第十条规定，纳税人应当自转让房地产合同签订之日起七日内向房地产所在地主管税务机关办理纳税申报，并在税务机关核定的期限内缴纳土地增值税。本案中，翡翠公司与五公司 2007 年 5 月 15 日签订的《合作协议》实质对73046 号地块的转让、权属登记及款项支付方式等问题进行了约定，故其转让该地块所产生的土地增值税纳税申报义务应自协议签订当天至 2007 年 5 月 21 日。截至原园区地税局税务稽查立案当天（2012 年 11 月 14 日），翡翠公司仍未缴纳该笔税款，其滞纳天数达 2 004 天，累计滞纳金已超过土地增值税本金，故以税款本金计算，翡翠公司应缴纳的土地增值税滞纳金为 37 715 117.17 元。如前所述，原园区地税局在土地增值税计算方面存在误差，对该笔税款的滞纳金，一审法院一并予以变更。

第五，对翡翠公司少代扣代缴个人所得税行为的处理。本案审理中，翡翠公司对 2009—2011 年度对外赠送礼品且未代扣代缴相应税款的事实未予否认，但对原园区地税局计算方式和结果不予认可，因其在行政程序及本案诉讼过程中，均未能提供有效证据予以证明，故对其上述异议，一审法院不予支持。

关于行政复议程序是否合法问题，园区管委会在收到翡翠公司行政复议申请后，经立案受理、通知被申请人举证、召开复议听证会及审限延长审批，后在集体讨论基础上作出 4 号《行政复议决定》，符合法律规定的程序。

综上，原园区地税局所作 4 号《税务处理决定》认定事实清楚，程序合法，但因计算土地增值税时适用的地方教育附加费率错误导致该笔应缴税款及滞纳金的计算结果误差，一审法院予以变更。园区管委会所作 4 号《行政复议决定》，行政复议程序合法,但未能注意到原园区地税局存在的个别计算误差,作出4号《行政复议决定》,维持4号《税务处理决定》依据不足。经一审法院审判委员会讨论,依照《中华人民共和国行政诉讼法》第七十条第一项、第七十七条第一款之规定,判决撤销4号《行政复议决定》中维持4号《税务处理决定》部分;变更4号《税务处理决定》中对翡翠公司追缴土地增值税及滞纳金的金额,改为追缴翡翠公司少缴的土地增值税人民币37 715 117.17元,加收滞纳金37 715 117.17元。

翡翠公司不服提起上诉。江苏省苏州市中级人民法院经审理,认为一审法院认定事实清楚,适用法律正确,审判程序合法。该法院作出(2016)苏05行终124号行政判决,驳回上诉,维持原判。

翡翠公司申请再审称:1.翡翠公司未取得73046号地块国有土地使用权,星隆公司以出让方式取得73046号地块国有土地使用权,并进行了初始登记,原园区地税局认定翡翠公司以股权转让的名义转让涉案土地使用权,适用法律错误。2.翡翠公司未转让国有土地使用权,依法不应当缴纳土地增值税。3.原审法院混淆了股权转让与土地使用权转让的概念。4.既然翡翠公司已缴纳企业所得税,不应当再缴纳土地增值税、营业税,原园区地税局重复征税,违反税收法定原则。翡翠公司不构成偷税,原审法院认定翡翠公司构成偷税,应当追缴税款无法律依据。5.原审判决认定事实不清,适用法律错误。请求本院提起再审,撤销原审判决,撤销4号《税务处理决定》和4号《行政复议决定》。

本院认为:

一、翡翠公司的行为实质上构成国有土地使用权转让

原园区地税局要求翡翠公司缴纳土地增值税、营业税的理由是,翡翠公司以股权转让的名义进行国有土地使用权转让。而翡翠公司主张其未取得73046号地块国有土地使用证,不可能转让国有土地使用权。本案争议焦点为翡翠公司的行为是否构成国有土地使用权转让。本院认为翡翠公司的行为实质上构成国有土地使用权转让,主要理由如下:1.73046号地块最初由原园区国土房产局出让给上海静安置业(集团)有限公司和上海工业投资(集团)有限公司,后翡翠公司四名股东一致同意将73046号地块变更至翡翠公司名下,由翡翠公司进行土地登记。原园区国土部门亦确认,翡翠公司为该地块真实受让人,实际享有国有土地使用权出让合同项下的所有权利与义务。2.从翡翠公司与星狮集团五公司签订的《合作协议书》来看,翡翠公司转让了土地使用权。《合作协议书》明确约定,共同设立的星隆公司取得73046号地块国有土地使用权,且保证星隆公司为

73046号地块土地的唯一权属人。从该约定来看，翡翠公司将该土地使用权进行了处分。星隆公司虽然办理了国有土地使用证，但与土地行政主管部门签订国有土地使用权出让合同的主体并非星隆公司。星隆公司虽然缴纳了土地出让金并补缴了利息，但是系代替翡翠公司缴纳。3.从"股权溢价款"的计算来看，翡翠公司实质上构成土地使用权转让。翡翠公司将其持有的星隆公司20%股权转让时，获得133 033 923元"股权溢价款"的计算方式为：314 501平方米（73046号地块面积）×1.8（容积率）×235元/平方米。从该计算方式可以看出，翡翠公司获得的"股权溢价款"是根据73046号地块的土地面积和容积率等进行计算。4.星狮集团五公司之所以愿意与翡翠公司合作，正是因为翡翠公司实际占有并有权处分73046号地块土地使用权。翡翠公司转让股权之前，星隆公司实际上并未经营，翡翠公司获得的133 033 923元"股权溢价款"，实际上是通过股权转让的外在形式，客观上实现了土地增值并转让了土地使用权。如果翡翠公司不占有涉案土地、无权处分涉案土地使用权，其不可能获得所谓的"股权溢价款"。5.国家税务总局国税函〔2007〕645号《关于未办理土地使用权转让土地有关税收问题的批复》明确规定，土地使用权者转让土地，无论其是否取得了该土地的使用权属证书，无论其在转让过程中是否与对方当事人办理了土地使用权证书变更登记手续，只要土地使用者享有占有、使用、收益或处分该土地的权利，且有合同等证据表明其实质转让土地并取得了相应的经济利益，土地使用者及其对方当事人应当依照税法规定缴纳营业税、土地增值税和契税等相关税收。该批复虽然不是法律、法规、规章，但系国家税务行政主管部门对未办理土地使用权转让土地的解读，有效解决了非正常转让土地使用权逃避税收的问题。

综上，翡翠公司虽未办理73046号地块国有土地使用证，但其实际占有并处分了土地使用权，且客观上翡翠公司通过股权转让的外在形式，实现了土地增值，取得了相应的经济利益，故翡翠公司的行为实质上构成国有土地使用权转让。

二、翡翠公司转让73046号地块国有土地使用权存在偷税情形，依法应当追缴税款

2013年《税收征收管理法》第六十三条第一款规定，纳税人伪造、变造、隐匿、擅自销毁帐簿、记帐凭证，或者在帐簿上多列支出或者不列、少列收入，或者经税务机关通知申报而拒不申报或者进行虚假的纳税申报，不缴或者少缴应纳税款的，是偷税。本案中，翡翠公司隐瞒转让国有土地使用权的事实，未将国有

土地使用权转让收入在帐簿上列入,规避了国有土地使用权转让过程中应缴纳的各项税款,属于在帐簿上"不列收入"情形,构成偷税,原园区地税局有权依法追缴相应的税款。

三、原园区地税局追缴的营业税、城市维护建设税、教育费附加、地方教育附加等数额正确,加收少缴营业税滞纳金数额正确

计税依据应以翡翠公司获得的涉案土地使用权转让收益为准。翡翠公司账目虽然显示"股权转让"溢价款为55 274 223元,但因股权受让方 Ace Goal Limited 在支付过程中扣除了本应由翡翠公司承担的(实际由星隆公司垫付)73046 号地块土地出让金利息77 759 700元,故翡翠公司以股权转让名义实际获得的土地使用权转让收入应为上述两项之和133 033 923元(55 274 223 + 77 759 700)。原园区地税局追缴营业税6 651 696.15元(133 033 923×5%),加收少缴营业税滞纳金5 870 121.85元,符合原《营业税暂行条例》第一条、第十二条第一款、原《营业税条例实施细则》第二十四条第二款等规定。原园区地税局追缴城市维护建设税为 332 584.81 元(6 651 696.15 × 5%)、教育费附加199 550.88元(6 651 696.15×3%)、地方教育附加133 033.92元(6 651 696.15×2%),符合 2013 年《税收征收管理法》第三十二条、《中华人民共和国城市维护建设税暂行条例》第二条、第三条、第四条以及苏政办发〔2003〕130 号、苏政发〔2011〕3 号文件等规定。

四、原园区地税局追缴土地增值税以及加收的滞纳金数额错误,一审法院予以变更正确

根据《土增税暂行条例》第二条、第三条、第七条的规定,转让国有土地使用权并取得收入的单位和个人,为土地增值税的纳税义务人,按照转让房地产所取得的增值额和相应税率缴纳土地增值税;纳税人转让房地产所取得的收入减除本条例第六条规定扣除项目金额后的余额,为增值额,增值额未超过扣除项目金额50%的部分,税率为30%。《土增税暂行条例实施细则》第七条第五项规定,与转让房地产有关的税金,是指在转让房地产时缴纳的营业税、城市维护建设税、印花税。因转让房地产缴纳的教育附加费用,也可视同税金予以扣除。本案中,翡翠公司转让涉案土地使用权收益133 033 923元,可扣除项目为营业税、城市维护建设税、教育费附加和地方教育附加,合计7 316 865.76元(6 651 696.15 + 332 584.81 + 199 550.88 + 133 033.92),增值额125 717 057.24元,按照30%的税率,应缴纳的土地增值税为37 715 117.17元(125 717 057.24×30%)。原园区

地税局追缴土地增值税37 735 072.26元错误,加收滞纳金37 735 072.26元错误。一审法院直接将追缴的土地增值税由37 735 072.26元变更为37 715 117.17元,将加收的滞纳金由37 735 072.26元变更为37 715 117.17元正确。

五、园区管委会维持4号《税务处理决定》错误

园区管委会在复议过程中,未能审查出原园区地税局追缴土地增值税以及加收该项滞纳金的数额错误。园区管委会作出4号《行政复议决定》,维持4号《税务处理决定》错误。一审法院撤销4号《行政复议决定》中维持4号《税务处理决定》部分正确。

六、原园区地税局税务处理程序合法,园区管委会行政复议程序合法

原园区地税局作出4号《税务处理决定》前,已告知翡翠公司依法享有听证的权利,并根据翡翠公司的申请,举行了听证会。园区管委会收到行政复议申请后,经立案受理、通知被申请人举证、召开复议听证会及审限延长审批,后在集体讨论基础上作出4号《行政复议决定》,行政程序基本符合相关法律规定。需要强调的是,企业所得税、营业税、土地增值税属于不同的税种。评判追缴的税收数额是否合法,主要审查是否有明确的法律依据。翡翠公司主张其已缴纳企业所得税,不应当缴纳营业税、土地增值税的理由依法不能成立。翡翠公司向原国税部门缴纳的企业所得税数额是否正确不属本案审查范围。

综上,翡翠公司的再审申请不符合《中华人民共和国行政诉讼法》第九十一条规定的情形。依照《最高人民法院关于适用〈中华人民共和国行政诉讼法〉的解释》第一百一十六条第二款的规定,裁定如下：驳回苏州翡翠国际社区置业有限公司的再审申请。

审判长　刘　军

审判员　张世霞

审判员　杨　述

二○一九年十二月二十七日

书记员　吁　璇

第十章 征收管理

　　土地增值税征管是一项系统性工作，各环节紧密联系，预征是土地增值税征管工作的基础，清算是落实土地增值税功能的关键，对房地产开发项目的全流程监管是夯实税源的保障。本章阐述土地增值税的征收管理，主要内容如图 10-1 所示。

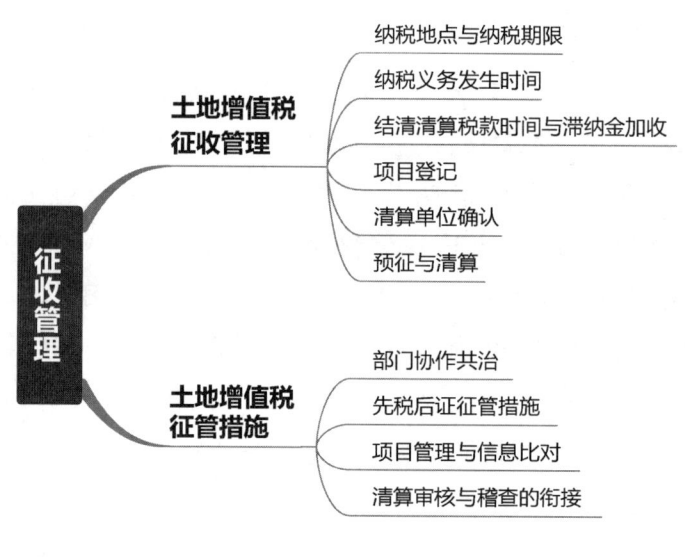

图 10-1　征收管理

第一节　土地增值税征收管理

一、纳税地点与纳税期限

（一）纳税地点

　　根据《土地增值税暂行条例》第十条的规定，纳税人应当自转让房地产合同签订之日起 7 日内向房地产所在地主管税务机关办理纳税申报，并在税务机关核定的期限内缴纳土地增值税。

根据《土地增值税暂行条例实施细则》第十七条的规定,房地产所在地,是指房地产的坐落地。纳税人转让房地产坐落在两个或两个以上地区的,应按房地产所在地分别申报纳税。

(二)纳税期限

根据《财政部 国家税务总局关于土地增值税一些具体问题规定的通知》(财税字〔1995〕48 号)第十六条"关于纳税期限的问题"的规定,税务机关核定的纳税期限,应在纳税人签订房地产转让合同之后、办理房地产权属转让(即过户及登记)手续之前。

根据《国家税务总局福建省税务局关于土地增值税若干政策问题的公告》(福建省税务局公告 2018 年第 21 号)第一条"关于土地增值税预缴申报期限问题"规定,房地产开发企业在办理土地增值税清算纳税申报前,对取得的房地产销售(预售)收入,实行按月预缴申报,并自月份终了之日起 15 日内申报预缴税款。

二、纳税义务发生时间

(一)江苏省的具体规定

根据《江苏省国家税务局 江苏省地方税务局转发〈国家税务总局关于印发《土地增值税纳税申报表》的通知〉的通知》(苏地税发〔1995〕132 号)第三条"纳税义务发生时间"的规定,土地增值税纳税义务发生时间为,转让国有土地使用权、地上建筑物及附着物的,以取得收入的当天;以赊销或分期收款方式转让房地产的,以本期收到价款的当天或合同约定本期应收价款日期的当天;采用预收价款方式转让房地产的,以收到预收价款的当天。

(二)浙江省的具体规定

《浙江省国家税务局 浙江省地方税务局关于土地增值税若干问题的补充通知》(〔95〕浙国税外 127 号〔95〕浙地税三 38 号)第十条规定,纳税义务发生时间按如下规定执行:转让房地产并一次性取得收入的为取得收入的当天;以赊销或分期收款方式转让房地产的,为本期收到价款的当天或合同约定本期应收价款日期的当天;采用预收价款方式转让房地产的,为收到预收价款的当天。

(三)北京市的具体规定

《北京市地方税务局关于土地增值税若干征收管理问题的通知》(京地税二

〔1996〕240 号)第二条规定,土地增值税的纳税义务发生时间为纳税人取得房地产转让收入和取得预售房地产价款的当天。

三、结清清算税款时间与滞纳金的加收

(一)加收滞纳金的争议

根据国税发〔2009〕91 号的规定,纳税人应在满足应清算条件或收到清算通知书之日起 90 日内,到主管税务机关办理清算申报手续。主管税务机关受理纳税人清算资料后,应在一定期限内及时组织清算审核。土地增值税清算审核结束,主管税务机关应当将审核结果书面通知纳税人,并确定办理补、退税期限。按该清算规程的规定,企业在收到主管税务机关的审核结论后,才有结清土地增值税税款的义务。或者说,企业需要缴纳的土地增值税的清算金额并不是以企业自行申报为主,而是要经过税务机关的审核确定。那么对清算申报后主管税务机关通过审核需补缴的清算税款,是否应该自申报期届满之次日加收滞纳金呢?武汉地税局曾以《武汉市地方税务局关于进一步规范土地增值税征收管理工作的通知》(武地税发〔2013〕30 号)明确:"对清算申报后主管税务机关通过审核查补的税款,应自申报期届满之次日起加收滞纳金。"但其他很多地方并未要求审核查补的税款加收滞纳金。

(二)未按预征规定期限预缴税款加收滞纳金

根据《财政部　国家税务总局关于土地增值税若干问题的通知》(财税〔2006〕21 号)第三条"关于土地增值税的预征和清算问题"的规定,各地要进一步完善土地增值税预征办法,根据本地区房地产业增值水平和市场发展情况,区别普通住房、非普通住房和商用房等不同类型,科学合理地确定预征率,并适时调整。工程项目竣工结算后,应及时进行清算,多退少补。

对未按预征规定期限预缴税款的,应根据《税收征收管理法》及其实施细则的有关规定,从限定的缴纳税款期限届满的次日起,加收滞纳金。

(三)清算后应补缴的税款加收滞纳金问题

《国家税务总局关于土地增值税清算有关问题的通知》(国税函〔2010〕220 号)第八条"土地增值税清算后应补缴的土地增值税加收滞纳金问题"规定,纳税人按规定预缴土地增值税后,清算补缴的土地增值税,在主管税务机关规定的期限内补缴的,不加收滞纳金。

逾期缴纳清算应补税款的,应按《税收征收管理法》的相关规定加收滞纳金。

(四) 加收滞纳金的具体规定

1. 海南省加收滞纳金的具体规定

根据《海南省地方税务局关于土地增值税清算申报管理有关问题的公告》(国家税务总局海南省税务局公告 2018 年第 2 号)的规定,纳税人办理清算申报应补缴的税款,应当在规定的清算申报期限届满的次月 15 日内缴纳。纳税人未按规定期限缴纳清算申报应补缴税款的,以及纳税人办理清算申报后,税务机关通过清算审核或税务稽查确定应补缴税款的,自该公告第三条规定的缴纳期限届满的次日起加收滞纳金。

2. 安徽省加收滞纳金的具体规定

根据《安徽省土地增值税清算管理办法》第五十条的规定,纳税人办理清算申报后,主管税务机关通过清算审核补缴的税款,应当自规定的申报期届满之次日起加收滞纳金。税务机关延长审核时间的,延长审核期间不加收滞纳金。

3. 北京市加收滞纳金的具体规定

《北京市地方税务局关于土地增值税征收管理有关问题的通知》(京地税地〔2006〕509 号)第二条规定,对未按规定期限预缴土地增值税的房地产开发企业,依法应于缴纳税款期限届满之日的次日起,按日加收应预缴未预缴税款万分之五的滞纳金。

四、项目登记

(一) 项目登记的基本规定

根据《国家税务总局关于印发〈土地增值税纳税申报表〉的通知》(国税发〔1995〕90 号)第二条的规定,从事房地产开发的纳税人,应在取得土地使用权并获得房地产开发项目开工许可后,根据税务机关确定的时间,向主管税务机关报送《土地增值税项目登记表》,并在每次转让(预售)房地产时,依次填报表中规定栏目的内容。

根据《土地增值税清算管理规程》(国税发〔2009〕91 号印发)的规定,主管税务机关应加强房地产开发项目的日常税收管理,实施项目管理。主管税务机关应从纳税人取得土地使用权开始,按项目分别建立档案、设置台账,对纳税人项目立项、规划设计、施工、预售、竣工验收、工程结算、项目清盘等房地产开发全过程情况实行跟踪监控,做到税务管理与纳税人项目开发同步。

根据《国家税务总局关于修订土地增值税纳税申报表的通知》(税总函

〔2016〕309号）的规定，从事房地产开发的纳税人，应在取得土地使用权并获得房地产开发项目开工许可后，根据税务机关确定的时间，向主管税务机关报送《土地增值税项目登记表》〔财产和行为税合并申报后"土地增值税税源明细表""土地增值税项目登记表（从事房地产开发的纳税人适用）"部分，下同〕，并在每次转让（预售）房地产时，依次填报表中规定栏目的内容。

（二）地方具体规定

根据《江苏省国家税务局　江苏省地方税务局转发〈国家税务总局关于印发《土地增值税纳税申报表》的通知〉的通知》（苏地税发〔1995〕132号）的规定，从事房地产开发与建设的纳税人应在取得土地使用权并获得房地产开发项目开工许可后30日内，向主管税务机关填报《土地增值税项目登记表》。

因此，从事房地产开发的纳税人应在取得土地使用权并获得房地产开发项目开工许可后30日内，向主管税务机关填报《土地增值税项目登记表》，办理土地增值税项目登记手续。

五、清算单位确定

（一）清算单位的确定原则

根据《土地增值税暂行条例实施细则》第八条规定，土地增值税以纳税人房地产成本核算的最基本的核算项目或核算对象为单位计算。

根据《国家税务总局关于房地产开发企业土地增值税清算管理有关问题的通知》（国税发〔2006〕187号）第一条的规定，土地增值税以国家有关部门审批的房地产开发项目为单位进行清算，对于分期开发的项目，以分期项目为单位清算。此处所称"国家有关部门"一般是指负责项目投资立项的发改委（发改局、经发局、行政审批局等）。

（二）地方具体确定方法

1. 江苏省清算单位的确定方法

根据《江苏省地方税务局关于土地增值税若干问题的公告》（苏地税规〔2015〕8号）第一条的规定，土地增值税以国家有关部门审批、备案的项目为单位进行清算。对于国家有关部门批准分期开发的项目，以分期项目为单位进行清算。对开发周期较长，纳税人自行分期的开发项目，可将自行分期项目确定为清算单位，并报主管税务机关备案。

因此，房地产开发企业的土地增值税清算单位应以国家有关部门审批、备案的项目为单位确定;对于国家有关部门批准分期开发的项目,以分期项目为单位确定;对开发周期较长,自行分期的开发项目,报主管税务机关备案后可按自行分期项目确定。

在日常管理中清算单位确认操作是,主管税务机关应当自收到纳税人报送的项目信息之日起30日(或主管税务机关规定的期限)内,开展清算单位确认,并出具《税务事项通知书(土地增值税清算单位)》。房地产开发项目发生变化需要变更清算单位的,主管税务机关可根据纳税人报送的项目变更信息重新确认。

2. 重庆市清算单位的确定方法

《重庆市地方税务局关于土地增值税若干政策执行问题的公告》(重庆市地方税务局公告2014年第9号)第一条规定,房地产开发以规划主管部门审批的用地规划项目为清算单位。用地规划项目实施开发工程规划分期的,可选择以工程规划项目(分期)为清算单位。清算单位中建造多类房产的,应按普通住宅、非普通住宅、非住宅,确认计税收入、扣除项目金额,分别计算增值额和应纳土地增值税额。

用地规划项目可依据用地规划许可证为判定标准,用地规划项目下办理的工程规划许可证数即可作为工程规划分期数。为便于管理、减少税企争议,可要求纳税人在房地产项目开始预售前确定清算单位报税务机关备案,清算单位一经确定原则上不再调整变更(房地产项目发生重大规划调整等特殊原因除外)。

3. 北京市计税单位的确定方法

《北京市地方税务局关于土地增值税若干征收管理问题的通知》(京地税二〔1996〕240号)第八条"八、关于计税单位问题"规定,房地产综合开发企业应依照财务会计制度规定的基本核算项目或核算对象为计税单位。但以"开发小区"为计税单位的房地产综合开发企业,对"开发小区"内的别墅、公寓、办公写字楼、宾馆饭店、非普通标准住宅等其他房地产,应分别按单位工程(栋号)计算缴纳土地增值税。普通标准住宅与其他公建房成本划分不清的,一律按规定征税。成本核算单位一经确定,在土地增值税未清算之前,不得变动。

(三) 分期开发项目的清算单位确认

根据《国家税务总局关于房地产开发企业土地增值税清算管理有关问题的通知》(国税发〔2006〕187号)第一条的规定,土地增值税以国家有关部门审批的房地产开发项目为单位进行清算,对于分期开发的项目,以分期项目为单位清算。

根据《江苏省地方税务局关于土地增值税若干问题的公告》(苏地税规〔2015〕8号)第一条的规定,土地增值税以国家有关部门审批、备案的项目为单位进行清算。对于国家有关部门批准分期开发的项目,以分期项目为单位进行清算。对开发周期较长,纳税人自行分期的开发项目,可将自行分期项目确定为清算单位,并报主管税务机关备案。

因此,对于分期开发的项目,区分两种情况确认清算单位:一是对于国家有关部门批准分期开发的项目,以分期项目为单位进行清算;二是对于纳税人自行分期的开发项目,需结合该项目建筑工程规划许可证,并报主管税务机关备案后,才能将自行分期项目确定为清算单位。

(四) 开发项目中包含多种类型房地产的处理

根据《土地增值税暂行条例实施细则》第八条的规定,土地增值税以纳税人房地产成本核算的最基本的核算项目或核算对象为单位计算。

根据《财政部 国家税务总局关于土地增值税一些具体问题规定的通知》(财税字〔1995〕48号)的规定,对纳税人既建普通标准住宅又搞其他房地产开发的,应分别核算增值额。

根据国税发〔2006〕187号文件的规定,开发项目中同时包含普通住宅和非普通住宅的,应分别计算增值额。

根据《江苏省地方税务局关于土地增值税若干问题的公告》(苏地税规〔2015〕8号)第一条第二款的规定,同一清算单位中包含普通住宅、非普通住宅、其他类型房产的,应分别计算收入、扣除项目金额、增值额、增值率和应纳税额。

因此,房地产开发项目中包含多种类型房屋的,通常应按普通住宅、非普通住宅、其他类型房产,分别计算收入、扣除项目金额、增值额、增值率和应纳税额。但有些地方对房地产类型两分类的从其规定,如《贵州省土地增值税清算管理办法》第五条规定,房地产开发企业在房地产开发项目中既建造普通住宅,又建造其他类型房地产的,在土地增值税清算时,应当按"普通住宅"和"其他类型房地产"分别计算增值额、增值率,缴纳土地增值税。普通住宅增值率未超过20%的,免征土地增值税;增值率超过20%的,应征收土地增值税。

六、预征与清算

根据《国家税务总局关于加强土地增值税管理工作的通知》(国税函〔2004〕938号)第二条的规定,纳税人因经常发生房地产转让而难以在每次转让后申报,是指房地产开发企业开发建造的房地产、因分次转让而频繁发生纳税义务、难以在每次转让后申报纳税的情况,土地增值税可按月或按各省、自治区、直辖市和计划单列市税务局规定的期限申报缴纳。

根据《江苏省国家税务局　江苏省地方税务局转发〈国家税务总局关于印发《土地增值税纳税申报表》的通知〉的通知》(苏地税发〔1995〕132号)第二条"纳税申报"的规定,纳税人向房地产所在地主管税务机关报送房地产开发项目登记表后,按下列规定办理纳税申报手续:纳税人应在每次签订转让房地产合同并取得收入后7日内,到房地产所在地主管税务机关办理纳税申报,并同时提供与该项目有关的资料。

苏地税发〔1995〕132号第四条"征收方法"规定:纳税人于项目转让后一次性取得价款的,应按规定计算缴纳土地增值税;如采取分期收款方式转让房地产的,可预征土地增值税,待结清价款后进行清算,多退少补。

纳税人采取预售方式转让房地产的,通常可按预收价款的一定比例计算每次或每月(季)需缴纳的税额,按规定预征土地增值税,待项目竣工后进行清算。

纳税人成片受让土地使用权后,分期分批开发分块转让,对允许扣除项目的金额,原则上按转让土地使用权的面积占总面积的比例计算分摊,若按此办法难以计算或明显不合理的,也可按建筑面积计算分摊允许扣除项目的金额。

第二节　土地增值税征管措施

一、部门协作共治

根据《土地增值税暂行条例》第十一条的规定,土地增值税由税务机关征收。土地管理部门、房产管理部门应当向税务机关提供有关资料,并协助税务机关依法征收土地增值税。

土地管理部门、房产管理部门应当向税务机关提供有关资料,是指向房地产所在地主管税务机关提供有关房屋及建筑物产权、土地使用权、土地出让金数额、土地基准地价、房地产市场交易价格及权属变更等方面的资料。

二、先税后证征管措施

根据《土地增值税暂行条例》第十二条的规定,纳税人未按照规定缴纳土地增值税的,土地管理部门、房产管理部门不得办理有关的权属变更手续。

根据《国家税务总局 国家土地管理局关于土地增值税若干征管问题的通知》(国税发〔1996〕4号)第三条的规定,土地管理部门凭税务部门出具的土地增值税完税(或免税)证明,办理土地使用权的权属变更登记,更换《国有土地使用证》。凡未取得主管税务部门发放的完税(或免税)证明的,土地管理机关不予办理土地使用权的登记及过户手续,也不发放《国有土地使用证》。

根据《国家税务总局 建设部关于土地增值税征收管理有关问题的通知》(国税发〔1996〕48号)第三条的规定,凡是转让房地产的纳税人,应当根据土地增值税的有关规定,在规定的期限内到主管税务机关办理土地增值税的纳税登记和申报手续,经主管税务机关审核后,按照规定的期限缴纳土地增值税。对于已经完税的纳税人,由主管税务机关发给完税证明;对于不属于征税范围或应予免税的,由主管税务机关发给免税证明。凡没有取得主管税务部门发放的完税(或免税)证明的,房地产管理机关不予办理有关的权属变更手续,不予发放房地产权属证书。

三、项目管理与信息比对

(一) 实行项目管理

税务机关依托金税三期系统,以增值税管理和土地增值税管理相关联的房地产项目为基础,按项目归集增值税发票等信息,实现房地产项目涉税信息共享。

税务机关应按项目归集房地产相关基础信息、销售房地产发票开具信息、建筑安装发票开具信息以及已确认增值税扣税凭证清单等信息。继续实施和不断完善房地产项目登记台账管理。依托与国土、规划等部门的协作机制,及时取得房地产项目规划、开发用地价格等信息;建立土地增值税管理与增值税管理的关联关系,按土地增值税管理项目归集、整理销售收入、建安成本等信息。

(二) 开展信息比对

税务机关应充分利用房地产项目登记台账信息加强土地增值税管理。根据增值税发票信息掌握项目销售进度,加强土地增值税预征管理;利用建筑安装信息和销售信息,加强土地增值税清算管理。对未按照规定进行土地增值税申报的纳税人,税务机关应依法处理,并采取相应措施,对其实施重点管理,在纳税信用评价时从严掌握。

主管税务机关应加强纳税辅导,规范房地产项目增值税发票开具,应要求销售自行开发房地产项目的纳税人在开具增值税发票时,在"商品和服务名称"栏规范填写房地产项目名称,在"单位"栏准确填写面积单位,在备注栏注明项目详细地址和销售房号等信息;要求提供建筑服务的纳税人在向房地产开发企业开具增值税发票时,在"商品和服务名称"栏规范填写建筑服务名称,在备注栏注明建筑服务发生地所在县(市、区)名称及房地产项目名称。

四、清算审核与稽查的衔接

(一) 清算审核与稽查衔接的基本规定

各级税务机关会全面开展土地增值税清算审核工作。根据《国家税务总局关于加强土地增值税征管工作的通知》(国税发〔2010〕53号)第三条的规定,对未按照税收法律法规要求及时进行清算的纳税人,要依法进行处罚;对审核中发现重大疑点的,要及时移交税务稽查部门进行稽查;对涉及偷逃土地增值税税款的重大稽查案件要及时向社会公布案件处理情况。

(二) 地方的具体规定

1. 重庆市的衔接口径

根据《税收征收管理法》以及《土地增值税清算管理规程》的相关规定,纳税人应对清算申报的真实性、合法性承担税收法律责任。主管税务机关在纳税人清算申报基础上实施清算审核,发现纳税人采取了偷税手段,可能导致少补缴清算税款的,可中止清算审核,移交稽查立案查处,由稽查部门作出处理、处罚决定,形成清算结论。房地产项目已达到清算条件,纳税人未按照主管税务机关通知清算期限办理清算申报,经责令限期申报,逾期仍不申报的,主管税务机关可核定其应纳土地增值税税额,并移交稽查部门立案查处,依法、依规对纳税人不申报、不缴税款的行为实施处罚。

2. 贵州省的衔接口径

根据《贵州省土地增值税清算管理办法》的规定,根据本地区清算工作的实际情况,稽查部门可对已清算项目进行抽查、检查。主管税务机关受理清算申请后,稽查部门又对该房地产开发企业立案检查的,主管税务机关应终止清算审核,并告知该房地产开发企业,待稽查部门检查完毕后重新办理清算事宜。

3. 海南省的衔接规定

《国家税务总局海南省税务局土地增值税清算工作规程》第二十三条规定,

主管税务机关受理清算后,稽查部门对纳税人立案检查的,主管税务机关应终止清算审核,待稽查完毕后重新办理清算事宜。

4. 北京市的衔接规定

《北京市地方税务局关于土地增值税清算管理若干问题的通知》(京地税地〔2007〕325 号)第七条规定,评估部门和稽查部门在评估稽查工作中发现房地产开发项目符合清算条件,应及时告知纳税人到主管税务机关办理清算手续,同时通知企业主管税务机关。

第三节　土地增值税纳税申报

一、纳税申报

土地增值税税源明细表

税款所属期限:自　　年　月　日至　　年　月　日

纳税人识别号(统一社会信用代码):□□□□□□□□□□□□□□□□□□

纳税人名称:　　　　　　　　　　　　　　　金额单位:人民币元(列至角分);面积单位:平方米

土地增值税项目登记表(从事房地产开发的纳税人适用)				
项目名称			项目地址	
土地使用权受让(行政划拨)合同号			受让(行政划拨)时间	
建设项目起讫时间		总预算成本	单位预算成本	
项目详细坐落地点				
开发土地总面积		开发建筑总面积	房地产转让合同名称	
转让次序	转让土地面积(按次填写)	转让建筑面积(按次填写)	转让合同签订日期(按次填写)	
第 1 次				
第 2 次				
……				
备注				

（续表）

土地增值税申报计算及减免信息

申报类型：

1. 从事房地产开发的纳税人预缴适用□

2. 从事房地产开发的纳税人清算适用□

3. 从事房地产开发的纳税人按核定征收方式清算适用□

4. 纳税人整体转让在建工程适用□

5. 从事房地产开发的纳税人清算后尾盘销售适用□

6. 转让旧房及建筑物的纳税人适用□

7. 转让旧房及建筑物的纳税人核定征收适用□

项目名称			项目编码		
项目地址					
项目总可售面积			自用和出租面积		
已售面积		其中：普通住宅已售面积		其中：非普通住宅已售面积	其中：其他类型房地产已售面积
清算时已售面积			清算后剩余可售面积		

申报类型	项目	序号	金额			
			普通住宅	非普通住宅	其他类型房地产	总额
1. 从事房地产开发的纳税人预缴适用	一、房产类型子目	1				—
	二、应税收入	2＝3＋4＋5				
	1. 货币收入	3				
	2. 实物收入及其他收入	4				
	3. 视同销售收入	5				
	三、预征率（%）	6				—
2. 从事房地产开发的纳税人清算适用 3. 从事房地产开发的纳税人按核定征收方式清算适用 4. 纳税人整体转让在建工程适用	一、转让房地产收入总额	1＝2＋3＋4				
	1. 货币收入	2				
	2. 实物收入及其他收入	3				
	3. 视同销售收入	4				
	二、扣除项目金额合计	5＝6＋7＋14＋17＋21＋22				
	1. 取得土地使用权所支付的金额	6				

（续表）

申报类型	项目		序号	金额			
				普通住宅	非普通住宅	其他类型房地产	总额
2. 从事房地产开发的纳税人清算适用 3. 从事房地产开发的纳税人按核定征收方式清算适用 4. 纳税人整体转让在建工程适用	2. 房地产开发成本		7＝8＋9＋10＋11＋12＋13				
	其中：土地征用及拆迁补偿费		8				
	前期工程费		9				
	建筑安装工程费		10				
	基础设施费		11				
	公共配套设施费		12				
	开发间接费用		13				
	3. 房地产开发费用		14＝15＋16				
	其中：利息支出		15				
	其他房地产开发费用		16				
	4. 与转让房地产有关的税金等		17＝18＋19＋20				
	其中：营业税		18				
	城市维护建设税		19				
	教育费附加		20				
	5. 财政部规定的其他扣除项目		21				
	6. 代收费用 （纳税人整体转让在建工程不填此项）		22				
	三、增值额		23＝1－5				
	四、增值额与扣除项目金额之比（%）		24＝23÷5				
	五、适用税率（核定征收率）（%）		25				
	六、速算扣除系数（%）		26				
	七、减免税额		27＝29＋31＋33				
	其中：减免税(1)	减免性质代码和项目名称(1)	28				
		减免税额(1)	29				

申报类型	项目		序号	金额			
				普通住宅	非普通住宅	其他类型房地产	总额
2. 从事房地产开发的纳税人清算适用 3. 从事房地产开发的纳税人按核定征收方式清算适用 4. 纳税人整体转让在建工程适用	减免税(2)	减免性质代码和项目名称(2)	30				
		减免税额(2)	31				
	减免税(3)	减免性质代码和项目名称(3)	32				
		减免税额(3)	33				
5. 从事房地产开发的纳税人清算后尾盘销售适用	一、转让房地产收入总额		1＝2＋3＋4				
	1. 货币收入		2				
	2. 实物收入及其他收入		3				
	3. 视同销售收入		4				
	二、扣除项目金额合计		5＝6×7＋8				
	1. 本次清算后尾盘销售的销售面积		6				
	2. 单位成本费用		7				
	3. 本次与转让房地产有关的税金		8＝9＋10＋11				
	其中：营业税		9				
	城市维护建设税		10				
	教育费附加		11				
	三、增值额		12＝1－5				
	四、增值额与扣除项目金额之比(%)		13＝12÷5				
	五、适用税率(核定征收率)(%)		14				
	六、速算扣除系数(%)		15				
	七、减免税额		16＝18＋20＋22				
	其中：减免税(1)	减免性质代码和项目名称(1)	17				
		减免税额(1)	18				

（续表）

申报类型	项目		序号	金额			总额
				普通住宅	非普通住宅	其他类型房地产	
5. 从事房地产开发的纳税人清算后尾盘销售适用	减免税(2)	减免性质代码和项目名称(2)	19				
		减免税额(2)	20				
	减免税(3)	减免性质代码和项目名称(3)	21				
		减免税额(3)	22				
6. 转让旧房及建筑物的纳税人适用 7. 转让旧房及建筑物的纳税人核定征收适用	一、转让房地产收入总额		1＝2＋3＋4				
	1. 货币收入		2				
	2. 实物收入		3				
	3. 其他收入		4				
	二、扣除项目金额合计		(1) 5＝6＋7＋10＋15 (2) 5＝11＋12＋14＋15				
	(1) 提供评估价格						
	1. 取得土地使用权所支付的金额		6				
	2. 旧房及建筑物的评估价格		7＝8×9				
	其中：旧房及建筑物的重置成本价		8				
	成新度折扣率		9				
	3. 评估费用		10				
	(2) 提供购房发票						
	1. 购房发票金额		11				
	2. 发票加计扣除金额		12＝11×5％×13				
	其中：房产实际持有年数		13				
	3. 购房契税		14				
	4. 与转让房地产有关的税金等		15＝16＋17＋18＋19				
	其中：营业税		16				

（续表）

申报类型	项目		序号	金额			
				普通住宅	非普通住宅	其他类型房地产	总额
6. 转让旧房及建筑物的纳税人适用 7. 转让旧房及建筑物的纳税人核定征收适用	城市维护建设税		17				
	印花税		18				
	教育费附加		19				
	三、增值额		20＝1－5				
	四、增值额与扣除项目金额之比（％）		21＝20÷5				
	五、适用税率（核定征收率）（％）		22				
	六、速算扣除系数（％）		23				
	七、减免税额		24＝26＋28＋30				
	其中：减免税(1)	减免性质代码和项目名称(1)	25				
		减免税额(2)	26				
	减免税(2)	减免性质代码和项目名称(2)	27				
		减免税额(2)	28				
	减免税(3)	减免性质代码和项目名称(3)	29				
		减免税额(3)	30				

填表说明：

土地增值税项目登记表

1. 本表适用于从事房地产开发的纳税人，在立项后及每次转让时填报。

2. 凡从事新建房及配套设施开发的纳税人，均应在规定的期限内，据实向主管税务机关填报本表所列内容。

3. 本表栏目的内容如果没有，可以空置不填。

4. 纳税人填报本表时，应同时向主管税务机关提交土地使用权受让合同、房地产转让合同等有关资料。

土地增值税申报计算及减免信息

申报类型：必填。由纳税人根据申报业务种类以及适用的征收方式进行选择。

一、从事房地产开发的纳税人预缴适用

（一）表头项目

1. 本表适用于从事房地产开发并转让的土地增值税纳税人。

2. 纳税人应在自首次取得预收收入起至办理项目清算申报止的期间内，在每次转让时填报，也可按月或按各省、自治区、直辖市和计划单列市税务局规定的期限汇总填报。

3. 本表栏目的内容如果没有，可以空置不填。

4. 纳税人填报预缴信息表时，应同时向主管税务机关提交《土地增值税项目登记表》等有关资料。

5. 项目名称填写纳税人所开发并转让的且经国家有关部门审批的房地产开发项目全称；项目编码为纳税人进行房地产项目登记时，税务机关按照一定的规则赋予的编码，此编码跟随项目的预缴清算尾盘销售全过程。

（二）表中项目

1. 第1栏"房产类型子目"：主管税务机关规定的预征率类型，每一个子目唯一对应一个房产类型。

2. 第3栏"货币收入"：按纳税人转让房地产开发项目所取得的货币形态的收入额(不含增值税)填写。

3. 第4栏"实物收入及其他收入"：按纳税人转让房地产开发项目所取得的实物形态的收入和无形资产等其他形式的收入额(不含增值税)填写。

4. 第5栏"视同销售收入"：纳税人将开发产品用于职工福利、奖励、对外投资、分配给股东或投资人、抵偿债务、换取其他单位和个人的非货币性资产等,发生所有权转移时应视同销售房地产,其确认收入不含增值税。

二、从事房地产开发的纳税人清算适用

（一）表头项目

1. 本表适用于从事房地产开发并转让的土地增值税纳税人。

2. 税款所属期是项目预缴开始的时间,截止日期是税务机关规定(通知)申报期限的最后一日(应清算项目达到清算条件起90天的最后一日/可清算项目税务机关通知书送达后90天的最后一日)。

3. 项目名称填写纳税人所开发并转让的且经国家有关部门审批的房地产开发项目全称;项目编码为纳税人进行房地产项目登记时,税务机关按照一定的规则赋予的编码,此编码跟随项目的预缴清算尾盘销售全过程。

（二）表中项目

1. 第1栏"转让房地产收入总额",按纳税人转让房地产开发项目所取得的全部收入额(不含增值税)填写。

2. 第2栏"货币收入",按纳税人转让房地产开发项目所取得的货币形态的收入额(不含增值税)填写。

3. 第3栏"实物收入及其他收入",按纳税人转让房地产开发项目所取得的实物形态的收入和无形资产等其他形式的收入额(不含增值税)填写。

4. 第4栏"视同销售收入",纳税人将开发产品用于职工福利、奖励、对外投资、分配给股东或投资人、抵偿债务、换取其他单位和个人的非货币性资产等,发生所有权转移时应视同销售房地产,其确认收入不含增值税。

5. 第6栏"取得土地使用权所支付的金额",按纳税人为取得该房地产开发项目所需要的土地使用权而实际支付(补交)的土地出让金(地价款)及按国家统一规定交纳的有关费用的数额填写。

6. 第8栏至13栏,应根据《中华人民共和国土地增值税暂行条例实施细则》(财法字〔1995〕6号,以下简称《细则》)规定的从事房地产开发所实际发生的各项开发成本的具体数额填写。

7. 第15栏"利息支出",按纳税人进行房地产开发实际发生的利息支出中符合《细则》第七条第(三)项规定的数额填写。如果不单独计算利息支出的,则本栏数额填写为"0"。

8. 第16栏"其他房地产开发费用",应根据《细则》第七条第(三)项的规定填写。

9. 第18栏至20栏,按纳税人转让房地产时所实际缴纳的税金数额(不包括增值税)填写。

10. 第21栏"财政部规定的其他扣除项目",是指根据《中华人民共和国土地增值税暂行条例》(国务院令第138号,以下简称《条例》)和《细则》等有关规定所确定的财政部规定的扣除项目的合计数。

11. 第22栏"代收费用",应根据《财政部国家税务总局关于土地增值税一些具体问题规定的通知》(财税字〔1995〕48号)第六条"关于地方政府要求房地产开发企业代收的费用如何计征土地增值税的问题"规定填写。

12. 第25栏"适用税率(核定征收率)",适用查账征收方式的纳税人应根据《条例》规定的四级超率累进税率,按所适用的最高一级税率填写;适用核定征收方式的纳税人应根据主管税务机关确定的核定征收率填写。

13. 第26栏"速算扣除系数",应根据《细则》第十条的规定找出相关速算扣除系数填写。

14. 第28、30、32栏"减免性质代码和项目名称"：按照税务机关最新制发的减免税政策代码表中最细项减免性质代码填报。表第29、31、33栏"减免税额"填写相应"减免性质代码和项目名称"对应的减免税金额,纳税人同时享受多个减免税政策应分别填写,不享受减免税的,不填此项。

15. 表中每栏按照"普通住宅、非普通住宅、其他类型房地产"分别填写。

三、从事房地产开发的纳税人按核定征收方式清算适用

1. 本表适用于从事房地产开发并转让的纳税人清算方式为核定征收时填报,各行次应按不同房产类型分别填写。

2. 税款所属期是项目预缴开始的时间,截止日期是税务机关规定(通知)申报期限的最后一日。纳税人在填报本表时,应同时提交税务机关出具的核定文书。

3. 项目名称填写纳税人所开发并转让的且经国家有关部门审批的房地产开发项目全称;项目编码为纳税人进行房地产项目登记时,税务机关按照一定的规则赋予的编码,此编码跟随项目的预缴清算尾盘销售全过程。

4. 表中项目按税务机关出具的核定文书要求填写。

四、纳税人整体转让在建工程

（一）表头项目

1. 本表适用于从事房地产开发并转让的纳税人,及非从事房地产开发的纳税人,在整体转让在建工程时填报,数据应填列至其他类型房地产中。

2. 税款所属期：从事房地产开发并转让的纳税人是项目预缴开始的时间,截止日期是开发项目整体转让在建工程合同(协议)签订时间;非房地产开发纳税人是整体转让在建工程合同(协议)签订时间。

3. 项目名称：从事房地产开发并转让的纳税人填写纳税人所开发并转让的且经国家有关部门审批的房地产开发项目全称,项目编码为纳税人进行房地产项目登记时,税务机关按照一定的规则赋予的编码,此编码跟随项目的预缴清算尾盘销售全过程。

（二）表中项目

1. 第1栏"转让房地产收入总额",按纳税人在转让房地产开发项目所取得的全部收入额(不含增值税)填写。

2. 第2栏"货币收入",按纳税人转让房地产开发项目所取得的货币形态的收入额(不含增值税)填写。

3. 第 3 栏"实物收入及其他收入",按纳税人转让房地产开发项目所取得的实物形态的收入和无形资产等其他形式的收入额(不含增值税)填写。

4. 第 4 栏"视同销售收入",纳税人将开发产品用于职工福利、奖励、对外投资、分配给股东或投资人、抵偿债务、换取其他单位和个人的非货币性资产等,发生所有权转移时应视同销售房地产,其确认收入不含增值税。

5. 第 6 栏"取得土地使用权所支付的金额",按纳税人为取得该房地产开发项目所需要的土地使用权而实际支付(补交)的土地出让金(地价款)及按国家统一规定交纳的有关费用的数额填写。

6. 第 8 栏至 13 栏,应根据《细则》规定的从事房地产开发所实际发生的各项开发成本的具体数额填写。

7. 第 15 栏"利息支出",按纳税人进行房地产开发实际发生的利息支出中符合《细则》第七条第(三)项规定的数额填写。如果不单独计算利息支出的,则本栏数额填写为"0"。

8. 第 16 栏"其他房地产开发费用",应根据《细则》第七条第(三)项的规定填写。

9. 第 18 栏至 20 栏,按纳税人转让房地产时所实际缴纳的税金数额(不包括增值税)填写。

10. 第 21 栏"财政部规定的其他扣除项目",是指根据《条例》《细则》等有关规定所确定的财政部规定的扣除项目的合计数。

11. 第 22 栏"代收费用",纳税人整体转让在建工程时,不填写本项。

12. 第 25 栏"适用税率(核定征收率)",适用查账征收方式的纳税人应根据《条例》规定的四级超率累进税率,按所适用的最高一级税率填写;适用核定征收方式的纳税人应根据主管税务机关确定的核定征收率填写。

13. 第 26 栏"速算扣除系数",应根据《细则》第十条的规定找出相关速算扣除系数填写。

14. 第 28、30、32 栏"减免性质代码和项目名称":按照税务机关最新制发的减免税政策代码表中最细项减免性质代码填报。表第 29、31、33 栏"减免税额"填写相应"减免性质代码和项目名称"对应的减免税金额,纳税人同时享受多个减免税政策应分别填写,不享受减免税的,不填写此项。

五、从事房地产开发的纳税人清算后尾盘销售适用

(一)表头项目

1. 本表适用于从事房地产开发并转让的纳税人,在清算后尾盘销售时填报,各行次应按不同房产类型分别填写。

2. 税款所属期是房地产开发项目尾盘销售收入的纳税义务发生时间。

3. 项目名称填写纳税人所开发并转让的且经国家有关部门审批的房地产开发项目全称;项目编码为纳税人进行房地产项目登记时,税务机关按照一定的规则赋予的编码,此编码会跟随项目的预缴清算尾盘销售全过程。

4. 项目总可售面积应与纳税人清算时填报的总可售面积一致。

5. 清算时已售面积应与纳税人清算时填报的已售面积一致。

6. 清算后剩余可售面积=项目总可售面积-清算时已售面积。

(二)表中项目

1. 第 1 栏"转让房地产收入总额",按纳税人在转让房地产开发项目所取得的全部收入额(不含增值税)填写。

2. 第 2 栏"货币收入",按纳税人转让房地产开发项目所取得的货币形态的收入额(不含增值税)填写。

3. 第 3 栏"实物收入及其他收入",按纳税人转让房地产开发项目所取得的实物形态的收入和无形资产等其他形式的收入额(不含增值税)填写。

4. 第 4 栏"视同销售收入",纳税人将开发产品用于职工福利、奖励、对外投资、分配给股东或投资人、抵偿债务、换取其他单位和个人的非货币性资产等,发生所有权转移时应视同销售房地产,其确认收入不含增值税。

5. 第 6 栏"本次清算后尾盘销售的销售面积",按申报税款所属期纳税人尾盘销售的建筑面积填报。6.第 7 栏"单位成本费用"。单位成本费用=清算申报时或清算审核确定的扣除项目金额÷清算的总已售面积。公式中的"扣除项目金额"不包括清算时扣除的"与转让房地产有关的税金"。

7. 第 14 栏"适用税率(核定征收率)",适用查账征收方式的纳税人应根据《条例》规定的四级超率累进税率,按所适用的最高一级税率填写;适用核定征收方式的纳税人应根据主管税务机关确定的核定征收率填写。

8. 第 15 栏"速算扣除系数",应根据《细则》第十条的规定找出相关速算扣除系数填写。

9. 第 17、19、21 栏"减免性质代码和项目名称":按照税务机关最新制发的减免税政策代码表中最细项减免性质代码填报。表第 18、20、22 栏"减免税额"填写相应"减免性质代码和项目名称"对应的减免税金额,纳税人同时享受多个减免税政策应分别填写,不享受减免税的,不填写此项。

10. 表中每栏按照"普通住宅、非普通住宅、其他类型房地产"分别填写。

六、转让旧房及建筑物的纳税人适用

(一)表头项目

1. 本表适用于转让旧房及建筑物的纳税人,纳税人应在签订房地产转让合同后的七日内,向房地产所在地主管税务机关填报土地增值税纳税申报表。本表还适用于从事房地产开发的纳税人将开发产品转为自用、出租等用途且已达到主管税务机关旧房界定标准后,又将该旧房对外出售的。

2. 项目名称:从事房地产开发并转让的纳税人填写纳税人所开发并转让的且经国家有关部门审批的房地产开发项目全称,项目编码为纳税人进行房地产项目登记时,税务机关按照一定的规则赋予的编码,此编码会跟随项目的预缴清算尾盘销售全过程。

(二)表中项目

本表的各主要项目内容,应根据纳税人转让的房地产项目作为填报对象。纳税人如果同时转让两个或两个以上房地产的,应分别填报。

1. 第1栏"转让房地产收入总额",按纳税人转让房地产所取得的全部收入额(不含增值税)填写。

2. 第2栏"货币收入",按纳税人转让房地产所取得的货币形态的收入额(不含增值税)填写。

3. 第3、4栏"实物收入""其他收入",按纳税人转让房地产所取得的实物形态的收入和无形资产等其他形式的收入额(不含增值税)填写。

4. 第6栏"取得土地使用权所支付的金额",按纳税人为取得该房地产项目所需要的土地使用权而实际支付(补交)的土地出让金(地价款)及按国家统一规定交纳的有关费用的数额填写。

5. 第7栏"旧房及建筑物的评估价格",是指根据《条例》《细则》等有关规定,按重置成本法评估旧房及建筑物并经当地税务机关确认的评估价格的数额。本栏由第8栏与第9栏相乘得出。如果本栏数额能够直接根据评估报告填报,则本表第8、9栏可以不必再填报。

6. 第8栏"旧房及建筑物的重置成本价",是指按照《条例》和《细则》规定,由政府批准设立的房地产评估机构评定的重置成本价。

7. 第9栏"成新度折扣率",是指按照《条例》和《细则》规定,由政府批准设立的房地产评估机构评定的旧房及建筑物的新旧程度折扣率。

8. 第10栏"评估费用",是指纳税人转让旧房及建筑物时因计算纳税的需要而对房地产进行评估,其支付的评估费用允许在计算增值额时予以扣除。

9. 第11栏"购房发票金额",区分以下情形填写:提供营业税销售不动产发票的,按发票所载金额填写;提供增值税专用发票的,按发票所载金额与不允许抵扣进项税额合计金额数填写;提供增值税普通发票的,按照发票所载价税合计金额数填写。

10. 第12栏"发票加计扣除金额"是指购房发票金额乘以房产实际持有年数乘以5%的积数。

11. 第13栏"房产实际持有年数"是指,按购房发票所载日期起至售房发票开具之日止,每满12个月计一年;未满12个月但超过6个月的,可以视同为一年。

12. 第14栏"购房契税"是指购房时支付的契税。

13. 第15栏"与转让房地产有关的税金等"为第16栏至19栏的合计数。

14. 第16栏至19栏,按纳税人转让房地产时实际缴纳的有关税金的数额填写。开具营业税发票的,按转让房地产时缴纳的营业税数额填写;开具增值税发票的,第16栏营业税为0。

15. 第22栏"适用税率(核定征收率)",适用查账征收方式的纳税人应根据《条例》规定的四级超率累进税率,按所适用的最高一级税率填写;适用核定征收方式的纳税人应根据主管税务机关确定的核定征收率填写。

16. 第23栏"速算扣除系数",应根据《细则》第十条的规定找出相关速算扣除系数填写。

17. 第25、27、29栏"减免性质代码和项目名称":按照税务机关最新制发的减免税政策代码表中的最细项减免性质代码填报。表第26、28、30栏"减免税额"填写相应"减免性质代码和项目名称"对应的减免税金额,纳税人同时享受多个减免税政策应分别填写,不享受减免税的,不填写此项。

七、转让旧房及建筑物的纳税人核定征收适用

1. 本表适用于转让旧房及建筑物的纳税人采用核定征收方式时填报。纳税人应在签订房地产转让合同后的七日内,向房地产所在地主管税务机关填报本表。本表还适用于从事房地产开发的纳税人将开发产品转为自用、出租等用途且已达到主管税务机关旧房界定标准后,又将该旧房对外出售的。纳税人在填报本表时,应同时提交税务机关出具的核定文书。

2. 项目名称:从事房地产开发并转让的纳税人填写纳税人所开发并转让的且经国家有关部门审批的房地产开发项目全称,项目编码为纳税人进行房地产项目登记时,税务机关按照一定的规则赋予的编码,此编码会跟随项目的预缴清算尾盘销售全过程;非从事房地产开发的纳税人填写纳税人进行房地产项目登记时税务机关赋予的项目名称及项目编码。

3. 表中项目按税务机关出具的核定文书要求填写。

第四节　土地增值税清算案例

一、公司设立

(1) M房地产开发有限责任公司(以下简称M公司)成立于2017年12月15日,注册地址:坞城路××号。由A科技有限公司、B建筑有限公司、C投资有限公司三家公司共同出资设立,注册资本为2 000万元,当日取得营业执照,按公司章程约定：A、B、C 三家公司持股比例分别为 55％、25％和 20％，投资者于 2017 年 12 月 25 日前一次缴足投资款。2017 年 12 月 25 日，收到投资款。依据银行进账单回单和公司章程，进行账务处理（单位：万元，下同）。

借：银行存款——基本账户   2000

 贷：实收资本——A 公司   1100

     ——B 公司   500

     ——C 公司   400

（2）2017 年 12 月，发生办公费用和人员工资等 3 万元。依据取得的普通发票、工资单和付款凭证等资料，进行会计处理。

借：管理费用——开办费   3

 贷：银行存款   3

（3）2018 年 1 月 15 日，申报缴纳记载资金的账簿印花税。

借：税金及附加——印花税（2 000×0.05％）   1

 贷：银行存款   1

（4）M 公司为增值税一般纳税人，企业所得税和印花税查账征收，机构所在地与项目所在地的城市维护建设税税率均为 7％，教育费附加征收率 3％，不考虑地方教育附加。土地增值税预征率为 2％。

该省规定：财务费用中的利息支出，凡能够按转让房地产项目计算分摊并提供金融机构证明的，允许据实扣除，但最高不能超过按商业银行同类同期贷款利率计算的金额。其他房地产开发费用，按照"取得土地使用权所支付的金额"与"房地产开发成本"金额之和的 5％计算扣除。

凡不能按转让房地产项目计算分摊利息支出或不能提供金融机构证明的，房地产开发费用在按"取得土地使用权所支付的金额"与"房地产开发成本"金额之和的 10％计算扣除。

二、投资土地改造项目

（1）2018 年 1 月 10 日，M 公司与甲市土地管理部门签订《××棚户区土地开发合同》，合同约定：M 公司负责××棚户区的拆迁补偿及土地"三通一平"工程。

甲市土地管理部门对该地块收储出让后，以该地块土地出让金的 30％返还

M公司。M公司自负盈亏。

M公司以银行存款支付中标服务费5万元,取得普通发票。

借:管理费用——其他 5
　贷:银行存款 5

(2) 2018年1月12日,以银行存款预付R建安公司工程款270万元。

借:预付账款——R公司 270
　贷:银行存款 270

(3) 2018年5月12日,经股东会研究同意,三家法人股东按出资比例以货币资金向M公司再次注资5 000万元,计入资本公积。

2018年5月13日,5 000万元资金到账。

借:银行存款 5 000
　贷:资本公积 5 000

(4) 2018年6月15日,申报缴纳记载资金账簿印花税。

根据《财政部　税务总局关于对营业账簿减免印花税的通知》(财税〔2018〕50号)的规定,自2018年5月1日起,对按万分之五税率贴花的资金账簿减半征收印花税,对按件贴花五元的其他账簿免征印花税。

因而,应申报缴纳记载资金账簿印花税:5 000×0.05%×50%＝1.25(万元)。

借:税金及附加——印花税 1.25
　贷:银行存款 1.25

(5) 2018年6月18日,经统计,需拆迁补偿建筑面积6 000平方米,被拆迁户可以选择按5 000元/平方米现金补偿,也可选择按1:1标准置换该地块开发的住宅。

(6) 2018年6月23日,与住户全部达成拆迁补偿协议,当月支付补偿金:3 750×0.5＝1 875(万元),拆迁补偿款由当地政府××棚户区改造办公室代为收取和发放。剩余2 250平方米置换住宅,拆迁补偿合同约定被拆迁户购买超补偿面积部分,按5 000元/平方米购买,于该公司办理拆迁补偿房移交时一次性缴付。

借:开发成本——土地征用与拆迁补偿费——拆迁补偿费 1 875
　贷:银行存款 1 875

（7）2018 年 7 月 25 日,完成拆迁工程,经结算,应支付 R 建筑安装公司建筑物拆除费 390 万元,取得增值税普通发票 390 万元。

借:开发成本——土地征用及拆迁补偿费——拆迁补偿费　　　　　390
　　贷:预付账款——R 公司　　　　　　　　　　　　　　　　　270
　　　　应付账款——R 公司　　　　　　　　　　　　　　　　　120

（8）2018 年 7 月 28 日,计提项目部人员 7 月份工资 21 万元。

借:开发成本——开发间接费用(工资)　　　　　　　　　　　　21
　　贷:应付职工薪酬——工资　　　　　　　　　　　　　　　　21

（9）2018 年 7 月 28 日,项目开发部报销业务招待费 8.9 元。

借:管理费用——业务招待费　　　　　　　　　　　　　　　　8.9
　　贷:银行存款　　　　　　　　　　　　　　　　　　　　　8.9

（10）2018 年 7 月 28 日,M 公司与 E 建筑公司签署协议,E 公司承包拆迁地块"三通一平"工程,工程造价 686.18 万元。同日,预付工程款 200 万元。

借:预付账款——E 公司　　　　　　　　　　　　　　　　　　200
　　贷:银行存款　　　　　　　　　　　　　　　　　　　　　200

（11）2018 年 8 月 26 日,E 建筑公司完成了拆迁地块的"三通一平"工程,按合同约定 E 建筑公司向 M 公司开具了增值税专用发票 618.18 万元,注明税额 68 万元。M 公司以银行存款支付 200 万元,余款暂欠。

借:开发成本——前期工程费——三通一平费　　　　　　　　　618.18
　　应缴税费——应交增值税(进项税额)　　　　　　　　　　　68
　　贷:银行存款　　　　　　　　　　　　　　　　　　　　　200
　　　　预付账款——E 公司　　　　　　　　　　　　　　　　200
　　　　应付账款——E 公司　　　　　　　　　　　　　　　　286.18

三、土地竞拍

2018 年 9 月 2 日,甲市土地管理局对 M 公司负责的××棚户区拆迁补偿工作及土地"三通一平"工程进行了验收,达到出让条件。

2018 年 9 月 3 日,甲市土地管理部门对××棚户区的土地进行拍卖,公告显示:拍卖地块位于中山路××号,面积 30 000 平方米,净地出让。参与竞拍的单位和个人应于 2018 年 9 月 8 日前向市土地储备中心缴纳保证金 500 万元。竞拍获得该块土地的单位和个人需履行与被拆迁户签订的拆迁补偿协议。

（1）2018 年 9 月 8 日，M 公司按拍卖公告要求支付竞拍保证金 500 万元。依据市土地储备中心开具的资金往来结算票据和银行付款凭证，进行会计处理。

借：其他应收款——竞拍保证金　　　　　　　　　　　　500

贷：银行存款　　　　　　　　　　　　　　　　　　　　　　500

（2）2018 年 9 月 10 日，竞拍成功，支付拍卖佣金 30.033 333 万元。依据拍卖公司开具的增值税专用发票和付款凭证进行会计处理。

借：管理费用　　　　　　　　　　　　　　　　　　28.333 333

应缴税费——应交增值税（进项税额）　　　　　　　　1.7

贷：银行存款　　　　　　　　　　　　　　　　　　30.033 333

（3）2018 年 9 月 11 日，M 公司与甲市国土部门签订《国有建设用地使用权出让合同》，合同约定，合同项下出让宗地编号为 2018WT026，宗地总面积 30 000 平方米。出让人同意在 2018 年 9 月 20 日前将出让宗地交付给受让人，出让方承诺在交付土地时该宗地应达到场地平整和周围基础设施"三通"的交付条件。

该宗地的土地使用权出让金总额为 12 000 万元；分两期支付，每次支付 6 000 万元，第一期于 2018 年 9 月 15 日前支付，第二期于 2019 年 9 月 15 日前支付。分期支付土地出让金的，受让人在支付第二期及以后各期土地出让金时，应按照第一次支付土地出让金时银行同期贷款利率向出让人支付相应的利息。受让人同意在本合同项下宗地范围内一并修建幼儿园，面积 2 000 平方米，并在建成后无偿移交给政府。

（4）2018 年 9 月 13 日，M 公司向股东借款 7 000 万元，其中借 A 科技公司 3 850 万元，B 建筑公司 1 750 万元，C 投资公司 1 400 万元，约定无利息。

依据借款收据记账联和与股东签署无息借款协议等进行会计处理。

借：银行存款　　　　　　　　　　　　　　　　　　　7 000

贷：其他应付款——A 公司　　　　　　　　　　　　3 850

——B 公司　　　　　　　　　　　　1 750

——C 公司　　　　　　　　　　　　1 400

（5）2018 年 9 月 14 日，支付土地出让金 6 000 万元。

依据财政部门开具的省财政厅监制的非税收入一般缴款书(收据联)和付款凭证进行会计处理。

借：开发成本——土地征用及拆迁补偿费——土地出让金 6 000

贷：银行存款 5 500

其他应收款——竞拍保证金 500

(6) 2018 年 9 月 17 日,申报缴纳产权转移书据印花税(12 000×0.05%)和契税[契税税率 3%,12 000×3%＝360(万元)]并办理了土地使用证。依据完税凭证和付款凭证进行会计处理。

借：开发成本——土地征用及拆迁补偿费——契税 360

税金及附加——印花税 6

贷：银行存款 366

2018 年 9 月 18 日,该宗地交付。

(7) 2018 年 9 月 27 日,收到土地储备中心出让金返还款 3 600(12 000×30%)万元,拨付文件注明用于被拆迁户的货币补偿和建筑拆除等;另收到土地储备中心支付的财政资金 2 200 万元,拨付文件规定用于被拆迁户的实物补偿。

借：银行存款 5 800

贷：其他业务收入 3 600

其他应付款——拆迁补偿专项资金 2 200

涉税分析：依据《××棚户区土地开发合同》,M 公司与地方政府合作,投资政府土地改造项目。当该地块符合国家土地出让条件时,地方政府将该地块进行挂牌出让,M 公司收到土地储备中心土地出让金的 30%返还款 3 600 万元。若低于 M 公司投资总额,亏损由 M 公司自行承担;若超过 M 公司投资总额,所获收益归 M 公司。

符合《国家税务总局关于纳税人投资政府土地改造项目有关营业税问题的公告》(国家税务总局公告 2013 年第 15 号)所规定的"投资行为",其取得的投资收益不征收营业税。

《国家税务总局关于纳税人投资政府土地改造项目有关营业税问题的公告》(国家税务总局公告 2013 年第 15 号)规定,一些纳税人(以下称投资方)与地方政府合作,投资政府土地改造项目(包括企业搬迁、危房拆除、土地平整等土地整理工作)。其中,土地拆迁、安置及补偿工作由地方政府指定其他纳税人进行,投资方负责按计划支付土地整理所需资金;同时,投资方作为建设方与规划设计单位、施工单位签订合同,协助地方政府完成土地规划设计、场地平整、地块周边绿化等工作,并直接向规划设计单位和施工单位支付设计费和工程款。当该地块符合国家土地出让条件时,地方政府将该地块进行挂牌出让,若成交价低于投资方投入的所有资金,亏损由投资方自行承担;若成交价超过投资方投入的所有资金,则所获收益归投资方。在上述过程中,投资方的行为属于投资行为,不属于营业税征税范围,其取得的投资收益不征收营业税;规划设计单位、施工单位提供规划设计劳务和建筑业劳务取得的收入,应照章征收营业税。

《河北省国家税务局关于全面推开营改增有关政策问题的解答之七》也明确,纳税人(以下称投资方)与地方政府合作,投资政府土地改造项目(包括企业搬迁、危房拆除、土地平整等土地整理工作),符合《国家税务总局关于纳税人投资政府土地改造项目有关营业税问题的公告》(国家税务总局公告2013年第15号)所规定的"投资行为"的,取得的投资收益不属于增值税征税范围,不征收增值税。投资方收取固定或保底收益的,按照贷款服务税目征收增值税。

借:其他业务成本   2 904.18
  贷:开发成本——土地征用及拆迁补偿费——拆迁补偿费   2 265
        ——前期工程费—三通——平费   618.18
        ——开发间接费用——工资   21

投资土地开发项目的开发成本如表10-1所示。

表 10-1 开发成本——土地征用与拆迁补偿费 单位:万元

时间	摘要	借	贷
2018.6.23	支付拆迁补偿费	1 875	
2018.7.25	支付建筑物拆除费	390	
2018.8.26	三通一平费	618.18	
2018.7.28	支付项目部工资	21	
2018.9.27	结转其他业务支出		2 904.18
	合计	2 904.18	2 904.18

涉税分析:

M公司收到土地储备中心支付的2 200万元,用于被拆迁户的实物补偿。《国有土地上房屋征收与补偿条例》规定,市、县级人民政府负责本行政区域的房屋征收与补偿工作。市、县级人民政府确定的房屋征收部门(以下称房屋征收部门)组织实施本行政区域的房屋征收与补偿工作。

土地储备中心向 M 公司支付的 2 200 万元,实质是政府向 M 公司购买开发产品用于向被拆迁户补偿。

因此,2 200 万元为预收售房款,应申报缴纳增值税和土地增值税。

根据《房地产开发企业销售自行开发的房地产项目增值税征收管理暂行办法》(国家税务总局公告 2016 年第 18 号)的规定,一般纳税人采取预收款方式销售自行开发的房地产项目,应在收到预收款时按照 3% 的预征率预缴增值税。应预缴税款按照以下公式计算:

$$应预缴税款 = 预收款 \div (1 + 适用税率或征收率) \times 3\%$$

适用一般计税方法计税的,按照适用税率计算;适用简易计税方法计税的,按照 5% 的征收率计算。一般纳税人应在取得预收款的次月纳税申报期向主管税务机关预缴税款。

《国家税务总局关于营改增后土地增值税若干征管规定的公告》(国家税务总局公告 2016 年第 70 号)规定,营改增后,纳税人转让房地产的土地增值税应税收入不含增值税。适用增值税一般计税方法的纳税人,其转让房地产的土地增值税应税收入不含增值税销项税额。房地产开发企业采取预收款方式销售自行开发的房地产项目的,可按照以下方法计算土地增值税预征计征依据:

$$土地增值税预征的计征依据 = 预收款 - 应预缴增值税税款$$

借:应交税费——预交增值税[2 200÷(1+10%)×3%]	60	
——预交土地增值税[(2 200−60)×2%]	42.8	
——应交城市维护建设税(60×7%)	4.2	
——应交教育费附加(60×3%)	1.8	
贷:银行存款		108.8

对适用增值税一般计税方法的房地产开发企业,清算时,其土地增值税应税收入如何确定问题,江苏清算收入明确的执行口径为:根据《财政部国家税务总局关于营改增后契税、房产税、土地增值税、个人所得税计税依据问题的通知》(财税〔2016〕43 号)第三条的规定,土地增值税纳税人转让房地产取得的收入为不含增值税收入。根据《国家税务总局关于营改增后土地增值税若干征管规定的公告》(国家税务总局公告 2016 年第 70 号)第一条的规定,适用增值税一般计税方法的纳税人,其转让房地产的土地增值税应税收入不含增值税销项税额。

因此,适用增值税一般计税方法的房地产开发企业,清算时,其土地增值税应税收入＝转让房地产收入÷(1＋适用税率)。

不过,根据《广州市地方税务局关于印发 2016 年土地增值税清算工作有关问题处理指引的通知》(穗地税函〔2016〕188 号)的规定,土地增值税纳税人销售自行开发的房地产项目取得的收入为不含增值税收入,其中:

① 纳税人选用增值税简易计税方法计税的,土地增值税预征、清算收入均按"含税销售收入÷(1＋5％)"确认。

② 纳税人选用增值税一般计税方法计税的,土地增值税预征收入按"含税销售收入÷(1＋适用税率)"确认;土地增值税清算收入按"(含税销售收入＋本项目土地价款×适用税率)÷(1＋适用税率)"确认,即:纳税人按规定允许以本项目土地价款扣减销售额而减少的销项税金,应调增土地增值税清算收入。

四、项目立项和规划

M 公司拟用拍得的地块用于开发墅院商住项目。已按规定取得固定资产投资许可证、土地规划许可证和建筑工程规划许可证。

该项目的基本情况如下:

土地规划许可证显示:开发墅院商住项目一期规划占地10 000平方米。

建筑工程规划许可证显示:商住楼两座,分为 A 座和 B 座,均为 10 层,各10 000平方米。两座楼结构相同,1～2 层为商铺,建筑面积均为2 000平方米,建商铺 20 套;3～8 层为住宅,建筑面积均为 8 000 平方米,其中,A 座 64 套,每套建筑面积 125 平方米,B 座 50 套,每套建筑面积 160 平方米。

配套设施的面积为3 000平方米,分别为:变电站和热力站面积共1 000平方米;幼儿园面积2 000平方米,均为不可转让公共配套设施。

M 公司只有墅院商住项目,采用一般计税方法计算缴纳增值税。

项目立项阶段的相关交易事项如下。

(1) 2018 年 9 月 26 日,M 公司与某建筑设计院签订设计合同。10 月 15 日,收到设计的墅院项目建筑图纸,支付设计费价税合计 58.3 万元,以银行存款支付,取得增值税专用发票注明的税额为 3.3 万元。

借:开发成本——前期工程费——规划设计费　　　　　　　　　　55

　　应交税费——应交增值税(进项税额)　　　　　　　　　　　3.3

　　贷:银行存款　　　　　　　　　　　　　　　　　　　　　　58.3

（2）2018 年 10 月 20 日，M 公司与勘察设计院签订勘察设计合同，对墅院项目进行地质勘察设计。11 月 11 日，支付勘察设计院勘测费 106 万元，取得增值税专用发票注明的税额为 6 万元。

借：开发成本——前期工程费——勘察费　　　　　　　　100
　　应交税费——应交增值税（进项税额）　　　　　　　6
　　贷：银行存款　　　　　　　　　　　　　　　　　　　　　106

（3）2018 年 11 月 13 日，支付政府机关的行政性收费等 645 万元。根据付款凭证和财政票据进行会计处理。

借：开发成本——前期工程费——报批报建费　　　　　　645
　　贷：银行存款　　　　　　　　　　　　　　　　　　　　　645

（4）2018 年 12 月 30 日，M 公司以墅院项目的土地使用权为抵押，向中国建设银行裕华路支行借款 4 000 万元，借款期为 2 年，年利率为 6%，银行预扣一季度利息，余款存到公司账户。并申报缴纳印花税 0.2 万元。

根据增值税普通发票、借据、借款合同和完税凭证进行会计处理。

借：银行存款——建行户　　　　　　　　　　　　　　3 940
　　开发成本——借款利息　　　　　　　　　　　　　　　60
　　贷：长期借款　　　　　　　　　　　　　　　　　　　4 000

借：税金及附加　　　　　　　　　　　　　　　　　　　0.2
　　贷：银行存款　　　　　　　　　　　　　　　　　　　　　0.2

五、建筑安装业务

2019 年 1 月 15 号，墅院商住项目取得建筑工程开工许可证。

墅院商住项目采用包工包料方式承包给 E 建筑公司进行施工，合同价款 5 450 万元；附属公共配套设施土建工程由 G 建工集团以 654 万元中标，其中，变电站和热力站 218 万元，幼儿园 436 万元。

与 E 建筑公司签订的施工合同约定，除开工预付款 100 万元外，工程价款按工程进度支付，由工程部按工程进度计算完工量，监理公司签署质量意见后，由财务部根据合同、付款审批单和增值税专用发票付款。

墅院商住项目部委托中正监理公司为项目的监理方，并签订了监理合同，合同金额 42.4 万元。

建设期共发生下列业务：

（1）2019 年 3 月 5 日，预付 E 建筑公司工程款 100 万元。根据收款收据、付款审批单和付款凭证进行会计处理。

借：预付账款——E 公司　　　　　　　　　　　　　100
　　贷：银行存款　　　　　　　　　　　　　　　　　　　100

（2）2019 年 4 月 30 日，以银行存款支付监理费 6.36 万元。取得的增值税专用发票注明的税额为 0.36 万元。根据增值税专用发票、付款审批单和付款凭证进行会计处理。

借：开发成本——开发间接费（监理费）　　　　　　6
　　应交税费——应交增值税（进项税额）　　　　　0.36
　　贷：银行存款　　　　　　　　　　　　　　　　　　　6.36

（3）2019 年 10 月 13 日，财务部收到工程部当月的工程结算和增值税专用发票，应结付 E 建筑公司工程款 1 744 万元，取得增值税专用发票注明的税额为 144 万元。

根据增值税专用发票、付款审批单和付款凭证进行会计处理。

借：开发成本——建筑安装工程费——A、B 商住楼　　1 600
　　应交税费——应交增值税（进项税额）　　　　　144
　　贷：预付账款——E 公司　　　　　　　　　　　　　100
　　　　银行存款　　　　　　　　　　　　　　　　　　1 644

（4）2019 年 10 月 16 日，收到工程部当月的工程价款结算单和发票，应付 G 建工集团公司幼儿园工程款 109 万元，取得增值税专用发票注明的税额为 9 万元。根据增值税专用发票、付款审批单和付款凭证进行会计处理。

借：开发成本——公共配套　　　　　　　　　　　　100
　　应交税费——应交增值税（进项税额）　　　　　9
　　贷：银行存款　　　　　　　　　　　　　　　　　　　109

（5）2019 年 10 月 18 日，墅院供应部招标采购变压器和自来水二次增压设备，甲、乙、丙三家公司参与投标，各交保证金 0.5 万元。

乙公司中标后反悔，按规定没收乙公司保证金；二次投标后，甲公司以 81.9 万元中标，丙公司未中标，退还甲公司、丙公司保证金。

根据收款凭证、招标说明和退标证明进行会计处理。

借：银行存款 1.5

　　贷：其他应付款——甲公司（投标金） 0.5

　　　　　　　　　——乙公司（投标金） 0.5

　　　　　　　　　——丙公司（投标金） 0.5

借：其他应付款——乙公司（投标金） 0.5

　　贷：营业外收入 0.5

借：其他应付款——甲公司（投标金） 0.5

　　　　　　　　　——丙公司（投标金） 0.5

　　贷：银行存款 1

（6）2019 年 10 月 29 日，变压器和供水设备到货，验收入库，发票未到，合同不含税价 70 万元。根据验收单和合同进行会计处理。

借：工程物资——变压器及供水设备（暂估入账） 70

　　贷：应付账款——甲公司（暂估入账） 70

（7）2019 年 11 月 9 日，收到变压器和供水设备的发票，支付 79.1 万元，取得增值税专用发票上注明的税额是 9.1 万元；另付运费 0.520 4 万元，取得增值税专用发票上注明的税额是 0.042 969［0.520 4÷（1＋9％）×9％］万元，运费由 M 公司承担。

　　上述费用以银行存款支付。

借：应付账款——甲公司（暂估入账） 70

　　贷：工程物资——变压器及供水设备（暂估入账） 70

借：工程物资——变压器及供水设备 70.477 431

　　应交税费——应交增值税（进项税额） 9.142 969

　　贷：银行存款 79.620 4

（8）2019 年 11 月 12 日，G 建工集团领用变压器和供水设备并安装。根据领料单，工程验收单进行会计处理。

借：开发成本——公共配套费 70.477 431

　　贷：工程物资——变压器及供水设备 70.477 431

（9）2019 年 12 月 20 日，财务部收到工程部工程结算单和发票，应付 E 建筑公司应结算工程款 2 180 万元，G 建工 327 万元。上述款项未付。根据增值税专用发票、付款审批单进行会计处理。

借：开发成本——建筑安装工程费——AB　　　　　　　　　　　　2 000

　　　　　　——公共设施费　　　　　　　　　　　　　　　　　　300

　　应交税费——应交增值税（进项税额）　　　　　　　　　　　207

　　贷：预付账款——E公司　　　　　　　　　　　　　　　　　　2 180

　　　　　　——G建工　　　　　　　　　　　　　　　　　　　　327

（10）2019年12月21日，本年度墅院项目发生电费24.86万元，取得增值税专用发票注明的税额为2.86万元。以银行存款支付。根据电表分配本年度电费，其中：E建筑公司负担16.95万元，G建工负担2.26万元，上述金额建筑公司经核对并确认。其余由项目部负担。根据增值税专用发票、建筑公司确认单和付款申请审批表进行会计处理。

借：开发成本——开发间接费用（水电费）　　　　　　　　　　22

　　应交税费——应交增值税（进项税额）　　　　　　　　　　2.86

　　贷：银行存款　　　　　　　　　　　　　　　　　　　　　24.86

借：其他应收款——E建筑公司　　　　　　　　　　　　　　　16.95

　　　　　　——G建工　　　　　　　　　　　　　　　　　　2.26

　　贷：应交税费——应交增值税（销项税额）　　　　　　　　2.21

　　　　开发成本——开发间接费用（水电费）　　　　　　　　17

（11）2019年12月25日，项目全部竣工，项目部与施工单位进行结算，AB商住楼结算价为5 450万元，热力站和变电站为180万元，幼儿园为430.4万元。

根据增值税专用发票、付款申请审批表和结算书进行会计处理。

借：开发成本——建筑工程费——AB商住[5 450÷(1+9%)-1 600-2 000]　　1 400

　　开发成本——基础、公共配套设施费[(180+430.4)÷(1+9%)-100-300]　　160

　　应交税费——应交增值税（进项税额）[(1 400+160)×9%]　　　140.4

　　贷：应预付账款——E公司　　　　　　　　　　　　　　　　1 526

　　　　应付账款——G建工　　　　　　　　　　　　　　　　　174.4

（12）2019年12月25日，以银行存款支付监理费36.04万元。取得增值税专用发票注明的税额为2.04万元。根据增值税专用发票、付款审批单和付款凭证进行会计处理。

借：开发成本——开发间接费（监理费）　　　　　　　　　　　34

　　应交税费——应交增值税（进项税额）　　　　　　　　　　2.04

　　贷：银行存款　　　　　　　　　　　　　　　　　　　　　36.04

六、其他业务

(1) 2019 年 9 月 15 日,支付土地出让金,取得的非税收入一般缴款书(收据联)注明土地出让金 6 000 万元、资金占用费 360 万元。

借:开发成本——土地征用及拆迁补偿费——土地出让金　　　6 000

　　开发成本——资金占用费　　　360

　　贷:银行存款　　　6 360

(2) 2019 年 1~12 月,缴纳城镇土地使用税,单位税额为 15 元/平方米。该省规定土地使用税按年计算,分季缴纳。每季度根据完税凭证进行会计处理。$15 \times 3 \div 4 = 11.25$(万元)。

借:税金及附加　　　11.25

　　贷:银行存款　　　11.25

(3) 2019 年 2~4 季度每季度末支付银行贷款利息 60 万元。根据增值税普通发票和利息单进行会计处理。

借:开发成本——借款利息　　　60

　　贷:银行存款　　　60

(4) 2019 年 12 月 29 日,支付广告牌制作费 39.55 万元,取得增值税专用发票注明的税额为 4.55 万元。

根据增值税专用发票、付款申请审批表和付款凭证进行会计处理。

借:销售费用——广告费　　　35

　　应交税费——应交增值税(进项税额)　　　4.55

　　贷:银行存款　　　39.55

(5) 2019 年 1~12 月,每月计提和发放项目部人员工资 21 万元。

借:开发成本——开发间接费用(工资)　　　21

　　贷:应付职工薪酬——工资　　　21

借:应付职工薪酬——工资　　　21

　　贷:银行存款　　　21

全年共计发放工资:$12 \times 21 = 252$(万元)。

会计核算的开发成本如表 10-2 所示。

表 10-2　　　　　　　　　　　开发成本（会计核算）　　　　　　　　　单位：万元

时间	摘要	土地价款及税费	前期工程费	建安工程费	公共配套	开发间接费用	利息
2018.9.14	支付土地出让金	6 000					
2018.9.17	支付契税	360					
2018.9.26	支付设计费		55				
2018.11.11	支付勘查费		100				
2018.11.13	支付报批报建费		645				
2018.12.30	支付利息						60
2019.4.30	支付监理费					6	
2019.9.15	支付资金占用费						360
2019.9.15	支付土地款	6 000					
2019.10.13	支付建安工程款			1 600			
2019.10.16	支付幼儿园工程款				100		
2019.11.12	变压器与供水设备				70.477 431		
2019.12.20	支付建安工程款			2 000	300		
2019.12.21	支付水电费					22	
2019.12.21	建安公司承担水电费					-17	
2019.12.25	应付建安工程款			1 400	160		
2019.12.25	支付监理费					34	
	支付贷款利息60万/季						180
	支付人员工资21万/月					252	
	小计	12 360	800	5 000	630.477 431	297	600

（6）2019 年 12 月 30 日，将开发成本及附属设施成本转开发产品。

A、B 楼分摊土地成本＝（12 000＋360）×10 000÷30 000＝4 120（万元）。

开发成本：4 120＋800＋5 000＋630.48＋297＋600＝11 447.48（万元）。会计按建筑面积法分摊开发成本。则：

住宅应分摊：11 447.48×80％＝9 157.984（万元）。

商铺应分摊：11 447.48×20％＝2 289.495（万元）。

借：开发产品——A、B住宅   9 157.984
     ——商业   2 289.496
  贷：开发成本——土地征用及拆迁补偿费   4 120
     ——前期工程费   800
     ——建筑安装工程费——AB   5 000
     ——基础、公共配套设施费   630.48
     ——开发间接费   297
     ——利息支出   600

七、预(销)售业务

(1) 2019 年 10 月 10 日,墅院项目取得预售许可证。当月预售房款 700 万元,收订金 50 万元,均为住宅预售。

借：银行存款   750
  贷：预收账款   750

应预缴增值税：$750 \div (1+9\%) \times 3\% = 20.642\ 202$（万元）。

应缴城建税：$20.642\ 202 \times 7\% = 1.444\ 954$（万元）。

应缴教育费附加：$20.642\ 202 \times 3\% = 0.619\ 266$（万元）。

应预缴土地增值税：$(750-20.642\ 202) \times 2\% = 14.587\ 156$（万元）。

(2) 2019 年 11 月 13 日,申报缴纳 10 月份增值税和土地增值税等。

根据完税凭证进行会计处理。

借：应交税费——预交增值税   20.642 202
     ——应交城市维护建设税   1.444 954
     ——应交教育费附加   0.619 266
     ——土地增值税［$(750-20.642\ 202) \times 2\%$］ 14.587 156
  贷：银行存款   37.293 578

(3) 2019 年 8 月,在中国建设银行裕华路支行开办购房按揭业务。按协议约定该行从贷款中收取 10% 的保证金。

8 月收承购人首付款 3 900 万元,银行贷款 7 000 万元,扣除保证金 700 万元,余款转入在该行的账户;放款次月起,承购人开始还贷。

借：银行存款   10 200
  其他货币资金——按揭贷款保证金   700
  贷：预收账款   10 900

应预缴增值税：10 900÷(1+9%)×3%=300(万元)。

应预缴土地增值税：(10 900－300)×2%=212(万元)。

(4) 2019 年 9 月，申报缴纳 8 月份增值税和土地增值税等税金。根据完税凭证进行会计处理。

借：应交税费——预交增值税　　　　　　　　　　　　300
　　　　　　——应交城市维护建设税　　　　　　　　　21
　　　　　　——应交教育费附加　　　　　　　　　　　9
　　　　　　——预交土地增值税　　　　　　　　　　212
　　贷：银行存款　　　　　　　　　　　　　　　　　　　542

(5) 2019 年 11 月，因承购人甲未及时还款，月末银行从保证金中扣款 0.7 万元。根据按揭银行通知进行会计处理。

借：其他应收款——承购人甲　　　　　　　　　　　　0.7
　　贷：其他货币资金——按揭贷款保证金　　　　　　　　0.7

(6) 2019 年 12 月，支付房屋销售代理公司服务费 53 万元。取得增值税专用发票注明的税额为 3 万元。根据增值税专用发票、付款申请审批表和结算单进行会计处理。

借：销售费用——销售中介费——策划与咨询费　　　　50
　　应交税费——应交增值税(进项税额)　　　　　　　3
　　贷：银行存款　　　　　　　　　　　　　　　　　　　53

(7) 2020 年 1 月，预售房款2 913.774 774万元。根据普通发票记账联和银行转账回执进行会计处理。

借：银行存款　　　　　　　　　　　　　　2 913.774 774
　　贷：预收账款　　　　　　　　　　　　　2 913.774 774

应预缴增值税：2 913.774 774÷(1+9%)×3%=80.195 636(万元)。

应缴城市维护建设税：80.195 636×7%=5.613 695(万元)。

应缴教育费附加：80.195 636×3%=2.405 869(万元)。

应预缴土地增值税：(2 913.774 774－80.195 636)×2%=56.671 583(万元)。

(8) 2020 年 2 月，申报缴纳 1 月份增值税和土地增值税等税费。根据完税凭证进行会计处理。

借：应交税费——预交增值税 80.195 636

   ——应交城市维护建设税 5.613 695

   ——应交教育费附加 2.405 869

   ——预缴土地增值税 56.671 583

 贷：银行存款 144.886 782

已交增值税及其附加如表10-3所示。

表 10-3   应交税费   单位：万元

时间	预缴增值税	城市维护建设税	教育附附加	土地增值税
2018年9月27日	60	4.2	1.8	42.8
2019年11月13日	20.642 202	1.444 954	0.619 266	14.587 156
2019年9月	300	21	9	212
2020年2月	80.195 636	5.613 695	2.405 869	56.671 583
小计	460.837 838	32.258 649	13.825 135	326.058 739

（9）2020年4月25日，对已出售住宅12 250平方米，门市3 000平方米，向业主交付房产。其中，普通住宅4 250平方米，非普通住宅8 000平方米；结转收入总额13 361.261 261万元，其中：普通住宅2 793.783 784万元；非普通住宅5 189.189 189万元；商铺5 378.288 288万元。

借：预收账款 14 563.774 774

 贷：主营业务收入 13 361.261 261

  应交税费——应交增值税（销项税额） 1 202.513 513

（10）结转已销售开发产品成本。

$0.572\ 4 \times 12\ 250 + 0.572\ 4 \times 3\ 000 = 7\ 011.581\ 5 + 1\ 717.122 = 8\ 728.703\ 5$（万元）。

借：主营业务成本 8 728.703 5

 贷：开发产品 8 728.703 5

会计上开发成本的分配,如表 10-4 所示。

表 10-4　　　　　　　　　　　　AB 楼成本分配明细表(会计)　　　　　　　　单位:万元

项目	建筑面积合计（平方米）	住宅		商铺	
		成本	已售部分	成本	已售部分
建筑面积（平方米）	20 000	16 000	12 250	4 000	3 000
成本分配比例		0.8	0.765 625	0.2	0.75
成本项目	成本金额	分配金额	已售应分配	分配金额	已售应分配
土地成本	4 120	3 296	2 523.5	824	618
前期工程费	800	640	490	160	120
建安成本	5 000	4 000	3 062.5	1 000	750
公共配套成本	630.477 431	504.381 945	386.167	126.095 486	94.571 615
开发间接费	297	237.6	181.912 5	59.4	44.55
利息支出	600	480	367.5	120	90
成本总额	11 447.477 431	9 157.981 944 5	7 011.579 926	2 289.495 486	1 717.121 615
单位成本		0.572 4	0.572 4	0.572 4	0.572 4

（11）该开发项目,支付土地出让金 12 000 万元,取得合规票据。宗地总面积 30 000 平方米,一期规划占地 10 000 平方米。

按占地面积法分摊一期应分摊土地出让金:$12\ 000 \times 1 \div 3 = 4\ 000$(万元)。

销项税额抵减金额 $= 4\ 000 \div (1 + 9\%) \times 9\% \times (12\ 250 + 3\ 000) \div 20\ 000 =$ 251.834 862(万元)。

借:应交税费——应交增值税(销项税额抵减)　　　　　　251.834 862
　　贷:主营业务成本　　　　　　　　　　　　　　　　　　　251.834 862

（12）2020 年 4 月 28 日,向被拆迁户交付普通住宅 2 750 平方米,按原拆迁补偿合同收取差价款:$(2\ 750 - 2\ 250) \times 0.5 = 250$(万元)。

借:银行存款　　　　　　　　　　　　　　　　　　　　250
　　其他应付款——拆迁补偿专户　　　　　　　　　　2 200
　　贷:主营业务收入　　　　　　　　　　　　　　　　2 247.706 422
　　　　应交税费——应交增值税(销项税额)　　　　　202.293 578

（13）结转已售开发产品成本:$0.572\ 4 \times 2\ 750 = 1\ 574.1$(万元)。

借:主营业务成本　　　　　　　　　　　　　　　　　1 574.1
　　贷:开发产品——住宅　　　　　　　　　　　　　　1 574.1

计算销项税额抵减金额＝4 000÷(1＋9%)×9%×2 750÷20 000＝45.412 844(万元)。

借：应交税费——应交增值税(销项税额抵减)　　　　　　　　45.412 844

　　贷：主营业务成本　　　　　　　　　　　　　　　　　　　　45.412 844

(14) 2020年4月28日,进行税金的计算和结转。

应交税费(应缴增值税)如表10-5所示。

表10-5　　　　　　　　　　　　应交税费(应缴增值税)　　　　　　　　　　单位:万元

时间	进项税额	销项税额	销项税额抵减
2018年8月26日	68		
2018年9月10日	1.7		
2018年9月26日	3.3		
2018年11月11日	6		
2019年4月30日	0.36		
2019年10月13日	144		
2019年10月16日	9		
2019年11月9日	9.142 969		
2019年12月20日	207		
2019年12月21日	2.86	2.21	
2019年12月25日	140.4		
2019年12月25日	2.04		
2019年12月29日	4.55		
2019年12月	3		
2020年4月25日		1 202.513 513	
2020年4月			251.834 862
2020年4月28日		202.293 578	45.412 844
小计	601.352 969	1 407.017 091	297.247 706
			508.416 416

已预缴增值税及附加如表10-6所示。

表10-6　　　　　　　　　　　　　　应交税费　　　　　　　　　　　　　　单位:万元

时间	预缴增值税	城市维护建设税	教育费附加	土地增值税
2018年9月27日	60	4.2	1.8	42.8
2019年11月13日	20.642 202	1.444 954	0.619 266	14.587 156

（续表）

时间	预缴增值税	城市维护建设税	教育费附加	土地增值税
2019 年 9 月	300	21	9	212
2020 年 2 月	80.195 636	5.613 695	2.405 869	56.671 583
小计	460.837 838	32.258 649	13.825 135	326.058 739

本期应申报缴纳的增值税＝1 407.017 091－601.352 969－297.247 706－460.837 838＝47.578 578（万元）。

借：应交税费——应交增值税（转出未交增值税）   47.578 578

    贷：应交税费——未交增值税   47.578 578

已缴纳的城市维护建设税合计＝4.2＋1.444 954＋21＋5.613 695＝32.258 649（万元）。

已缴纳的教育费附加合计＝1.8＋0.619 266＋9＋2.405 869＝13.825 135（万元）。

2020 年 5 月 15 日前，申报缴纳税费：

借：应交税费——未交增值税   47.578 578

    贷：银行存款   47.578 578

应缴城市维护建设税：$47.578\ 578 \times 7\% = 3.330\ 5$（万元）。

应缴教育费附加：$47.578\ 578 \times 3\% = 1.427\ 357$（万元）。

借：应交税费——应交城市维护建设税   3.330 5

         ——教育费附加   1.427 357

    贷：银行存款   4.757 857

借：税金及附加   50.841 641

    贷：应交税费——应交城建税（32.258 649＋3.330 5）   35.589 149

         ——教育费附加（13.825 135＋1.427 357）   15.252 492

八、土地增值税清算

2020 年 5 月，M 公司收到主管税收机关清算通知，要求对墅院一期进行土地增值税清算如表 10-7 所示。

单位：万元

表 10-7　AB楼成本分配明细表

项目	建筑面积合计	住宅				商业	
		小计	已售部分	其中：普通住宅	其中：非普通住宅	建筑面积	其中已售
建筑面积（平方米）	20 000	16 000	15 000	7 000	8 000	4 000	3 000
成本分配比例	80.00%	93.75%	46.67%	53.33%		75.00%
收入		成本金额	10 230.679 4	5 041.490 2	5 189.189 2		5 378.288 3
扣除项目	成本金额	分配金额	已售应分配	普通住宅应分摊	非普通住宅应分摊	分配金额
土地成本	4 120	3 296	3 090	1 442	1 648		618
前期工程费	800	640	600			
建安成本	5 000	4 000	3 750			
公共配套成本	630.48	504.384	472.86			
开发间接费	297	237.6	222.75			
开发成本总额	6 727.48	5 381.984	5 045.61	2 354.618	2 690.992		1 009.122
房地产开发费用				379.661 8	433.899 2		162.712 2
实缴税费	50.841 6			16.421 2	16.902 3		17.518 2
预缴税费	46.083 8			14.884 5	15.320 5		15.878 818
加计扣除				759.323 6	867.798 4		325.424 4
扣除项目小计（实缴）				4 952.024 6	5 657.591 9		2 132.776 8
扣除项目小计（预缴）				4 950.487 9	5 656.010 1		2 131.137 4
单位成本费用（实缴）				0.707 4	0.707 2		0.710 9
单位成本费用（预缴）				0.707 2	0.707 0		0.710 4

一期开发住宅16 000平方米,已售15 000平方米;开发门市房4 000平方米,已售3 000平方米。土地成本和开发成本按建筑面积计算分摊。

转让房产取得的收入＝13 361.261 261＋2 247.706 422＝15 608.967 683(万元)。

其中,商业销售收入＝5 378.288 288(万元);

非普通住宅销售收入＝5 189.189 189(万元);

普通住宅销售收入＝2 793.783 784＋2 247.706 422＝5 041.490 206(万元)。

AB楼成本分配如表10-9所示。

(一)商铺应纳土地增值税的计算

(1)转让房地产的收入:5 378.288 288万元。

(2)扣除项目:

① 取得土地使用权支付的金额:4 120×20％×75％＝618(万元)。

② 房地产开发成本金额:(800＋5 000＋630.48＋297)×20％×75％＝1 009.122(万元)。

③ 房地产开发费用:(618＋1 009.122)×10％＝162.712 2(万元)。

④ 与销售房地产有关的税金:(35.589 149＋15.252 54)×5 378.288 288÷15 608.967 683＝50.841 68×5 378.288 288÷15 608.967 683＝17.518 2(万元)。

⑤ 加计扣除20％:(618＋1 009.122)×20％＝325.424 4(万元)。

扣除项目合计:618＋1 009.122＋162.712 2＋17.518 2＋325.424 4＝2 132.776 8(万元)。

(3)商业应纳土地增值税的计算:

商业增值额＝5 378.288 288－2 132.776 8＝3 245.511 488(万元)。

商业增值率＝3 245.511 5÷2 132.776 8×100％＝152％。

商业适用50％税率,速算扣除系数为15％,应纳土地增值税:

3 245.511 488×50％－2 123.759 73×15％＝1 302.839 2(万元)。

(二)普通住宅应纳土地增值税的计算

(1)普通住宅转让房地产收入:

普通住宅收入:2 793.783 784＋2 247.706 422＝5 041.490 206(万元)。

住宅总收入:5 189.189 189 ＋ 2 793.783 784 ＋ 2 247.706 422 ＝10 230.679 395(万元)。

普通住宅面积:2 750＋4 250＝7 000(平方米)。

非普通住宅面积：8 000平方米。

面积占比：8 000÷15 000＝53.333 3％。

普通住宅面积占比：7 000÷15 000＝46.666 7％。

（2）计算普通住宅增值额的扣除项目：

① 取得土地使用权支付的金额：4 120×80％×43.75％（7 000÷16 000）＝1 442（万元）。

② 房地产开发成本金额：（800＋5 000＋630.48＋297）×7 000÷20 000＝2 354.618（万元）。

③ 房地产开发费用：（1 442＋2 354.618）×10％＝379.661 8（万元）。

④ 与销售房地产有关的税金：（35.589 149＋15.252 54）×10 230.679 395÷15 608.967 683×46.666 7％＝50.841 6×10 230.679 395÷15 608.967 683×46.666 7％＝15.106 7（万元）。

⑤ 加计扣除20％：（1 442＋2 354.618）×20％＝759.323 6（万元）。

扣除项目合计：1 442＋2 354.618＋379.661 8＋15.106 7＋759.323 6＝4 952.024 6（万元）。

（3）普通住宅应纳税额计算

普通住宅增值额＝5 041.490 2－4 952.024 6＝89.465 6（万元）；

增值率为：89.465 6÷4 952.024 6＝1.8％

普通住宅增值率不超过20％可免征土地增值税。

（三）非普通住宅应纳土地增值税的计算

（1）转让房地产收入：5 189.189 2万元。

（2）计算增值额的扣除项目：

① 取得土地使用权支付的金额：4 120×80％×50％（8 000÷16 000）＝1 648（万元）。

② 房地产开发成本金额：（800＋5 000＋630.48＋297）×80％×50％（8 000÷16 000）＝2 690.992（万元）。

③ 房地产开发费用：（1 648＋2 690.992）×10％＝433.899 2（万元）。

④ 与销售房地产有关的税金：17.518 2万元。

⑤ 加计扣除20％：（1 648＋2 690.992）×20％＝867.798 4（万元）。

扣除项目合计：1 648＋2 690.992＋433.899 2＋17.518 2＋867.798 4＝5 657.591 9（万元）。

（3）非普通住宅应纳税额计算：

非普通住宅增值额＝5 189.189 2－5 657.591 9＝－468.402 7（万元）。

不用缴纳土地增值税。

清算应补（退）税额的计算，如表10-8和表10-9所示。

表 10-8	土地增值税计算（实缴增值税缴纳的税费）		单位：万元
项目	普通住宅	非普通住宅	商铺
收入	5 041.490 2	5 189.189 2	5 378.288 3
扣除项目	4 952.024 6	5 657.591 9	2 132.776 8
增值额	89.465 6	－468.402 7	3 245.511 5
增值率	1.81％		152.17％
应纳税额	免税	0	1 302.839 2
已预缴税额	326.058 7		
应补（退）税额	976.780 5		

表 10-9	土地增值税计算（预缴增值税缴纳的税费）		单位：万元
项目	普通住宅	非普通住宅	商铺
收入	5 041.490 2	5 189.189 2	5 378.288 3
扣除项目	4 950.487 9	5 656.010 1	2 131.137 4
增值额	91.002 3	－466.820 9	3 247.150 9
增值率	1.84％		152.37％
应纳税额	免税	0	1 303.904 8
已预缴税额	326.058 7		
应补（退）税额	977.846 1		

（4）预缴的土地增值税＝42.8＋14.587 2＋212＋56.671 583＝326.058 739（万元）。

（5）应补土地增值税＝1 302.839 2－326.058 739＝976.780 5（万元）。

九、尾房出租与销售

（1）M公司墅院一期土地增值税清算补缴税款后。2020年6月，将未售的住宅1 000平方米作为自用。将门市房1 000平方米转入投资性房地产，用于出租。

借：投资性房地产　　　　　　　　　　　　　　　　　　　　57.24

　　贷：开发产品　　　　　　　　　　　　　　　　　　　　　57.24

假设该省规定,房地产开发企业建造的商品房(不含已列入固定资产或作为投资性房地产的房屋),应按照转让新建房的政策规定缴纳土地增值税。

(2) 2021年2月,将自用住宅1 000平方米,以含税价1 090万元出售给丁公司。当月没有其他购销业务,也没有可抵扣进项税额。

借:银行存款　　　　　　　　　　　　　　　　　　　　　　1 090

　　贷:主营业务收入　　　　　　　　　　　　　　　　　　　　1 000

　　　　应交税费——应交增值税(销项税额)　　　　　　　　　　90

应交城市维护建设税:$90 \times 7\% = 6.3$(万元);

应交教育费附加:$90 \times 3\% = 2.7$(万元);

应预缴增值税:$1\,000 \times 5\% = 50$(万元);

应交城市维护建设税:$50 \times 7\% = 3.5$(万元);

应交教育费附加:$50 \times 3\% = 1.5$(万元)。

应纳土地增值税计算:

① 转让收入:1 000万元。

② 扣除项目:$(4\,952.024\,6 - 16.421\,2) \times 1\,000 \div 7\,000 + (3.5 + 1.5) = 710.086\,2$(万元)。

③ 增值额:$1\,000 - 710.086\,2 = 289.913\,8$(万元)。

④ 增值率:$289.913\,8 \div 710.086\,2 = 40.8\%$,适用30%税率,速算扣除系数0。

⑤ 应纳土地增值税:$289.913\,8 \times 30\% = 86.974\,14$(万元)。

应纳土地增值税的计算如表10-10所示。

表10-10　　　　　　　　　　　　土地增值税的计算表　　　　　　　　　　　单位:万元

项目	普通住宅	商铺
收入	1 000	1 800
扣除项目	714.78	665.981
土地金额	*	206
旧房评估价		450
清算时成本费用	4 952.024 6	
清算扣税金	16.421 2	
销售尾房税金	5	9.981
增值额	289.92	1 134.019
增值率	40.8%	170.28%
应纳土地增值税	86.974 14	467.112 35

（3）2021 年 3 月,将还未出租的 1 000 平方米商铺以含税价 1 962 万元,出售给丙公司。经房地产评估公司评估的该商铺重置成本价 450 万元,10 成新。当月没有待抵扣的进项税额。

借：银行存款 1 962

　　贷：资产处置收益 1 800

　　　　应交税费——应交增值税（销项税额） 162

应纳城市维护建设税：$162 \times 7\% = 11.34$（万元）。

应纳教育费附加：$162 \times 3\% = 4.86$（万元）。

应纳印花税：$1\,962 \times 0.05\% = 0.981$（万元）。

预缴增值税：$1\,800 \times 5\% = 90$（万元）。

应纳城市维护建设税：$90 \times 7\% = 6.3$（万元）。

应纳教育费附加：$90 \times 3\% = 2.7$（万元）。

应纳土地增值税计算：

① 转让收入：1 800 万元。

② 扣除项目：

取得土地使用权支付的金额：$824 \times 1\,000 \div 4\,000 = 206$（万元）。

旧房评估价：450 万元。

与转让房地产相关的税金：$6.3 + 2.7 + 0.981 = 9.981$（万元）。

扣除项目合计：$206 + 450 + 9.981 = 665.981$（万元）。

③ 增值额：$1\,800 - 665.981 = 1\,134.019$（万元）。

④ 增值率：$1\,134.019 \div 665.981 = 170\%$,适用税率 50%,速算扣除系数 15%。

⑤ 应纳土地增值税：

$1\,134.019 \times 50\% - 665.981 \times 15\% = 467.112\,35$（万元）。

第十一章 土地增值税清算鉴证

税收的合法性取决于其实质,而不是其名称。

——本杰明·N·卡多佐

土地增值税清算鉴证,是指税务师事务所接受委托对纳税人土地增值税清算税款申报的信息实施必要审核程序,提出鉴证结论或鉴证意见,并出具鉴证报告,增强税务机关对该项信息信任程度的一种鉴证业务。为了规范土地增值税清算鉴证业务,国家税务总局公布了《土地增值税清算鉴证业务准则》(国税发〔2007〕132号),自2008年1月1日起施行。

本章阐述土地增值税清算鉴证,主要内容如图11-1所示。

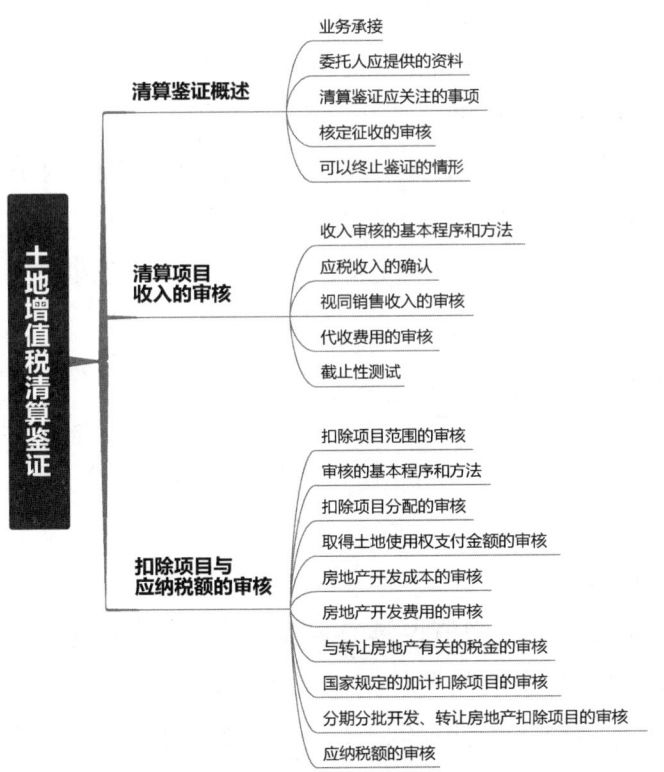

图11-1 土地增值税清算鉴证

第一节　清算鉴证概述

一、业务承接

（一）了解业务环境

在接受委托前，税务师事务所应当初步了解业务环境。业务环境包括：业务约定事项、鉴证对象特征、使用的标准、预期使用者的需求、责任方及其环境的相关特征，以及可能对鉴证业务产生重大影响的事项、交易、条件和惯例及其他事项。

（二）承接清算鉴证业务的条件

承接土地增值税清算鉴证业务，应当具备下列条件：

（1）接受委托的清算项目符合土地增值税的清算条件。

（2）税务师事务所符合独立性和专业胜任能力等相关专业知识和职业道德规范的要求。

（3）税务师事务所能够获取充分、适当、真实的证据以支持其结论并出具书面鉴证报告。

（4）与委托人协商签订涉税鉴证业务约定书。

（三）清算鉴证的鉴证对象

土地增值税清算鉴证的鉴证对象，是指与土地增值税纳税申报相关的会计资料和纳税资料等可以收集、识别和评价的证据及信息。具体包括：企业会计资料及会计处理、财务状况及财务报表、纳税资料及税务处理、有关文件及证明材料等。

（四）评价或计量标准

税务师事务所运用职业判断对鉴证对象作出合理一致的评价或计量时，应当符合适当的标准。适当的评价标准应当具备相关性、完整性、可靠性、中立性和可理解性等特征。

（五）程序与证据

税务师事务所从事土地增值税清算鉴证业务，应当以职业怀疑态度、有计划地实施必要的审核程序，获取与鉴证对象相关的充分、适当、真实的证据；并及时对制定的计划、实施的程序、获取的相关证据以及得出的结论做出记录。

在确定证据收集的性质、时间和范围时，应当体现重要性原则，评估鉴证业务风险以及可获取证据的数量和质量。

税务师事务所从事土地增值税清算鉴证业务,应当以法律、法规为依据,按照独立、客观、公正原则,在获取充分、适当、真实证据基础上,根据审核鉴证的具体情况,出具真实、合法的鉴证报告并承担相应的法律责任。

二、委托人应提供的资料

税务师事务所应当要求委托人如实提供如下资料:

(1)土地增值税纳税(预缴)申报表及完税凭证。

(2)项目竣工决算报表和有关账簿。

(3)取得土地使用权所支付的地价款凭证、国有土地使用权出让或转让合同。

(4)银行贷款合同及贷款利息结算通知单。

(5)项目工程建设合同及其价款结算单。

(6)商品房购销合同统计表等与转让房地产的收入、成本和费用有关的其他证明资料。

(7)无偿移交给政府、公共事业单位用于非营利性社会公共事业的凭证。

(8)转让房地产项目成本费用、分期开发分摊依据。

(9)转让房地产有关税金的合法有效凭证。

(10)与土地增值税清算有关的其他证明资料。

三、清算鉴证应关注的事项

税务师事务所开展土地增值税清算鉴证业务时,应当对下列事项充分关注:

(1)明确清算项目及其范围。

(2)正确划分清算项目与非清算项目的收入和支出。

(3)正确划分清算项目中普通住宅与非普通住宅及其他类型房地产的收入和支出。

(4)正确划分不同时期的开发项目,对于分期开发的项目,以分期项目为单位清算。

(5)正确划分征税项目与免税项目,防止混淆两者的界限。

(6)明确清算项目的起止日期。

四、核定征收的审核

纳税人能够准确核算清算项目收入总额或收入总额能够查实,但其成本费用支出不能准确核算的,税务师事务所应当按照规定审核收入总额。

纳税人能够准确核算成本费用支出或成本费用支出能够查实,但其收入总额不能准确核算的,税务师事务所应当先按照规定审核扣除项目的金额。

五、可以终止鉴证的情形

税务师事务所在审核鉴证过程中,有下列情形之一的,除符合《土地增值税清算鉴证业务准则》第十七条规定外,可以终止鉴证:

(1)依照法律、行政法规的规定应当设置但未设置账簿的。

(2)擅自销毁账簿或者拒不提供纳税资料的。

(3)虽设置账簿,但账目混乱或者成本资料、收入凭证、费用凭证残缺不全,难以确定转让收入或扣除项目金额的。

(4)符合土地增值税清算条件,未按照规定的期限办理清算手续,经税务机关责令限期清算,逾期仍不清算的。

(5)申报的计税依据明显偏低且无正当理由的。

(6)纳税人隐瞒房地产成交价格,其转让房地产成交价格低于房地产评估价格且无正当理由,经税务师事务所与委托人沟通,沟通无效的。

纳税人虽有上述情形,但如有下列委托人委托,税务师事务所仍然可以接受委托执行鉴证业务,但需与委托人签订涉税鉴证业务约定书:

(1)司法机关、税务机关或者其他国家机关。

(2)依法组成的清算组织。

(3)法律、行政法规规定的其他组织和个人。

"纳税人隐瞒房地产成交价格,其转让房地产成交价格低于房地产评估价格且无正当理由,经税务师事务所与委托人沟通,沟通无效的",但符合上述三种情况仍按规定接受委托执行鉴证业务的,税务师事务所应当获取具有法定资质的专业评估机构确认的同类房地产评估价格,以确认转让房地产的收入。

第二节　清算项目收入的审核

清算项目的收入,是指转让国有土地使用权、地上的建筑物及其附着物(以下简称房地产)并取得的全部价款及有关的经济收益,包括货币收入、实物收入和其他收入。收入实现时间的确定,按国家税务总局有关规定执行。

一、收入审核的基本程序和方法

土地增值税清算项目收入审核的基本程序和方法包括：

（1）评价收入内部控制是否存在、有效且一贯遵守。

（2）获取或编制土地增值税清算项目收入明细表，复核加计正确，并与报表、总账、明细账及有关申报表等进行核对。

（3）了解纳税人与土地增值税清算项目相关的合同、协议及执行情况。

（4）查明收入的确认原则、方法，注意纳税人采用的国家统一会计制度与税收规定以及不同税种在收入确认上的差异。

（5）正确划分预售收入与销售收入，防止影响清算数据的准确性。

（6）必要时，利用专家的工作审核清算项目的收入总额。

二、应税收入的确认

税务师事务所应当按照税法及有关规定审核纳税人是否准确划分征税收入与不征税收入，确认土地增值税的应税收入。

土地增值税以人民币为计算单位。转让房地产所取得的收入为人民币以外的货币的，以取得收入当天或当月1日国家公布的市场汇价折合成人民币，据以计算应纳土地增值税税额。

对于以分期收款形式取得的外币收入，应当按实际收款日或收款当月1日国家公布的市场汇价折合人民币。

房地产开发企业在营改增后进行房地产开发项目土地增值税清算时，是否按以下方法确定土地增值税应税收入金额：

$$\begin{matrix} 土地增值税 \\ 应税收入 \end{matrix} = \begin{matrix} 营改增前转让房地产 \\ 取得的收入 \end{matrix} + \begin{matrix} 营改增后转让房地产 \\ 取得的不含增值税收入 \end{matrix}$$

三、视同销售收入的审核

纳税人将开发的房地产用于职工福利、奖励、对外投资、分配给股东或投资人、抵偿债务、换取其他单位和个人的非货币性资产等，发生所有权转移时应视同销售房地产，其视同销售收入按下列方法和顺序审核确认：

（1）按本企业当月销售的同类房地产的平均价格核定。

（2）按本企业在同一地区、同一年度销售的同类房地产的平均价格确认。

（3）参照当地当年、同类房地产的市场价格或评估价值确认。

四、代收费用的审核

对纳税人按县级以上人民政府的规定在售房时代收的各项费用，应区分不同情形分别处理：

（1）代收费用计入房价向购买方一并收取的，应将代收费用作为转让房地产所取得的收入计税。实际支付的代收费用，在计算扣除项目金额时，可予以扣除，但不允许作为加计扣除的基数。

（2）代收费用在房价之外单独收取且未计入房地产价格的，不作为转让房地产的收入，在计算增值额时不允许扣除代收费用。

五、截止性测试

必要时，税务师应当运用截止性测试确认收入的真实性和准确性。审核的主要内容包括：

（1）审核企业按照项目设立的"预售收入备查簿"的相关内容，观察项目合同签订日期、交付使用日期、预售款确认收入日期、收入金额和成本费用的处理情况。

（2）确认销售退回、销售折扣与折让业务是否真实，内容是否完整，相关手续是否符合规定，折扣与折让的计算和会计处理是否正确。重点审查给予关联方的销售折扣与折让是否合理，是否有利用销售折扣和折让转利于关联方等情况。

（3）审核企业对于以土地使用权投资开发的项目，是否按规定进行税务处理。

（4）审核按揭贷款收入有无申报纳税，有无挂在往来账，如"其他应付款"，不作销售收入申报纳税的情形。

（5）审核纳税人以房换地，在房产移交使用时是否视同销售不动产申报缴纳税款。

（6）审核纳税人采用"还本"方式销售商品房和以房产补偿给拆迁户时，是否按规定申报纳税。

（7）审核纳税人在销售不动产过程中收取的价外费用，如天然气初装费、有线电视初装费等收益，是否按规定申报纳税。

（8）审核将房地产抵债转让给其他单位和个人或被法院拍卖的房产，是否按规定申报纳税。

（9）审核纳税人转让在建项目是否按规定申报纳税。

（10）审核以房地产或土地作价入股投资或联营从事房地产开发，或者房地产开发企业以其建造的商品房进行投资或联营，是否按规定申报纳税。

第三节　扣除项目与应纳税额的审核

一、扣除项目范围的审核

税务师事务所应当审核纳税人申报的扣除项目是否符合土地增值税暂行条例实施细则第七条规定的范围。审核的内容具体包括：

（1）取得土地使用权所支付的金额。

（2）房地产开发成本，包括：土地征用及拆迁补偿费、前期工程费、建筑安装工程费、基础设施费、公共配套设施费、开发间接费用。

（3）房地产开发费用。

（4）与转让房地产有关的税金。

（5）国家规定的其他扣除项目。

二、审核的基本程序和方法

扣除项目审核的基本程序和方法包括：

（1）评价与扣除项目核算相关的内部控制是否存在、有效且一贯遵守。

（2）获取或编制扣除项目明细表，并与明细账、总账及有关申报表核对是否一致。

（3）审核相关合同、协议和项目预（概）算资料，并了解其执行情况，审核成本、费用支出项目。

（4）审核扣除项目的记录、归集是否正确，是否取得合法、有效的凭证，会计及税务处理是否正确，确认扣除项目的金额是否准确。

（5）实地查看、询问调查和核实。剔除不属于清算项目所发生的开发成本和费用。

（6）必要时，利用专家审核扣除项目。

三、扣除项目分配的审核

审核各项扣除项目分配或分摊的顺序和标准是否符合下列规定,并确认扣除项目的具体金额:

(1)扣除项目能够直接认定的,审核是否取得合法、有效的凭证。

(2)扣除项目不能够直接认定的,审核当期扣除项目分配标准和口径是否一致,是否按照规定合理分摊。

(3)审核并确认房地产开发土地面积、建筑面积和可售面积,是否与权属证、房产证、预售证、房屋测绘所测量数据、销售记录、销售合同、有关主管部门的文件等载明的面积数据相一致,并确定各项扣除项目分摊所使用的分配标准。

如果上述性质相同的三类面积所获取的各项证据发生冲突、不能相互印证时,税务师事务所应当追加审核程序,并按照外部证据比内部证据更可靠的原则,确认适当的面积。

(4)审核并确认扣除项目的具体金额时,应当考虑总成本、单位成本、可售面积、累计已售面积、累计已售分摊成本、未售分摊成本(存货)等因素。

四、取得土地使用权支付金额的审核

取得土地使用权支付金额的审核,应当包括下列内容:

(1)审核取得土地使用权支付的金额是否获取合法有效的凭证,口径是否一致。

(2)如果同一土地有多个开发项目,审核取得土地使用权支付金额的分配比例和具体金额的计算是否正确。

(3)审核取得土地使用权支付金额是否含有关联方的费用。

(4)审核有无将期间费用记入取得土地使用权支付金额的情形。

(5)审核有无预提的取得土地使用权支付金额。

(6)比较、分析相同地段、相同期间、相同档次项目,判断其取得土地使用权支付金额是否存在明显异常。

五、房地产开发成本的审核

(一)土地征用及拆迁补偿费的审核

土地征用及拆迁补偿费的审核,应当包括下列内容:

（1）审核征地费用、拆迁费用等实际支出与概预算是否存在明显异常。

（2）审核支付给个人的拆迁补偿款所需的拆迁（回迁）合同和签收花名册，并与相关账目核对。

（二）前期工程费的审核

前期工程费的审核，应当包括下列内容：

（1）审核前期工程费的各项实际支出与概预算是否存在明显异常。

（2）审核纳税人是否虚列前期工程费，土地开发费用是否按税收规定扣除。

（三）建筑安装工程费的审核

建筑安装工程费的审核，应当包括下列内容。

1. 出包方式

重点审核完工决算成本与工程概预算成本是否存在明显异常。当二者差异较大时，应当追加下列审核程序，以获取充分、适当、真实的证据：

（1）从合同管理部门获取施工单位与开发商签订的施工合同，并与相关账目进行核对。

（2）实地查看项目工程情况，必要时，向建筑监理公司取证。

（3）审核纳税人是否存在利用关联方（尤其是各企业适用不同的征收方式、不同税率、不同时段享受税收优惠时）承包或分包工程，增加或减少建筑安装成本造价的情形。

2. 自营方式

重点审核施工所发生的人工费、材料费、机械使用费、其他直接费和管理费支出是否取得合法有效的凭证，是否按规定进行会计处理和税务处理。

（四）基础设施费和公共配套设施费的审核

基础设施费和公共配套设施费的审核，应当包括下列内容：

（1）审核各项基础设施费和公共配套设施费用是否取得合法有效的凭证。

（2）如果有多个开发项目，基础设施费和公共配套设施费用是否分项目核算，是否将应记入其他项目的费用记入了清算项目。

（3）审核各项基础设施费和公共配套设施费用是否含有其他企业的费用。

（4）审核各项基础设施费和公共配套设施费用是否含有以明显不合理的金额开具的各类凭证。

（5）审核是否将期间费用记入基础设施费和公共配套设施费用。

（6）审核有无预提的基础设施费和公共配套设施费用。

（7）获取项目概预算资料，比较、分析概预算费用与实际费用是否存在明显异常。

（8）审核基础设施费和公共配套设施应负担各项开发成本是否已经按规定分摊。

（9）各项基础设施费和公共配套设施费的分摊和扣除是否符合有关税收规定。

（五）开发间接费用的审核

开发间接费用的审核，应当包括下列内容：

（1）审核各项开发间接费用是否取得合法有效凭证。

（2）如果有多个开发项目，开发间接费用是否分项目核算，是否将应记入其他项目的费用记入了清算项目。

（3）审核各项开发间接费用是否含有其他企业的费用。

（4）审核各项开发间接费用是否含有以明显不合理的金额开具的各类凭证。

（5）审核是否将期间费用记入开发间接费用。

（6）审核有无预提的开发间接费用。

（7）审核纳税人的预提费用及为管理和组织经营活动而发生的管理费用，是否在本项目中予以剔除。

（8）在计算加计扣除项目基数时，审核是否剔除了已计入开发成本的借款费用。

六、房地产开发费用的审核

房地产开发费用的审核，应当包括下列内容：

（1）审核应据实列支的财务费用是否取得合法有效的凭证，除据实列支的财务费用外的房地产开发费用是否按规定比例计算扣除。

（2）利息支出的审核。企业开发项目的利息支出不能够提供金融机构证明的，审核其利息支出是否按税收规定的比例计算扣除；开发项目的利息支出能够提供金融机构证明的，应按下列方法进行审核：

① 审核各项利息费用是否取得合法有效的凭证。

② 如果有多个开发项目，利息费用是否分项目核算，是否将应记入其他项目的利息费用记入了清算项目。

③ 审核各项借款合同,判断其相应条款是否符合有关规定。

④ 审核利息费用是否超过按商业银行同类同期贷款利率计算的金额。

七、与转让房地产有关的税金的审核

与转让房地产有关的税金的审核,应当确认与转让房地产有关的税金及附加扣除的范围是否符合税收有关规定,计算的扣除金额是否正确。

对于不属于清算范围或者不属于转让房地产时发生的税金及附加,或者按照预售收入(不包括已经结转销售收入部分)计算并缴纳的税金及附加,不应作为清算的扣除项目。

房地产开发企业在营改增后进行房地产开发项目土地增值税清算时,是否按以下方法确定与转让房地产有关的税金金额:

$$\text{与转让房地产有关的税金} = \text{营改增前实际缴纳的营业税、城建税、教育费附加} + \text{营改增后允许扣除的城建税、教育费附加}$$

八、国家规定的加计扣除项目的审核

国家规定的加计扣除项目的审核,应当包括下列内容:

(1) 对取得土地(不论是生地还是熟地)使用权后,未进行任何形式的开发即转让的,审核是否按税收规定计算扣除项目金额,核实有无违反税收规定加计扣除的情形。

(2) 对于取得土地使用权后,仅进行土地开发(如"三通一平"等),不建造房屋即转让土地使用权的,审核是否按税收规定计算扣除项目金额,是否按取得土地使用权时支付的地价款和开发土地的成本之和计算加计扣除。

(3) 对于取得了房地产产权后,未进行任何实质性的改良或开发即再行转让的,审核是否按税收规定计算扣除项目金额,核实有无违反税收规定加计扣除的情形。

(4) 对于县级以上人民政府要求房地产开发企业在售房时代收的各项费用,审核其代收费用是否计入房价并向购买方一并收取,核实有无将代收费用作为加计扣除的基数的情形。

九、分期分批开发、转让房地产扣除项目的审核

对于纳税人成片受让土地使用权后,分期分批开发、转让房地产的,审核其

扣除项目金额是否按主管税务机关确定的分摊方法计算分摊扣除。

十、应纳税额的审核

税务师事务所应按照税法规定审核清算项目的收入总额、扣除项目的金额，并确认其增值额及适用税率，正确计算应缴税款。审核程序通常包括：

（1）审核清算项目的收入总额是否符合税收规定，计算是否正确。

（2）审核清算项目的扣除金额及其增值额是否符合税收规定，计算是否正确。

第一，如果企业有多个开发项目，审核收入与扣除项目金额是否属于同一项目。

第二，如果同一个项目既有普通住宅，又有非普通住宅，审核其收入额与扣除项目金额是否分开核算。

第三，对于同一清算项目，一段时间免税、一段时间征税的，应当特别关注收入的实现时间及其扣除项目的配比。

（3）审核增值额与扣除项目之比的计算是否正确，并确认土地增值税的适用税率。

（4）审核并确认清算项目当期土地增值税应纳税额及应补或应退税额。

附　　录

一、土地增值税暂行条例

中华人民共和国土地增值税暂行条例

国务院令〔1993〕138 号

〔2011 年 1 月 8 日《国务院关于废止和修改部分行政法规的决定》（国务院令 588 号）将《中华人民共和国土地增值税暂行条例》第八条的"征用"修改为"征收"。〕

第一条　为了规范土地、房地产市场交易秩序，合理调节土地增值收益，维护国家权益，制定本条例。

第二条　转让国有土地使用权、地上的建筑物及其附着物（以下简称转让房地产）并取得收入的单位和个人，为土地增值税的纳税义务人（以下简称纳税人），应当依照本条例缴纳土地增值税。

第三条　土地增值税按照纳税人转让房地产所取得的增值额和本条例第七条规定的税率计算征收。

第四条　纳税人转让房地产所取得的收入减除本条例第六条规定扣除项目金额后的余额，为增值额。

第五条　纳税人转让房地产所取得的收入，包括货币收入、实物收入和其他收入。

第六条　计算增值额的扣除项目：

（一）取得土地使用权所支付的金额；

（二）开发土地的成本、费用；

（三）新建房及配套设施的成本、费用，或者旧房及建筑物的评估价格；

（四）与转让房地产有关的税金；

（五）财政部规定的其他扣除项目。

第七条　土地增值税实行四级超率累进税率：

增值额未超过扣除项目金额 50％的部分,税率为 30％。

增值额超过扣除项目金额 50％、未超过扣除项目金额 100％的部分,税率为 40％。

增值额超过扣除项目金额 100％、未超过扣除项目金额 200％的部分,税率为 50％。

增值额超过扣除项目金额 200％的部分,税率为 60％。

第八条　有下列情形之一的,免征土地增值税:

(一)纳税人建造普通标准住宅出售,增值额未超过扣除项目金额 20％的;

(二)因国家建设需要依法征收、收回的房地产。

第九条　纳税人有下列情形之一的,按照房地产评估价格计算征收:

(一)隐瞒、虚报房地产成交价格的;

(二)提供扣除项目金额不实的;

(三)转让房地产的成交价格低于房地产评估价格,又无正当理由的。

第十条　纳税人应当自转让房地产合同签订之日起七日内向房地产所在地主管税务机关办理纳税申报,并在税务机关核定的期限内缴纳土地增值税。

第十一条　土地增值税由税务机关征收。土地管理部门、房产管理部门应当向税务机关提供有关资料,并协助税务机关依法征收土地增值税。

第十二条　纳税人未按照本条例缴纳土地增值税的,土地管理部门、房产管理部门不得办理有关的权属变更手续。

第十三条　土地增值税的征收管理,依据《中华人民共和国税收征收管理法》及本条例有关规定执行。

第十四条　本条例由财政部负责解释,实施细则由财政部制定。

第十五条　本条例自 1994 年 1 月 1 日起施行。各地区的土地增值费征收办法,与本条例相抵触的,同时停止执行。

二、土地增值税暂行条例实施细则

中华人民共和国土地增值税暂行条例实施细则

财法字〔1995〕6 号

第一条　根据《中华人民共和国土地增值税暂行条例》(以下简称条例)第十四条规定,制定本细则。

第二条　条例第二条所称的转让国有土地使用权、地上的建筑物及其附着物并取得收入,是指以出售或者其他方式有偿转让房地产的行为。不包括以继承、赠与方式无偿转让房地产的行为。

第三条　条例第二条所称的国有土地,是指按国家法律规定属于国家所有的土地。

第四条　条例第二条所称的地上的建筑物,是指建于土地上的一切建筑物,包括地上地下的各种附属设施。条例第二条所称的附着物,是指附着于土地上的不能移动,一经移动即遭损坏的物品。

第五条　条例第二条所称的收入,包括转让房地产的全部价款及有关的经济收益。

第六条　条例第二条所称的单位,是指各类企业单位、事业单位、国家机关和社会团体及其他组织。条例第二条所称个人,包括个体经营者。

第七条　条例第六条所列的计算增值额的扣除项目,具体为:

(一)取得土地使用权所支付的金额,是指纳税人为取得土地使用权所支付的地价款和按国家统一规定交纳的有关费用。

(二)开发土地和新建房及配套设施(以下简称房地产开发)的成本,是指纳税人房地产开发项目实际发生的成本(以下简称房地产开发成本),包括土地征用及拆迁补偿费、前期工程费、建筑安装工程费、基础设施费、公共配套设施费、开发间接费用。土地征用及拆迁补偿费,包括土地征用费、耕地占用税、劳动力安置费及有关地上、地下附着物拆迁补偿的净支出、安置动迁用房支出等。前期工程费,包括规划、设计、项目可行性研究和水文、地质、勘察、测绘、"三通一平"等支出。

建筑安装工程费,是指以出包方式支付给承包单位的建筑安装工程费,以自营方式发生的建筑安装工程费。基础设施费,包括开发小区内道路、供水、供电、供气、排污、排洪、通讯、照明、环卫、绿化等工程发生的支出。

公共配套设施费,包括不能有偿转让的开发小区内公共配套设施发生的支出。

开发间接费用,是指直接组织、管理开发项目发生的费用,包括工资、职工福利费、折旧费、修理费、办公费、水电费、劳动保护费、周转房摊销等。

(三)开发土地和新建房及配套设施的费用(以下简称房地产开发费用),是指与房地产开发项目有关的销售费用、管理费用、财务费用。财务费用中的利息支出,凡能够按转让房地产项目计算分摊并提供金融机构证明的,允许据实扣除,但最高不能超过按商业银行同类同期贷款利率计算的金额。其他房地产开发费用,按本条(一)、(二)项规定计算的金额之和的百分之五以内计算扣除。凡不能按转让房地产项目计算分摊利息支出或不能提供金融机构证明的,房地产开发费用按本条(一)、(二)项规定计算的金额之和的百分之十以内计算扣除。上述计算扣除的具体比例,由各省、自治区、直辖市人民政府规定。

(四)旧房及建筑物的评估价格,是指在转让已使用的房屋及建筑物时,由政府批准设立的房地产评估机构评定的重置成本价乘以成新度折扣率后的价格。评估价格须经当地税务机关确认。

(五)与转让房地产有关的税金,是指在转让房地产时缴纳的营业税、城市维护建设税、印花税。因转让房地产缴纳的教育费附加,也可视同税金予以扣除。

(六)根据条例第六条(五)项规定,对从事房地产开发的纳税人可按本条(一)、(二)项规定计算的金额之和,加计20%的扣除。

第八条 土地增值税以纳税人房地产成本核算的最基本的核算项目或核算对象为单位计算。

第九条 纳税人成片受让土地使用权后,分期分批开发、转让房地产的,其扣除项目金额的确定,可按转让土地使用权的面积占总面积的比例计算分摊,或按建筑面积计算分摊,也可按税务机关确认的其他方式计算分摊。

第十条 条例第七条所列四级超率累进税率,每级"增值额未超过扣除项目金额"的比例,均包括本比例数。计算土地增值税税额,可按增值额乘以适用的税率减去扣除项目金额乘以速算扣除系数的简便方法计算,具体公式如下:

(一)增值额未超过扣除项目金额50%

土地增值税税额＝增值额×30%

(二)增值额超过扣除项目金额50%,未超过100%的

土地增值税税额＝增值额×40%－扣除项目金额×5%

(三)增值额超过扣除项目金额100%,未超过200%的

土地增值税税额＝增值额×50%－扣除项目金额×15%

(四)增值额超过扣除项目金额200%

土地增值税税额＝增值额×60%－扣除项目金额×35%

公式中的 5％,15％,35％为速算扣除系数。

第十一条　条例第八条(一)项所称的普通标准住宅,是指按所在地一般民用住宅标准建造的居住用住宅。高级公寓、别墅、度假村等不属于普通标准住宅。普通标准住宅与其他住宅的具体划分界限由各省、自治区、直辖市人民政府规定。

纳税人建造普通标准住宅出售,增值额未超过本细则第七条(一)、(二)、(三)、(五)、(六)项扣除项目金额之和 20％的,免征土地增值税;增值额超过扣除项目金额之和 20％的,应就其全部增值额按规定计税。

条例第八条(二)项所称的因国家建设需要依法征收、收回的房地产,是指因城市实施规划、国家建设的需要而被政府批准征收的房产或收回的土地使用权。

因城市实施规划、国家建设的需要而搬迁,由纳税人自行转让原房地产的,比照本规定免征土地增值税。

符合上述免税规定的单位和个人,须向房地产所在地税务机关提出免税申请,经税务机关审核后,免予征收土地增值税。

第十二条　个人因工作调动或改善居住条件而转让原自用住房,经向税务机关申报核准,凡居住满五年或五年以上的,免予征收土地增值税;居住满三年未满五年的,减半征收土地增值税。居住未满三年的,按规定计征土地增值税。

第十三条　条例第九条所称的房地产评估价格,是指由政府批准设立的房地产评估机构根据相同地段、同类房地产进行综合评定的价格。评估价格须经当地税务机关确认。

第十四条　条例第九条(一)项所称的隐瞒、虚报房地产成交价格,是指纳税人不报或有意低报转让土地使用权、地上建筑物及其附着物价款的行为。条例第九条(二)项所称的提供扣除项目金额不实的,是指纳税人在纳税申报时不据实提供扣除项目金额的行为。

条例第九条(三)项所称的转让房地产的成交价格低于房地产评估价格,又无正当理由的,是指纳税人申报的转让房地产的实际成交价低于房地产评估机构评定的交易价,纳税人又不能提供凭据或无正当理由的行为。

隐瞒、虚报房地产成交价格,应由评估机构参照同类房地产的市场交易价格进行评估。税务机关根据评估价格确定转让房地产的收入。

提供扣除项目金额不实的,应由评估机构按照房屋重置成本价乘以成新度折扣率计算的房屋成本价和取得土地使用权时的基准地价进行评估。税务机关根据评估价格确定扣除项目金额。

转让房地产的成交价格低于房地产评估价格，又无正当理由的，由税务机关参照房地产评估价格确定转让房地产的收入。

第十五条 根据条例第十条的规定，纳税人应按照下列程序办理纳税手续：

（一）纳税人应在转让房地产合同签订后的七日内，到房地产所在地主管税务机关办理纳税申报，并向税务机关提交房屋及建筑物产权、土地使用权证书，土地转让、房产买卖合同，房地产评估报告及其他与转让房地产有关的资料。

纳税人因经常发生房地产转让而难以在每次转让后申报的，经税务机关审核同意后，可以定期进行纳税申报，具体期限由税务机关根据情况确定。

注：根据《国家税务总局关于加强土地增值税管理工作的通知》（国税函〔2004〕938号）第一条的规定，取消《中华人民共和国土地增值税暂行条例实施细则》第十五条第一款对土地增值税纳税人因经常发生房地产转让而难以在每次转让后申报的，定期进行纳税申报须经税务机关审核同意的规定。

（二）纳税人按照税务机关核定的税额及规定的期限缴纳土地增值税。

第十六条 纳税人在项目全部竣工结算前转让房地产取得的收入，由于涉及成本确定或其他原因，而无法据以计算土地增值税的，可以预征土地增值税，待该项目全部竣工、办理结算后再进行清算，多退少补。具体办法由各省、自治区、直辖市地方税务局根据当地情况制定。

第十七条 条例第十条所称的房地产所在地，是指房地产的坐落地。纳税人转让房地产坐落在两个或两个以上地区的，应按房地产所在地分别申报纳税。

第十八条 条例第十一条所称的土地管理部门、房产管理部门应当向税务机关提供有关资料，是指向房地产所在地主管税务机关提供有关房屋及建筑物产权、土地使用权、土地出让金数额、土地基准地价、房地产市场交易价格及权属变更等方面的资料。

第十九条 纳税人未按规定提供房屋及建筑物产权、土地使用权证书、土地转让、房产买卖合同，房地产评估报告及其他与转让房地产有关资料的，按照《中华人民共和国税收征收管理法》（以下简称《征管法》）第三十九条的规定进行处理。

纳税人不如实申报房地产交易额及规定扣除项目金额造成少缴或未缴税款的，按照《征管法》第四十条的规定进行处理。

第二十条　土地增值税以人民币为计算单位。转让房地产所取得的收入为外国货币的,以取得收入当天或当月 1 日国家公布的市场汇价折合成人民币,据以计算应纳土地增值税税额。

第二十一条　条例第十五条所称的各地区的土地增值费征收办法是指与本条例规定的计征对象相同的土地增值费、土地收益金等征收办法。

第二十二条　本细则由财政部解释,或者由国家税务总局解释。

第二十三条　本细则自发布之日起施行。

第二十四条　1994 年 1 月 1 日至本细则发布之日期间的土地增值税参照本细则的规定计算征收。

三、土地增值税清算管理规程

国家税务总局关于印发《土地增值税清算管理规程》的通知

国税发〔2009〕91 号

各省、自治区、直辖市和计划单列市地方税务局:

为了加强房地产开发企业的土地增值税征收管理,规范土地增值税清算工作,根据《中华人民共和国土地增值税暂行条例》及其实施细则、《中华人民共和国税收征收管理法》及其实施细则等有关税收法律、行政法规的规定,结合房地产开发经营业务的特点,国家税务总局制定了《土地增值税清算管理规程》,现印发给你们,请遵照执行。

国家税务总局

二○○九年五月十二日

土地增值税清算管理规程

第一章　总　　则

第一条　为了加强土地增值税征收管理,规范土地增值税清算工作,根据《中华人民共和国税收征收管理法》及其实施细则、《中华人民共和国土地增值税暂行条例》及其实施细则等规定,制定本规程(以下简称《规程》)。

第二条　《规程》适用于房地产开发项目土地增值税清算工作。

第三条　《规程》所称土地增值税清算,是指纳税人在符合土地增值税清算条件后,依照税收法律、法规及土地增值税有关政策规定,计算房地产开发项目应缴纳的土地增值税税额,并填写《土地增值税清算申报表》,向主管税务机关提供有关资料,办理土地增值税清算手续,结清该房地产项目应缴纳土地增值税税款的行为。

第四条 纳税人应当如实申报应缴纳的土地增值税税额,保证清算申报的真实性、准确性和完整性。

第五条 税务机关应当为纳税人提供优质纳税服务,加强土地增值税政策宣传辅导。

主管税务机关应及时对纳税人清算申报的收入、扣除项目金额、增值额、增值率以及税款计算等情况进行审核,依法征收土地增值税。

第二章 前 期 管 理

第六条 主管税务机关应加强房地产开发项目的日常税收管理,实施项目管理。主管税务机关应从纳税人取得土地使用权开始,按项目分别建立档案、设置台账,对纳税人项目立项、规划设计、施工、预售、竣工验收、工程结算、项目清盘等房地产开发全过程情况实行跟踪监控,做到税务管理与纳税人项目开发同步。

第七条 主管税务机关对纳税人项目开发期间的会计核算工作应当积极关注,对纳税人分期开发项目或者同时开发多个项目的,应督促纳税人根据清算要求按不同期间和不同项目合理归集有关收入、成本、费用。

第八条 对纳税人分期开发项目或者同时开发多个项目的,有条件的地区,主管税务机关可结合发票管理规定,对纳税人实施项目专用票据管理措施。

第三章 清 算 受 理

第九条 纳税人符合下列条件之一的,应进行土地增值税的清算。

(一)房地产开发项目全部竣工、完成销售的。

(二)整体转让未竣工决算房地产开发项目的。

(三)直接转让土地使用权的。

第十条 对符合以下条件之一的,主管税务机关可要求纳税人进行土地增值税清算。

(一)已竣工验收的房地产开发项目,已转让的房地产建筑面积占整个项目可售建筑面积的比例在85%以上,或该比例虽未超过85%,但剩余的可售建筑面积已经出租或自用的。

（二）取得销售（预售）许可证满三年仍未销售完毕的。

（三）纳税人申请注销税务登记但未办理土地增值税清算手续的。

（四）省（自治区、直辖市、计划单列市）税务机关规定的其他情况。

对前款所列第（三）项情形，应在办理注销登记前进行土地增值税清算。

第十一条　对于符合本规程第九条规定，应进行土地增值税清算的项目，纳税人应当在满足条件之日起 90 日内到主管税务机关办理清算手续。对于符合本规程第十条规定税务机关可要求纳税人进行土地增值税清算的项目，由主管税务机关确定是否进行清算；对于确定需要进行清算的项目，由主管税务机关下达清算通知，纳税人应当在收到清算通知之日起 90 日内办理清算手续。

应进行土地增值税清算的纳税人或经主管税务机关确定需要进行清算的纳税人，在上述规定的期限内拒不清算或不提供清算资料的，主管税务机关可依据《中华人民共和国税收征收管理法》有关规定处理。

第十二条　纳税人清算土地增值税时应提供的清算资料

（一）土地增值税清算表及其附表（参考表样见附件，各地可根据本地实际情况制定）。

（二）房地产开发项目清算说明，主要内容应包括房地产开发项目立项、用地、开发、销售、关联方交易、融资、税款缴纳等基本情况及主管税务机关需要了解的其他情况。

（三）项目竣工决算报表、取得土地使用权所支付的地价款凭证、国有土地使用权出让合同、银行贷款利息结算通知单、项目工程合同结算单、商品房购销合同统计表、销售明细表、预售许可证等与转让房地产的收入、成本和费用有关的证明资料。主管税务机关需要相应项目记账凭证的，纳税人还应提供记账凭证复印件。

（四）纳税人委托税务中介机构审核鉴证的清算项目，还应报送中介机构出具的《土地增值税清算税款鉴证报告》。

第十三条　主管税务机关收到纳税人清算资料后，对符合清算条件的项目，且报送的清算资料完备的，予以受理；对纳税人符合清算条件、但报送的清算资料不全的，应要求纳税人在规定期限内补报，纳税人在规定的期限内补齐清算资料后，予以受理；对不符合清算条件的项目，不予受理。上述具体期限由各省、自治区、直辖市、计划单列市税务机关确定。主管税务机关已受理的清算申请，纳税人无正当理由不得撤销。

第十四条 主管税务机关按照本规程第六条进行项目管理时,对符合税务机关可要求纳税人进行清算情形的,应当作出评估,并经分管领导批准,确定何时要求纳税人进行清算的时间。对确定暂不通知清算的,应继续做好项目管理,每年作出评估,及时确定清算时间并通知纳税人办理清算。

第十五条 主管税务机关受理纳税人清算资料后,应在一定期限内及时组织清算审核。具体期限由各省、自治区、直辖市、计划单列市税务机关确定。

第四章 清 算 审 核

第十六条 清算审核包括案头审核、实地审核。

案头审核是指对纳税人报送的清算资料进行数据、逻辑审核,重点审核项目归集的一致性、数据计算准确性等。

实地审核是指在案头审核的基础上,通过对房地产开发项目实地查验等方式,对纳税人申报情况的客观性、真实性、合理性进行审核。

第十七条 清算审核时,应审核房地产开发项目是否以国家有关部门审批、备案的项目为单位进行清算;对于分期开发的项目,是否以分期项目为单位清算;对不同类型房地产是否分别计算增值额、增值率,缴纳土地增值税。

第十八条 审核收入情况时,应结合销售发票、销售合同(含房管部门网上备案登记资料)、商品房销售(预售)许可证、房产销售分户明细表及其他有关资料,重点审核销售明细表、房地产销售面积与项目可售面积的数据关联性,以核实计税收入;对销售合同所载商品房面积与有关部门实际测量面积不一致,而发生补、退房款的收入调整情况进行审核;对销售价格进行评估,审核有无价格明显偏低情况。

必要时,主管税务机关可通过实地查验,确认有无少计、漏计事项,确认有无将开发产品用于职工福利、奖励、对外投资、分配给股东或投资人、抵偿债务、换取其他单位和个人的非货币性资产等情况。

第十九条 非直接销售和自用房地产的收入确定

(一)房地产开发企业将开发产品用于职工福利、奖励、对外投资、分配给股东或投资人、抵偿债务、换取其他单位和个人的非货币性资产等,发生所有权转移时应视同销售房地产,其收入按下列方法和顺序确认:

1. 按本企业在同一地区、同一年度销售的同类房地产的平均价格确定;

2. 由主管税务机关参照当地当年、同类房地产的市场价格或评估价值确定。

（二）房地产开发企业将开发的部分房地产转为企业自用或用于出租等商业用途时，如果产权未发生转移，不征收土地增值税，在税款清算时不列收入，不扣除相应的成本和费用。

第二十条　土地增值税扣除项目审核的内容包括：

（一）取得土地使用权所支付的金额。

（二）房地产开发成本，包括：土地征用及拆迁补偿费、前期工程费、建筑安装工程费、基础设施费、公共配套设施费、开发间接费用。

（三）房地产开发费用。

（四）与转让房地产有关的税金。

（五）国家规定的其他扣除项目。

第二十一条　审核扣除项目是否符合下列要求：

（一）在土地增值税清算中，计算扣除项目金额时，其实际发生的支出应当取得但未取得合法凭据的不得扣除。

（二）扣除项目金额中所归集的各项成本和费用，必须是实际发生的。

（三）扣除项目金额应当准确地在各扣除项目中分别归集，不得混淆。

（四）扣除项目金额中所归集的各项成本和费用必须是在清算项目开发中直接发生的或应当分摊的。

（五）纳税人分期开发项目或者同时开发多个项目的，或者同一项目中建造不同类型房地产的，应按照受益对象，采用合理的分配方法，分摊共同的成本费用。

（六）对同一类事项，应当采取相同的会计政策或处理方法。会计核算与税务处理规定不一致的，以税务处理规定为准。

第二十二条　审核取得土地使用权支付金额和土地征用及拆迁补偿费时应当重点关注：

（一）同一宗土地有多个开发项目，是否予以分摊，分摊办法是否合理、合规，具体金额的计算是否正确。

（二）是否存在将房地产开发费用记入取得土地使用权支付金额以及土地征用及拆迁补偿费的情形。

（三）拆迁补偿费是否实际发生，尤其是支付给个人的拆迁补偿款、拆迁（回迁）合同和签收花名册或签收凭证是否一一对应。

第二十三条　审核前期工程费、基础设施费时应当重点关注：

（一）前期工程费、基础设施费是否真实发生，是否存在虚列情形。

（二）是否将房地产开发费用记入前期工程费、基础设施费。

（三）多个（或分期）项目共同发生的前期工程费、基础设施费，是否按项目合理分摊。

第二十四条　审核公共配套设施费时应当重点关注：

（一）公共配套设施的界定是否准确，公共配套设施费是否真实发生，有无预提的公共配套设施费情况。

（二）是否将房地产开发费用记入公共配套设施费。

（三）多个（或分期）项目共同发生的公共配套设施费，是否按项目合理分摊。

第二十五条　审核建筑安装工程费时应当重点关注：

（一）发生的费用是否与决算报告、审计报告、工程结算报告、工程施工合同记载的内容相符。

（二）房地产开发企业自购建筑材料时，自购建材费用是否重复计算扣除项目。

（三）参照当地当期同类开发项目单位平均建安成本或当地建设部门公布的单位定额成本，验证建筑安装工程费支出是否存在异常。

（四）房地产开发企业采用自营方式自行施工建设的，还应当关注有无虚列、多列施工人工费、材料费、机械使用费等情况。

（五）建筑安装发票是否在项目所在地税务机关开具。

第二十六条　审核开发间接费用时应当重点关注：

（一）是否存在将企业行政管理部门（总部）为组织和管理生产经营活动而发生的管理费用记入开发间接费用的情形。

（二）开发间接费用是否真实发生，有无预提开发间接费用的情况，取得的凭证是否合法有效。

第二十七条　审核利息支出时应当重点关注：

（一）是否将利息支出从房地产开发成本中调整至开发费用。

（二）分期开发项目或者同时开发多个项目的，其取得的一般性贷款的利息支出，是否按照项目合理分摊。

（三）利用闲置专项借款对外投资取得收益，其收益是否冲减利息支出。

第二十八条　代收费用的审核。

对于县级以上人民政府要求房地产开发企业在售房时代收的各项费用,审核其代收费用是否计入房价并向购买方一并收取;当代收费用计入房价时,审核有无将代收费用计入加计扣除以及房地产开发费用计算基数的情形。

第二十九条　关联方交易行为的审核。

在审核收入和扣除项目时,应重点关注关联企业交易是否按照公允价值和营业常规进行业务往来。

应当关注企业大额应付款余额,审核交易行为是否真实。

第三十条　纳税人委托中介机构审核鉴证的清算项目,主管税务机关应当采取适当方法对有关鉴证报告的合法性、真实性进行审核。

第三十一条　对纳税人委托中介机构审核鉴证的清算项目,主管税务机关未采信或部分未采信鉴证报告的,应当告知其理由。

第三十二条　土地增值税清算审核结束,主管税务机关应当将审核结果书面通知纳税人,并确定办理补、退税期限。

第五章　核 定 征 收

第三十三条　在土地增值税清算过程中,发现纳税人符合核定征收条件的,应按核定征收方式对房地产项目进行清算。

第三十四条　在土地增值税清算中符合以下条件之一的,可实行核定征收。

(一)依照法律、行政法规的规定应当设置但未设置账簿的;

(二)擅自销毁账簿或者拒不提供纳税资料的;

(三)虽设置账簿,但账目混乱或者成本资料、收入凭证、费用凭证残缺不全,难以确定转让收入或扣除项目金额的;

(四)符合土地增值税清算条件,企业未按照规定的期限办理清算手续,经税务机关责令限期清算,逾期仍不清算的;

(五)申报的计税依据明显偏低,又无正当理由的。

第三十五条　符合上述核定征收条件的,由主管税务机关发出核定征收的税务事项告知书后,税务人员对房地产项目开展土地增值税核定征收核查,经主管税务机关审核合议,通知纳税人申报缴纳应补缴税款或办理退税。

第三十六条　对于分期开发的房地产项目,各期清算的方式应保持一致。

第六章　其　　他

第三十七条　土地增值税清算资料应按照档案化管理的要求,妥善保存。

第三十八条　本规程自 2009 年 6 月 1 日起施行,各省(自治区、直辖市、计划单列市)税务机关可结合本地实际,对本规程进行进一步细化。

附件：土地增值税清算表及其附表(略)。